高等学校政府会计实务

初宜红　主编

山东大学出版社

#《高等学校政府会计实务》
编写人员

主　　编　初宜红

副 主 编　韩　英　朱爱丽

编写人员　（以姓氏笔画为序）

毕方水　曲海娟　朱爱丽

乔延芹　李　进　初宜红

陈长亮　崔洪俊　韩　英

前言

根据国家财政部的统一部署，2019 年 1 月 1 日起，我国行政事业单位将正式施行《政府会计制度》。针对高等学校行业业务的特殊性，财政部专门印发《关于印发高等学校执行〈政府会计制度——行政事业单位会计科目和报表〉的补充规定和衔接规定的通知》(财会〔2018〕19 号)，为政府会计制度在高等学校有效贯彻实施提供了制度保障。《政府会计制度》的顺利施行将为高等学校会计核算、财务管理，以及重大经济事项决策与运行带来重大的促进作用。为确保《政府会计制度》在高等学校能够彻底、全面得到贯彻落实，并促进高等学校建立《政府会计制度》下的会计核算模式，本着以实务操作为主的原则，我们编写了《高等学校政府会计实务》一书。

《高等学校政府会计实务》是根据财政部印发的系列政策，结合高等学校实际业务和长期教学、科研经验编写而成，本书根据政府会计基本准则、具体准则、应用指南和政府会计制度的相关内容，结合高等学校会计核算特点，向读者介绍高等学校会计的一些基本知识、核算原则、具体业务处理，便于读者正确判断高等学校相关经济业务和事项，正确熟练地进行相关会计业务处理。主要内容包括：预算会计的预算收入、预算支出和预算结余；财务会计的货币资金，应收账款、存货和待摊费用，短期投资和长期投资，固定资产和在建工程，无形资产和其他资产，流动负债、非流动负债，净资产、收入、费用以及会计报告等内容。

本书在编写过程中，非常注重理论与实践相结合，既注重会计核算，又兼顾了管理需求，选取实际工作中的典型案例，采用平行记账的方式对业务事项进行确认、计量、记录和报告，便于读者更好、更快、深入地理解、掌握《政府会计制度》。本书的编者既具有丰富的理论经验，又具有长期的财务实践经验，主要编写人员有：初宜红、韩英、朱爱丽、曲海娟、崔洪俊、毕方水、乔延芹、陈长亮、李进。韩英、朱爱丽对全书进行了总纂，初宜红对本书进行了最后审定。本书的编写得到了部分高校专家学者及实务界人士的大力帮助，在编写过程中参考了大量的资料，在此一并表示感谢。《高等学校政府会计实务》一书，旨在为从事高等学校会计工作的广大会计人员尽可能提供具体业务指导，为从事会计学研究的专家学者提供翔实的实务案例。本书可作为高等学校会计人员开展会计核算业务的必备指南和业务手册，也可以作为其他行政事业单位会计人员从事会计核算业务的参考用书。

由于作者对《政府会计制度》的理解和认识还不够深入，加之编写时间仓促，书中可能存在疏漏、错误、不妥之处，敬请专家、学者、读者给予批评指正。

编　者

2018年10月

目　录

第一章　高等学校政府会计实务概述

第一节　高等学校会计概述

一、高等学校会计概念

高等学校会计是指以政府会计准则、制度和相关法律法规为依据，对高等学校发生的经济业务或事项，通过确认、计量、记录和报告等程序，向学校利益相关者提供预算执行情况和财务状况、运行情况和现金流量等有关会计信息的专业会计。

根据有关政府会计准则和《政府会计制度》规定，高等学校会计由财务会计和预算会计构成，具备财务会计和预算会计双重功能，实现财务会计与预算会计适度分离并相互衔接，全面、清晰反映高等学校财务信息和预算执行信息。

预算会计是指以收付实现制为基础对高等学校预算执行过程中发生的全部收入和全部支出进行会计核算，主要是反映和监督预算收支执行情况的专业会计。

财务会计是指以权责发生制为基础对高等学校发生的各项经济业务或事项进行会计核算，主要反映和监督高等学校财务状况、运行情况和现金流量等的专业会计。

二、高等学校会计核算体系

为了体现 2014 年《国务院关于批转财政部权责发生政府综合财务报告制度改革方案的通知》提出的“政府财务会计和预算会计适度分离并相互衔接”的要求，《政府会计准则——基本准则》和《政府会计制度》确立了“双功能”“双基础”“双报告”的政府会计核算体系。

一是“双功能”。在高等学校会计核算系统中要实现财务会计和预算会计双重功能，财务会计通过资产、负债、净资产、收入、费用五个要素对高等学校发生的各项经济业务或事项进行会计核算，主要反映和监督高等学校会计主体的财务状况、运行情况和现金流量等；预算会计是通过预算收入、预算支出和预算结余三个要素对高等学校预算执行过程中发生的全部预算收入和预算支出进行会计核算，主要反映和监督高等学校会计主体预算执行情况。

二是“双基础”。高等学校在会计核算过程中，财务会计核算采用权责发生制，预算会计核算采用收付实现制，国务院另有规定的，依照其规定。

三是“双报告”。高等学校应当编制预算会计报告和财务报告。高等学校预算会计报告是通过预算会计核算形成的，以预算会计核算生成的数据为基础，向预算会计报告使用者提供与高等学校预算执行情况有关的信息，综合反映高等学校预算收支的年度执行结果，有助于预算会计报告使用者进行监督和管理，并为编制后续年度预算提供参考和依据。高等学校财务报告是通过财务会计核算形成的，以财务会计核算生成的数据为基础，向财务报告使用者提供与高等学校财务状况、运行情况和现金流量等有关的信息，反映高等学校公共受托责任的履行情况，有助于财务报告使用者作出决策或者进行监督和管理。

为了实现“双功能”“双基础”“双报告”的政府会计核算体系，采用“平行记账”方式，即对纳入部门预算管理的现金收支业务，在进行财务会计核算的同时也应当进行预算会计核算；对于其他业务，仅需要进行财务会计核算。

通过“平行记账”实现“政府财务会计和预算会计适度分离并相互衔接”，即在同一会计核算系统既能适度分离高等学校预算会计和财务会计功能、预算会计报告和财务报告功能，又能实现高等学校预算会计要素和财务会计要素的相互协调。预算会计报告和财务报告相互补充，共同反映高等学校会计主体的预算执行信息和财务信息。

三、高等学校会计目标及信息质量要求

（一）高等学校会计目标

高等学校会计目标是高等学校会计主体对经济业务或事项经过会计确认、计量、报告后，通过预算会计报表和财务报表及其附注等形式向各级人民代表大会及其常务委员会、各级政府及其有关部门、高等学校自身、债权人、审计监督机关、社会公众及其他利益相关者提供的、综合反映高等学校预算执行情况及高等学校财务状况、运行情况和现金流量等有关的信息，反映高等学校会计主体公共受托责任的履行情况，有助于上述信息使用者作出决策或者进行有效地监督和管理。具体体现在以下几个方面：

1.核算财政资金收支情况

高等学校会计要利用专门的核算方法，对高等学校财政资金的活动情况进行连续、全面、系统的反映，为政府预算管理和高等学校财务管理提供可靠的数据资料。高等学校会计应当提供高等学校会计主体在预算年度内依法取得的并纳入预算管理的现金流入、现金流出、结余资金以及历年滚存的资金余额信息，便于报告使用者进行监督和管理，并为编制后续年度预算提供参考和依据。

2.分析财政资金收支执行进度，合理调度资金，调节资金供需平衡

高等学校保持资金需求与供应的协调和平衡，是保证政府年度总预算和高等学校预算顺利执行的必要条件。高等学校会计应当提供高等学校现金流入、现金流出、现金净流量及其增减变动的相关信息，便于评价高等学校业务活动成绩，估算现金流量发展前景，采取措施，合理调剂资金余缺，使高等学校具备持续运营的能力。

3.检查财政资金收支计划执行结果，实行会计监督，维护国家财经纪律

高等学校会计在核算高等学校预算收支情况的同时，必须按照高等学校财务收支计划，以国家有关法律法规及相关制度为依据进行严格检查和监督。高等学校会计通过其反映和监督职能对高等学校财务收支计划执行的过程、进度和结果进行核算、分析和检查，促进预算收支计划实现、调节资金供需平衡、保证经济业务合规合法。

4.加强资产负债管理，客观反映高等学校运行成本

高等学校会计的财务报告除按照权责发生制核算原则准确反映高等学校会计主体的运行成本外，还扩大了对资产、负债的核算范围，使高等学校各项经济业务和事项的会计处理得以全面规范，准确反映高等学校“家底”信息，为相关决策提供更加有用的财务信息。

(二)高等学校会计信息质量要求

高等学校会计信息是指高等学校会计通过预算会计报表、财务报表及其附注向政府及其他利益相关者提供的、综合反映高等学校预算执行情况及高等学校财务状况、运行情况和现金流量情况等有关的信息。会计信息质量的高低可以根据会计信息所具备的质量特征能否满足利益相关者的需要及满足程度来衡量。高等学校会计信息应具备以下质量要求：

1.可靠性。高等学校应当以实际发生的经济业务或事项为依据进行会计核算，如实反映各项会计要素的情况和结果，保证会计信息真实可靠。

2.全面性。高等学校应当将发生的各项经济业务或事项统一纳入会计核

算，确保会计信息能够全面反映高等学校预算执行情况和财务状况、运行情况、现金流量等。

3.相关性。高等学校提供的会计信息应当与反映高等学校公共受托责任履行情况以及报告使用者决策或者监督、管理的需要相关，有助于报告使用者对高等学校的过去、现在或者未来情况作出评价或者预测。

4.及时性。高等学校会计主体对已经发生的经济业务或事项，应当及时进行会计核算，不得提前或者延后。及时的会计信息能够帮助管理者发现潜在问题，提前采取有效措施进行有效控制。

5.可比性。高等学校提供的会计信息应当具有可比性，同一高等学校在不同时期发生的相同或者相似的经济业务或事项，应当采用一致的会计政策，不得随意变更。确需变更的，应当将变更的内容、理由及其影响在附注中予以说明。不同高等学校发生的相同或者相似的经济业务或者事项，应当采用一致的会计政策，确保高等学校会计信息口径一致，相互可比。

6.可理解性。高等学校提供的会计信息应当清晰明了，便于信息使用者理解和使用。

7.实质重于形式。高等学校会计主体应当按照经济业务或事项的经济实质进行会计核算，不限于以经济业务或者事项的法律形式为依据。

第二节　高等学校会计核算前提、记账基础和会计计量

一、高等学校会计核算前提

会计核算的前提也称“会计假设”，它是对高等学校会计核算所处的时间和空间环境以及计量手段所作的合理假定，包括会计主体假设、持续运行假设、会计分期假设和货币计量假设。会计主体确立了会计核算的空间范围，持续经营是会计分期的基本前提，会计分期确立了会计核算的时间范围，货币计量为会计核算提供了必要手段，四者相辅相成。

1.会计主体假设

会计主体又称“会计实体”“会计个体”，是会计信息所反映的特定单位或组织，它界定了会计核算工作的空间范围。按照政府会计基本准则和政府会计制度要求，高等学校作为法人主体单位，应当提供真实、全面、完整的会计信息。高等学校对基本建设投资应当按政府会计准则和政府会计制度的要求，统一进

行会计核算，不再单独建账，要按照项目进行单独核算，并保证项目资料完整。

为了准确反映高等学校内部各部门、各项目的预算执行情况和财务运行状况，高等学校应当通过辅助记账的方式对各部门、各项目的经济业务或事项进行辅助会计核算，从而形成“会计科目＋部门或项目”多维会计核算体系。

对于高等学校校内独立核算单位①，如研究院、分校、后勤部门（校医院、食堂、水电暖中心、物业管理中心、宿舍管理中心等）等，按照财政部《关于印发〈高等学校执行政府会计制度——行政事业单位会计科目和报表〉的补充规定和衔接规定的通知》要求，应当按照新制度开展本单位的会计核算和报表编制工作。

高等学校在编制年度报表时，应当将校内独立核算单位纳入高等学校报表编制范围。将校内独立核算单位的会计信息纳入高等学校报表时，总的原则是将校内独立核算单位的报表信息并入学校相关报表的相应项目，并抵销学校内部业务或事项对学校报表的影响。

2.持续经营假设

持续经营假设是一种时间上的界定，是指高等学校会计核算应当以高等学校持续正常运行为前提，即在可以预见的将来，高等学校不会面临终止、关闭、破产和清算，而是持续不断地经营下去。只有这样，高等学校拥有的各项资产就在正常的经营过程中耗用、出售或转换，承担的债务也在正常的经营过程中予以清偿，经营成果就会不断形成，用于会计核算的会计原则和方法才能保持相对稳定，从而保证会计信息的可比性。

3.会计分期假设

会计分期假设是在持续经营假设前提下为高等学校会计工作界定了更为具体的时间范围。高等学校会计核算应当划分会计期间，分期结算账目，按规定编制决算报告和财务报告。会计期间至少分为年度和月度，会计年度、月度等会计期间的起讫日期采用公历日期。

4.货币计量假设

货币计量假设是指高等学校会计在对一切经济业务或者事项进行确认、计量、记录、报告时需要通过货币为综合计量单位予以反映，它规定了高等学校会计的计量手段。

---

① 本规定所称校内独立核算单位，是指高等学校内部不具有法人资格的独立核算单位或部门。本规定所称校内独立核算单位不同于新制度所称附属单位。新制度所称附属单位，是指高等学校下属的具有法人资格的独立核算单位。

二、高等学校会计记账基础

高等学校会计记账基础也叫“会计处理基础”，是高等学校在一定会计期间内对一切经济业务或者事项进行会计核算所选择的处理原则和标准。按照政府会计基本准则和政府会计制度规定，高等学校会计由预算会计和财务会计构成，预算会计实行收付实现制，国务院另有规定的依照其规定；财务会计实行权责发生制。

收付实现制是指以现金的实际收付为标志来确定本期收入和支出的会计核算基础。凡在当期实际收到的现金收入和支出，均应作为当期的收入和支出；凡是不属于当期的现金收入和支出，均不应当作为当期的收入和支出。

权责发生制是指以取得收取款项的权利或支付款项的义务为标志来确定本期收入和费用的会计核算基础。凡是当期已经实现的收入和已经发生的或应当负担的费用，不论款项是否收付，都应当作为当期的收入和费用；凡是不属于当期的收入和费用，即使款项已经在当期收付，也不应当作为当期的收入和费用。

三、高等学校会计计量

高等学校会计计量是指高等学校用货币或其他度量单位，将符合确认条件的经济业务或者事项登记入账，并列报于高等学校决算报告和高等学校财务报告的过程。高等学校会计核算应当以人民币作为记账本位币，发生外币业务时，应当将有关外币金额折算为人民币金额计量，同时登记外币金额。

第三节　高等学校会计要素和会计科目

一、高等学校会计要素

高等学校会计要素是高等学校会计对反映和监督的会计对象所作的基本分类，是高等学校会计核算对象的具体化，用于反映高等学校预算执行情况、财务状况、运行情况和现金流量情况的基本单位。

高等学校会计要素分为高等学校预算会计要素和高等学校财务会计要素。

(一)高等学校预算会计要素

高等学校预算会计要素包括预算收入、预算支出和预算结余三要素。

1.预算收入

预算收入是指高等学校在预算年度内依法取得的并纳入预算管理的现金流入。包括财政拨款预算收入、事业预算收入、上级补助预算收入、附属单位上缴预算收入、经营预算收入、债务预算收入、非同级财政拨款预算收入、投资预算收益和其他预算收入。

预算收入一般在实际收到时予以确认,以实际收到的金额计量。

2.预算支出

预算支出是指高等学校在预算年度内依法发生并纳入预算的现金流出。包括事业支出、经营支出、上缴上级支出、对附属单位补助支出、投资支出、债务还本支出和其他支出。

预算支出一般在实际支付时予以确认,以实际支付的金额计量。

3.预算结余

预算结余是高等学校在预算年度内预算收入扣除预算支出后的资金余额,以及历年滚存的资金余额。高等学校预算结余包括结余资金和结转资金。

结余资金是指年度预算执行终了,预算收入实际完成数扣除预算支出和结转资金后剩余的资金。包括财政拨款结余、非财政拨款结余、专用结余和经营结余。

结转资金是指预算安排的项目支出年终尚未执行完毕或者因故未能执行,下年需要按原用途继续使用的资金。包括财政拨款结转、非财政拨款结转。

预算会计各要素之间的数量关系为:

预算收入－预算支出－结转资金＝结余资金

或

预算收入－预算支出＝预算结余(结余资金＋结转资金)

上述会计要素及其数量关系是高等学校编制决算报表的理论依据。

(二)高等学校财务会计要素

高等学校财务会计要素包括资产、负债、净资产、收入和费用五要素。资产、负债和净资产是反映高等学校在某一特定日期财务状况的会计要素,构成资产负债表的基本内容;收入和费用是反映高等学校在某一会计期间内运行成果的会计要素,构成高等学校收入费用表的基本内容。

1.资产

(1)资产定义。资产是指高等学校由过去的经济业务或者事项形成的,由高等学校控制的预期能够产生服务潜力或者带来经济利益流入的经济资源。

服务潜力是指高等学校利用资产提供公共产品和服务以履行政府职能的潜在能力。经济利益流入表现为现金及现金等价物的流入,或者现金及现金等价物流出的减少。

(2)资产分类。按照资产的流动性,资产分为流动资产和非流动资产。

流动资产是指预计在一年内(含一年)耗用或者可以变现的资产,包括货币资金、短期投资、应收及预付款项、存货等。

非流动资产是指预计不能在一年内或者超过一年的时间内耗用或变现的资产,包括长期股权投资、长期债券投资、固定资产、在建工程、无形资产等。

(3)资产确认。高等学校取得的符合资产定义的经济资源,同时满足下列条件时,应当确认为资产。

一是与该经济资源相关的服务潜力很可能实现或者经济利益很可能流入高等学校;

二是该经济资源的成本或者价值能够可靠地计量。

(4)资产计量。资产计量属性主要包括历史成本、重置成本、现值、公允价值和名义金额。

历史成本计量是指按照取得资产时支付的现金金额或者支付对价的公允价值计量。

重置成本计量是指按照现在购买相同或者相似资产所需支付的现金金额计量。

现值计量是指按照该资产预计从其持续使用和最终处置中所产生的未来净现金流入量的折现金额计量。

公允价值计量是指按照市场参与者在资产计量日发生的有序交易中,出售资产所能收到的价格计量。

名义金额计量是指在取得资产时无法取得有关凭据或无法比照同类或相似资产的市场价格的,按照名义金额(人民币 1 元)计量。

高等学校对资产的计量一般应当采用历史成本。采用重置成本、现值、公允价值计量的,应当保证所确定的资产金额能够持续、可靠计量。

2.负债

(1)负债定义。负债是指高等学校由过去的经济业务或者事项形成的,预期会导致经济资源流出高等学校的现时义务。

现时义务是指高等学校在现行条件下已承担的义务,未来发生的经济业务或事项形成的义务不属于现时义务,不应当确认为负债。

(2)负债分类。高等学校负债按照流动性分为流动负债和非流动负债。

流动负债是指预计在一年内(含一年)偿还的负债,包括短期借款、应缴增值税、应缴财政款、应付职工薪酬、应付票据、应付账款、应缴款项、其他应付及预收账款等。

非流动负债是指预计不能在一年内或者超过一年的时间偿还的负债,包括长期借款、长期应付款、预计负债等。

(3)负债确认。高等学校由过去的经济业务或事项形成的符合负债定义的现时义务,在同时满足以下条件时,应当确认为负债。

一是履行该义务很可能导致含有服务潜力或者经济利益的经济资源流出高等学校;

二是该义务的金额能够可靠地计量。

(4)负债计量。负债计量属性主要包括历史成本、现值和公允价值。

在历史成本计量下,负债应按照因承担现时义务而实际收到的款项或资产的金额,或者承担现时义务的合同金额,或者为偿还负债预期需要支付的现金金额计量。

在现值计量下,负债应按照预计期限内需要偿还的未来净现金流出量的折现金额计量。

在公允价值计量下,负债应按照市场参与者在计量日发生的有序交易中,转移负债所需支付的价格计量。

高等学校对负债进行计量时,一般应当采用历史成本。采用现值、公允价值计量的,应当保证所确定的负债金额能够持续、可靠计量。

3.净资产

净资产是指高等学校资产扣除负债后的净额。净资产金额取决于资产和负债的计量。高等学校净资产包括累计盈余、专用基金、权益法调整、本期盈余、本年盈余分配、以前年度盈余调整等。

4.收入

(1)收入定义。收入是指在报告期内导致高等学校净资产增加的、含有服务潜力或者经济利益的经济资源的流入。

(2)收入内容。高等学校收入按照来源划分主要包括:财政拨款收入、事业收入、上级补助收入、附属单位上缴收入、经营收入、非同级财政拨款收入、投资收益、捐赠收入、利息收入、租金收入及其他收入。

(3)收入确认。高等学校收入的确认需要同时满足以下三个条件。

一是与收入相关的含有服务潜力或者经济利益的经济资源很可能流入高等学校；

二是含有服务潜力或者经济利益的经济资源流入会导致高等学校资产增加或负债减少；

三是流入金额能够可靠地计量。

5.费用

(1)费用定义。费用是指在报告期内导致高等学校净资产减少的、含有服务潜力或者经济利益的经济资源的流出。

(2)费用内容。高等学校费用按用途划分主要包括：业务活动费用、单位管理费用、经营费用、资产处置费用、上缴上级费用、对附属单位补助费用、所得税费用、其他费用。

(3)费用确认。高等学校费用的确认需要同时满足以下三个条件。

一是与费用相关的含有服务潜力或者经济利益的经济资源很可能流出高等学校；

二是含有服务潜力或者经济利益的经济资源流出会导致高等学校资产减少或者负债增加；

三是流出金额能够可靠地计量。

财务会计各要素之间的数量关系为：

资产＝负债＋净资产

上述要素和数量关系是编制高等学校资产负债表的理论依据。

收入－费用＝本期盈余

上述要素和数量关系是编制高等学校收入费用表的理论依据。

二、高等学校会计科目

会计科目是高等学校为了全面、系统、连续地核算与监督各项经济业务或者事项所引起的各项会计要素的增减变化而对会计对象的具体内容进行科学分类核算而形成的项目。高等学校要根据《政府会计准则——基本准则》和《政府会计制度》的规定，按照资产、负债、净资产、收入、费用5项财务会计要素的具体内容规范设置和使用财务会计科目；按照预算收入、预算支出、预算结余3项预算会计要素的具体内容，规范设置和使用预算会计科目。

2017年10月财政部出台的《政府会计制度》中已明确规定了行政事业单位统一的会计科目名称及科目编号(见表1-1)。高等学校在不影响会计处理和编制报表的前提下，可以根据实际情况自行增设或减少某些会计科目，在设置明细科目或进行明细核算时，还应当满足权责发生制政府部门财务报告和政府综合财务报告编制的其他需要。同时，为准确反映高等学校内部各部门、各项目的预算执行情况和财务运行状况，高等学校应当通过辅助记账的方式对经济业务或事项进行辅助会计核算，形成“会计科目＋部门或项目”多维会计核算控制体系。

表 1-1　　高等学校会计科目和编号

序号	科目编号	科目名称
一、财务会计科目		
(一)资产类		
1	1001	库存现金
2	1002	银行存款
3	1011	零余额账户用款额度
4	1021	其他货币资金
5	1101	短期投资
6	1201	财政应返还额度
7	1211	应收票据
8	1212	应收账款
9	1214	预付账款
10	1215	应收股利
11	1216	应收利息
12	1218	其他应收款
13	1219	坏账准备
14	1301	在途物品
15	1302	库存物品
16	1303	加工物品
17	1401	待摊费用
18	1501	长期股权投资
19	1502	长期债券投资
20	1601	固定资产
21	1602	固定资产累计折旧

续表

序号	科目编号	科目名称
22	1611	工程物资
23	1613	在建工程
24	1701	无形资产
25	1702	无形资产累计摊销
26	1703	研发支出
27	1821	文物文化资产
28	1891	受托代理资产
29	1901	长期待摊费用
30	1902	待处理财产损溢
(二)负债类		
31	2001	短期借款
32	2101	应交增值税
33	2102	其他应交税费
34	2103	应缴财政款
35	2201	应付职工薪酬
36	2301	应付票据
37	2302	应付账款
38	2304	应付利息
39	2305	预收账款
40	2307	其他应付款
41	2401	预提费用
42	2501	长期借款
43	2502	长期应付款
44	2601	预计负债
45	2901	受托代理负债
(三)净资产类		
46	3001	累计盈余
47	3101	专用基金
48	3201	权益法调整

续表

序号	科目编号	科目名称
49	3301	本期盈余
50	3302	本年盈余分配
51	3401	无偿调拨净资产
52	3501	以前年度盈余调整
(四)收入类		
53	4001	财政拨款收入
54	4101	事业收入
55	4201	上级补助收入
56	4301	附属单位上缴收入
57	4401	经营收入
58	4601	非同级财政拨款收入
59	4602	投资收益
60	4603	捐赠收入
61	4604	利息收入
62	4605	租金收入
63	4609	其他收入
(五)费用类		
64	5001	业务活动费用
65	5101	单位管理费用
66	5201	经营费用
67	5301	资产处置费用
68	5401	上缴上级费用
69	5501	对附属单位补助费用
70	5801	所得税费用
71	5901	其他费用
二、预算会计科目		
(一)预算收入类		
1	6001	财政拨款预算收入
2	6101	事业预算收入

续表

序号	科目编号	科目名称
3	6201	上级补助预算收入
4	6301	附属单位上缴预算收入
5	6401	经营预算收入
6	6501	债务预算收入
7	6601	非同级财政拨款预算收入
8	6602	投资预算收益
9	6609	其他预算收入
(二)预算支出类		
10	7201	事业支出
11	7301	经营支出
12	7401	上缴上级支出
13	7501	对附属单位补助支出
14	7601	投资支出
15	7701	债务还本支出
16	7901	其他支出
(三)预算结余类		
17	8001	资金结存
18	8101	财政拨款结转
19	8102	财政拨款结余
20	8201	非财政拨款结转
21	8202	非财政拨款结余
22	8301	专用结余
23	8401	经营结余
24	8501	其他结余
25	8701	非财政拨款结余分配

第四节　高等学校财务报表和预算会计报表

一、高等学校财务报表

高等学校财务报表主要由会计报表及其附注构成。

会计报表一般包括资产负债表、收入费用表、净资产变动表和现金流量表，其中现金流量表的编制各高等学校可根据实际情况自行选择。

资产负债表反映高等学校在某一特定日期全部资产、负债和净资产的情况，编制期限包括月度和年度。

收入费用表反映高等学校在某一会计期间内发生的收入、费用及当期盈余情况，编制期限包括月度和年度。

净资产变动表反映高等学校在某一会计年度内净资产项目的变动情况，编制期限为年度。

现金流量表反映高等学校在某一会计年度内现金流入和流出的信息，编制期限为年度。

附注是对在会计报表中列示的项目所作的进一步说明，以及对未能在会计报表中列示项目的说明，它是财务报表的重要组成部分。高等学校应当对报表使用者的决策有重要影响的会计信息进行充分的披露。

二、高等学校预算会计报表

高等学校预算会计报表至少包括预算收入支出表、预算结转结余变动表和财政拨款预算收入支出表。

预算收入支出表反映高等学校在某一会计年度内各项预算收入、预算支出和预算收支差额的情况，编制期限为年度。

预算结转结余变动表反映高等学校在某一会计年度内预算结转结余的变动情况，编制期限为年度。

财政拨款预算收入支出表反映高等学校本年财政拨款预算资金收入、支出及相关变动的具体情况，编制期限为年度。

以上报表及附注的编制方法详见第十五章“高等学校会计报告”。

第二章　预算收入

第一节　预算收入概述

一、概念

高等学校预算收入是指高等学校在预算年度内依法取得的并纳入预算管理的现金流入。包括财政拨款预算收入、事业预算收入、上级补助预算收入、附属单位上缴预算收入、经营预算收入、债务预算收入、非同级财政拨款预算收入、投资预算收益和其他预算收入。

预算是对未来一定时期内收支安排的预测、计划。

我国国家预算年度是指自公立1月1日起至12月31日止。年度预算是指预算有效期为一年的财政收支预算，这里的年度是指预算年度。

纳入预算管理是指纳入各级人大通过的预算报告且财政部门必须按照预算报告批准的支出项目和标准拨款。

高等学校预算管理是指高等学校为确保预算资金规范运行而进行的一系列组织、调节、控制、监督活动。预算管理渗透于预算工作的全过程。

现金流入，这里的现金指的是货币资金(库存现金、银行存款)、零余额账户用款额度、财政应返还额度、财政直接支付资金的拨款收入。

预算收入一般在实际收到时予以确认，以实际收到的金额计量。

二、特点

预算收入的特点：一是在预算年度内按照一定的形式和程序，有计划地取得；二是预算收入归学校支配，是学校教学、科研及其他活动的财力保障；三是预算收入取得的形式多样。

三、分类

高等学校预算收入的经济业务或事项较多，情况较复杂，为便于核算、分析和研究，进一步加强预算收入的管理，应当对预算收入按照收入来源、性质等进行科学分类。预算收入分类详见图 2-1。

对预算收入进行科学的分类，有助于正确进行会计核算，提高工作效率。

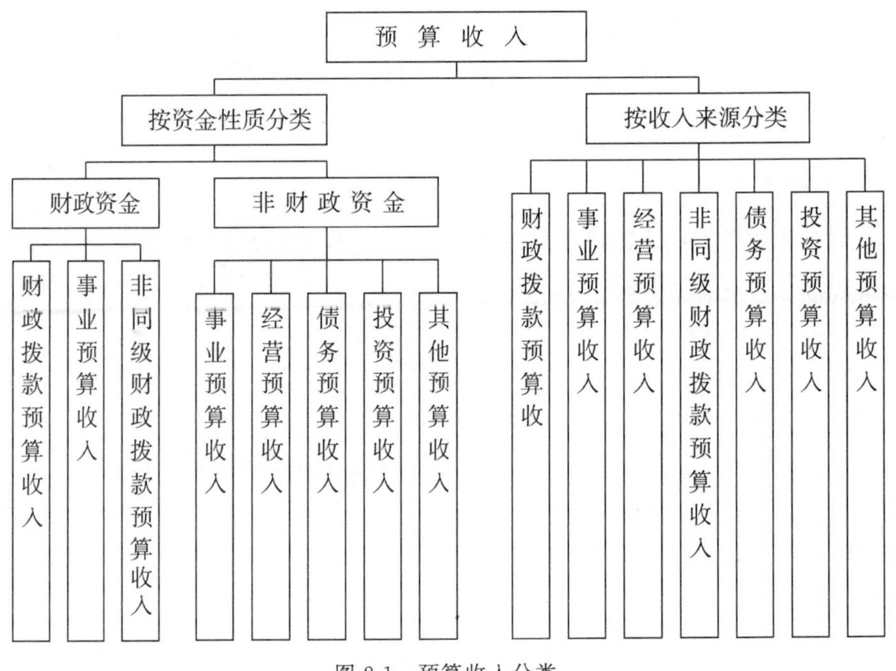

图 2-1　预算收入分类

四、管理要求

1.合理组织各项预算收入

高等学校必须严格执行国家有关的收费政策和管理制度，属于应缴纳税费的收入（房屋出租收入、场地使用费、会议费、培训费等收入），应依法及时足额缴纳。对于教育收费（学费、住宿费、考试考务费、婴幼儿管理费、继续教育收费等）应当依照非税收入收缴管理等有关规定执行，并按照物价部门核定的标准收费。所收款项纳入财政专户管理，需直缴财政专户的收费，一律不得通过学校过渡户上交。

2.严格执行国家预算管理制度

预算收入需在《预算法》的规范下进行，将各项收入全部纳入学校预算，并严格按照批准的预算执行，如有调整需严格履行报批手续。

3.国库集中支付制度下的收入确认

在所需支出由财政部门直接支付后，依据财政支付系统生成打印的省级财政电子凭证“财政直接支付入账通知书”确认收入。

第二节　财政拨款预算收入

一、概念

财政拨款预算收入指高等学校从同级政府财政部门取得的各类财政拨款，包括各种教育拨款、离退休拨款、科研项目拨款、其他项目拨款等。根据经费支出性质分为“基本支出”拨款和“项目支出”拨款。

“从同级政府财政部门取得的财政拨款”是指高等学校按照部门预算隶属关系从同一级别的财政部门取得的拨款。

高等学校对于因开展科研及其辅助活动从非同级政府财政部门取得的经费拨款，应当通过“事业预算收入—非同级财政拨款”科目进行核算；对于科研及其辅助活动之外的从非同级政府财政部门取得的财政拨款，应当通过“非同级财政拨款预算收入”科目进行核算。后者一般为专项拨款。

财政拨款预算收入的特点：一是资金管理比较严格，财政拨款的申请、审批、划拨、管理和使用、执行进度的控制等都有严谨的流程和规定；二是资金拨付方式多样，同级财政部门按照对学校批复的预算和用款计划，分为财政直接支付、财政授权支付和财政实拨资金三种方式。

二、管理要求

1.按规定申请、调整和使用资金

高等学校应当严格按照经批准的部门预算、用款计划和规定的用途申请取得财政拨款预算收入。高等学校的部门预算和用款额度要事先经财政部门批准，年度中间需要调整预算的，需要提出申请，并经过财政部门批准后，按照变更后的预算申请取得财政拨款预算收入。财政拨款预算收入应当满足政府的要求，按照基本支出和项目支出管理。申请拨款时按照基本支出和项目支出的具体支出科目提出申请，取得收入后应当分别核算。未经财政部门批准，不得擅自变更资金的用途。

2.加强各取得方式的资金管理

高等学校按规定的财政资金支付方式申请取得财政拨款预算收入，实行国库集中支付制度的高等学校，财政资金的支付方式有财政直接支付和财政授权支付两种方式；未实行国库集中支付制度的仍采用财政资金实拨方式。一般来说，财政部门在确定高等学校部门预算和用款计划的同时也随之确定财政资金支付方式。

三、会计核算

（一）账户设置

为了满足部门预决算对基本支出业务和项目支出业务资金收入和结余的管理和报告要求，以及对外提供支出功能分类信息的需要，高等学校应当在“财政拨款预算收入”科目下设置“基本支出”和“项目支出”两个明细科目，并按照《政府收支分类科目》中的“教育支出”“科学技术支出”“文化体育与传媒支出”等“支出功能分类科目”的相关项级科目进行明细核算；同时，在“基本支出”明细科目下按照“人员经费”和“日常公用经费”进行明细核算，在“项目支出”明细科目下按照具体项目进行明细核算。

财政拨款预算收入账户设置详见图 2-2。

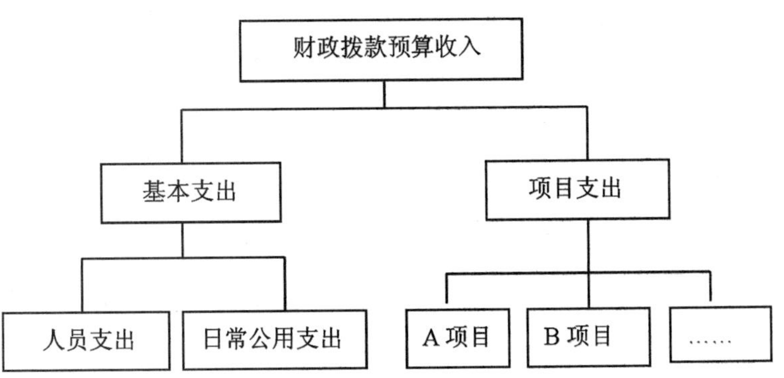

图 2-2　财政拨款预算收入账户设置

（二）账务处理

1.财政直接支付方式下，高等学校取得财政拨款预算收入的程序是：在需要支付财政资金时，应当根据部门预算和用款计划向同级财政部门提出直接支付申请，经财政部门审核后，由财政部门通过财政零余额账户直接将款项支付给收款人，高等学校依据财政系统生成打印的省级财政电子凭证“财政直接支付入账通知书”确认财政拨款预算收入，依据相关发票等原始凭证同时做支出处理，即按照通知书中的直接支付金额，借记“事业支出”等科目，贷记“财政拨款预算收入”科目。因差错更正、购货退回等发生国库直接支付款项退回的，属于本年度支付的款项，按照退回金额，借记“财政拨款预算收入”科目，贷记“事业支出”等科目。

年末，如本年度财政直接支付预算指标数大于当年财政直接支付实际支出数，按照差额，借记“资金结存—财政应返还额度”科目，贷记“财政拨款预算收入”科目。

[例 2-1] 2019 年 3 月 10 日，某大学收到“财政直接支付入账通知书”，列示由财政直接支付政府采购运动服，款项 150 000 元。账务处理如下：

预算会计：

借：事业支出—教育支出—财政拨款支出—基本支出—高等教育—商品和服务支出—专用材料费　　150 000

　　贷：财政拨款预算收入—基本支出—日常公用支出　　150 000

财务会计：

借：业务活动费用—教育费用—商品和服务费用　　150 000

　　贷：财政拨款收入　　150 000

[例 2-2] 2019 年 3 月 25 日，某大学收到“财政直接支付入账通知书”，列示由财政直接支付政府采购科研设备一台，价值 1 000 000 元，款项一次性支付。此款项在某大学的预算管理系统中显示，属于省科技重大专项（B 部门 01 项目）。账务处理如下：

预算会计：

借：事业支出—科研支出—财政拨款支出—项目支出—科技重大专项—资本性支出—专用设备购置　　1 000 000

　　贷：财政拨款预算收入—项目支出（B 部门 01 项目）　　1 000 000

财务会计：

借：固定资产—专用设备　　1 000 000

　　贷：财政拨款收入　　1 000 000

[例 2-3] 2019 年 12 月 31 日，某大学将本年度财政直接支付下达数小于年初财政批复的直接支付预算指标数 3 000 000 元（A 部门 01 教育项目）转入财

政应返还额度。账务处理如下：

预算会计：

借：资金结存—财政应返还额度—财政直接支付　　3 000 000

　贷：财政拨款预算收入—项目支出（A 部门 01 教育项目）　　3 000 000

财务会计：

借：财政应返还额度—财政直接支付　　3 000 000

　贷：财政拨款收入　　3 000 000

2.财政授权支付方式下，高等学校取得财政拨款预算收入的程序是：高等学校根据部门预算和用款计划，按照规定的时间和程序向财政部门申请财政授权支付用款额度；经过财政部门审核后，将财政授权支付额度下达到高等学校零余额账户代理银行。财政授权支付方式下高等学校收到的用款额度可以用于结算和支付。因此，高等学校在收到代理银行转来的“财政授权支付额度入账通知书”时，按照通知书中的授权支付额度确认财政拨款预算收入，借记“资金结存—零余额账户用款额度”科目，贷记“财政拨款预算收入”科目。高等学校收到的用款额度不是实际的货币资金，在银行开设的单位零余额账户也不是实存资金账户，而是过渡性的待结算账户。

年末，如本年度财政授权支付预算指标数大于零余额账户用款额度下达数，根据未下达的用款额度，借记“资金结存—财政应返还额度”科目，贷记“财政拨款预算收入”科目。

[例 2-4] 2019 年 3 月 5 日，某大学收到“财政授权支付额度入账通知书”，列示收到本月日常公用基本支出授权支付额度 5 000 000 元。账务处理如下：

预算会计：

借：资金结存—零余额账户用款额度　　5 000 000

　贷：财政拨款预算收入—基本支出—日常公用支出　　5 000 000

财务会计：

借：零余额账户用款额度　　5 000 000

　贷：财政拨款收入　　5 000 000

[例 2-5] 2019 年 12 月 31 日，某大学将本年度零余额账户用款额度下达数小于年初财政批复的授权支付预算指标数 1 000 000 元（A 部门 02 科学技术项目）转入财政应返还额度。账务处理如下：

预算会计：

借：资金结存—财政应返还额度　　1 000 000

贷：财政拨款预算收入—项目支出（A 部门 02 科学技术项目）
1 000 000

财务会计：

借：财政应返还额度—财政授权支付　　1 000 000

贷：财政拨款收入　　1 000 000

3.财政实拨资金方式下，高等学校取得财政拨款预算收入的程序是：高等学校根据部门预算和用款计划，按照规定的时间和程序向财政部门提出资金拨入请求；经过财政部门审核后，将财政资金直接拨入高等学校开户银行实存资金账户。高等学校在收到开户银行转来的资金到账通知书时，按照通知书上所列的收款金额确认财政拨款预算收入。

高等学校按照本期预算，在收到财政拨款预算收入时，按照实际收到的金额，借记“资金结存—货币资金”科目，贷记“财政拨款预算收入”科目。

学校收到下期预算的财政预拨款，应当在下个预算期，按照预收的金额，借记“资金结存—货币资金”科目，贷记“财政拨款预算收入”科目。

［**例 2-6**］2019 年 4 月 20 日，某大学收到 5 月份基本支出拨款 6 000 000 元，用于日常公用支出。账务处理如下：

预算会计：

有两种做法：

(1)4 月 20 日收到款项时，预算会计不作账务处理

5 月 1 日计入收入时：

借：资金结存—货币资金　　6 000 000

贷：财政拨款预算收入—基本支出—日常公用支出　　6 000 000

(2)4 月 20 日收到款项时

预算会计：

借：资金结存—货币资金　　6 000 000

贷：财政拨款预算收入—待处理　　6 000 000

5 月 1 日计入收入时：

借：财政拨款预算收入—待处理　　6 000 000

贷：财政拨款预算收入—基本支出—日常公用支出　　6 000 000

财务会计：

4 月 20 日收到款项时：

借：银行存款—学校存款　　6 000 000

贷：其他应付款　　6 000 000

5 月 1 日确认收入时：

借：其他应付款　　6 000 000

贷：财政拨款收入　　6 000 000

4.因差错更正、购货退回等发生国库直接支付款项退回的，属于本年度支付的款项，按照退回金额，借记“财政拨款收入”，贷记“事业支出”。

5.年末，将本科目本年发生额转入财政拨款结转，借记“财政拨款预算收入”科目，贷记“财政拨款结转—本年收支结转”科目。

[例 2-7] 2019 年 12 月 31 日，结转本年财政拨款收入 200 000 000 元，其中基本支出 150 000 000 元，项目支出 50 000 000 元。账务处理如下：

预算会计：

借：财政拨款预算收入—基本支出　　150 000 000

财政拨款预算收入—项目支出　　50 000 000

贷：财政拨款结转—本年收支结转　　200 000 000

6.年末结转后，本科目应无余额。

第三节　事业预算收入

一、概念

事业预算收入是指高等学校开展教学和科研业务活动及其辅助活动取得的现金流入。教学业务活动及其辅助活动收入包括通过学历和非学历教育向学生个人或者单位收取的学费、住宿费、委托培养费、考试考务费、培训费等；科研业务活动及其辅助活动收入包括通过承接科研项目、开展科研协作、转化科技成果、进行科技咨询等取得的收入，不包括按照部门预算隶属关系从同级财政部门取得的科研性质的财政拨款，该部分拨款通过“财政拨款预算收入”科目核算。

高等学校因开展科研及其辅助活动从同级政府财政部门以外取得的经费，包括非同级政府财政部门取得的经费拨款，应当通过本科目核算。

二、管理要求

1.按照非税收入制度进行管理

按照国家有关规定，高等学校的学费、住宿费、考试费等纳入预算管理，履行一定的收费报批或备案程序，按照相关规定使用规范票据，并严格实施收支两条线管理，将所收收入按照上级主管部门要求上缴财政专户。

2.科研业务活动收入需专项管理

高等学校科研业务活动收入的组织、管理、使用等必须按照国家及各地方政府颁布的各类科研经费的管理办法进行，需要“专款专用，单独核算”。

三、会计核算

(一)账户设置

事业预算收入应当按照收入的类别、项目、来源及《政府收支分类科目》中“支出功能分类科目”项级科目等进行明细核算。采用财政专户返还方式管理的事业预算收入和其他事业预算收入应当分别进行会计核算。对于因开展科研及其辅助活动从非同级政府财政部门取得的经费拨款，应当在本科目下单设“非同级财政拨款”明细科目进行核算；事业预算收入中如有专项资金收入，还应按照具体项目进行明细核算。

事业预算收入账户设置详见图 2-3。

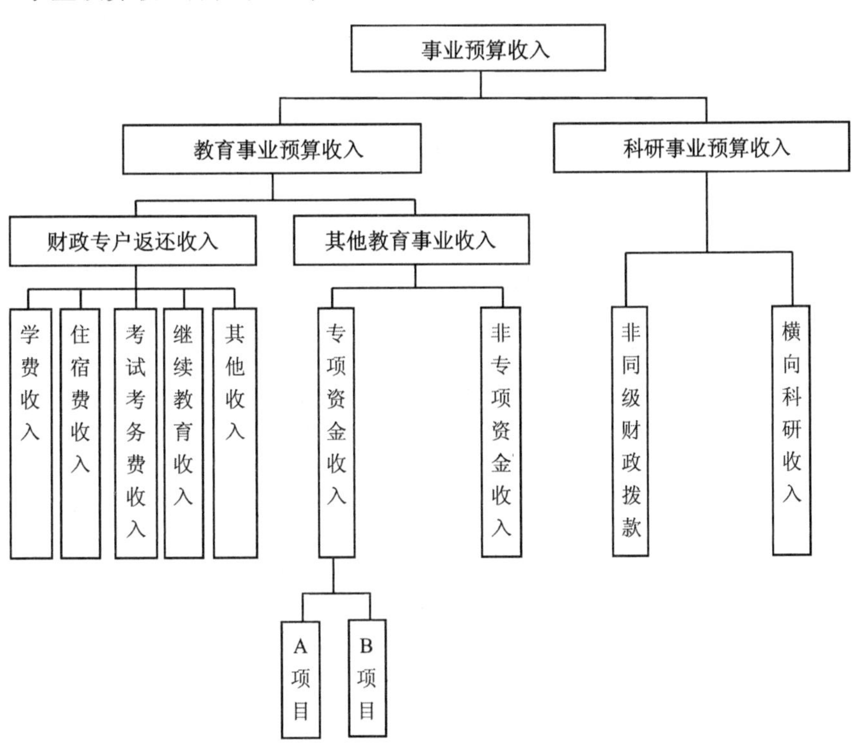

图 2-3　事业预算收入账户设置

（二）账务处理

1.采用财政专户返还方式管理的事业预算收入，收到从财政专户返还的事业收入时，按照实际收到的返还金额，借记“资金结存—货币资金”，贷记“事业预算收入”科目。

［**例 2-8**］2019 年 4 月 15 日，某大学收到代理银行通知书，列示收到财政专户返还的学费住宿费资金 20 000 000 元。账务处理如下：

预算会计：

借：资金结存—货币资金　　20 000 000

　贷：事业预算收入—教育事业预算收入—财政专户返还收入　　20 000 000

财务会计：

借：银行存款—学校存款　　20 000 000

　贷：事业收入—教育事业收入—财政专户返还收入　　20 000 000

2.收到其他事业预算收入时，按照实际收到的款项金额，借记“资金结存—货币资金”，贷记“事业预算收入”科目。

［**例 2-9**］2019 年 4 月 12 日，某大学收到某企业转来的科技咨询服务费 318 000元。该项服务属于涉税项目，该大学为一般纳税人，增值税率 6%。账务处理如下：

预算会计：

借：资金结存—货币资金　　318 000

　贷：事业预算收入—科研事业预算收入—横向科研收入　　318 000

财务会计：

借：银行存款—学校存款　　318 000

　贷：事业收入—科研事业收入—横向科研收入　　300 000

　　　应交增值税—应交税金（销项税额）　　18 000

3.年末，将本科目本年发生额中的专项资金收入转入非财政拨款结转，借记本科目下各专项资金收入明细科目，贷记“非财政拨款结转—本年收支结转”科目；将本科目本年发生额中的非专项资金收入转入其他结余，借记本科目下各非专项资金收入明细科目，贷记“其他结余”科目。

［**例 2-10**］2019 年 12 月 31 日，结转本年度事业预算收入中专项资金收入 5 000 000元（培训专项），结转非专项资金收入 100 000 000 元。账务处理如下：

预算会计：

借：事业预算收入—教育事业预算收入—其他教育事业预算收入—专项资金收入　　5 000 000

　　贷：非财政拨款结转—本年收支结转　　5 000 000

借：事业预算收入—教育事业预算收入—其他教育事业预算收入—非专项资金收入　　100 000 000

　　贷：其他结余　　100 000 000

4.年末结转后，本科目应无余额。

第四节　经营预算收入

一、概念

经营预算收入是指高等学校在教学和科研业务活动及其辅助活动之外开展非独立核算经营活动取得的收入。高等学校的非独立核算经营活动包括自营商店销售、自制商品出售、食堂对外销售、学生公寓对外开放、对外提供劳务服务等。

经营预算收入的特点：一是在教学和科研业务活动及其辅助活动之外取得的收入；二是经营活动所得；三是“非独立核算”的经营活动；四是有单独的收支体系，年终通过“经营结余”科目结转。

二、管理要求

1.依法依规管理

高等学校利用非独立核算经营活动取得的收入须遵照国家的有关法律法规、物价部门的收费依据以及学校的有关规章制度等来进行管理。

2.纳入学校预算

高等学校非独立核算经营预算收入需纳入学校预算管理，由学校财务等部门进行监督管理使用。

三、会计核算

（一）账户设置

高等学校取得的经营预算收入应当按照经营活动类别、项目及《政府收支分类科目》中“支出功能分类科目”的项级科目等进行明细核算。

(二)账务处理

1.高等学校在提供服务或发出存货并取得价款时确认收入。

2.收到经营预算收入时,按照实际收到的金额,借记“资金结存—货币资金”科目,贷记“经营预算收入”科目。

[**例 2-11**] 2019 年 6 月 5 日,某大学为一般纳税人,出售自产啤酒,收到含税价款 2320 元,增值税率 16%。账务处理如下:

预算会计:

借:资金结存—货币资金　　2 320

　贷:经营预算收入—啤酒收入　　2 320

财务会计:

借:银行存款—学校存款　　2 320

　贷:经营收入　　2 000

　　应交增值税—应交税金(销项税额)　　320

3.年末,将本科目本年发生额转入经营结余,借记“经营预算收入”科目,贷记“经营结余”科目。

[**例 2-12**] 2019 年 12 月 31 日,结转本年度经营预算收入 50 000 元。账务处理如下:

预算会计:

借:经营预算收入　　50 000

　贷:经营结余　　50 000

年末结转后,本科目应无余额。

第五节　债务预算收入

一、概念

债务预算收入是指高等学校按照有关规定从银行和其他金融机构等借入的、纳入部门预算管理的、不以财政资金作为偿还来源的债务本金。

二、管理要求

1.高等学校借入款项必须根据基本建设以及教学、科研等项目所需,要根据自身的承受能力进行借款，合理控制债务规模，防范债务风险。

2.归还债务本金不得使用财政资金，上级规定的用财政资金归还债务本金除外。

3.设立债务管理台账，记录债务对象、时间、债务期限、偿还进度等情况，及时反映债务增减变化。

三、会计核算

（一）账户设置

债务预算收入应当按照贷款单位、贷款种类及《政府收支分类科目》中“支出功能分类科目”的项级科目等进行明细核算。债务预算收入中如有专项资金收入，还应当按照具体项目进行明细核算。

（二）账务处理

1.借入各项短期或长期借款时，按照实际借入的金额，借记“资金结存—货币资金”科目，贷记“债务预算收入”科目。

［**例 2-13**］2019 年 5 月 10 日，某大学从工商银行借入短期款项 5 000 000 元，用作维修、绿化等资金周转。账务处理如下：

预算会计：

借：资金结存—货币资金　　5 000 000

　贷：债务预算收入—非专项资金收入　　5 000 000

财务会计：

借：银行存款—学校存款　　5 000 000

　贷：短期借款—工商银行　　5 000 000

2.以支出数确定借入款项时，按照实际支出的金额，借记“事业支出”科目，贷记“债务预算收入”科目。

［**例 2-14**］2019 年 5 月 15 日，某大学教学楼建设项目支出工程款 2 000 000 元，从农业银行贷款授信额度支出，该借款为三年期借款。账务处理如下：

预算会计：

借：事业支出—教育支出—其他资金支出—项目支出—高等教育—资本性支出—房屋建筑物购建（教学楼项目）　　2 000 000

　贷：债务预算收入—专项资金收入　　2 000 000

财务会计：

借：在建工程—建筑安装工程投资—建筑工程（教学楼项目）　　2 000 000

　贷：长期借款—本金—农业银行　　2 000 000

3.年末，将本科目本年发生额中的专项资金收入转入非财政拨款结转，借记本科目下各专项资金收入明细科目，贷记“非财政拨款结转—本年收支结转”科目；将本科目本年发生额中的非专项资金收入转入其他结余，借记本科目下各非专项资金收入明细科目，贷记“其他结余”科目。

[例 2-15] 2019 年 12 月 31 日，结转教学楼项目借款 2 000 000 元，周转资金借款 5 000 000 元。账务处理如下：

预算会计：

	借方	贷方
借：债务预算收入—专项资金收入	2 000 000	
贷：非财政拨款结转—本年收支结转—项目支出结转		2 000 000
借：债务预算收入—非专项资金收入	5 000 000	
贷：其他结余		5 000 000

4.年末结转后，本科目应无余额。

第六节　非同级财政拨款预算收入

一、概念

非同级财政拨款预算收入指高等学校从非同级政府财政部门取得的财政拨款收入，包括从同级政府其他部门取得的横向转拨财政款和从上级或下级政府财政部门取得的经费拨款。

对于因开展科研及其辅助活动从非同级政府财政部门取得的经费拨款，应当通过“事业预算收入—非同级财政拨款”科目进行核算，不通过本科目核算。

二、会计核算

（一）核算要求

非同级财政拨款预算收入应当按照其类别、来源及《政府收支分类科目》中“支出功能分类科目”的项级科目等进行明细核算。如其中有专项资金收入，还应按照具体项目进行明细核算。

（二）账务处理

1.取得非同级财政拨款预算收入时，按照实际收到的金额，借记“资金结存—货币资金”科目，贷记“非同级财政拨款预算收入”科目。

[例 2-16] 2019 年 5 月 31 日，某省属大学收到教育局（当地某区财政拨入）

保教费 900 000 元。账务处理如下：

预算会计：

借：资金结存—货币资金　　900 000

　　贷：非同级财政拨款预算收入—非本级财政拨款预算收入—专项资金收入　　900 000

财务会计：

借：银行存款—学校存款　　900 000

　　贷：非同级财政拨款收入—非本级财政拨款收入　　900 000

2.年末，将“非同级财政拨款收入”科目本年发生额中的专项资金收入转入非财政拨款结转，借记本科目下各专项资金收入明细科目，贷记“非财政拨款结转—本年收支结转”科目；将“非同级财政拨款收入”科目本年发生额中的非专项资金收入转入其他结余，借记本科目下各非专项资金收入明细科目，贷记“其他结余”科目。

3.年末结转后，本科目应无余额。

第七节　投资预算收益

一、概念

投资预算收益是指高等学校取得的按照规定纳入部门预算管理的属于投资收益性质的现金流入，包括股权投资收益、出售或收回债券投资所取得的收益和债券投资利息收入。

二、会计核算

（一）核算要求

投资预算收益科目应当按照《政府收支分类科目》中“支出功能分类科目”的项级科目等进行明细核算。

（二）账务处理

1.出售或到期收回本年度取得的短期、长期债券，按照实际取得的价款或实际收到的本息金额，借记“资金结存—货币资金”科目，按照取得债券时“投资支出”科目的发生额，贷记“投资支出”科目，按照其差额，贷记或借记“投资预算收益”科目。

出售或到期收回以前年度取得的短期、长期债券，按照实际取得的价款或实际收到的本息金额，借记“资金结存—货币资金”科目，按照取得债券时“投资支出”科目的发生额，贷记“其他结余”科目，按照其差额，贷记或借记“投资预算收益”科目。

[**例 2-17**] 2019 年 6 月 10 日，某大学收回到期 3 年期政府债券 400 000 元，年利率 5%，款项已存入学校开户银行。账务处理如下：

预算会计：

借：资金结存—货币资金　　460 000

　贷：其他结余　　400 000

　　投资预算收益　　60 000

财务会计：

借：银行存款—学校存款　　460 000

　贷：长期债券投资—本金　　400 000

　　投资收益　　60 000

出售、转让以货币资金取得的长期股权投资的，参照上述账务处理。

2.持有的短期投资以及分期付息、一次还本的长期债券投资收到利息时，按照实际收到的金额，借记“资金结存—货币资金”科目，贷记“投资预算收益”科目。

3.持有长期股权投资取得被投资单位分派的现金股利或利润时，按照实际收到的金额，借记“资金结存—货币资金”科目，贷记“投资预算收益”科目。

4.出售、转让以非货币性资产取得的长期股权投资时，按照实际取得的价款扣减支付的相关费用和应缴财政款后的余额（按照规定纳入学校预算管理的），借记“资金结存—货币资金”科目，贷记“投资预算收益”科目。

5.年末，将投资预算收益科目本年发生额转入其他结余，借记或贷记“投资预算收益”科目，贷记或借记“其他结余”科目。

6.年末结转后，本科目应无余额。

第八节　上级补助预算收入、附属单位上缴预算收入

一、上级补助预算收入

（一）概念

上级补助预算收入是指从主管部门和上级单位取得的非财政补助现金流入。为了弥补高等学校教育经费不足和促进高等学校的发展，主管部门和上级单位可以利用自身组织的收入，以一定方式对高等学校予以拨款补助。该项经费一般具有专门的用途。

（二）会计核算

高等学校应当按照发放补助单位、补助项目及《政府收支分类科目中》“支出功能分类科目”的项级科目等进行明细核算。上级补助预算收入中如有专项资金收入，还应按照具体项目进行明细核算。

1.收到上级补助预算收入时，按照实际收到的金额，借记“资金结存—货币资金”科目，贷记“上级补助预算收入”。

2.年末，将本科目本年发生额中的专项资金收入转入非财政拨款结转，借记“上级补助预算收入”下各专项资金收入明细科目，贷记“非财政拨款结转—本年收支结转”科目；将“上级补助预算收入”本年发生额中的非专项资金收入转入其他结余，借记“上级补助预算收入”下各非专项资金收入明细科目，贷记“其他结余”科目。

3.年末结转后，本科目应无余额。

[**例 2-18**] 2019 年 5 月 11 日，某大学收到主管部门拨入的资产管理专项补助资金 50 000 元，存入银行。账务处理如下：

预算会计：

借：资金结存—货币资金　　50 000

　贷：上级补助预算收入—专项资金收入—××项目　　50 000

财务会计：

借：银行存款—学校存款　　50 000

　贷：上级补助收入—××单位　　50 000

[**例 2-19**] 2019 年 12 月 31 日，结转本年资产管理专项补助 50 000 元。账务处理如下：

预算会计：

借：上级补助预算收入—专项资金收入—××项目　　50 000

　贷：非财政拨款结转—本年收支结转　　50 000

二、附属单位上缴预算收入

（一）概念

附属单位上缴预算收入是指高等学校取得附属独立核算单位根据有关规定上交的现金流入。独立核算单位是指具有独立法人资格、独立的财务会计组织体系、独立完整地进行会计核算的单位，包括附属中小学、附属医院、校办企业等。附属单位上缴预算收入包括上交的收入和利润等，返还学校为其垫付的水电暖费、工资及津补贴、福利费等各种费用，应当收回学校相应的支出，不应作为上缴预算收入处理。

（二）会计核算

高等学校应当按照附属单位、缴款项目、《政府收支分类科目中》“支出功能分类科目”的项级科目等进行明细核算。附属单位上缴预算收入中如有专项资金收入，还应按照具体项目进行明细核算。

1.收到附属单位缴来款项时，按照实际收到的金额，借记“资金结存—货币资金”科目，贷记“附属单位上缴预算收入”科目。

2.年末，将本科目本年发生额中的专项资金收入转入非财政拨款结转，借记“附属单位上缴预算收入”下各专项资金收入明细科目，贷记“非财政拨款结转—本年收支结转”科目；将“附属单位上缴预算收入”本年发生额中的非专项资金收入转入其他结余，借记“附属单位上缴预算收入”下各非专项资金收入明细科目，贷记“其他结余”科目。

3.年末结转后，本科目应无余额。

［**例 2-20**］2019 年 12 月 30 日，某大学收到其校办产业缴来的利润200 000元，存入银行。账务处理如下：

预算会计：

借：资金结存—货币资金　　200 000

　贷：附属单位上缴预算收入—非专项资金收入（校办产业）　200 000

财务会计：

借：银行存款—学校存款　　200 000

　贷：附属单位上缴收入—校办产业　　200 000

[例 2-21] 2019 年 12 月 31 日,结转本年校办产业缴来的利润 200 000 元。账务处理如下:

预算会计:

借:附属单位上缴预算收入—非专项资金收入　　200 000

　贷:其他结余　　200 000

第九节　其他预算收入

一、概念

其他预算收入是指除财政拨款预算收入、事业预算收入、上级补助预算收入、附属单位上缴预算收入、经营预算收入、债务预算收入、非同级财政拨款预算收入、投资预算收益之外的纳入部门预算管理的现金流入,包括捐赠预算收入、利息预算收入、租金预算收入、现金盘盈预算收入、独立核算的后勤保障预算净收入等。

二、会计核算

(一)核算要求

其他预算收入应当按照其他收入类别、《政府收支分类科目》中“支出功能分类科目”的项级科目等进行明细核算。其他预算收入中如有专项资金收入,还应按照具体项目进行明细核算。

学校发生的捐赠预算收入、利息预算收入、租金预算收入、独立核算的后勤保障预算净收入等金额较大或业务较多的,可单独设置“捐赠预算收入”“利息预算收入”“租金预算收入”“后勤保障预算净收入”等科目。

(二)账务处理

1.接受捐赠现金资产、收到银行存款利息、收到资产承租人支付的资金时,按照实际收到的金额,借记“资金结存—货币资金”科目,贷记“其他预算收入”科目。

[例 2- 22] 2019 年 3 月 22 日,某大学收到银行转来本季度利息收入 150 000元。账务处理如下:

预算会计:

借:资金结存—货币资金　　150 000

　贷:其他预算收入—利息预算收入　　150 000

财务会计：

借：银行存款—学校存款　　150 000

　贷：利息收入　　150 000

2.每日现金账款核对中如发现现金溢余，按照溢余的现金金额，借记“资金结存—货币资金”科目，贷记“其他预算收入”科目。经核实，属于应支付给有关单位和个人的部分，按照实际支付的金额，借记“其他预算收入”科目，贷记“资金结存—货币资金”科目。

[**例 2-23**] 2019 年 4 月 30 日，某大学盘盈现金 100 元。账务处理如下：

预算会计：

借：资金结存—货币资金　　100

　贷：其他预算收入—其他—非专项资金收入　　100

财务会计：

借：库存现金—学校现金　　100

　贷：待处理财产损溢—货币资金　　100

4.年末，将本科目本年发生额中的专项资金收入转入非财政拨款结转，借记本科目下各专项资金收入明细科目，贷记“非财政拨款结转—本年收支结转”科目；将本科目本年发生额中的非专项资金收入转入其他结余，借记本科目下各非专项资金收入明细科目，贷记“其他结余”科目。

5.年末结转后，本科目应无余额。

第三章 预算支出

第一节 预算支出概述

一、概念

高等学校预算支出是指高等学校在预算年度内依法发生并纳入预算管理的现金流出。

二、分类

1.按预算支出的用途，可分为事业支出、经营支出、上缴上级支出、对附属单位补助支出、投资支出、债务还本支出、其他支出。其中，高等学校的事业支出具体分为教育支出、科研支出、行政管理支出、后勤保障支出、离退休支出、其他事业支出等。

2.按预算支出的性质，可划分为基本支出和项目支出。基本支出是指高等学校为了保障其正常运转、完成日常工作任务而发生的人员支出和公用支出；项目支出是指高等学校为了完成特定工作任务和学校发展目标，在基本支出之外所发生的支出。

3.按资金来源，可划分为财政拨款支出、非财政专项资金支出和其他资金支出。财政拨款支出，是指使用同级财政拨款发生的支出；非财政专项资金支出是指使用同级财政拨款以外的专项资金发生的支出；其他资金支出是指使用同级财政拨款、非财政专项资金以外的资金发生的支出。

4.按照政府支出功能分类，高等学校预算支出主要分为教育支出、科学技术支出、文化体育与传媒支出等。

5.按照政府支出经济分类，高等学校预算支出主要分为工资福利支出、商品和服务支出、对个人和家庭补助支出、资本性支出、其他支出等。高等学校预算支出经济分类、款级科目设置及参照表见本书“附录二”。

三、确认和计量

高等学校预算支出，一般应当按照收付实现制，在实际支付时予以确认，并按照实际支付金额进行计量。

四、管理要求

1.强化预算管理，严禁无预算、超预算支出。

2.严格支出事前申请和审批控制。学校在发生相关支出前应当履行支出事前申请程序，经审核通过后再开展相关业务；学校应当明确支出的内部审批权限、程序、责任等相关规定。

3.明确各预算支出事项的开支范围和开支标准。

4.加强会计核算管理，严格票据的合法性和签批手续的完备性审查。

5.加强资金支付管理。学校应当按照规定办理资金支付业务，使用公务卡结算的，应当按照公务卡使用和管理有关规定办理业务。

6.强化支出的绩效管理，提高资金的使用效益。

7.学校取得的项目资金，应当按照批准的项目和用途，专款专用、专户核算。

五、账户设置及业务流程

高等学校应当按照预算支出用途设置一级科目，同时按资金来源和资金性质、按《政府收支分类科目》中“支出功能分类科目”的项级科目和“部门预算支出经济分类科目”等进行明细核算，从而形成了一级会计科目＋资金用途＋资金来源＋资金性质＋功能分类科目＋经济分类科目等的多维核算体系。上述的资金来源、资金性质、功能分类科目、经济分类科目，可以根据相关规定和学校预决算需要逐级设置明细科目进行核算，也可以将其作为辅助核算并列设置，互不隶属，根据核算需要组合排列。

高等学校预算支出的业务流程见图 3-1。

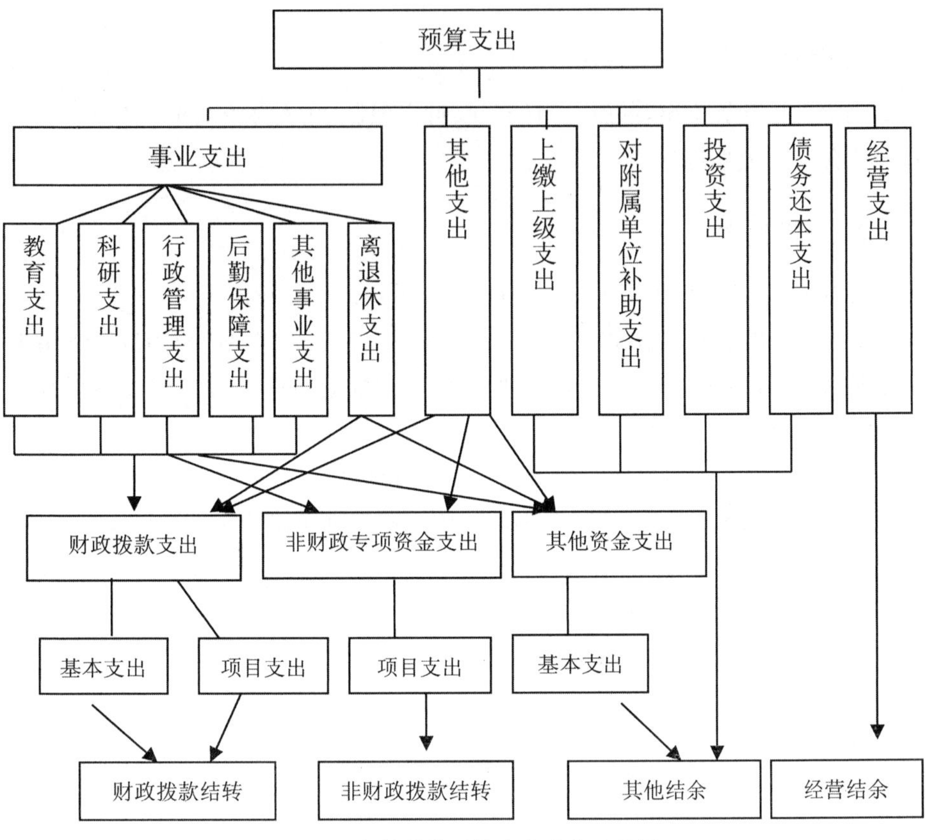

图 3-1　高等学校预算支出业务流程图

第二节　事业支出

一、概念

事业支出是高等学校开展教学、科研活动及其辅助活动等实际发生的各项现金流出。

二、分类

高等学校的事业支出可分为教育支出、科研支出、行政管理支出、后勤保障支出、离退休支出、其他事业支出等。

教育支出核算高等学校开展教学和科研业务及其辅助活动、学生事务等活动实际发生的各项现金流出。其中,教学活动支出是指高等学校各学院、系(含院系下属不单独编列预算的研究所和研究中心,下同)等教学机构,以及校团委、学工部、学生会等各类学生思政教育部门为培养各类学生发生的支出;教学辅助活动支出是指高等学校信息网络中心、电教中心、测试中心、图书馆、博物馆和档案馆等教学辅助部门发生的支出。

科研支出核算高等学校开展科研及其辅助活动实际发生的各项现金流出,包括高等学校在学院、系外单独设立的研究所、研究中心等各类科研机构发生的支出,以及高等学校为完成各项科研任务发生的支出。

行政管理支出核算高等学校开展单位的行政管理活动实际发生的各项现金流出。

后勤保障支出核算高等学校开展后勤保障活动实际发生的各项现金流出,包括学校后勤保障部门为提供后勤保障服务发生的各类支出,以及学校统一承担的水、电、煤、取暖等各类公用事业费、物业管理费、绿化费、车辆维持使用费、房屋及公用设施维修费、食堂价格补贴等。

离退休支出核算高等学校实际发生的用于离退休人员的各项现金流出。

其他事业支出核算高等学校发生的除教学、科研、后勤保障、行政管理、离退休支出之外的其他各项事业支出。

三、会计核算

(一)账户设置

高等学校发生教育、科研、行政管理、后勤保障、离退休、其他事业支出等活动的,可在本科目下设置相应的明细科目进行核算。

"事业支出"科目应当分别按照"财政拨款支出""非财政专项资金支出"和"其他资金支出";"基本支出"和"项目支出"等进行明细核算,并按照《政府收支分类科目》中"支出功能分类科目"的项级科目进行明细核算;"基本支出"和"项目支出"明细科目下应当按照《政府收支分类科目》中"部门预算支出经济分类科目"的款级科目进行明细核算,同时在"项目支出"明细科目下按照具体项目进行明细核算。

事业支出明细核算信息应当满足以下维度的要求:一是支出用途维度,二是资金来源维度,三是资金性质维度,四是支出功能分类维度,五是支出经济分类维度,六是部门、项目维度。各高等学校可根据学校和预决算需要,按照不同的维度顺序灵活设置明细科目,经济科目、部门项目等分类维度可并列设置,作为事业支出科目的辅助核算。本章暂按上述维度顺序设置明细科目。事业支出明细科目设置，见表3-1。

表 3-1　　事业支出明细科目设置表

资金用途	资金来源	资金性质	功能分类科目	经济分类科目	部门项目
教育支出	财政拨款支出	基本支出	关联功能分类科目	关联经济科目（参见附录二）	部门、项目核算
		项目支出			
	非财政专项资金支出	项目支出			
	其他资金支出	基本支出			
科研支出	财政拨款支出	项目支出			
	非财政专项资金支出	项目支出			
行政管理支出	财政拨款支出	基本支出			
		项目支出			
	非财政专项资金支出	项目支出			
	其他资金支出	基本支出			
后勤保障支出	财政拨款支出	基本支出			
		基本支出			
	非财政专项资金支出	项目支出			
	其他资金支出	基本支出			
离退休支出	财政拨款支出	基本支出			
	其他资金支出	基本支出			
其他事业支出	财政拨款支出	基本支出			
		基本支出			
	非财政专项资金支出	项目支出			
	其他资金支出	基本支出			
待处理					

有一般公共预算财政拨款、政府性基金预算财政拨款等两种或两种以上财政拨款的高等学校，还应当在“财政拨款支出”明细科目下按照财政拨款的种类进行明细核算。

对于预付款项，可通过在本科目下设置“待处理”明细科目进行明细核算，待确认具体支出项目后再转入本科目下相关明细科目。年末结账前，应将本科目“待处理”明细科目余额全部转入本科目下相关明细科目。

(二)账务处理

1.支付学校职工(经营部门职工除外)薪酬。向教学等部门职工个人支付薪酬时,按照实际支付的数额,借记本科目,贷记“财政拨款预算收入”“资金结存”科目。

按照规定代扣代缴个人所得税以及代扣代缴或为职工缴纳职工社会保险费、住房公积金等时,按照实际缴纳的金额,借记本科目,贷记“财政拨款预算收入”“资金结存”科目。

2.为教学、科研及其辅助活动支付外部人员劳务费。按照实际支付给外部人员个人的金额,借记本科目,贷记“财政拨款预算收入”“资金结存”科目。按照规定代扣代缴个人所得税时,按照实际缴纳的金额,借记本科目,贷记“财政拨款预算收入”“资金结存”科目。

3.开展教学、科研及其辅助活动过程中为购买存货、固定资产、无形资产等以及在建工程支付相关款项时,按照实际支付的金额,借记本科目,贷记“财政拨款预算收入”“资金结存”科目。

4.开展教学、科研及其辅助活动过程中发生预付账款时,按照实际支付的金额,借记本科目,贷记“财政拨款预算收入”“资金结存”科目。

对于暂付款项,在支付款项时可不做预算会计处理,待结算或报销时,按照结算或报销的金额,借记本科目,贷记“资金结存”科目。

5.开展教学、科研及其辅助活动过程中缴纳的相关税费以及发生的其他各项支出,按照实际支付的金额,借记本科目,贷记“财政拨款预算收入”“资金结存”科目。

6.开展教学、科研及其辅助活动过程中因购货退回等发生款项退回,或者发生差错更正的,属于当年支出收回的,按照收回或更正金额,借记“财政拨款预算收入”“资金结存”科目,贷记本科目。

7.年末,将本科目本年发生额中的财政拨款支出转入财政拨款结转,借记“财政拨款结转—本年收支结转”科目,贷记本科目下各财政拨款支出明细科目;将本科目本年发生额中的非财政专项资金支出转入非财政拨款结转,借记“非财政拨款结转—本年收支结转”科目,贷记本科目下各非财政专项资金支出明细科目;将本科目本年发生额中的其他资金支出(非财政非专项资金支出)转入其他结余,借记“其他结余”科目,贷记本科目下其他资金支出明细科目。

8.年末结转后,“事业支出” 科目应无余额。

事业支出账务处理见表 3-2 所示。

表 3-2　　事业支出账务处理

业务事项		预算会计分录	财务会计分录
实际支付给职工薪酬、外部人员劳务费，并代扣个人所得税时		借：事业支出（按照支付给个人部分） 贷：财政拨款预算收入/资金结存	借：应付职工薪酬/业务活动费/单位管理费等 贷：财政拨款收入/零余额账户用款额度/银行存款等 其他应交税费—应交个人所得税/其他应付款等
实际缴纳个人所得税、代缴社会保险费、住房公积金时		借：事业支出（按照实际缴纳额） 贷：资金结存等	借：其他应交税费—应交个人所得税/应付职工薪酬 贷：银行存款/零余额账户用款额度等
开展活动发生预付账款	支付款项时	借：事业支出—待处理 贷：财政拨款预算收入/资金结存	借：预付账款 贷：财政拨款收入/零余额账户用款额度/银行存款等
	结算时	借：事业支出 贷：财政拨款预算收入/资金结存（补付金额） 事业支出—待处理	借：业务活动费用/单位管理费用 贷：预付账款 财政拨款收入/零余额账户用款额度/银行存款等（补付金额）
开展活动发生暂付款项	支付款项时	—	借：其他应收款 贷：银行存款等
	结算或报销时	借：事业支出（实际支出额） 贷：资金结存等	借：业务活动费用/单位管理费用 库存现金/银行存款（交回金额） 贷：其他应收款 库存现金/银行存款（补付金额）
购买资产或支付在建工程款等，按照实际支付的价款		借：事业支出（按照实际支付额） 贷：资金结存等	借：库存物品/固定资产/无形资产/在建工程等 贷：财政拨款收入/零余额账户用款额度/银行存款等
支付其他应交税费时		借：事业支出 贷：资金结存等	借：其他应交税费 贷：银行存款等
为履职或开展活动发生其他各项费用		借：事业支出（按照实际支付的金额） 贷：财政拨款预算收入/资金结存	借：业务活动费用/单位管理费用 贷：财政拨款收入/零余额账户用款额度/银行存款等

续表

业务事项	预算会计分录	财务会计分录
当年发生的购货退回	借:财政拨款预算收入/资金结存 　贷:事业支出	借:财政拨款收入/零余额账户用款额度/银行存款等 　贷:库存物品/固定资产/业务活动费用/单位管理费等
期末/年末结转	借:财政拨款结转—本年收支结转(财政拨款支出) 　非财政拨款结转—本年收支结转(非同级财政专项资金支出) 　其他结余(非同级财政、非专项资金支出) 　贷:事业支出	借:本期盈余 　贷:业务活动费用/单位管理费用

三、主要业务举例

某大学 2019 年发生以下业务:

[**例 3-1**] 2019 年 11 月 10 日,计提职工工资 8 000 000 元,代扣个人所得税 370 000 元、代扣社会保险费 1 036 000 元、代扣住房公积金 1 184 000 元,实际发放工资为 5 410 000 元。工资发放明细见表 3-3。账务处理如下:

表 3-3　　基本工资发放明细表　　单位:万元

人员类别	工资	代扣个人所得税	代扣社会保险	代扣住房公积金	扣款总计	实发金额
教学人员	520	26.0	72.8	83.2	182.0	338.0
科研人员	140	7.0	19.6	22.4	49.0	91.0
行政管理人员	50	2.5	7.0	8.0	17.5	32.5
后勤保障人员	30	1.5	4.2	4.8	10.5	19.5
离退休人员	60	0.0	0.0	0.0	0.0	60.0
合计	800	37.0	103.6	118.4	259.0	541.0

预算会计:

借:事业支出—教育支出—财政拨款支出—基本支出—高等教育—工资福利支出—基本工资　　3 380 000

　事业支出—科研支出—财政拨款支出—基本支出—高等教育—工资福

利支出—基本工资　　910 000

事业支出—行政管理支出—财政拨款支出—基本支出—高等教育—工资福利支出—基本工资　　325 000

事业支出—后勤保障支出—财政拨款支出—基本支出—高等教育—工资福利支出—基本工资　　195 000

事业支出—离退休支出—财政拨款支出—基本支出—高等教育— 对个人和家庭补助—退休费　　600 000

贷:资金结存—零余额账户用款额度　　5 410 000

财务会计:

(1)计提工资

借:业务活动费用—教育费用—工资福利费用　　5 200 000

业务活动费用—科研费用—工资福利费用　　1 400 000

单位管理费用—行政管理费用—工资福利费用　　500 000

单位管理费用—后勤保障费用—工资福利费用　　300 000

单位管理费用—离退休费用—对个人和家庭补助费用　　600 000

贷:应付职工薪酬—基本工资　　8 000 000

(2)发放工资

借:应付职工薪酬—基本工资　　8 000 000

贷:零余额账户用款额度　　5 410 000

其他应交税费—应交个人所得税　　370 000

应付职工薪酬—社会保险费　　1 036 000

应付职工薪酬—住房公积金　　1 184 000

[**例 3-2**] 11 月 15 日,文学院发放外校专家 S 学术报告款 10 000 元,其中由文学院教学经费列支 5 000 元(个人所得税 800 元),由科技处部门下“高层次论坛”专项经费列支 5 000 元(个人所得税 800 元),代扣代缴个人所得税 1 600 元,余款 8 400 元由银行存款支付。账务处理如下:

预算会计:

借:事业支出—教育支出—其他资金支出—基本支出—高等教育—商品和服务支出—劳务费(文学院　教学经费)　　4 200

事业支出—教育支出—非财政专项资金支出—项目支出—高等教育—商品和服务支出—劳务费(科技处 高层次论坛专项)　　4 200

贷: 资金结存—货币资金　　8 400

财务会计：

借：业务活动费—教育费用—商品和服务费用—劳务费　　10 000

　贷：其他应交税费—应交个人所得税　　1 600

　　银行存款—学校存款　　8 400

[**例 3-3**] 11 月 20 日按照规定计提单位承担的职工社保费 2 960 000 元，并通过财政授权额度支付社保费 3 996 000 元。社会保险的交纳明细见表 3-4。账务处理如下：

表 3-4　　社会保险的交纳明细见表　　单位：万元

人员类别	工资	单位承担社会保险	代扣社会保险	社会保险总计
教学人员	520	208	72.8	280.8
科研人员	140	56	19.6	75.6
行政管理人员	50	20	7	27
后勤保障人员	30	12	4.2	16.2
合计	740	296	103.6	399.6

预算会计：

借：事业支出—教育支出—财政拨款支出—基本支出—高等教育—工资福利支出　　2 808 000

　事业支出—行政管理支出—财政拨款支出—基本支出—高等教育—工资福利支出　　1 026 000

　事业支出—后勤保障支出—财政拨款支出—基本支出—高等教育—工资福利支出　　162 000

　贷：资金结存—零余额账户用款额度　　3 996 000

财务会计：

(1)计提单位承担的职工社保费

借：业务活动费用—教育费用—工资福利费用　　2 808 000

　业务活动费用—科研费用—工资福利费用　　756 000

　单位管理费用—行政管理费用—工资福利费用　　270 000

　单位管理费用—后勤保障费用—工资福利费用　　162 000

　贷：应付职工薪酬—社会保险费　　3 996 000

(2)交纳社会保险费

借:应付职工薪酬—社会保险费　　3 996 000

　贷:零余额账户用款额度　　3 996 000

[**例 3-4**] 11 月 22 日,通过财政授权额度缴纳个人承担的公积金 1 184 000 元,见表 3-3。

预算会计:

借:事业支出—教育支出—财政拨款支出—基本支出—高等教育—工资福利支出—基本工资　　832 000

　事业支出—行政管理支出—财政拨款支出—基本支出—高等教育—工资福利支出—基本工资　　304 000

　事业支出—后勤保障支出—财政拨款支出—基本支出—高等教育—工资福利支出—基本工资　　48 000

　贷:资金结存—零余额账户用款额度　　1 184 000

财务会计:

借:应付职工薪酬—住房公积金　　1 184 000

　贷:零余额账户用款额度　　1 184 000

[**例 3-5**] 12 月 1 日,学校通过财政授权额度支付个人所得税 370 000 元见表 3-3,通过银行存款交纳个人所得税 1 600 元,账务处理如下:

预算会计:

借:事业支出—教育支出—财政拨款支出—基本支出—高等教育—工资福利支出—基本工资　　260 000

　事业支出—行政管理支出—财政拨款支出—基本支出—高等教育—工资福利支出—基本工资　　95 000

　事业支出—后勤保障支出—财政拨款支出—基本支出—高等教育—工资福利支出—基本工资　　15 000

　事业支出—教育支出—其他资金支出—基本支出—高等教育—商品和服务支出—劳务费(文学院 教学经费)　　800

　事业支出—教育支出—非财政专项资金支出—项目支出—高等教育—商品和服务支出—劳务费(科技处 高层次论坛专项)　　800

　贷:资金结存—零余额账户用款额度　　370 000

　　资金结存—货币资金　　1 600

财务会计：

借：其他应交税费—应交个人所得税　　371 600

　贷：零余额账户用款额度　　370 000

　　银行存款—学校存款　　1 600

[**例 3-6**] 某大学发生与预付账款有关的业务如下：

(1)12 月 3 日，学校按合同规定预付 A 公司教学仪器采购款 100 000 元。该款项通过“零余额账户用款额度”支付，从资产处部门下“省财政高水平大学建设专项”中列支。账务处理如下：

预算会计：

借：事业支出—待处理　　100 000

　贷：资金结存—零余额账户用款额度　　100 000

财务会计：

借：预付账款—A 公司　　100 000

　贷：零余额账户用款额度　　100 000

(2)12 月 10 日，学校收到上述预定教学仪器，按合同规定，A 公司开具发票 260 000 元，扣除质保金 26 000 元(质保期 1 年)后，款项 134 000 元通过“零余额账户用款额度”支付，从资产处部门下“省财政高水平大学建设专项”中列支。账务处理如下：

预算会计：

借：事业支出—教育支出—财政拨款支出—项目支出—高等教育—资本性支出—专用设备购置(资产处　省财政高水平大学建设专项)　　234 000

　贷：资金结存—零余额账户用款额度　　134 000

　　事业支出—待处理　　100 000

财务会计：

借：固定资产—专用设备　　260 000

　贷：预付账款—A 公司　　100 000

　　零余额账户用款额度　　134 000

　　其他应付款—质保金—A 公司　　26 000

(3)一年之后，该教学仪器无质量问题，学校通过“零余额账户用款额度”支付 A 公司质保金 26 000 万元。账务处理如下：

预算会计：

借：事业支出—教育支出—财政拨款支出—项目支出—高等教育—资本性

支出—专用设备购置(资产处　省财政高水平大学建设专项)　　26 000

贷:资金结存—零余额账户用款额度　　26 000

财务会计:

借:其他应付款—质保金—A公司　　26 000

贷:零余额账户用款额度　　26 000

[**例 3-7**] 12月11日,化工学院李老师采购试剂一批,发票金额为19 800元,该款项从科技处部门下的国家自然基金B项目列支,并以银行存款支付。账务处理如下:

预算会计:

借:事业支出—科研支出—非财政专项资金支出—项目支出—自然科学基金—商品和服务支出—专用材料费(科技处　国家自然基金B项目)

19 800

贷:资金结存—货币资金　　19 800

财务会计:

借:业务活动费用—科研费用—商品和服务费用　　19 800

贷:银行存款—学校存款　　19 800

[**例 3-8**] (1)12月12日,资产处按规定采购一批办公用低值易耗品入学校公务仓,该批办公用品尚未明确领用单位,其发票金额为96 500元,以银行存款付款,从资产处的办公用品经费中列支。账务处理如下:

预算会计:

有两种处理方法:

①借:事业支出—行政管理支出—其他资金支出—基本支出—高等教育—商品和服务支出—办公费(资产处 办公用品经费)　　96 500

贷:资金结存—货币资金　　96 500

②借:事业支出—待处理　　96 500

贷:贷:资金结存—货币资金　　96 500

采用本方法,在年底结账前,如果库存物品没有出库完毕,需将“事业支出—待处理”转入相关明细科目。各学校可根据本校的情况对上述两种方法作出选择。

财务会计:

借:库存物品—低值易耗品　　96 500

贷:银行存款—学校存款　　96 500

(2)12 月 20 日,办公用低值易耗品出库,清单如下:理工学院领用 15 000 元,审计处领用 10 000 元,后勤集团领用 20 000 元,离退休活动室领用 22 000 元,横向科研项目 A 领用 12 000 元。以上款项均从各自经费中列支。账务处理如下:

预算会计:

有两种处理方法:

①借:事业支出—教育支出—其他资金支出—基本支出—高等教育—商品和服务支出—办公费(理工学院　教学经费)　15 000

事业支出—行政管理支出—其他资金支出—基本支出—高等教育—商品和服务支出—办公费(审计处　业务经费)　10 000

事业支出—后勤保障支出—其他资金支出—基本支出—高等教育—商品和服务支出—办公费(后勤集团　业务经费)　20 000

事业支出—离退休支出—其他资金支出—基本支出—高等教育—商品和服务支出—办公费(离退休处　离退休活动经费　22 000

事业支出—科研支出—非财政专项资金支出—项目支出—高等教育—商品和服务支出—办公费(科技处　横向科研项目 A)　12 000

贷:事业支出—行政管理支出—其他资金支出—基本支出—高等教育—商品和服务支出—办公费(资产处　办公用品经费)　79 000

②借:事业支出—教育支出—其他资金支出—基本支出—高等教育—商品和服务支出—办公费(理工学院　教学经费)　15 000

事业支出—行政管理支出—其他资金支出—基本支出—高等教育—商品和服务支出—办公费(审计处　业务经费)　10 000

事业支出—后勤保障支出—其他资金支出—基本支出—高等教育—商品和服务支出—办公费(后勤集团　业务经费)　20 000

事业支出—离退休支出—其他资金支出—基本支出—高等教育—商品和服务支出—办公费(离退休处离退休活动经费)　22 000

事业支出—科研支出—非财政专项资金支出—项目支出—高等教育—商品和服务支出—办公费(科技处 横向科研项目 A)　12 000

贷:事业支出—待处理　79 000

提示:本方法在 12 月 31 日前应将“事业支出—待处理”科目的余额 17 000 元调整,其分录:

借:事业支出—行政管理支出—其他资金支出—基本支出—高等教育—商

品和服务支出—办公费(资产处　办公用品经费)　　17 000

　　贷:事业支出—待处理　　17 000

财务会计:

借:业务活动费用—教育费用—商品和服务费用　　15 000

　　单位管理费用—行政管理费用—商品和服务费用　　10 000

　　单位管理费用—后勤保障费用—商品和服务费用　　20 000

　　单位管理费用—离退休费用—商品和服务费用　　22 000

　　业务活动费用—科研费用—商品和服务费用　　12 000

　　贷:库存物品—低值易耗品　　79 000

[例 3-9] 12 月 20 日,李校长带领外语学院院长、审计处处长、财务处处长、后勤集团主任去上海高等学校学习教学、管理经验回校报销,5 人共花费 50 000 元差旅费,费用均摊,分别从各单位经费中列支,各项费用刷公务卡支付。账务处理如下:

预算会计:

借:事业支出—行政管理支出—财政拨款支出—基本支出—高等教育—商品和服务支出—差旅费(校办　校长经费)　　10 000

　　事业支出—教育支出—财政拨款支出—基本支出—高等教育—商品和服务支出—差旅费(外语学院　教学经费)　　10 000

　　事业支出—行政管理支出—财政拨款支出—基本支出—高等教育—商品和服务支出—差旅费(审计处　业务经费)　　10 000

　　事业支出—行政管理支出—财政拨款支出—基本支出—高等教育—商品和服务支出—差旅费(财务处　业务经费)　　10 000

　　事业支出—后勤保障支出—财政拨款支出—基本支出—高等教育—商品和服务支出—差旅费(后勤集团　业务经费)　　10 000

　　贷:资金结存—零余额账户用款额度　　50 000

财务会计:

借:业务活动费用—教育费用—商品和服务费用　　10 000

　　单位管理费用—行政管理费用—商品和服务费用　　30 000

　　单位管理费用—后勤保障费用—商品和服务费用　　10 000

　　贷:零余额账户用款额度　　50 000

[例 3-10] 12 月 21 日,化工学院李老师报销资料印刷费 19 000 元,从同级财政拨款科研项目 B 中支出,并由零余额账户用款额度支付。账务处理如下:

预算会计：

借：事业支出—科研支出—财政拨款支出—项目支出—高等教育—商品和服务支出—印刷费(科技处 B项目) 19 000

贷：资金结存—零余额账户用款额度 19 000

财务会计：

借：业务活动费用—科研费用—商品和服务费用 19 000

贷：零余额账户用款额度 19 000

[例 3-11] 12 月 22 日，资产处通过政府采购方式购入办公用打印机一批 96 000元，其中，财政拨款专项资金支付 90 000 元，非财政专项资金支付 6 000 元，从资产处办公设备专项中列支。账务处理如下：

预算会计：

借：事业支出—行政管理支出—财政拨款支出—项目支出—高等教育—资本性支出—办公设备购置费（资产处 办公设备专项） 90 000

事业支出—行政管理支出—非财政专项资金支出—项目支出—高等教育—资本性支出—办公设备购置费(资产处 办公设备专项) 6 000

贷：资金结存—零余额账户用款额度 90 000

资金结存—货币资金 6 000

财务会计：

借：固定资产—通用设备 96 000

贷：零余额账户用款额度 90 000

银行存款—学校存款 6 000

[例 3-12] 12 月 23 日，学校按规定从财政拨款专项资金中支付物业公司保安费 12 万元。账务处理如下：

预算会计：

借：事业支出—后勤保障支出—财政拨款支出—项目支出—高等教育—商品和服务支出—物业管理费(物业中心 保安专项) 120 000

贷：资金结存—零余额账户用款额度 120 000

财务会计：

借：单位管理费用—后勤保障费用—商品和服务费用 120 000

贷：零余额账户用款额度 120 000

[例 3-13] 12 月 23 日，学校以银行存款支付浴室大型修缮费 500 000 元。账务处理如下：

预算会计：

借：事业支出—后勤保障支出—非财政专项资金支出—项目支出—高等教育—资本性支出—大型修缮费(浴室专项)　　500 000

　贷：资金结存—货币资金　　500 000

财务会计：

借：单位管理费用—后勤保障费用—商品和服务费用　　500 000

　贷：银行存款—学校存款　　500 000

[例 3-14] 12 月 23 日，招生就业处报销由学校统一负担的招生宣传费 50 000元，由财政授权额度付款。

预算会计：

借：事业支出—教育支出—财政拨款支出—基本支出—高等教育—商品和服务支出—其他　　50 000

　贷：资金结存—零余额账户用款额度　　50 000

财务会计：

借：业务活动费用—教育费用—商品和服务费用　　50 000

　贷：零余额账户用款额度　　50 000

[例 3-15] 12 月 24 日，审计处报销由学校委托注册会计师事务所审计经费 100 000 元，由审计专项列支，并通过银行存款支付。

预算会计：

借：事业支出—行政管理支出—非财政专项资金支出—项目支出—高等教育—商品和服务支出—委托业务费　　100 000

　贷：资金结存—货币资金　　100 000

财务会计：

借：单位管理费用—行政管理费用—商品和服务费用　　100 000

　贷：银行存款—学校存款　　100 000

[例 3-16] 12 月 25 日，校办报销律师事务所法律顾问费 60 000 元，由银行存款支付。

借：事业支出—其他事业支出—其他资金支出—基本支出—高等教育—商品和服务支出—咨询费　　60 000

　贷：资金结存—货币资金　　60 000

财务会计：

借：单位管理费用—单位统一负担的其他管理费用—商品和服务费用　　60 000

　贷：银行存款—学校存款　　60 000

[**例 3-17**] 12 月 31 日，上述业务需结转科目余额见表 3-5。账务处理如下：

表 3-5　　**科目余额表**　　单位：元

12 月 31 日

科目名称	借方余额
事业支出—教育支出—财政拨款支出—基本支出	7 310 000
事业支出—教育支出—财政拨款支出—项目支出	234 000
事业支出—科研支出—财政拨款支出—项目支出	1979 000
事业支出—行政管理支出—财政拨款支出—基本支出	710 000
事业支出—行政管理支出—财政拨款支出—项目支出	90 000
事业支出—后勤保障支出—财政拨款支出—基本支出	430 000
事业支出—后勤保障支出—财政拨款支出—项目支出	120 000
事业支出—离退休支出—财政拨款支出—基本支出	600 000
事业支出—其他事业支出—财政拨款支出—基本支出	50 000
财政拨款支出合计	11 523 000
事业支出—教育支出—非财政专项资金支出—项目支出	5 000
事业支出—科研支出—非财政专项资金支出—项目支出	31 800
事业支出—行政管理支出—非财政专项资金支出—项目支出	6 000
事业支出—后勤保障支出—非财政专项资金支出—项目支出	500 000
事业支出—其他事业支出—非财政专项资金支出—项目支出	100 000
非财政专项资金支出合计	642 800
事业支出—教育支出—其他资金支出—基本支出	20 000
事业支出—行政管理支出—其他资金支出—基本支出	27 500
事业支出—后勤保障支出—其他资金支出—基本支出	20 000
事业支出—离退休支出—其他资金支出—基本支出	22 000
事业支出—其他事业支出—其他资金支出—基本支出	60 000
其他资金支出合计	149 500

续表

科目名称	借方余额
业务活动费用—教育费用	7 315 000
业务活动费用—科研费用	2 010 800
单位管理费用—行政管理费	740 000
单位管理费用—后勤保障费	1 070 000
单位管理费用—离退休费用	622 000
单位管理费用—单位统一负担的其他管理费用	210 000
费用合计	11 967 800

预算会计：

(1)财政拨款支出结转

借：财政拨款结转—本年收支结转—基本支出　11 060 000
　　　　　　　　　　　　　　　—项目支出　463 000
　贷：事业支出— 教育支出—财政拨款支出—基本支出　7 310 000
　　事业支出— 教育支出—财政拨款支出—项目支出　234 000
　　事业支出—科研支出—财政拨款支出—项目支出　1979 000
　　事业支出—行政管理支出—财政拨款支出—基本支出　710 000
　　事业支出—行政管理支出—财政拨款支出—项目支出　90 000
　　事业支出—后勤保障支出—财政拨款支出—基本支出　430 000
　　事业支出—后勤保障支出—财政拨款支出—项目支出　120 000
　　事业支出—离退休支出—财政拨款支出—基本支出　600 000
　　事业支出—其他事业支出—财政拨款支出—基本支出　50 000

(2)非财政专项资金支出结转

借：非财政拨款结转—本年收支结转—项目支出结转
　642 800
　贷：事业支出—教育支出—非财政专项资金支出—项目支出　5 000
　　事业支出—科研支出—非财政专项资金支出—项目支出　31 800
　　事业支出—行政管理支出—非财政专项资金支出—项目支出　6 000
　　事业支出—后勤保障支出—非财政专项资金支出—项目支出
　500 000
　　事业支出—其他事业支出—非财政专项资金支出—项目支出
　100 000

(3)其他资金支出结转

借:其他结余　　149 500

　贷:事业支出—教育支出—其他资金支出—基本支出　　20 000

　　事业支出—行政管理支出—其他资金支出—基本支出　　27 500

　　事业支出—后勤保障支出—其他资金支出—基本支出　　20 000

　　事业支出—离退休支出—其他资金支出—基本支出　　22 000

　　事业支出—其他事业支出—其他资金支出—基本支出　　60 000

财务会计:

借:本期盈余　　11 967 800

　贷:业务活动费用—教育费用　　7 315 000

　　业务活动费用—科研费用　　2 010 800

　　单位管理费用—行政管理费用　　740 000

　　单位管理费用—后勤保障费用　　1 070 000

　　单位管理费用—离退休费用　　622 000

　　单位管理费用—单位统一负担的其他管理费用　　210 000

第三节　经营支出

一、概念

经营支出是指高等学校在教学、科研活动及其辅助活动之外开展非独立核算经营活动实际发生的各项现金流出。

二、会计核算

(一)账户设置

经营支出科目应当按照经营活动类别、项目、《政府收支分类科目》中“支出功能分类科目”的项级科目和“部门预算支出经济分类科目”的款级科目等进行明细核算。

对于预付款项,可通过在本科目下设置“待处理”明细科目进行明细核算,待确认具体支出项目后再转入本科目下相关明细科目。年末结账前,应将本科目“待处理”明细科目余额全部转入本科目下相关明细科目。

(二)账务处理

1.支付经营部门职工薪酬。向职工个人支付薪酬时,按照实际的金额,借记本科目,贷记“资金结存”科目。

按照规定代扣代缴个人所得税以及代扣代缴或为职工缴纳职工社会保险费、住房公积金时,按照实际缴纳的金额,借记本科目,贷记“资金结存”科目。

2.为经营活动支付外部人员劳务费。按照实际支付给外部人员个人的金额,借记本科目,贷记“资金结存”科目。按照规定代扣代缴个人所得税时,按照实际缴纳的金额,借记本科目,贷记“资金结存”科目。

3.开展经营活动过程中为购买存货、固定资产、无形资产等以及在建工程支付相关款项时,按照实际支付的金额,借记本科目,贷记“资金结存”科目。

4.开展经营活动过程中发生预付账款时,按照实际支付的金额,借记本科目,贷记“资金结存”科目。

对于暂付款项,在支付款项时可不做预算会计处理,待结算或报销时,按照结算或报销的金额,借记本科目,贷记“资金结存”科目。

5.因开展经营活动缴纳的相关税费以及发生的其他各项支出,按照实际支付的金额,借记本科目,贷记“资金结存”科目。

6.开展经营活动中因购货退回等发生款项退回,或者发生差错更正的,属于当年支出收回的,按照收回或更正金额,借记“资金结存”科目,贷记本科目。

7.年末,将本科目本年发生额转入经营结余,借记“经营结余”科目,贷记本科目。

8.年末结转后,“经营支出”科目应无余额。

经营支出账务处理见表3-6。

表3-6　　经营支出账务处理

业务事项	预算会计分录	财务会计分录
实际支付给职工薪酬、外部人员劳务费,代扣个人所得税、社会保险费、住房公积金等	借:经营支出(按照支付给个人部分) 　贷:资金结存—货币资金	借:应付职工薪酬/经营费用等 　贷:银行存款等 　　其他应交税费—应交个人所得税
实际缴纳个人所得税、社会保险费、住房公积金款时	借:经营支出(按照实际缴纳额) 　贷:资金结存—货币资金	借:其他应交税费—应交个人所得税/应付职工薪酬 　贷:银行存款等

续表

业务事项		预算会计分录	财务会计分录
经营活动购买资产或支付在建工程款，按照实际支付的金额		借：经营支出 　贷：资金结存—货币资金（按照实际支付金额）	借：库存物品/固定资产/无形资产/在建工程 　贷：银行存款等
经营活动发生的预付款项	预付时，按照预付的金额	借：经营支出—待处理 　贷：资金结存—货币资金	借：预付账款 　贷：银行存款等
	结算时	借：经营支出 　贷：资金结存—货币资金（补付金额） 　　经营支出—待处理	借：经营费用 　贷：预付账款 　　银行存款等（补付金额）
实际缴纳税金及附加时		借：经营支出 　贷：资金结存—货币资金	借：其他应交税费 　贷：银行存款等
开展经营活动发生的其他各项费用		借：经营支出（按照实际支付的金额） 　贷：资金结存—货币资金	借：经营费用 　贷：银行存款等
期末/年末结转		借：经营结余 　贷：经营支出	借：本期盈余 　贷：经营费用

三、主要业务举例

某大学校内经营中心（非独立核算，下同）发生以下经济业务：

[**例 3-18**] 11 月 10 日，经营中心计提职工薪酬 60 000 元，为职工代扣社会保险费 8 400 元，代扣住房公积金 9 600 元 代扣个人所得税 3 000 元，以银行存款支付职工薪酬 39 000 元。账务处理如下：

预算会计：

借：经营支出　　39 000

　贷：资金结存—货币资金　　39 000

财务会计：

(1)计提费用

借：经营费用　　60 000

　贷：应付职工薪酬—基本工资　　60 000

(2)发放工资

借:应付职工薪酬—基本工资　　60 000

　贷:应付职工薪酬—社会保险费　　8 400

　　应付职工薪酬—住房公积金　　9 600

　　其他应交税费—应交个人所得税　　3 000

　　银行存款—学校存款　　39 000

[例 3-19] 11 月 20 日,以银行存款缴纳住房公积金 9 600 元,账务处理如下:

预算会计:

借:经营支出　　9 600

　贷:资金结存—货币资金　　9 600

财务会计:

借:应付职工薪酬—住房公积金　　9 600

　贷:银行存款—学校存款　　9 600

[例 3-20] 11 月 30 日计提单位应当承担的社会保险费 24 000 元,并缴纳社会保险费 32 400 元。

预算会计:

借:经营支出　　32 400

　贷:资金结存—货币资金　　32 400

财务会计:

(1)计提单位应承担的社会保险费

借:经营费用　　24 000

　贷:应付职工薪酬—社会保险费　　24 000

(2)缴纳社会保险费

借:应付职工薪酬—社会保险费　　32 400

　贷:银行存款—学校存款　　32 400

[例 3-21] 以银行存款支付税务局代扣个人所得税 3 000 元。

预算会计:

借:经营支出　　3 000

　贷:资金结存—货币资金　　3 000

财务会计:

借:其他应交税费—应交个人所得税　　3 000

　贷:银行存款—学校存款　　3 000

[**例 3-22**] 12 月 10 日为开展经营活动，经营中心用自筹资金购买设备 1 台共 100 000 元，以银行存款支付。账务处理如下：

预算会计：

借：经营支出　　100 000

　贷：资金结存—货币资金　　100 000

财务会计：

借：固定资产—通用设备　　100 000

　贷：银行存款—学校存款　　100 000

[**例 3-23**] 12 月 20 日，经营中心预付经营用材料款 50 000 元，以银行存款支付。账务处理如下：

预算会计：

借：经营支出—待处理　　50 000

　贷：资金结存—货币资金　　50 000

财务会计：

借：预付账款—××单位　　50 000

　贷：银行存款—学校存款　　50 000

[**例 3-24**] 12 月 28 日，经营中心收到对方单位发票 70 000 元，冲销预付账款 50 000 元，以银行存款支付 20 000 元。账务处理如下：

预算会计：

借：经营支出　　70 000

　贷：资金结存—货币资金　　20 000

　　　经营支出—待处理　　50 000

财务会计：

借：经营费用　　70 000

　贷：预付账款　　50 000

　　　银行存款　　20 000

[**例 3-25**] 12 月 31 日，将经营支出发生额 254 000 元，结转至经营结余。账务处理如下：

预算会计：

借：经营结余　　254 000

　贷：经营支出　　254 000

第四节　上缴上级支出

一、概念

上缴上级支出是指高等学校按照财政部门和主管部门的规定上缴上级单位款项发生的现金流出。

本科目核算实行收入上交办法的高等学校按规定的定额或者比例上缴上级单位的支出，其资金主要来源于高等学校的事业收入和经营收入，即高等学校利用自身资源取得的收入。

二、会计核算

（一）账户设置

“上缴上级支出”应当按照收缴款项单位、缴款项目、《政府收支分类科目》中“支出功能分类科目”的项级科目和“部门预算支出经济分类科目”的款级科目等进行明细核算。

（二）账务处理

1.按照规定将款项上缴上级单位的，按照实际上交的金额，借记本科目，贷记“资金结存”科目。

2.年末，将本科目本年发生额转入其他结余，借记“其他结余”科目，贷记“上缴上级支出”。

3.年末结转后，本科目应无余额。

上缴上级支出账务处理见表3-7。

表3-7　上缴上级支出账务处理

业务事项	预算会计分录	财务会计分录
上缴上级支出 按实际上交款项时	借：上缴上级支出 贷：资金结存—货币资金	借：上缴上级费用/其他应付款 贷：银行存款等
期末/年末结转	借：其他结余 贷：上缴上级支出	借：本期盈余 贷：上缴上级费用

三、主要业务举例

某大学发生与经营业务有关的经济业务如下：

[**例 3-26**] 12 月 20 日，上交主管部门经营收入 100 000 元，以银行存款支付。账务处理如下：

预算会计：

借：上缴上级支出　　100 000

　贷：资金结存—货币资金　　100 000

财务会计：

借：上缴上级费用—×主管部门　　100 000

　贷：银行存款　　100 000

[**例 3-27**] 12 月 31 日，将上缴上级支出发生额 100 000 元，结转至其他结余。账务处理如下：

预算会计：

借：其他结余　　100 000

　贷：上缴上级支出　　100 000

第五节　对附属单位补助支出

一、概念

对附属单位补助支出是指高等学校用财政拨款预算收入之外的收入对附属单位补助发生的现金流出。

二、会计核算

(一)账户设置

“对附属单位补助支出”应当按照接受补助单位、补助项目、《政府收支分类科目》中“支出功能分类科目”的项级科目和“部门预算支出经济分类科目”的款级科目等进行明细核算。

(二)账务处理

1.发生对附属单位补助支出的，按照实际补助的金额，借记本科目，贷记“资金结存”科目。

2.年末，将本科目本年发生额转入其他结余，借记“其他结余”科目，贷记本科目。

3.年末结转后，本科目应无余额。

对附属单位补助支出账务处理见表 3-8。

表 3-8　　对附属单位补助支出账务处理

业务事项	预算会计分录	财务会计分录
实际给予附属单位补助时	借：对附属单位补助支出 　贷：资金结存—货币资金	借：对附属单位补助费用/其他应付款 　贷：银行存款等
期末/年末结转	借：其他结余 　贷：对附属单位补助支出	借：本期盈余 　贷：对附属单位补助费用

三、主要业务举例

某大学 2019 年发生如下经济业务：

［**例 3-28**］3 月 10 日，用自有资金对附属小学拨付资金 200 000 元，以银行存款支付。账务处理如下：

预算会计：

借：对附属单位补助支出　　200 000

　贷：资金结存—货币资金　　200 000

财务会计：

借：对附属单位补助费用—×附属小学　　200 000

　贷：银行存款—学校存款　　200 000

［**例 3-29**］12 月 31 日，将上述“对附属单位补助支出”发生额 200 000 元，结转至其他结余。账务处理如下：

预算会计：

借：其他结余　　200 000

　贷：对附属单位补助支出　　200 000

第六节　投资支出

一、概念

投资支出是指高等学校以货币资金对外投资发生的现金流出。

二、会计核算

（一）账户设置

“投资支出”科目应当按照投资类型、投资对象、《政府收支分类科目》中“支出功能分类科目”的项级科目和“部门预算支出经济分类科目”的款级科目等进行明细核算。

（二）账务处理

1.以货币资金对外投资时，按照投资金额和所支付的相关税费金额的合计数，借记本科目，贷记“资金结存”科目。

2.出售、对外转让或到期收回本年度以货币资金取得的对外投资的，如果按规定将投资收益纳入单位预算，按照实际收到的金额，借记“资金结存”科目，按照取得投资时“投资支出”科目的发生额，贷记本科目，按照其差额，贷记或借记“投资预算收益”科目；如果按规定将投资收益上缴财政的，按照取得投资时“投资支出”科目的发生额，借记“资金结存”科目，贷记本科目。

出售、对外转让或到期收回以前年度以货币资金取得的对外投资的，如果按规定将投资收益纳入单位预算，按照实际收到的金额，借记“资金结存”科目，按照取得投资时“投资支出”科目的发生额，贷记“其他结余”等科目，按照其差额，贷记或借记“投资预算收益”科目；如果按规定将投资收益上缴财政的，按照取得投资时“投资支出”科目的发生额，借记“资金结存”科目，贷记“其他结余”等科目。

3.年末，将本科目本年发生额转入其他结余，借记“其他结余”科目，贷记本科目。

4.年末结转后，本科目应无余额。

投资支出账务处理见表3-9。

表 3-9　　投资支出账务处理

业务事项		预算会计分录	财务会计分录
以货币资金对外投资时		借：投资支出 　贷：资金结存—货币资金	借：短期投资/长期股权投资/长期债券投资 　贷：银行存款
出售、对外转让或到期收回本年度以货币资金取得的对外投资	实际取得价款大于投资成本的	借：资金结存—货币资金 　贷：投资支出（投资成本） 　　投资预算收益	借：银行存款等（实际取得或收回的金额） 　贷：短期投资/长期债券投资等（账面余额） 　　应收利息（账面余额） 　　投资收益
	实际取得价款小于投资成本的	借：资金结存—货币资金 　投资预算收益 　贷：投资支出（投资成本）	借：银行存款等（实际取得或收回的金额） 　投资收益 　贷：短期投资/长期债券投资等（账面余额） 　　应收利息（账面余额）
年末结转		借：其他结余 　贷：投资支出	—

三、主要业务举例

2019 年某大学发生如下与投资有关的经济业务如下：

[例 3-30] 2019 年 1 月 10 日，某大学报经主管部门批准，购买 3 张可转让、1 年期、票面金额为 10 000 元、票面利率为 4%的国债，共 30 000 元，到期一次还本付息，款项通过银行存款支付。

预算会计：

借：投资支出　　30 000

　贷：资金结存—货币资金　　30 000

财务会计：

借：短期投资　　30 000

　贷：银行存款　　30 000

[例 3-31] 7 月 10 日，将已购一年期票面金额 10 000 元、票面利率 4%的国

债转让，共取得款项 10 200 元。账务处理如下：

预算会计：

借：资金结存—货币资金　　10 200

　贷：投资支出　　10 000

　　　投资预算收益　　200

财务会计：

借：银行存款—学校存款　　10 200

　贷：短期投资　　10 000

　　　投资收益　　200

[例 3-32] 12 月 31 日，将投资支出发生额 20 000 元转入其他结余；将投资预算收益 200 元结转至其他结余；投资收益 200 元结转到本期盈余。账务处理如下：

预算会计：

借：其他结余　　20 000

　贷：投资支出　　20 000

借：投资预算收益　　200

　贷：其他结余　　200

财务会计：

借：投资收益　　200

　贷：本期盈余　　200

第七节　债务还本支出

一、概念

债务还本支出是指高等学校偿还自身承担的纳入预算管理的从金融机构举借的债务本金的现金流出。

二、会计核算

（一）账户设置

“债务还本支出”科目应当按照贷款单位、贷款种类及《政府收支分类科目》中“支出功能分类科目”的项级科目和“部门预算支出经济分类科目”的款级科目等进行明细核算。

(二)账务处理

1.偿还各项短期或长期借款时,按照偿还的借款本金,借记本科目,贷记“资金结存”科目。

2.年末,将本科目本年发生额转入其他结余,借记“其他结余”科目,贷记本科目。

3.年末结转后,本科目应无余额。

债务还本支出账务处理见表 3-10。

表 3-10　　债务还本支出账务处理

业务事项	预算会计分录	财务会计分录
归还短期借款本金	借:债务还本支出 　贷:资金结存—货币资金	借:短期借款 　贷:银行存款
归还长期借款本金	借:债务还本支出 　贷:资金结存—货币资金	借:长期借款—本金 　贷:银行存款
期末/年末结转	借:其他结余 　贷:债务还本支出	—

三、主要业务举例

2019 年某大学发生如下与借款有关的业务:

[**例 3-33**] 12 月 10 日,学校学偿还半年期流动资金贷款 5 000 000 元,以银行存款支付。账务处理如下:

预算会计:

借:债务还本支出　　5 000 000

　贷:资金结存—货币资金　　5 000 000

财务会计:

借:短期借款—××银行　　5 000 000

　贷:银行存款—学校存款　　5 000 000

[**例 3-34**] 12 月 31 日,将债务还本支出发生额 5 000 000 元转入其他结余。账务处理如下:

预算会计:

借:其他结余　　5 000 000

　贷:债务还本支出　　5 000 000

第八节　其他支出

一、概念

其他支出核算高等学校除教育支出、科研支出、行政管理支出、后勤保障支出、离退休支出、经营支出、上缴上级支出、对附属单位补助支出、投资支出、债务还本支出以外的各项现金流出，包括利息支出、对外捐赠现金支出、现金盘亏损失、接受捐赠（调入）和对外捐赠（调出）非现金资产发生的税费支出、资产置换过程中发生的相关税费支出、罚没支出等。

二、会计核算

（一）账户设置

1.其他支出科目应当按照其他支出的类别，“财政拨款支出”“非财政专项资金支出”和“其他资金支出”，《政府收支分类科目》中“支出功能分类科目”的项级科目和“部门预算支出经济分类科目”的款级科目等进行明细核算。其他支出中如有专项资金支出，还应按照具体项目进行明细核算。

2.有一般公共预算财政拨款、政府性基金预算财政拨款等两种或两种以上财政拨款的高等学校，还应当在“财政拨款支出”明细科目下按照财政拨款的种类进行明细核算。

3.高等学校发生利息支出、捐赠支出等其他支出金额较大或业务较多的，可单独设置“7902 利息支出”“7903 捐赠支出”等科目。

（二）账务处理

1.利息支出。支付银行借款利息时，按照实际支付金额，借记本科目，贷记“资金结存”科目。

2.对外捐赠现金资产。对外捐赠现金资产时，按照捐赠金额，借记本科目，贷记“资金结存—货币资金”科目。

3.现金盘亏损失。每日现金账款核对中如发现现金短缺，按照短缺的现金金额，借记本科目，贷记“资金结存—货币资金”科目。经核实，属于应当由有关人员赔偿的，按照收到的赔偿金额，借记“资金结存—货币资金”科目，贷记本科目。

4.接受捐赠（无偿调入）和对外捐赠（无偿调出）非现金资产发生的税费支

出。接受捐赠(无偿调入)非现金资产发生的归属于捐入方(调入方)的相关税费、运输费等,以及对外捐赠(无偿调出)非现金资产发生的归属于捐出方(调出方)的相关税费、运输费等,按照实际支付金额,借记本科目,贷记“资金结存”科目。

5.资产置换过程中发生的相关税费支出。资产置换过程中发生的相关税费,按照实际支付金额,借记本科目,贷记“资金结存”科目。

6.其他支出。发生罚没等其他支出时,按照实际支出金额,借记本科目,贷记“资金结存”科目。

7.年末,将本科目本年发生额中的财政拨款支出转入财政拨款结转,借记“财政拨款结转—本年收支结转”科目,贷记本科目下各财政拨款支出明细科目;将本科目本年发生额中的非财政专项资金支出转入非财政拨款结转,借记“非财政拨款结转—本年收支结转”科目,贷记本科目下各非财政专项资金支出明细科目;将本科目本年发生额中的其他资金支出(非财政非专项资金支出)转入其他结余,借记“其他结余”科目,贷记本科目下各其他资金支出明细科目。

8.年末结转后,本科目应无余额。

其他支出账务处理见表3-11。

表3-11　　其他支出账务处理

业务事项		预算会计分录	财务会计分录
实际支付利息费用时		借:其他支出 　贷:资金结存—货币资金等	借:其他费用/在建工程/应付利息等 　贷:银行存款等
现金资产对外捐赠		借:其他支出 　贷:资金结存—货币资金	借:其他费用 　贷:银行存款/库存现金
现金盘亏损失	发现现金短缺	借:其他支出 　贷:资金结存—货币资金	借:待处理财产损溢 　贷:库存现金
	有关人员赔偿	借:资金结存—货币资金 　贷:其他支出	借:其他应收款 　贷:待处理财产损溢 借:库存现金 　贷:其他应收款
实际支付罚没支出金额		借:其他支出 　贷:资金结存—货币资金	借:其他费用 　贷:银行存款/库存现金

续表

业务事项	预算会计分录	财务会计分录
其他相关税费、运输费等	借:其他支出 　贷:资金结存	借:其他费用 　贷:零余额账户用款额度/银行存款等
期末/年末结转	借:其他结余(非财政、非专项资金支出) 　非财政拨款结转—本年收支结转(非财政专项资金支出) 　财政拨款结转—本年收支结转(财政拨款支出) 　贷:其他支出	借:本期盈余 　贷:其他费用

二、主要业务举例

某大学发生以下其他支出业务:

[例3-35] 3月31日以银行存款支付未完工实验楼建设项目贷款利息100 000元、支付流动资金贷款利息62 000元。账务处理如下:

(1)支付未完工实验楼建设项目贷款利息

预算会计:

借:其他支出—利息支出—其他资金支出　　100 000

　贷:资金结存—货币资金　　100 000

财务会计:

借:在建工程—建筑安装工程投资—建筑工程　　100 000

　贷:银行存款—学校存款　　100 000

(2)支付流动资金贷款利息

预算会计:

借:其他支出—利息支出—其他资金支出　　62 000

　贷:资金结存—货币资金　　62 000

财务会计:

借:其他费用—利息费用　　62 000

　贷:银行存款—学校存款　　62 000

[例 3-36] 4 月 10 日，经批准，向对口援建希望小学捐赠款项 200 000 元，以银行存款支付。账务处理如下：

预算会计：

借：其他支出—对外捐赠现金支出—其他资金支出　　200 000

　贷：资金结存—货币资金　　200 000

财务会计：

借：其他费用—现金资产捐赠费用　　200 000

　贷：银行存款—学校存款　　200 000

[例 3-37] 某大学现金盘亏业务如下：

(1)4 月 15 日，保险柜被盗现金盘亏 10 000 元。账务处理如下：

预算会计：

借：其他支出—现金盘亏损失—其他资金支出　　10 000

　贷：资金结存—货币资金　　10 000

财务会计：

借：待处理财产损溢—货币资金　　10 000

　贷：库存现金—学校现金　　10 000

(2)4 月 20 日，经调查上述现金盘亏全额应由责任人赔偿，责任人赔偿现金 10 000 元。账务处理如下：

预算会计：

借：资金结存—货币资金　　10 000

　贷：其他支出—现金盘亏损失—其他资金支出　　10 000

财务会计：

①××人赔偿

借：其他应收款—××人　　10 000

　贷：待处理财产损溢　　10 000

②收到赔偿款

借：库存现金—学校现金　　10 000

　贷：其他应收款—××人　　10 000

[例 3-38] 5 月 15 日，接受捐赠 100 000 元图书一批，支付运输费 1000 元，该运输费由银行存款支付。账务处理如下：

预算会计：

借：其他支出—接受捐赠税费支出—其他资金支出　　1 000

　贷：资金结存—货币资金　　1 000

财务会计：

借：固定资产—图书、档案　　101 000

　贷：银行存款　　1 000

　　捐赠收入　　100 000

[**例 3-39**] 12 月 10 日，经税务局稽查确认交纳税款滞纳金 60 000 元，以银行存款支付。账务处理如下：

预算会计：

借：其他支出—罚没支出—其他资金支出　　60 000

　贷：资金结存—货币资金　　60 000

财务会计：

借：其他费用—罚没支出　　60 000

　贷：银行存款—学校存款　　60 000

[**例 3-40**] 12 月 31 日，上述业务的科目余额见表 3-12。

表 3-12　　其他支出与其他费用科目余额表　　单位：元

科目名称	借方余额
其他支出—利息支出—非财政专项资金支出	100 000
其他支出—利息支出—其他资金支出	162 000
其他支出—对外捐赠现金支出—其他资金支出	200 000
其他支出—接受捐赠税费支出—其他资金支出	1 000
其他支出—罚没支出—其他资金支出	60 000
其他资金支出小计	323 000
其他费用—利息费用	62 000
其他费用—现金资产捐赠支出	200 000
其他费用—罚没支出	60 000
其他费用小计	322 000
捐赠收入	100 000

年末结转如下：

(1)年末，将“其他支出—其他资金支出”323 000 元结转至“其他结余”。

预算会计：

借：其他结余　　423 000

　贷：其他支出—利息支出—其他资金支出　　162 000

　　其他支出—对外捐赠现金支出—其他资金支出　　200 000

　　其他支出—接受捐赠税费支出—其他资金支出　　1 000

　　其他支出—罚没支出—其他资金支出　　60 000

(2)将“其他费用”322 000 元结转至本期盈余。

财务会计：

借：本期盈余　　322 000

　贷：其他费用　　322 000

(3)将“捐赠收入”100 000 元结转至“本期盈余”。

财务会计：

借：捐赠收入　　100 000

　贷：本期盈余　　100 000

第四章　预算结余

第一节　预算结余概述

一、概念

预算结余是指高等学校预算年度内预算收入扣除预算支出后的资金余额，以及历年滚存的资金余额，包括资金结存、财政拨款结转、财政拨款结余、非财政拨款结转、非财政拨款结余、专用结余、经营结余、其他结余和非财政拨款结余分配。

二、分类

预算结余由结余资金和结转资金组成。结转资金是指当年预算已执行但未完成，或者因故未执行，下一年度需要按照原用途继续使用的资金；结余资金是指当年预算工作目标已完成或者因故终止后，当年剩余的资金。

按资金性质和用途，结余和结转资金分为财政拨款结转、财政拨款结余、非财政拨款结转、非财政拨款结余、经营结余、其他结余。

三、管理要求

1.财政拨款基本支出结转主要用于增设机构、增编增人等产生的人员和公用经费支出；各高等学校不得自行调整结转资金用途。确需调整结转资金用途的，须报经同级财政部门批准。

2.财政拨款结余资金，须按财政拨款结余资金管理办法规定使用，高等学校不得使用财政拨款及其结余进行对外投资，不得从事股票、期货、基金、企业债券等投资，国家另有规定的除外。改变其用途，调整用于高等学校基本支出或其他未完成项目支出的，须经同级财政部门批准。

3.非财政拨款结余可以按照国家有关规定提取职工福利基金等，提取比例不得超过高等学校年度非财政拨款结余的 40%（《财政部关于事业单位提取专用基金比例问题的通知》财教〔2012〕32 号),剩余部分可用于弥补高校以后年度收支差额。

各项基金的提取比例和管理办法,国家有统一规定的,按照统一规定执行;没有统一规定的,由主管部门会同同级财政部门确定(财政部 教育部《高等学校财务制度》财教〔2012〕488 号、《事业单位财务规则》中华人民共和国财政部令第 68 号)。

4.专用结余的管理应当遵循先提后用、收支平衡、专款专用的原则,支出不得超出结余规模。

5.经营结余应当单独反映,如为经营亏损,不予结转。

第二节　资金结存

一、概念

资金结存是高等学校纳入部门预算管理的资金结存情况,包括预算资金的流入、流出、调整和滚存等情况,年末余额反映了高等学校预算资金的累计滚存情况。包括货币资金、零余额账户用款额度和财政应返还额度。

货币资金是指高等学校在开展经济活动过程中暂时停留在货币形态上的那部分资金。有广义和狭义之分。狭义的货币资金包括库存现金、银行存款和其他货币资金,预算会计科目“资金结存—货币资金”是指狭义的货币资金。广义的货币资金包括库存现金、银行存款、零余额账户用款额度和其他货币资金,资产负债表中的“货币资金”项目是指广义的货币资金。

货币资金是财务会计核算的范畴,强调的是财产。资金结存是预算会计核算的范畴,强调的是资金流。在高等学校会计实务中,凡是纳入部门预算管理的资金收付业务,同时要在预算会计中核算,货币资金和资金结存同增同减;没纳入部门预算管理的资金收付业务,只进行财务会计核算,不会引起资金结存的变化。

二、会计核算

(一)账户设置

本科目应当设置“零余额账户用款额度”“货币资金”“财政应返还额度”等明细科目。

1.“零余额账户用款额度”明细科目用于核算财政部门批复的用款计划收到

和支用的零余额账户用款额度。年末结账后，本明细科目应无余额。

2."货币资金"明细科目用于核算高等学校以库存现金、银行存款、其他货币资金形态存在的资金。本明细科目年末借方余额，反映高等学校尚未使用的货币资金。

3."财政应返还额度"明细科目核算高等学校可以使用的以前年度财政直接支付资金额度和财政应返还的财政授权支付资金额度。本明细科目下可设置"财政直接支付""财政授权支付"两个明细科目进行明细核算。本明细科目年末借方余额，反映高等学校应收财政返还的资金额度。

(二)账务处理

1.取得预算收入

(1)财政授权支付方式下，高等学校根据代理银行转来的财政授权支付额度到账通知书，按照通知书中的授权支付额度，借记本科目(零余额账户用款额度)，贷记"财政拨款预算收入"科目。

(2)以国库集中支付以外的其他支付方式取得预算收入时，按照实际收到的金额，借记本科目(货币资金)，贷记"财政拨款预算收入""事业预算收入""经营预算收入"等科目。

2.发生预算支出及提取现金

(1)财政授权支付方式下，发生相关支出时，按照实际支付的金额，借记"事业支出"等科目，贷记本科目(零余额账户用款额度)。

(2)从零余额账户提取现金时，借记本科目(货币资金)，贷记本科目(零余额账户用款额度)。退回现金时，做相反会计分录。

(3)使用以前年度财政直接支付额度发生支出时，按照实际支付金额，借记"事业支出"等科目，贷记本科目(财政应返还额度)。

(4)国库集中支付以外的其他支付方式下，发生相关支出时，按照实际支付的金额，借记"事业支出""经营支出"等科目，贷记本科目(货币资金)。

3.预算资金调拨、上交和缴回等

(1)按照规定上缴财政拨款结转结余资金或注销财政拨款结转结余资金额度的，按照实际上交资金数额或注销的资金额度数额，借记"财政拨款结转—归集上交"或"财政拨款结余—归集上交"科目，贷记本科目(财政应返还额度、零余额账户用款额度、货币资金)。

(2)按规定向原资金拨入单位缴回非财政拨款结转资金的，按照实际缴回资金数额，借记"非财政拨款结转—缴回资金"科目，贷记本科目(货币资金)。

(3)收到从其他单位调入的财政拨款结转资金的，按照实际调入资金数额，借记本科目(财政应返还额度、零余额账户用款额度、货币资金)，贷记“财政拨款结转—归集调入”科目。

4.按照规定使用专用基金时，按照实际支付金额，借记“专用结余”科目(从非财政拨款结余中提取的专用基金)或“事业支出”等科目(从预算收入中计提的专用基金)，贷记本科目(货币资金)。

5.因购货退回、发生差错更正等退回国库直接支付、授权支付款项，或者收回货币资金的，属于本年度支付的，借记“财政拨款预算收入”科目或本科目(零余额账户用款额度、货币资金)，贷记相关支出科目；属于以前年度支付的，借记本科目(财政应返还额度、零余额账户用款额度、货币资金)，贷记“财政拨款结转”“财政拨款结余”“非财政拨款结转”“非财政拨款结余”科目。

6.有企业所得税缴纳义务的事业单位缴纳所得税时，按照实际缴纳金额，借记“非财政拨款结余—累计结余”科目，贷记本科目(货币资金)。

7.年末，根据本年度财政直接支付预算指标数与当年财政直接支付实际支出数的差额，借记本科目(财政应返还额度)，贷记“财政拨款预算收入”科目。

8.年末，高等学校依据代理银行提供的对账单作注销额度的相关账务处理，借记本科目(财政应返还额度)，贷记本科目(零余额账户用款额度)；本年度财政授权支付预算指标数大于零余额账户用款额度下达数的，根据未下达的用款额度，借记本科目(财政应返还额度)，贷记“财政拨款预算收入”科目。

下年初，高等学校依据代理银行提供的额度恢复到账通知书作恢复额度的相关账务处理，借记本科目(零余额账户用款额度)，贷记本科目(财政应返还额度)。高等学校收到财政部门批复的上年末未下达零余额账户用款额度的，借记本科目(零余额账户用款额度)，贷记本科目(财政应返还额度)。

表 4-1　　资金结存账务处理

序号	会计事项		账务处理	
			财务会计	预算会计
1	取得预算收入	财政授权支付方式下	借:零余额账户用款额度 　贷:财政拨款收入	借:资金结存—零余额账户用款额度 　贷:财政拨款预算收入
		国库集中支付以外的其他支付方式下	借:银行存款 　贷:财政拨款收入/事业收入/经营收入等	借:资金结存—货币资金 　贷:财政拨款预算收入/事业预算收入/经营预算收入等
2	从零余额账户提取现金		借:库存现金 　贷:零余额账户用款额度	借:资金结存—货币资金 　贷:资金结存—零余额账户用款额度
3	发生预算支出时	财政授权支付方式下	借:业务活动费用/单位管理费用/库存物品/固定资产等 　贷:零余额账户用款额度	借:事业支出等 　贷:资金结存—零余额账户用款额度
		使用以前年度财政直接支付额度	借:业务活动费用/单位管理费用/库存物品/固定资产等 　贷:财政应返还额度	借:事业支出等 　贷:资金结存—财政应返还额度
		国库集中支付以外的其他方式下	借:业务活动费用/单位管理费用/库存物品/固定资产等 　贷:银行存款/库存现金等	借:事业支出/经营支出等 　贷:资金结存—货币资金

续表

<table>
<tr><th rowspan="2">序号</th><th rowspan="2" colspan="2">会计事项</th><th colspan="2">账务处理</th></tr>
<tr><th>财务会计</th><th>预算会计</th></tr>
<tr><td rowspan="2">4</td><td rowspan="2">按照规定使用提取的专用基金</td><td>一般情况下</td><td>借:专用基金
贷:银行存款等</td><td rowspan="2">①使用从收入中计提并计入费用的专用基金
借:专用结余
贷:资金结存—货币资金
②使用从非财政拨款结余或经营结余中计提的专用基金
借:事业支出等
贷:资金结存—货币资金</td></tr>
<tr><td>购买固定资产、无形资产等</td><td>借:固定资产/无形资产等
贷:银行存款等
借:专用基金
贷:累计盈余</td></tr>
<tr><td rowspan="3">5</td><td rowspan="3">预算结转结余调整</td><td>按照规定上缴财政拨款结转结余资金或注销财政拨款结转结余额度的</td><td>借:累计盈余
贷:财政应返还额度/零余额账户用款额度/银行存款</td><td>借:财政拨款结转—归集上缴/财政拨款结余—归集上缴
贷:资金结存—财政应返还额度/零余额账户用款额度/货币资金</td></tr>
<tr><td>按照规定缴回非财政拨款结转资金的</td><td>借:累计盈余
贷:银行存款</td><td>借:非财政拨款结转—缴回资金
贷:资金结存—货币资金</td></tr>
<tr><td>收到调入的财政拨款结转资金的</td><td>借:财政应返还额度/零余额账户用款额度/银行存款
贷:累计盈余</td><td>借:资金结存—财政应返还额度/零余额账户用款额度/货币资金
贷:财政拨款结转—归集调入</td></tr>
</table>

续表

<table>
<tr><th rowspan="2">序号</th><th colspan="2" rowspan="2">会计事项</th><th colspan="2">账务处理</th></tr>
<tr><th>财务会计</th><th>预算会计</th></tr>
<tr><td rowspan="2">6</td><td rowspan="2">因购货退回、发生差错更正等退回国库直接支付、授权支付款项,或者收回货币资金的</td><td>属于本年度的</td><td>借:财政拨款收入/零余额账户用款额度/银行存款等
贷:业务活动费用/库存物品等</td><td>借:财政拨款预算收入/资金结存—零余额账户用款额度、货币资金
贷:事业支出等</td></tr>
<tr><td>属于以前年度的</td><td>借:财政应返还额度/零余额账户用款额度/银行存款等
贷:以前年度盈余调整</td><td>借:资金结存—财政应返还额度/零余额账户用款额度/货币资金
贷:财政拨款结转/财政拨款结余/非财政拨款结转/非财政拨款结余(年初余额调整)</td></tr>
<tr><td>7</td><td colspan="2">缴纳所得税时</td><td>借:其他应交税费—单位应交所得税
贷:银行存款等</td><td>借:非财政拨款结余—累计结余
贷:资金结存—货币资金</td></tr>
<tr><td rowspan="2">8</td><td rowspan="2">年末确认未下达的财政用款额度</td><td>财政直接支付方式</td><td>借:财政应返还额度—财政直接支付
贷:财政拨款收入</td><td rowspan="2">借:资金结存—财政应返还额度
贷:财政拨款预算收入</td></tr>
<tr><td>财政授权支付方式</td><td>借:财政应返还额度—财政授权支付
贷:财政拨款收入</td></tr>
<tr><td>9</td><td colspan="2">年末注销零余额账户用款额度</td><td>借:财政应返还额度—财政授权支付
贷:零余额账户用款额度</td><td>借:资金结存—财政应返还额度
贷:资金结存—零余额账户用款额度</td></tr>
<tr><td>10</td><td colspan="2">下年初,恢复零余额账户用款额度或收到上年末未下达的零余额账户用款额度的</td><td>借:零余额账户用款额度
贷:财政应返还额度—财政授权支付</td><td>借:资金结存—零余额账户用款额度
贷:资金结存—财政应返还额度</td></tr>
</table>

三、主要业务举例

[例 4-1] 1 月 5 日，某大学收到同级财政部门通过国库集中支付系统下达 2019 年度零余额授权支付用款额度(基本支出)10 000 000 元，专业群建设财政专项拨款授权支付额度 5 000 000 元，学校据代理银行转来的“财政授权支付入账通知书”进行账务处理。

(1)收到零余额用款额度

预算会计：

借：资金结存—零余额账户用款额度　　10 000 000

　贷：财政拨款预算收入—基本支出　　10 000 000

财务会计：

借：零余额账户用款额度　　10 000 000

　贷：财政拨款收入　　10 000 000

(2)收到财政专项拨款授权支付额度

预算会计：

借：资金结存—零余额账户用款额　　5 000 000

　贷：财政拨款预算收入—项目支出(专业群建设)　　5 000 000

财务会计：

借：零余额账户用款额度　　5 000 000

　贷：财政拨款收入　　5 000 000

[例 4-2] 3 月 10 日，某大学收到同级财政部门实拨“青年千人计划”专项经费 500 000 元，存入银行。账务处理如下：

预算会计：

借：资金结存—货币资金　　500 000

　贷：财政拨款预算收入—项目支出(青年千人计划)　　500 000

财务会计：

借：银行存款—学校存款　　500 000

　贷：财政拨款收入　　500 000

[例 4-3] 8 月 26 日，某大学通过开户银行代扣本学年学生学宿费，其中，代扣学费 2 000 000 元，住宿费 1 000 000 元，同日上交同级财政专户；9 月 26 日收到财政专户返还学宿费 3 000 000 元。

(1)通过银行代扣学宿费

预算会计不作账务处理。

财务会计：

借:银行存款—学校存款　　3 000 000

　贷:应缴财政款—应缴财政专户款　　3 000 000

(2)上交同级财政专户

预算会计不作账务处理。

财务会计：

借:应缴财政款—应缴财政专户款　　3 000 000

　贷:银行存款—学校存款　　3 000 000

(3)收到财政专户返还的学宿费

预算会计：

借:资金结存—货币资金　　3 000 000

　贷:事业预算收入—教育事业预算收入—非专项资金收入　　2 000 000

　　事业预算收入—教育事业预算收入—非专项资金收入　　1 000 000

财务会计：

借:银行存款—学校存款　　3 000 000

　贷:事业收入—教育事业收入—学费　　2 000 000

　　事业收入—教育事业收入—住宿费　　1 000 000

[例 4-4] 4 月 15 日,某大学从零余额账户提取现金 10 000 元,用于报销差旅费。

预算会计：

借:资金结存—货币资金　　10 000

　贷:资金结存—零余额账户用款额度　　10 000

财务会计：

借:库存现金—学校现金　　10 000

　贷:零余额账户用款额度　　10 000

[例 4-5] 4 月 12 日,某大学支付 3 月份教学部门电话费 50 000 元,由零余额账户授权支付。

预算会计：

借:事业支出—教育支出—财政拨款支出—基本支出—高等教育—商品服务支出—邮电费　　50 000

贷：资金结存—零余额账户用款额度　　50 000

财务会计：

借：业务活动费用—教育费用—商品和服务费用　　50 000

贷：零余额账户用款额度　　50 000

[**例 4-6**] 5 月 10 日，某大学通过政府采购方式购入一批不需安装的教学设备，货到付款。5 月 20 日，设备验收合格交付使用，取得增值税普通发票，设备含税价 7 000 000 元，其中，使用上年结转财政直接支付一流学科建设专项资金 5 000 000 元，非财政专项资金支出 2 000 000 元。

预算会计：

借：事业支出—教育支出—财政拨款支出—项目支出—高等教育—资本性支出—专用设备购置　　5 000 000

事业支出—教育支出—非财政专项资金支出—项目支出—高等教育—资本性支出—专用设备购置　　2 000 000

贷：资金结存—财政应返还额度　　5 000 000

资金结存—货币资金　　2 000 000

财务会计：

借：固定资产—通用设备　　7 000 000

贷：财政应返还额度—财政直接支付　　5 000 000

银行存款—学校存款　　2 000 000

第三节　财政拨款结转

一、概念

财政拨款结转是指同级财政拨付给高等学校的预算资金，预算已执行但未完成，或者因故未执行，除财政部门有特殊规定之外，下一年度需要按照原用途继续使用的财政资金。它包括基本支出结转和项目支出结转。其年末余额，反映高等学校滚存的财政预算拨款结转资金数额。

二、管理要求

1.基本支出结转包括人员经费和日常公用经费结转资金，该资金主要用于增设机构、增编增人等产生的人员和公用经费支出。

2.各高等学校不得自行调整结转资金用途。确需调整结转资金用途的，须报经同级财政部门批准。

3.各高等学校要规范和加强预算管理，统筹谋划，积极推进预算执行进度，减少财政拨款资金沉淀，提高财政资金使用效益。

三、会计核算

（一）账户设置

高等学校应当在“财政拨款结转”科目下，设置“年初余额调整”“归集调入”“归集调出”“归集上交”“单位内部调剂”“本年收支结转”“累计结转”等明细科目。还应当设置“基本支出结转”“项目支出结转”两个明细科目，并在“基本支出结转”明细科目下按照“人员经费”“日常公用经费”进行明细核算，在“项目支出结转”明细科目下按照具体项目进行明细核算；同时，本科目还应按照《政府收支分类科目》中“支出功能分类科目”的相关科目进行明细核算。

1.与会计差错更正、以前年度支出收回相关的明细科目

“年初余额调整”：本明细科目核算因发生会计差错更正、以前年度支出收回等原因，需要调整财政拨款结转的金额。年末结账后，本明细科目应无余额。

2.与财政拨款调拨业务相关的明细科目

（1）“归集调入”：本明细科目核算按照规定从其他单位调入财政拨款结转资金时，实际调增的额度数额或调入的资金数额。年末结账后，本明细科目应无余额。

（2）“归集调出”：本明细科目核算按照规定向其他单位调出财政拨款结转资金时，实际调减的额度数额或调出的资金数额。年末结账后，本明细科目应无余额。

（3）“归集上交”：本明细科目核算按照规定上缴财政拨款结转资金时，实际核销的额度数额或上交的资金数额。年末结账后，本明细科目应无余额。

（4）“单位内部调剂”：本明细科目核算经财政部门批准对财政拨款结余资金改变用途，调整用于高等学校内部其他未完成项目等的调整金额。年末结账后，本明细科目应无余额。

3.与年末财政拨款结转业务相关的明细科目

（1）“本年收支结转”：本明细科目核算单位本年度财政拨款收支相抵后的余额。年末结账后，本明细科目应无余额。

（2）“累计结转”：本明细科目核算单位滚存的财政拨款结转资金。本明细

科目年末贷方余额,反映单位财政拨款滚存的结转资金数额。

(二)账务处理

1.与会计差错更正、以前年度支出收回相关的账务处理

(1)因发生会计差错更正退回以前年度国库直接支付、授权支付款项或财政性货币资金,或者因发生会计差错更正增加以前年度国库直接支付、授权支付支出或财政性货币资金支出,属于以前年度财政拨款结转资金的,借记或贷记"资金结存—财政应返还额度、零余额账户用款额度、货币资金"科目,贷记或借记本科目(年初余额调整)。

(2)因购货退回、预付款项收回等发生以前年度支出又收回国库直接支付、授权支付款项或收回财政性货币资金,属于以前年度财政拨款结转资金的,借记"资金结存—财政应返还额度、零余额账户用款额度、货币资金"科目,贷记本科目(年初余额调整)。

2.与财政拨款结转结余资金调整业务相关的账务处理

(1)按照规定从其他单位调入财政拨款结转资金的,按照实际调增的额度数额或调入的资金数额,借记"资金结存—财政应返还额度、零余额账户用款额度、货币资金"科目,贷记本科目(归集调入)。

(2)按照规定向其他单位调出财政拨款结转资金的,按照实际调减的额度数额或调出的资金数额,借记本科目(归集调出),贷记"资金结存—财政应返还额度、零余额账户用款额度、货币资金"科目。

(3)按照规定上缴财政拨款结转资金或注销财政拨款结转资金额度的,按照实际上交资金数额或注销的资金额度数额,借记本科目(归集上交),贷记"资金结存—财政应返还额度、零余额账户用款额度、货币资金"科目。

(4)经财政部门批准对财政拨款结余资金改变用途,调整用于本单位基本支出或其他未完成项目支出的,按照批准调剂的金额,借记"财政拨款结余—单位内部调剂"科目,贷记本科目(单位内部调剂)。

"财政拨款结转"科目主要会计事项及账务处理,见表 4-2 所示。

表 4-2　财政拨款结转主要会计事项及账务处理

序号	会计事项		账务处理	
			财务会计	预算会计
1	因会计差错更正、购货退回、预付款项收回等发生以前年度调整事项	调整增加相关资产	借:零余额账户用款额度/银行存款等 贷:以前年度盈余调整	借:资金结存—零余额账户用款额度/货币资金等 贷:财政拨款结转—年初余额调整
		因会计差错更正调整减少相关资产	借:以前年度盈余调整 贷:零余额账户用款额度/银行存款等	借:财政拨款结转—年初余额调整 贷:资金结存—零余额账户用款额度/货币资金等
2	从其他单位调入财政拨款结转资金	按照实际调增的额度数额或调入的资金数额	借:财政应返款额度/零余额账户用款额度/银行存款 贷:累计盈余	借:资金结存—财政应返还额度/零余额账户用款额度/货币资金 贷:财政拨款结转—归集调入
3	向其他单位调出财政拨款结转资金	按照实际调减的额度数额或调减的资金数额	借:累计盈余 贷:财政应返还额度/零余额账户用款额度/银行存款	借:财政拨款结转—归集调出 贷:资金结存—财政应返还额度/零余额账户用款额度/货币资金
4	按照规定上缴财政拨款结转资金或注销财政拨款结转额度	按照实际上缴资金数额或注销的资金额度	借:累计盈余 贷:财政应返还额度/零余额账户用款额度/银行存款	借:财政拨款结转—归集上缴 贷:资金结存—财政应返还额度/零余额账户用款额度/货币资金
5	单位内部调剂财政拨款结余资金	按照调整的金额	—	借:财政拨款结余—单位内部调剂 贷:财政拨款结转—单位内部调剂

续表

序号	会计事项		账务处理	
			财务会计	预算会计
6	年末结转	结转财政拨款预算收入	—	借:财政拨款预算收入 　贷:财政拨款结转—本年收支结转
		结转财政拨款预算支出	—	借:财政拨款结转—本年收支结转 　贷:事业支出、其他支出等(财政拨款支出部分)
7	年末冲销本科目有关明细科目余额		—	借:财政拨款结转—年初余额调整(该明细科目为贷方余额时)/归集调入/单位内部调剂/本年收支结转(该明细科目为贷方余额时) 　贷:财政拨款结转—累计结转 借:财政拨款结转—累计结转 　贷:财政拨款结转—归集上缴/年初余额调整(该明细科目为借方余额时)/归集调出/本年收支结转(该明细科目为借方余额时)
8	转入财政拨款结余	按照有关规定将符合财政拨款结余性质的项目余额转入财政拨款结余	—	借:财政拨款结转—累计结转 　贷:财政拨款结余—结转转入

3.与年末财政拨款结转和结余业务相关的账务处理

(1)年末,将财政拨款预算收入本年发生额转入本科目,借记“财政拨款预算收入”科目,贷记本科目(本年收支结转);将各项支出中财政拨款支出本年发生额转入本科目,借记本科目(本年收支结转),贷记各项支出(财政拨款支出)科目。

(2)年末冲销有关明细科目余额。将本科目(本年收支结转、年初余额调整、归集调入、归集调出、归集上交、单位内部调剂)余额转入本科目(累计结转)。结转后,本科目除“累计结转”明细科目外,其他明细科目应无余额。

(3)年末完成上述结转后,应当对财政拨款结转各明细项目执行情况进行分析,按照有关规定将符合财政拨款结余性质的项目余额转入财政拨款结余,借记本科目(累计结转),贷记“财政拨款结余—结转转入”科目。

“财政拨款结转”年末明细科目结转,见图 4-1 所示。

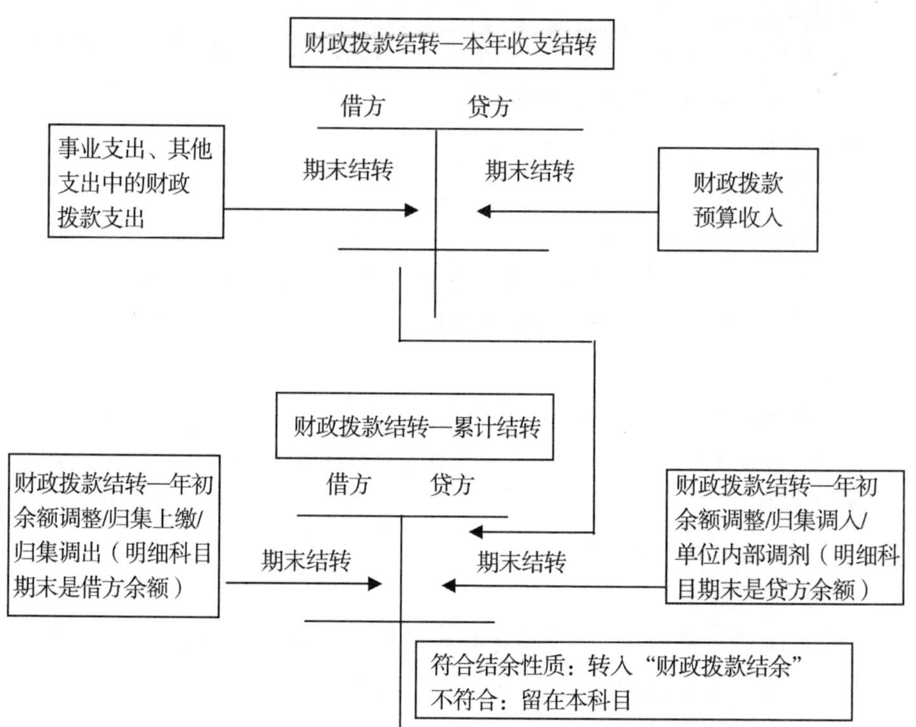

图 4-1　“财政拨款结转”年末明细科目结转流程图

四、主要业务举例

［**例 4-7**］12 月 20 日，某大学按照规定通过直接支付方式上交同级财政专项拨款结转资金 120 000 元。账务处理如下：

预算会计：

借：财政拨款结转—归集上交—项目支出结转　　120 000

　贷：资金结存—财政应返还额度　　120 000

财务会计：

借：累计盈余　　120 000

　贷：财政应返还额度　　120 000

［**例 4-8**］12 月 21 日，某大学因业务需要同级财政部门通过直接支付方式将学校“泰山论坛”结转资金调出 100 000 元。账务处理如下：

预算会计：

借：财政拨款结转—归集调出—项目支出结转(泰山论坛)　　100 000

　贷：资金结存—财政应返还额度　　100 000

财务会计：

借：累计盈余　　100 000

　贷：财政应返还额度　　100 000

［**例 4-9**］12 月 25 日，某大学因业务需要同级财政部门通过授权支付方式从 A 单位调入 200 000 元财政专项资金用于专业群建设。账务处理如下：

预算会计：

借：资金结存—零余额账户用款额度　　200 000

　贷：财政拨款结转—归集调入—项目支出结转(专业群建设)　　200 000

财务会计：

借：零余额账户用款额度　　200 000

　贷：累计盈余　　200 000

［**例 4-10**］12 月 31 日，某大学进行年末收支结转，全年财政拨款预算收入 60 000 000 元。其中，基本支出 50 000 000 元，项目支出 10 000 000 元。全年事业支出—财政拨款预算支出 60 000 000 元，其中，教育支出 50 000 000 元(基本支出 45 000 000 元、项目支出 5 000 000 元)。行政管理支出 3 000 000 元(基本支出)，科研支出 3 000 000 元(项目支出)，后勤保障支出 3 000 000 元(基本支出 1 000 000 元、项目支出 2 000 000 元)，离退休支出 1 000 000 元(基本支出)。

账务处理如下：

(1)财政拨款预算收入的结转

借：财政拨款预算收入—基本支出　　50 000 000

　贷：财政拨款结转—本年收支结转—基本支出结转　　50 000 000

借：财政拨款预算收入—项目支出　　10 000 000

　贷：财政拨款结转—本年收支结转—项目支出结转　　10 000 000

(2)财政拨款预算支出的结转

借：财政拨款结转—本年收支结转—基本支出结转　　50 000 000

　贷：事业支出—教育支出—财政拨款支出—基本支出　　45 000 000

　　事业支出—行政管理支出—财政拨款支出—基本支出　　3 000 000

　　事业支出—后勤保障支出—财政拨款支出—基本支出　　1 000 000

　　事业支出—离退休支出—财政拨款支出—基本支出　　1 000 000

借：财政拨款结转—本年收支结转—项目支出　　10 000 000

　贷：事业支出—教育支出—财政拨款支出—项目支出　　5 000 000

　　事业支出—科研支出—财政拨款支出—项目支出　　3 000 000

　　事业支出—后勤保障支出—财政拨款支出—项目支出　　2 000 000

[**例 4-11**] 12 月 31 日，将“财政拨款结转—归集上交—基本支出结转”借方科目余额 120 000 元，转入“财政拨款结转—累计结转”科目。账务处理如下：

预算会计：

借：财政拨款结转—累计结转—基本支出结转　　120 000

　贷：财政拨款结转—归集上交—基本支出结转　　120 000

财务会计不作账务处理。

第四节　财政拨款结余

一、概念

财政拨款结余指年度预算执行终了，财政拨款预算收入实际完成数扣除预算支出及结转资金后剩余的资金。其年末余额，反映了高等学校财政预算拨款滚存的结余资金数额。

二、管理要求

财政拨款结余资金，须按财政拨款结余资金管理办法规定使用，高等学校不得使用财政拨款及其结余进行对外投资，不得从事股票、期货、基金、企业债券等投资，国家另有规定的除外。改变其用途，调整用于高等学校基本支出或其他未完成项目支出的，须经同级财政部门批准。

三、会计核算

(一)账户设置

本科目应当设置“年初余额调整”“归集上交”“单位内部调剂”“结转转入”“累计结余”等明细科目。

1.与会计差错更正、以前年度支出收回相关的明细科目

“年初余额调整”：本明细科目核算因发生会计差错更正、以前年度支出收回等原因，需要调整财政拨款结余的金额。年末结账后，本明细科目应无余额。

2.与财政拨款结余资金调整业务相关的明细科目

(1)“归集上交”：本明细科目核算按照规定上缴财政拨款结余资金时，实际核销的额度数额或上交的资金数额。年末结账后，本明细科目应无余额。

(2)“单位内部调剂”：本明细科目核算经财政部门批准对财政拨款结余资金改变用途，调整用于本单位其他未完成项目等的调整金额。年末结账后，本明细科目应无余额。

3.与年末财政拨款结余业务相关的明细科目

(1)“结转转入”：本明细科目核算单位按照规定转入财政拨款结余的财政拨款结转资金。年末结账后，本明细科目应无余额。

(2)“累计结余”：本明细科目核算单位滚存的财政拨款结余资金。

本科目还应当按照具体项目、《政府收支分类科目》中“支出功能分类科目”的相关科目等进行明细核算。

有一般公共预算财政拨款、政府性基金预算财政拨款等两种或两种以上财政拨款的，还应当在本科目下按照财政拨款的种类进行明细核算。

(二)主要账务处理

1.与会计差错更正、以前年度支出收回相关的账务处理

(1)因发生会计差错更正退回以前年度国库直接支付、授权支付款项或财政性货币资金，或者因发生会计差错更正增加以前年度国库直接支付、授权支

付支出或财政性货币资金支出，属于以前年度财政拨款结余资金的，借记或贷记“资金结存—财政应返还额度、零余额账户用款额度、货币资金”科目，贷记或借记本科目(年初余额调整)。

(2)因购货退回、预付款项收回等发生以前年度支出又收回国库直接支付、授权支付款项或收回财政性货币资金，属于以前年度财政拨款结余资金的，借记“资金结存—财政应返还额度、零余额账户用款额度、货币资金”科目，贷记本科目(年初余额调整)。

2.与财政拨款结余资金调整业务相关的账务处理

(1)经财政部门批准对财政拨款结余资金改变用途，调整用于高等学校基本支出或其他未完成项目支出的，按照批准调剂的金额，借记本科目(单位内部调剂)，贷记“财政拨款结转—单位内部调剂”科目。

(2)按照规定上缴财政拨款结余资金或注销财政拨款结余资金额度的，按照实际上交资金数额或注销的资金额度数额，借记本科目(归集上交)，贷记“资金结存—财政应返还额度、零余额账户用款额度、货币资金”科目。

财政拨款结余主要会计事项及账务处理，见表 4-3 所示。

3.与年末财政拨款结转和结余业务相关的账务处理

(1)年末，对财政拨款结转各明细项目执行情况进行分析，按照有关规定将符合财政拨款结余性质的项目余额转入财政拨款结余，借记“财政拨款结转—累计结转”科目，贷记本科目(结转转入)。

(2)年末冲销有关明细科目余额。将本科目(年初余额调整、归集上交、单位内部调剂、结转转入)余额转入本科目(累计结余)。结转后，本科目除“累计结余”明细科目外，其他明细科目应无余额。

“财政拨款结余”年末明细科目结转流程，见图 4-2 所示。

表 4-3　**财政拨款结余主要会计事项及账务处理**

序号	会计事项		账务处理	
			财务会计	预算会计
1	因购货退回、会计差错更正等发生以前年度调整事项	调整增加相关资产	借:零余额账户用款额度/银行存款等 贷:以前年度盈余调整	借:资金结存—零余额账户用款额度/货币资金等 贷:财政拨款结余—年初余额调整
		因会计差错更正调整减少相关资产	借:以前年度盈余调整 贷:零余额账户用款额度/银行存款等	借:财政拨款结余—年初余额调整 贷:资金结存—零余额账户用款额度/货币资金等
2	按照规定上缴财政拨款结余资金或注销财政拨款结余额度	按照实际上缴资金数额或注销的资金额度	借:累计盈余 贷:财政应返还额度/零余额账户用款额度/银行存款	借:财政拨款结余—归集上缴 贷:资金结存—财政应返还额度/零余额账户用款额度/货币资金
3	单位内部调剂财政拨款结余资金	按照调整的金额	—	借:财政拨款结余—单位内部调剂 贷:财政拨款结转—单位内部调剂
4	年末,转入财政拨款结余	按照有关规定将符合财政拨款结余性质的项目余额转入财政拨款结余	—	借:财政拨款结转—累计结转 贷:财政拨款结余—结转转入
5	年末冲销本科目有关明细科目余额		—	借:财政拨款结余—年初余额调整(该明细科目为贷方余额时) 贷:财政拨款结余—累计结余 借:财政拨款结余—累计结余 贷:财政拨款结余—年初余额调整(该明细科目为借方余额时)—归集上缴—单位内部调剂 借:财政拨款结余—结转转入 贷:财政拨款结余—累计结余

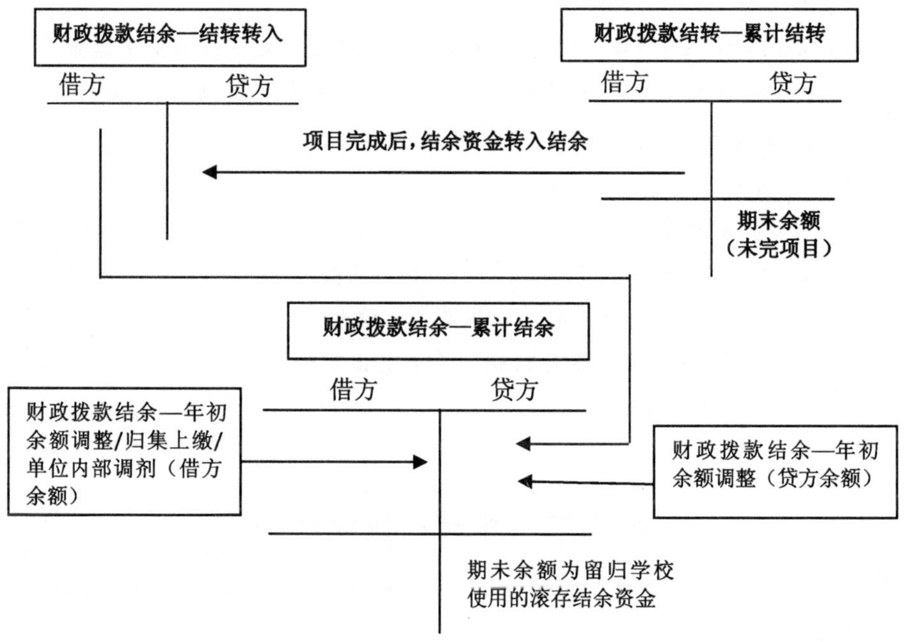

图 4-2　“财政拨款结余”年末结转流程图

四、主要业务举例

[**例 4-12**] 12 月 21 日，某大学上年度财政专项拨款建设的力学实验室项目，已经完工验收，交付使用，结转资金 64 000 元，经同级财政部门批准，将该项目结转资金转为结余资金。账务处理如下：

预算会计：

借：财政拨款结转—累计结转—项目支出结转　　64 000

　贷：财政拨款结余—结转转入—项目支出结余　　64 000

财务会计不作账务处理。

[**例 4-13**] 12 月 22 日，某大学按财政部门规定，将重点学科实验室建设专项结余资金 120 000 元，通过零余额账户上交同级财政部门。

预算会计：

借：财政拨款结余—归集上交—项目支出结余　　120 000

　贷：资金结存—零余额账户用款额度　　120 000

财务会计：

借：累计盈余　　120 000

贷:零余额账户用款额度　　120 000

[**例 4-14**] 12 月 31 日,将“财政拨款结余—归集上交—基本支出结余”借方科目余额 60 000 元、“财政拨款结余—结转转入—基本支出结余”贷方科目余额 64 000 元,转入“财政拨款结余—累计结转”科目。

预算会计:

借:财政拨款结余—累计结转—基本支出结余　　60 000

贷:财政拨款结余—归集上交—基本支出结余　　60 000

借:财政拨款结余—结转转入—基本支出结余　　64 000

贷:财政拨款结余—累计结转—基本支出结余　　64 000

财务会计不作账务处理。

第五节　非财政拨款结转

一、概念

非财政拨款结转是高等学校除财政拨款收支、经营收支以外的各专项预算资金收入与其相关支出相抵后剩余滚存的、下一年度须按规定用途继续使用的专项资金。其年末余额,反映高等学校滚存的非同级财政预算拨款专项结转资金数额。

二、会计核算

(一)账户设置

本科目应当设置“年初余额调整”“缴回资金”“项目间接费用或管理费”“本年收支结转”“累计结转”等明细科目。

1.“年初余额调整”:本明细科目核算因发生会计差错更正、以前年度支出收回等原因,需要调整非财政拨款结转的资金。年末结账后,本明细科目应无余额。

2.“缴回资金”:本明细科目核算按照规定缴回非财政拨款结转资金时,实际缴回的资金数额。年末结账后,本明细科目应无余额。

3.“项目间接费用或管理费”:本明细科目核算高等学校取得的科研项目预算收入中,按照规定计提项目间接费用或管理费的数额。年末结账后,本明细科目应无余额。

4."本年收支结转":本明细科目核算高等学校本年度非同级财政拨款专项收支相抵后的余额。年末结账后,本明细科目应无余额。

5."累计结转":本明细科目核算高等学校滚存的非同级财政拨款专项结转资金。本明细科目年末贷方余额,反映高等学校非同级财政拨款滚存的专项结转资金数额。

本科目还应当按照具体项目、《政府收支分类科目》中"支出功能分类科目"的相关科目等进行明细核算。

(二)账务处理

1.按照规定从科研项目预算收入中提取项目管理费或间接费时,按照提取金额,借记本科目(项目间接费用或管理费),贷记"非财政拨款结余—项目间接费用或管理费"科目。

2.因会计差错更正收到或支出非同级财政拨款货币资金,属于非财政拨款结转资金的,按照收到或支出的金额,借记或贷记"资金结存—货币资金"科目,贷记或借记本科目(年初余额调整)。

因收回以前年度支出等收到非同级财政拨款货币资金,属于非财政拨款结转资金的,按照收到的金额,借记"资金结存—货币资金"科目,贷记本科目(年初余额调整)。

3.按照规定缴回非财政拨款结转资金的,按照实际缴回资金数额,借记本科目(缴回资金),贷记"资金结存—货币资金"科目。

4.年末,将事业预算收入、上级补助预算收入、附属单位上缴预算收入、非同级财政拨款预算收入、债务预算收入、其他预算收入本年发生额中的专项资金收入转入本科目,借记"事业预算收入""上级补助预算收入""附属单位上缴预算收入""非同级财政拨款预算收入""债务预算收入""其他预算收入"科目下各专项资金收入明细科目,贷记本科目(本年收支结转);将事业支出、其他支出本年发生额中的非财政拨款专项资金支出转入本科目,借记本科目(本年收支结转),贷记"事业支出""其他支出"科目下各非财政拨款专项资金支出明细科目。

5.年末冲销有关明细科目余额。将本科目(年初余额调整、项目间接费用或管理费、缴回资金、本年收支结转)余额转入本科目(累计结转)。结转后,本科目除"累计结转"明细科目外,其他明细科目应无余额。

6.年末完成上述结转后,应当对非财政拨款专项结转资金各项目情况进行分析,将留归高等学校自己使用的非财政拨款专项(项目已完成)剩余资金转入非财政拨款结余,借记本科目(累计结转),贷记"非财政拨款结余—结转转入"

科目。

“非财政拨款结转”主要会计事项及账务处理，见表 4-4 所示。

“非财政拨款结转”年末明细科目结转流程，见图 4-3 所示。

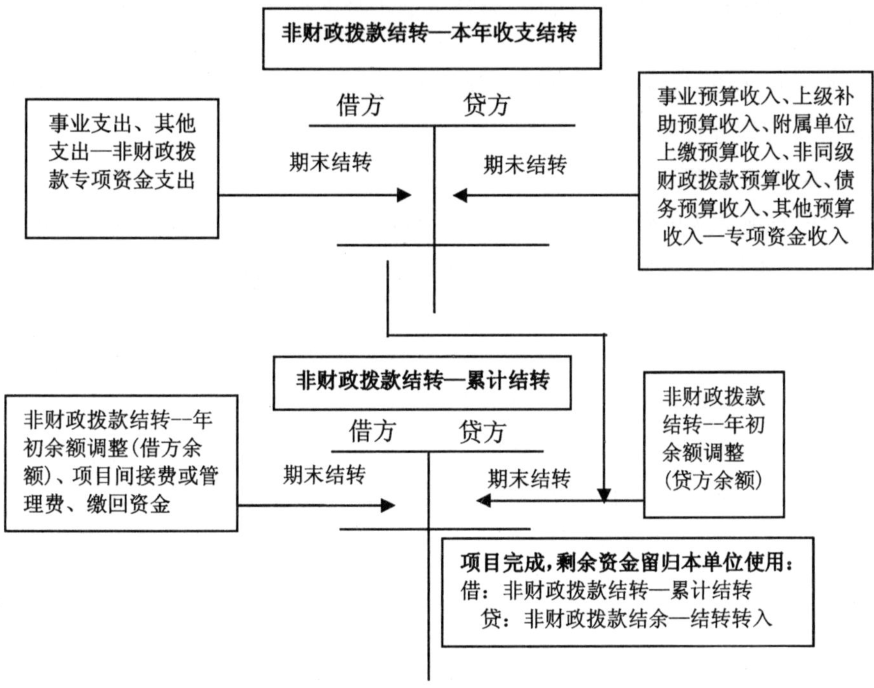

图 4-3 “非财政拨款结转”年末明细科目结转流程图

表 4-4　非财政拨款结转主要会计事项及账务处理

序号	会计事项		账务处理	
			财务会计	预算会计
1	按照规定从科研项目预算收入中提取项目管理费或间接费		借:单位管理费用 　贷:预提费用—项目间接费用或管理费	借:非财政拨款结转—项目间接费用或管理费 　贷:非财政拨款结余—项目间接费用或管理费
2	因购货退回、会计差错更正等发生以前年度调整事项	调整增加相关资产	借:银行存款等 　贷:以前年度盈余调整	借:资金结存—货币资金 　贷:非财政拨款结转—年初余额调整
		调整减少相关资产	借:以前年度盈余调整 　贷:银行存款等	借:非财政拨款结转—年初余额调整 　贷:资金结存—货币资金
3	按照规定缴回非财政拨款结转资金	按照实际缴回资金	借:累计盈余 　贷:银行存款等	借:非财政拨款结转—缴回资金 　贷:资金结存—货币资金
4	年末结转	结转非财政拨款专项收入	—	借:事业预算收入/上级补助预算收入/附属单位上缴预算收入/非同级财政拨款预算收入/债务预算收入/其他预算收入 　贷:非财政拨款结转—本年收支结转
		结转非财政拨款专项支出	—	借:非财政拨款结转—本年收支结转 　贷:事业支出/其他支出

续表

序号	会计事项	账务处理	
		财务会计	预算会计
5	年末冲销本科目相关明细科目金额	—	借:非财政拨款结转—年初余额调整[该明细科目为贷方余额时]—本年收支结转[该明细科目为贷方余额时] 贷:非财政拨款结转—累计结转 借:非财政拨款结转—累计结转 贷:非财政拨款结转—年初余额调整(该明细科目为借方余额时)—缴回资金—项目间接费用或管理费—本年收支结转(该明细科目为借方余额时)
6	将留归本单位使用的非财政拨款专项剩余资金转入非财政拨款结余	—	借:非财政拨款结转—累计结转 贷:非财政拨款结余—结转转入

三、主要业务举例

[**例 4-15**] 3 月 2 日，某大学收到海信集团汇入的科技服务经费 515 000 元（含税），学校是一般纳税人，开具增值税普通发票，发票注明增值税销项税 15 000元，学校按 5%提取项目管理费；3 月 6 日，项目组购入一台不需安装的设备，取得增值税普通发票，发票注明设备价款 200 000 元（含税），学校通过网银支付设备款项。账务处理如下：

(1)收到科技服务费

预算会计：

借：资金结存—货币资金　515 000

　贷：事业预算收入—科研事业预算收入—横向科研收入　515 000

财务会计：

借：银行存款—学校存款　515 000

　贷：事业收入—科研事业收入—横向科研收入　500 000

　　应交增值税—应交税金（销项税额）　15 000

(2)提取项目管理费

预算会计：

借：非财政拨款结转—项目间接费用或管理费　25 000

　贷：非财政拨款结余—项目间接费用或管理费　25 000

财务会计：

借：单位管理费用—行政管理费用—商品和服务费用　25 000

　贷：预提费用—项目间接费用或管理费　25 000

(3)购入设备时

预算会计：

借：事业支出—科研支出—非财政专项资金支出—项目支出—高等教育—资本性支出—专用设备购置　200 000

　贷：资金结存—货币资金　200 000

财务会计：

借：固定资产—专用设备　200 000

　贷：银行存款—学校存款　200 000

(4)期末结转

预算会计：

①年末结转收入

借：事业预算收入—科研事业预算收入—横向科研收入　　515 000

　　贷：非财政拨款结转—本年收支结转—项目支出结转　　515 000

②年末结转支出

借：非财政拨款结转—本年收支结转—项目支出结转　　200 000

　　贷：事业支出—科研支出—非财政专项资金支出—项目支出

　　　　200 000

③年末将“非财政拨款结转—项目间接费用或管理费”转入“非财政拨款结转—累计结转”

借：非财政拨款结转—累计结转—项目支出结转　　25 000

　　贷：非财政拨款结转—项目间接费用或管理费　　25 000

④年末将“非财政拨款结余—项目间接费用或管理费”转入“非财政拨款结余—累计结余”

借：非财政拨款结余—项目间接费用或管理费　　25 000

　　贷：非财政拨款结余—累计结余—项目支出结余　　25 000

财务会计：

借：事业收入—科研事业收入—横向科研收入　　500 000

　　贷：本期盈余　　500 000

借：本期盈余　　25 000

　　贷：单位管理费用—行政管理费用—商品和服务费用　　25 000

[**例 4-16**] 12 月 10 日，某大学按合同约定签发银行转账支票缴回青岛港务局科技服务结转资金 100 000 元。

预算会计：

借：非财政拨款结转—缴回资金—项目支出结转　　100 000

　　贷：资金结存—货币资金　　100 000

财务会计：

借：累计盈余　　100 000

　　贷：银行存款—学校存款　　100 000

[**例 4-17**] 12 月 31 日，某大学“事业预算收入—科研事业预算收入”贷方科目余额 1 924 000 元，“事业支出—科研支出—非财政专项资金支出—项目支出”借方科目余额 310 250 元，“非财政拨款结转—项目间接费用或管理费”借方科目余额 80 000 元，年终收支结转。

(1)年末结转收入

借:事业预算收入—科研事业预算收入—横向科研收入　　1 924 000

　贷:非财政拨款结转—本年收支结转—项目支出结转　　1 924 000

(2)年末结转支出

借:非财政拨款结转—本年收支结转—项目支出结转　　310 250

　贷:事业支出—科研支出—非财政专项资金支出—项目支出310 250

(3)年末将收支差额转入“累计结转”明细科目

借:非财政拨款结转—本年收支结转—项目支出结转　　1 613 750

　贷:非财政拨款结转—累计结转—项目支出结转　　1 613 750

(4)将明细科目“项目间费用或管理费”转入“累计结转”明细科目

借:非财政拨款结转—累计结转—项目支出结转　　80 000

　贷:非财政拨款结转—项目间接费用或管理费　　80 000

第六节　非财政拨款结余

一、概念

非财政拨款结余主要是指高等学校历年滚存的非限定用途的非同级财政拨款结余资金,主要为非财政拨款结余扣除结余分配后滚存的金额,其年末余额,反映了高等学校非同级财政拨款结余资金的累计滚存数额。

非财政拨款结余可以按照国家有关规定提取职工福利基金等,国家另有规定的,从其规定。

二、会计核算

(一)账户设置

本科目应当设置“年初余额调整”“项目间接费用或管理费”“结转转入”“累计结余”等明细科目。其中:

1.“年初余额调整”:本明细科目核算因发生会计差错更正、以前年度支出收回等原因,需要调整非财政拨款结余的资金。年末结账后,本明细科目应无余额。

2.“项目间接费用或管理费”:本明细科目核算单位取得的科研项目预算收入中,按照规定计提的项目间接费用或管理费数额。年末结账后,本明细科目应无余额。

3.“结转转入”:本明细科目核算按照规定留归单位使用,由单位统筹调配,纳入单位非财政拨款结余的非同级财政拨款专项剩余资金。年末结账后，本明细科目应无余额。

4.“累计结余”：本明细科目核算单位历年滚存的非同级财政拨款、非专项结余资金。本明细科目年末贷方余额，反映单位非同级财政拨款滚存的非专项结余资金数额。

本科目还应当按照《政府收支分类科目》中“支出功能分类科目”的相关科目进行明细核算。

(二)账务处理

1.按照规定从科研项目预算收入中提取项目管理费或间接费时，借记“非财政拨款结转—项目间接费用或管理费”科目，贷记本科目(项目间接费用或管理费)。

2.有企业所得税缴纳义务的事业单位实际缴纳企业所得税时，按照缴纳金额，借记本科目(累计结余)，贷记“资金结存—货币资金”科目。

3.因会计差错更正收到或支出非同级财政拨款货币资金，属于非财政拨款结余资金的，按照收到或支出的金额，借记或贷记“资金结存—货币资金”科目，贷记或借记本科目(年初余额调整)。

因收回以前年度支出等收到非同级财政拨款货币资金，属于非财政拨款结余资金的，按照收到的金额，借记“资金结存—货币资金”科目，贷记本科目(年初余额调整)。

4.年末，将留归本单位使用的非财政拨款专项(项目已完成)剩余资金转入本科目，借记“非财政拨款结转—累计结转”科目，贷记本科目(结转转入)。

5.年末冲销有关明细科目余额。将本科目(年初余额调整、项目间接费用或管理费、结转转入)余额结转入本科目(累计结余)。结转后，本科目除“累计结余”明细科目外，其他明细科目应无余额。

6.年末，高等学校将“非财政拨款结余分配”科目余额转入非财政拨款结余。“非财政拨款结余分配”科目为借方余额的，借记本科目(累计结余)，贷记“非财政拨款结余分配”科目；“非财政拨款结余分配”科目为贷方余额的，借记“非财政拨款结余分配”科目，贷记本科目(累计结余)。

年末，行政单位将“其他结余”科目余额转入非财政拨款结余。“其他结余”科目为借方余额的，借记本科目(累计结余)，贷记“其他结余”科目；“其他结余”科目为贷方余额的，借记“其他结余”科目，贷记本科目(累计结余)。

“非财政拨款结余”账务处理，见表 4-5 所示。

“非财政拨款结余”年末明细科目结转流程，见图 4-4 所示。

表 4-5　　非财政拨款结余账务处理

<table>
<tr><th rowspan="2">序号</th><th colspan="2" rowspan="2">会计事项</th><th colspan="2">账务处理</th></tr>
<tr><th>财务会计</th><th>预算会计</th></tr>
<tr><td>1</td><td colspan="2">按照规定从科研项目预算收入中提取项目管理费或间接费</td><td>借:单位管理费用
　贷:预提费用—项目间接费用或管理费</td><td>借:非财政拨款结转—项目间接费用或管理费
　贷:非财政拨款结余—项目间接费用或管理费</td></tr>
<tr><td>2</td><td colspan="2">实际缴纳企业所得税</td><td>借:其他应交税费—企业所得税
　贷:银行存款等</td><td>借:非财政拨款结余—累计结余
　贷:资金结存—货币资金</td></tr>
<tr><td rowspan="2">3</td><td rowspan="2">因购货退回、会计差错更正等发生以前年度调整事项</td><td>调整增加相关资产</td><td>借:银行存款等
　贷:以前年度盈余调整</td><td>借:资金结存—货币资金
　贷:非财政拨款结余—年初余额调整</td></tr>
<tr><td>调整减少相关资产</td><td>借:以前年度盈余调整
　贷:银行存款等</td><td>借:非财政拨款结余—年初余额调整
　贷:资金结存—货币资金</td></tr>
<tr><td>4</td><td colspan="2">将留归本单位使用的非财政拨款专项剩余资金转入非财政拨款结余</td><td>—</td><td>借:非财政拨款结转—累计结转
　贷:非财政拨款结余—结转转入</td></tr>
<tr><td>5</td><td colspan="2">年末冲销本科目相关明细科目余额</td><td>—</td><td>借:非财政拨款结余—年初余额调整(该明细科目为贷方余额时)—项目间接费用或管理费—结转转入
　贷:非财政拨款结余—累计结余
借:非财政拨款结余—累计结余
　贷:非财政拨款结余—年初余额调整(该明细科目为借方余额时)—缴回资金</td></tr>
<tr><td rowspan="2">6</td><td rowspan="2">年末结转</td><td>非财政拨款结余分配为贷方余额</td><td>—</td><td>借:非财政拨款结余分配
　贷:非财政拨款结余—累计结余</td></tr>
<tr><td>非财政拨款结余分配为借方余额</td><td>—</td><td>借:非财政拨款结余—累计结余
　贷:非财政拨款结余分配</td></tr>
</table>

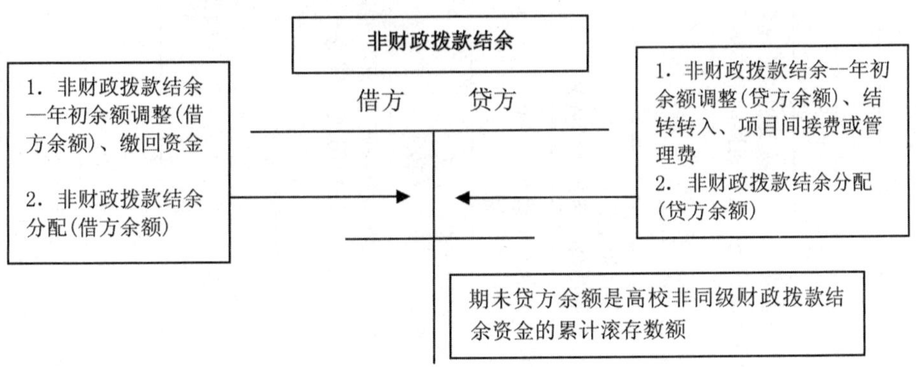

图 4-4 “非财政拨款结转”年末明细科目结转流程图

三、主要业务举例

[**例 4-18**] 12 月 31 日,某大学按规定将非财政拨款专项(项目已完成)剩余资金 100 000 元留归学校使用。

借:非财政拨款结转—累计结转—项目支出结转　　100 000

　贷:非财政拨款结余—结转转入—项目支出结余　　100 000

[**例 4-19**] 12 月 31 日,某大学“非财政拨款结余—项目间接费用或管理费”贷方科目余额 80 000 元,年末科目余额结转。

借:非财政拨款结余—项目间接费用或管理费　　80 000

　贷:非财政拨款结余—累计结余—项目支出结余　　80 000

第七节　专用结余

一、概念

专用结余是指高等学校按照规定从非财政拨款结余中提取的具有专门用途的资金,其年末余额,反映高等学校所提取的专用基金的累计滚存数额。

二、会计核算

(一)账户设置

本科目应当按照专用结余的类别及管理需求设置明细科目。

(二)账务处理

1.根据有关规定从本年度非财政拨款结余或经营结余中提取基金的，按照提取金额，借记“非财政拨款结余分配”科目，贷记本科目。

2.根据规定使用从非财政拨款结余或经营结余中提取的专用基金时，按照使用金额，借记本科目，贷记“资金结存—货币资金”科目。

专用结余账务处理，见表 4-6 所示。

表 4-6　专用结余账务处理

<table>
<tr><th rowspan="2">序号</th><th rowspan="2" colspan="2">会计事项</th><th colspan="2">账务处理</th></tr>
<tr><th>财务会计</th><th>预算会计</th></tr>
<tr><td rowspan="3">1</td><td rowspan="3">计提专用基金</td><td>从预算收入中按照一定比例提取基金并计入费用</td><td>借：业务活动费用等
贷：专用基金</td><td>不作账务处理</td></tr>
<tr><td>从本年度非财政拨款结余或经营结余中提取基金</td><td>借：本年盈余分配
贷：专用基金</td><td>借：非财政拨款结余分配
贷：专用结余</td></tr>
<tr><td>根据有关规定设置的其他专用基金</td><td>借：银行存款等
贷：专用基金</td><td>不作账务处理</td></tr>
<tr><td rowspan="2">2</td><td rowspan="2" colspan="2">按照规定使用提取的专用基金</td><td>借：专用基金
贷：银行存款等</td><td>使用从非财政拨款结余或经营结余中提取的基金：
借：专用结余
贷：资金结存—货币资金</td></tr>
<tr><td>使用专用基金购置固定资产、无形资产的：
借：固定资产/无形资产
贷：银行存款等
借：专用基金
贷：累计盈余</td><td>使用从预算收入中提取并计入费用的基金：
借：事业支出等
贷：资金结存—货币资金</td></tr>
</table>

三、主要业务举例

[例 4-20] 1 月 15 日，某大学用职工福利基金维修教工浴池，支付维修费20 000元。

预算会计：

借：专用结余　　20 000

　贷：资金结存—货币资金　　20 000

财务会计：

借：专用基金—职工福利基金　　20 000

　贷：银行存款—学校存款　　20 000

[**例 4-21**] 2 月 10 日，某大学按上年度事业预算收入总额的 5%，提取学生奖助基金 12 000 000 元。

预算会计不作账务处理

财务会计：

借：业务活动费用—教育费用—计提专用基金　　12 000 000

　贷：专用基金—学生奖助基金　　12 000 000

[**例 4-22**] 6 月 21 日，某大学通过银行代发学生奖学金 3 500 000 元。

预算会计：

借：事业支出—教育支出—其他资金支出—基本支出—高等教育—对个人家庭的补助　　3 500 000

　贷：资金结存—货币资金　　3 500 000

财务会计：

借：专用基金—学生奖助基金　　3 500 000

　贷：银行存款—学校存款　　3 500 000

[**例 4-23**] 12 月 31 日，某大学从本年度经营结余中提取职工福利基金 100 000元。

预算会计：

借：非财政拨款结余分配　　100 000

　贷：专用结余　　100 000

财务会计：

借：本年盈余分配　　100 000

　贷：专用基金—职工福利基金　　100 000

第八节　经营结余

一、概念

经营结余是高等学校本年度经营活动收支相抵后余额弥补以前年度经营亏损后的余额。年末结账后，本科目一般无余额；如为借方余额，反映事业单位累计发生的经营亏损。

二、会计核算

(一)账户设置

本科目可以按照经营活动类别及管理需求设置明细科目。

(二)账务处理

1.年末，将经营预算收入本年发生额转入本科目，借记“经营预算收入”科目，贷记本科目；将经营支出本年发生额转入本科目，借记本科目，贷记“经营支出”科目。

2.年末，完成上述结转后，如本科目为贷方余额，将本科目贷方余额转入“非财政拨款结余分配”科目，借记本科目，贷记“非财政拨款结余分配”科目；如本科目为借方余额，为经营亏损，不予结转。

“经营结余”账务处理，见表 4-7 所示。

表 4-7　　经营结余账务处理

序号	会计事项	账务处理	
		财务会计	预算会计
1	年末经营收支结转	—	借：经营预算收入 　贷：经营结余 借：经营结余 　贷：经营支出
2	年末转入结余分配	—	借：经营结余 　贷：非财政拨款结余分配年末结余在借方，则不予结转

三、主要业务举例

[**例 4-24**] 6 月 10 日，某大学材料力学实验室(非独立核算)为海信房地产开发公司提供钢筋、水泥等检测服务，学校开具增值税普通发票，发票注明检测费 60 000 元，增值税销项税 1 800 元，学校收到 61 800 元转账支票一张，存入银行。

预算会计：

借：资金结存—货币资金　　61 800

　贷：经营预算收入　　61 800

财务会计：

借：银行存款—学校存款　　61 800

　贷：经营收入　　60 000

　　应交增值税—应交税金(销项税额)　　1 800

[**例 4-25**] 6 月 30 日，某大学发放实验室(非独立核算)检测劳务费 2000 元。

预算会计：

借：经营支出　　2 000

　贷：资金结存—货币资金　　2 000

财务会计：

借：经营费用　　2 000

　贷：银行存款—学校存款　　2 000

[**例 4-26**] 12 月 31 日，某大学“经营预算收入”贷方科目余额 500 000 元，“经营支出”借方科目余额 120 000 元。账务处理如下：

预算会计：

借：经营结余　　120 000

　贷：经营支出　　120 000

借：经营预算收入　　500 000

　贷：经营结余　　500 000

年终，将“经营结余”贷方科目余额 380 000 元转入“非财政拨款结余分配”科目。

借：经营结余　　380 000

　贷：非财政拨款结余分配　　380 000

第九节　其他结余

一、概念

其他结余是指高等学校本年度除财政拨款收支、非同级财政专项资金收支和经营收支以外各项收支相抵后的余额。

二、会计核算

(一)账户设置

本科目不需设置明细核算科目,高等学校也可根据管理需要适当增设明细核算科目。

(二)账务处理

1.年末,将事业预算收入、上级补助预算收入、附属单位上缴预算收入、非同级财政拨款预算收入、债务预算收入、其他预算收入本年发生额中的非专项资金收入以及投资预算收益本年发生额转入本科目,借记“事业预算收入”“上级补助预算收入”“附属单位上缴预算收入”“非同级财政拨款预算收入”“债务预算收入”“其他预算收入”科目下各非专项资金收入明细科目和“投资预算收益”科目,贷记本科目(“投资预算收益”科目本年发生额为借方净额时,借记本科目,贷记“投资预算收益”科目);将事业支出、其他支出本年发生额中的非同级财政、非专项资金支出,以及上缴上级支出、对附属单位补助支出、投资支出、债务还本支出本年发生额转入本科目,借记本科目,贷记“事业支出”“其他支出”科目下各非同级财政、非专项资金支出明细科目和“上缴上级支出”“对附属单位补助支出”“投资支出”“债务还本支出”科目。

2.年末,完成上述结转后,将本科目余额转入“非财政拨款结余分配”科目。当本科目为贷方余额时,借记本科目,贷记“非财政拨款结余—累计结余”或“非财政拨款结余分配”科目;当本科目为借方余额时,借记“非财政拨款结余—累计结余”或“非财政拨款结余分配”科目,贷记本科目。

3.年末结账后,本科目应无余额。

“其他结余”主要会计事项及账务处理,见表4-8所示。

“其他结余”年末结转流程,见图4-5所示。

表 4-8　　“其他结余”主要会计事项及账务处理

序号	会计事项		账务处理	
			财务会计	预算会计
1	年末	结转预算收入（除财政拨款收入、非同级财政专项收入、经营收入以外）	—	借：事业预算收入/上级补助预算收入/附属单位上缴预算收入/非同级财政拨款预算收入/债务预算收入/其他预算收入（非专项资金收入）/投资预算收益（贷方余额） 贷：其他结余 借：其他结余 贷：投资预算收益（借方余额）
		结转预算支出（除同级财政拨款支出、非同级财政专项支出、经营支出以外）	—	借：其他结余 贷：事业支出/其他支出（非财政、非专项资金支出）/上缴上级支出/对附属单位补助支出/投资支出/债务还本支出
2	年末转入结余分配	其他结余为贷方余额	—	借：其他结余 贷：非财政拨款结余分配
		其他结余为借方余额	—	借：非财政拨款结余分配 贷：其他结余

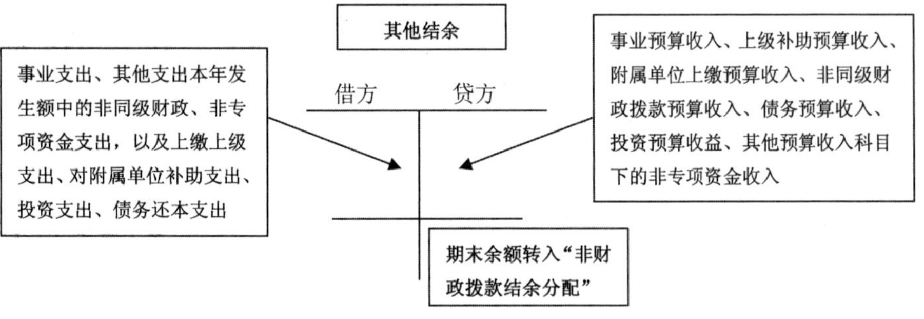

图 4-5　“其他结余”年末结转流程图

三、主要业务举例

[例 4-27] 某大学 12 月 31 日，其他资金预算收入、支出科目余额见表 4-9、表 4-10。

表 4-9　　其他资金预算收入科目余额表

科目代码	科目名称	贷方余额(元)
6101	事业预算收入—教育事业预算收入—非专项资金收入	44 000 000
6201	上级补助预算收入—非专项资金收入	200 000
6301	附属单位上缴预算收入—非专项资金收入	1 000 000
6501	债务预算收入—非专项资金收入	10 000 000
6601	非同级财政拨款预算收入—非专项资金收入	1 000 000
6602	投资预算收益	500 000
6609	其他预算收入—非专项资金收入	1 908 500
	合计	58 608 500

表 4-10　　其他资金预算支出科目余额表

科目代码	科目名称	借方余额(元)
7201	事业支出—教育支出—其他资金支出　基本支出	49 335 000
7204	事业支出—行政管理支出—其他资金支出—基本支出	138 000
7205	事业支出—后勤保障支出—其他资金支出—基本支出	1 325 000
7401	上缴上级支出	100 000
7501	对附属单位补助支出	30 000
7701	债务还本支出	6 000 000
7901	其他支出—其他资金支出—基本支出	160 000
	合计	57 088 000

某大学年终其他资金预算收支结转会计分录如下：

预算会计：

(1)年末结转收入

借：事业预算收入—教育事业预算收入　　44 000 000

　　上级补助预算收入—非专项资金收入　　200 000

　　附属单位上缴预算收入—非专项资金收入　　1 000 000

　　债务预算收入—非专项资金收入　　10 000 000

　　非同级财政拨款预算收入—非专项资金收入　　1 000 000

　　投资预算收益　　500 000

　　其他预算收入—非专项资金收入　　1 908 500

　贷：其他结余　　58 608 500

(2)年末结转支出

借:其他结余　　57 088 000

　贷:事业支出—教育支出—其他资金支出—基本支出　　49 335 000

　　事业支出—行政管理支出—其他资金支出—基本支出　　138 000

　　事业支出—后勤保障支出—其他资金支出—基本支出　　1 325 000

　　上缴上级支出　　100 000

　　对附属单位补助支出　　30 000

　　债务还本支出　　6 000 000

　　其他支出—其他资金支出—基本支出　　160 000

(3)将“其他结余”转入“非财政拨款结余分配”

借:其他结余　　1 520 500

　贷:非财政拨款结余分配　　1 520 500

第十节　非财政拨款结余分配

一、概念

非财政拨款结余分配,反映高等学校本年度非财政拨款结余分配的情况和结果。

二、会计核算

(一)账户设置

本科目不需设置明细核算科目,高等学校也可根据管理需要适当增设明细核算科目。

(二)主要账务处理

1.年末,将“其他结余”科目余额转入本科目,当“其他结余”科目为贷方余额时,借记“其他结余”科目,贷记本科目;当“其他结余”科目为借方余额时,借记本科目,贷记“其他结余”科目。

年末,将“经营结余”科目贷方余额转入本科目,借记“经营结余”科目,贷记本科目。

2.根据有关规定提取专用基金的,按照提取的金额,借记本科目,贷记“专用结余”科目。

3.年末,按照规定完成上述 1、2 的处理后,将本科目余额转入非财政拨款结余。当本科目为借方余额时,借记“非财政拨款结余—累计结余”科目,贷记本科目;当本科目为贷方余额时,借记本科目,贷记“非财政拨款结余—累计结余”科目。

年末结账后,本科目应无余额。

非财政拨款结余分配账务处理,见表 4-11 所示。

表 4-11　　非财政拨款结余分配账务处理

序号	会计事项		账务处理	
			财务会计	预算会计
1	年末结余转入	其他结余为借方余额时	—	借:非财政拨款结余分配 贷:其他结余
		其他结余为贷方余额时	—	借:其他结余 贷:非财政拨款结余分配
		经营结余为贷方余额时	—	借:经营结余 贷:非财政拨款结余分配
2	计提专用基金	从非财政拨款结余中提取	借:本年盈余分配 贷:专用基金	借:非财政拨款结余分配 贷:专用结余
3	事业单位转入非财政拨款结余	非财政拨款结余分配为贷方余额	—	借:非财政拨款结余分配 贷:非财政拨款结余—累计结余
		非财政拨款结余分配为借方余额	—	借:非财政拨款结余—累计结余 贷:非财政拨款结余分配

第五章　货币资金

第一节　货币资金概述

一、概念

货币资金是指可以立即投入流通，用以购买商品或劳务，或用以偿还债务的交换媒介物。高等学校货币资金是指高等学校运营资金在周转过程中暂时停留在货币形态上的那部分资金。在高等学校的流动资产中，货币资金的流动性最强，并且是唯一能够直接转化为其他任何资产形态的流动性资产，也是唯一能代表高等学校现实购买力水平的资产。

高等学校在运转过程中，大量的经济活动或事项都是通过货币资金的收付来进行的，货币资金在学校资金循环过程中起着重要的连接和纽带作用。如学生学费的收缴、办公用品的购置、工资的发放、利息的支付以及投资等经济活动或事项，都需要通过货币资金进行收付结算。因此，为了确保高等学校正常运转，高等学校必须拥有一定数量的货币资金。高等学校货币资金拥有量的多少，标志着其偿债能力和支付能力的大小。

二、分类

高等学校的货币资金按存放地点和用途的不同可分为库存现金、银行存款、零余额账户用款额度和其他货币资金。

库存现金是指高等学校在日常运行过程中为满足零星支付需要而暂时存放在财务部门的现金。

银行存款是指高等学校存放于银行或其他金融机构的各种存款，但不包括高校的外埠存款、银行本票存款、银行汇票存款等。

零余额账户用款额度是实行国库集中支付的高等学校根据财政部门批复

的用款计划收到的财政授权支付资金额度。

其他货币资金是指高等学校除现金、银行存款和零余额账户用款额度以外的货币资金，包括外埠存款、银行汇票存款、银行本票存款和信用卡存款等。

三、内控管理

货币资金是高等学校流动性最强、控制风险最高的资产，高等学校必须加强对货币资金的管理和控制，按照《现金管理暂行条例》《人民币银行结算账户管理办法》《支付结算办法》《行政事业单位内部控制规范（试行）》以及国库集中支付有关规定，建立健全货币资金内部控制制度，规范货币资金收付业务，确保货币资金的安全性、完整性、合法性、效益性。

第二节　库存现金

一、概念

库存现金是指高等学校在日常运行过程中为满足零星支付需要而暂时存放在财务部门的现金，包括库存的人民币现金和各种外币现金。

二、管理要求

高等学校应当严格按照国家有关现金管理、外汇管理和支付结算制度规定办理现金收付业务，并按照《政府会计制度》规定核算现金各项收支业务，监督现金使用的合理性与合法性。

（一）高等学校库存现金使用范围

库存现金是高等学校流动性最强、安全风险较高的资产，因此高等学校应当严格按照国务院颁布的《现金管理暂行条例》规定的范围使用现金。

1.未实行工资统发的职工工资、津贴；

2.个人劳务报酬；

3.根据国家规定颁发给个人的科学技术、文化艺术、体育等各种奖金；

4.各种劳保、福利费用以及国家规定的对个人的其他支出；

5.向个人收购农副产品和其他物资的价款；

6.出差人员必须随身携带的差旅费；

7.结算起点（1 000 元）以下的零星支出；

8.中国人民银行确定需要支付现金的其他支出。

随着财政公务卡结算制度的大力推行、高等学校财务信息化(银校互连支付系统)建设水平的不断提升以及支付宝、微信等第三方支付平台的不断完善，上述规定的现金支付范围将会越来越小。

(二)高等学校库存现金业务的内控管理

高等学校要根据《行政事业单位内部控制规范(试行)》要求，按照不相容岗位相互分离的原则合理设置现金出纳岗位，现金出纳不得兼管稽核、会计档案保管和收入、费用、债权、债务账目的登记工作；严禁一人保管收付款项所需的全部印章；要建立库存现金盘点核查制度，指定不办理现金业务的会计人员定期和不定期盘点核查库存现金，确保账实相符。

三、会计核算

(一)账户设置

高等学校按规定应当设置"库存现金"科目，核算高等学校库存现金的收入、支出和结存情况。根据实际工作需要，本科目应当设置"受托代理资产"明细科目，用于核算高等学校受托代理、代管的现金。

本科目期末借方余额，反映高等学校实际持有结存的库存现金。

高等学校应当设置"库存现金日记账"，由出纳人员根据收付款凭证，按照业务发生顺序逐笔登记。每日终了，应当计算当日的现金收入合计数、现金支出合计数和结余数，并将结余数与实际库存数相核对，做到账款相符。高等学校有外币现金的，应当分别按照人民币、外币种类设置"库存现金日记账"进行明细核算。有关外币现金业务的账务处理参见"银行存款"科目的相关规定。

现金收入业务繁多、单独设有收款部门的单位，收款部门的收款员应当将每天所收现金连同收款凭据一并交财务部门核收记账，或者将每天所收现金直接送存开户银行后，将收款凭据及向银行送存现金的凭证等一并交财务部门核收记账。

(二)账务处理

1.从银行提取现金，按照实际提取的金额，借记本科目，贷记"银行存款"科目；将现金存入银行，按照实际存入的金额，借记"银行存款"科目，贷记本科目。

从零余额账户提取现金，借记本科目，贷记"零余额账户用款额度"科目；将现金退回零余额账户，按照实际退回的金额，借记"零余额账户用款额度"科目，贷记本科目。

2.因内部职工出差等原因借出现金，按实际借出的现金金额，借记“其他应收款”科目，贷记本科目。

出差人员报销差旅费时，按照实际报销的金额，借记“业务活动费用”“单位管理费用”等科目，按照实际借出的现金金额，贷记“其他应收款”科目，按照其差额，借记或贷记本科目。

3. 因提供服务、物品或者其他事项收到现金，按照实际收到的金额，借记本科目，贷记“事业收入”“应收账款”等相关科目。涉及增值税业务的，相关账务处理参见“应交增值税”科目。

因购买服务、物品或者其他事项支付现金，按照实际支付的金额，借记“业务活动费用”“单位管理费用”“库存物品”等相关科目，贷记本科目。涉及增值税业务的，相关账务处理参见“应交增值税”科目。

以库存现金对外捐赠，按照实际捐出的金额，借记“其他费用”科目，贷记本科目。

4.收到受托代理、代管的现金，按照实际收到的金额，借记本科目（受托代理资产），贷记“受托代理负债”科目；支付受托代理、代管的现金，按照实际支付的金额，借记“受托代理负债”科目，贷记本科目（受托代理资产）。

（三）库存现金清查

为及时准确反映高等学校库存现金的余额，加强监督，保障资金安全，高等学校出纳人员每天应当对库存现金进行清查盘点，对每日账款核对中发现有待查明原因的现金短缺或溢余的，应当通过“待处理财产损溢”科目核算。属于现金溢余，应当按照实际溢余的金额，借记本科目，贷记“待处理财产损溢”科目；属于现金短缺，应当按照实际短缺的金额，借记“待处理财产损溢”科目，贷记本科目。待查明原因后及时进行账务处理，具体内容参见“待处理财产损溢”科目。

四、主要业务举例

2019 年 6 月，某大学库存现金发生如下业务：

[**例 5-1**] 6 月 1 日，签发现金支票，从基本存款账户农行提取备用金 30 000 元。账务处理如下：

财务会计：

借：库存现金—学校现金　　30 000

　贷：银行存款—学校存款　　30 000

预算会计不作账务处理。

[例 5-2] 6 月 3 日，从零余额账户提取备用金 30 000 元。账务处理如下：

财务会计：

借：库存现金—学校现金　　30 000

　贷：零余额账户用款额度　　30 000

预算会计：

借：资金结存—货币资金　　30 000

　贷：资金结存—零余额账户用款额度　　30 000

[例 5-3] 6 月 8 日，以现金方式收取欠费学生 A 学费 5 000 元，同时收取组织部交来党费 3 000 元（该校党费由学校代管，下同）。当天将上述款项分别送存学校基本存款账户开户银行农行和党费专用账户开户行农行。账务处理如下：

财务会计：

(1)6 月 8 日收取现金并将现金交存银行

借：库存现金—学校现金　　5 000

　库存现金—受托代理资产（党费）　　3 000

　贷：应缴财政款—应缴财政专户款　　5 000

　　受托代理负债—党费　　3 000

借：银行存款—学校存款　　5 000

　银行存款—受托代理资产—党费　　3 000

　贷：库存现金—学校现金　　5 000

　　库存现金—受托代理资产—党费　　3 000

预算会计不作账务处理。

(2)6 月 9 日将应缴财政专户款 5 000 元上缴财政。经申请，6 月 20 日，财政划拨专户资金 5 000 元到学校基本存款账户。账务处理如下：

财务会计：

①6 月 9 日上缴财政

借：应缴财政款—应缴财政专户款　　5 000

　贷：银行存款—学校存款　　5 000

预算会计不作账务处理。

②6 月 20 日财政划拨资金

借：银行存款—学校存款　　5 000

贷：事业收入—教育事业收入　　5 000

预算会计：

借：资金结存—货币资金　　5 000

贷：事业预算收入—教育事业预算收入—非专项资金收入　　5 000

[例 5-4] 某大学发生预借差旅费等有关业务如下：

(1)6 月 10 日，文学院王老师经批准从该院教学经常费中借用差旅费 3 000 元；组织部报销党建资料费 1 000 元。账务处理如下：

财务会计：

①预借差旅费

借：其他应收款—王老师　　3 000

贷：库存现金—学校现金　　3 000

②报销党建资料费

借：受托代理负债(党费)　　1 000

贷：银行存款—受托代理资产(党费)　　1 000

预算会计不作账务处理。

(2)6 月 15 日，文学院王老师报销差旅费单据金额共计 3 500 元，并冲销 6 月10 日借款 3 000 元。账务处理如下：

财务会计：

借：业务活动费用—教育费用—商品和服务费用　　3 500

贷：其他应收款—王老师　　3 000

库存现金—学校现金　　500

预算会计：

借：事业支出—教育支出—其他资金支出—基本支出—高等教育—商品和服务支出—差旅费　　3 500

贷：资金结存—货币资金　　3 500

[例 5-5] 6 月 20 日进行现金盘点时，发现库存现金比账面金额少 200 元。经核查，50 元应属于出纳人员过失责任赔偿，属于无法查明原因的 150 元报经批准后予以处理。账务处理如下：

(1)发现现金短缺 200 元

财务会计：

借：待处理财产损溢—货币资金　　200

贷：库存现金—学校现金　　200

预算会计：

借：其他支出—现金盘亏损失—其他资金支出　　200

　贷：资金结存—货币资金　　200

(2)认定责任赔偿 50 元

财务会计：

借：其他应收款—××人　　50

　贷：待处理财产损溢—货币资金　　50

预算会计不作账务处理。

(3)收到赔偿款时

财务会计：

借：库存现金—学校现金　　50

　贷：其他应收款—××人　　50

预算会计：

借：资金结存—货币资金　　50

　贷：其他支出—现金盘亏损失—其他资金支出　　50

(4)对无法查明原因 150 元报经批准后处理

财务会计：

借：资产处置费用　　150

　贷：待处理财产损溢—货币资金　　150

预算会计不作账务处理。

[例 5-6] 6 月 30 日，现金盘点时发现库存现金比账面余额多 500 元。经核查，属于应支付给有关人员部分为 300 元，无法查明原因的为 200 元，且已报经批准予以处理。账务处理如下：

(1)发现现金溢余 500 元

财务会计：

借：库存现金—学校现金　　500

　贷：待处理财产损溢—货币资金　　500

预算会计：

借：资金结存—货币资金　　500

　贷：其他预算收入—现金盘盈收入　　500

(2)认定应支付给有关人员 300 元

财务会计：

借：待处理财产损溢—货币资金　　　　300

　　贷：库存现金—学校现金　　　　300

预算会计：

借：其他预算收入—现金盘盈收入　　　　300

　　贷：资金结存—货币资金　　　　300

(3)认定无法查明原因的200元并报经处理

财务会计：

借：待处理财产损溢—货币资金　　　　200

　　贷：其他收入—现金盘盈收入　　　　200

预算会计不作账务处理。

第三节　银行存款

一、概念

银行存款是指高等学校存放在银行或其他金融机构的款项。

二、管理要求

(一)银行账户管理

高等学校应当严格按照中国人民银行《人民币银行结算账户管理办法》及预算单位银行账户管理的有关规定开立、变更和撤销银行账户，不准出租、出借或转让银行账户。

高等学校银行账户按账户性质分为基本存款账户、专用存款账户、一般存款账户和临时存款账户。基本存款账户是指高等学校因办理日常转账结算和现金收付需要开立的银行账户；一般存款账户是高等学校因借款或其他结算需要，在基本存款账户开户银行以外的银行营业机构开立的银行结算账户；专用存款账户是高等学校按照法律、行政法规和规章，对其特定用途资金进行专项管理和使用而开立的银行结算账户，如零余额账户、工会经费账户、党费账户等；临时存款账户是存款人因临时需要并在规定期限内使用而开立的银行结算账户，如临时机构经费、注册验资等账户。

(二)银行存款管理

高等学校应严格按照《人民币银行结算账户管理办法》及《支付结算办法》

《行政事业单位内部控制规范(试行)》有关规定办理银行存款收支业务，并按《政府会计制度》规定准确及时地核算银行存款的各项收支业务。

1.高等学校应当按不相容岗位相互分离的原则合理设置银行存款管理岗位，不得由一人办理银行存款收付业务的全过程。

2.高等学校银行预留财务全套印鉴、网上银行电子密钥应分别由不同人员管理，实现相互牵制、相互监督，确保银行存款安全。

3.高等学校应当加强对银行存款的核查控制，指定不办理银行存款业务的会计人员定期和不定期的核查银行存款余额，通过核查银行对账单、银行日记账及银行存款余额调节表，核对是否账实相符、账账相符。

4.根据支付结算办法相关规定，高等学校银行存款的结算主要通过银行汇票、商业汇票(商业承兑汇票、银行承兑汇票)、银行本票、支票、汇兑(信汇、电汇)、委托收款、托收承付、信用证、信用卡等方式结算。

三、会计核算

(一)账户设置

高等学校按规定应当设置“银行存款”科目，核算高等学校在银行或者其他金融机构的各种存款的收入、支出和结存情况。根据实际工作需要，本科目应当设置“受托代理资产”明细科目，用于核算高等学校受托代理、代管的银行存款。

本科目期末借方余额，反映高等学校实际存放在银行或其他金融机构的结存款项。

高等学校应当按照开户银行或其他金融机构、存款种类及币种等，分别设置“银行存款日记账”，由出纳人员根据收付款凭证，按照业务的发生顺序逐笔登记，每日终了应结出余额。“银行存款日记账”应定期与“银行对账单”核对，至少每月核对一次。月度终了，单位银行存款日记账账面余额与银行对账单余额之间如有差额，应当逐笔查明原因并进行处理，按月编制“银行存款余额调节表”。

(二)账务处理

1.高等学校将款项存入银行或者其他金融机构，按照实际存入的金额，借记本科目，贷记“库存现金”“应收账款”“事业收入”“经营收入”“其他收入”等相关科目。涉及增值税业务的，相关账务处理参见“应交增值税”科目。

收到银行存款利息，按照实际收到的金额，借记本科目，贷记“利息收入”

科目。

2.从银行等金融机构提取现金，按照实际提取的金额，借记“库存现金”科目，贷记本科目。

3.以银行存款支付相关费用，按照实际支付的金额，借记“业务活动费用”“单位管理费用”“其他费用”等相关科目，贷记本科目。涉及增值税业务的，相关账务处理参见“应交增值税”科目。

以银行存款对外捐赠，按照实际捐出的金额，借记“其他费用”科目，贷记本科目。

4.收到受托代理、代管的银行存款，按照实际收到的金额，借记本科目（受托代理资产），贷记“受托代理负债”科目；支付受托代理、代管的银行存款，按照实际支付的金额，借记“受托代理负债”科目，贷记本科目（受托代理资产）。

5.高等学校发生外币业务的，应当按照业务发生当日的即期汇率，将外币金额折算为人民币金额记账，并登记外币金额和汇率。

期末，各种外币账户的期末余额，应当按照期末的即期汇率折算为人民币，作为外币账户期末人民币余额。调整后的各种外币账户人民币余额与原账面余额的差额，作为汇兑损益计入当期费用。

（1）以外币购买物资、设备等，按照购入当日的即期汇率将支付的外币或应支付的外币折算为人民币金额，借记“库存物品”等科目，贷记本科目、“应付账款”等科目的外币账户。涉及增值税业务的，相关账务处理参见“应交增值税”科目。

（2）销售物品、提供服务以外币收取相关款项等，按照收入确认当日的即期汇率将收取的外币或应收取的外币折算为人民币金额，借记本科目、“应收账款”等科目的外币账户，贷记“事业收入”等相关科目。

（3）期末，根据各外币银行存款账户按照期末汇率调整后的人民币余额与原账面人民币余额的差额，作为汇兑损益，借记或贷记本科目，贷记或借记“业务活动费用”“单位管理费用”等科目。

四、主要业务举例

2019 年 7 月，某大学银行存款发生如下业务。账务处理如下：

[例 5-7] 7 月 2 日，从基本存款账户提现 50 000 元。

财务会计：

借：库存现金—学校现金　　50 000

　贷：银行存款—学校存款　　50 000

预算会计不作账务处理。

[例 5-8] 7 月 3 日，库存现金 20 000 元交存基本存款账户。

财务会计：

借：银行存款—学校存款　　20 000

　贷：库存现金—学校现金　　20 000

预算会计不作账务处理。

[例 5-9] 7 月 5 日，文学院以转账方式支付办公用品购置费 3 200 元。

财务会计：

借：业务活动费—教育费用—商品和服务费用　　3 200

　贷：银行存款—学校存款　　3 200

预算会计：

借：事业支出—教育支出—其他资金支出—基本支出—高等教育—商品和服务支出—办公费　　3 200

　贷：资金结存—货币资金　　3 200

[例 5-10] 7 月 20 日，基本银行账户收到存款利息 52 100 元，支付 2019 年银行手续费 360 元。

财务会计：

借：银行存款—学校存款　　52 100

　贷：利息收入　　52 100

借：单位管理费用—行政管理费用—商品和服务费用　　360

　贷：银行存款—学校存款　　360

预算会计：

借：资金结存—货币资金　　52 100

　贷：其他预算收入—利息预算收入　　52 100

借：事业支出—行政管理支出—基本支出—高等教育—商品和服务支出—手续费　　360

　贷：资金结存—货币资金　　360

[例 5-11] 7 月 25 日，收到组织部交存党费的银行进账单 13 500 元；同时支付党建材料费 1 600 元。

财务会计：

(1)收到党费

借:银行存款—受托代理资产(党费)　　13 500

　贷:受托代理负债—党费　　13 500

(2)支付党费材料费

借:受托代理负债—党费　　1 600

　贷:银行存款—受托代理资产(党费)　　1 600

预算会计不作账务处理。

[**例 5-12**] 7 月 1 日,某大学美元账户余额为 400 000 美元,共计折合人民币余额 2 640 000 元。7 月 10 日,以 150 000 美元购进科研(国家自然基金)设备一台,当日汇率为 1 美元=6.53 元人民币,折合人民币 979 500 元;7 月 31 日汇率为 1 美元=6.55 元人民币。

(1)购进设备时,账务处理如下:

财务会计:

借:固定资产—专用设备　　979 500

　贷:银行存款—美元户($150 000)　　979 500

预算会计:

借:事业支出—科研支出—非财政专项资金支出—项目支出—自然科学基金—资本性支出—专用设备购置　　979 500

　贷:资金结存—货币资金　　979 500

(2)月末计算汇兑损益

计算汇兑损益前"银行存款—人民币"账户余额。

2 640 000−979 500=1 660 500(元)

月末美元账户余额折合人民币余额。

(400 000−150 000)×6.55=1 637 500(元)

月末汇兑损失为:1 660 500−1 637 500=23 000(元),账务处理如下:

财务会计:

借:其他费用—其他　　23 000

　贷:银行存款—美元户　　23 000

预算会计:

借:其他支出—其他—其他资金支出　　23 000

　贷:资金结存—货币资金　　23 000

[**例 5-13**] 2019 年 7 月末,银行对账单余额为 185 320 000 元,银行存款日

记账余额为 185 110 000 元，经核对，发现有如下未达账项：

(1)7 月 28 日，单位已收房租收入 13 000 元，但银行暂未予以记账。

(2)7 月 29 日，银行收到某单位转来科研合作经费 160 000 元，但单位未收到银行收款通知。

(3)7 月 29 日，单位已开出转账支票支付设备款 85 000 元，但银行因收到转账支票支付凭证，暂未交换支付。

(4)7 月 28 日，银行从单位账户扣交网银手续费 2 000 元，但单位未收到银行扣款凭证。

月末需编制银行存款余额表调节表(见表 5-1)。

表 5-1　银行存款余额调节表　2019 年 7 月 31 日

内容摘要	金额(元)	内容摘要	金额(元)
银行日记账余额	185 110 000	银行对账单余额	185 320 000
加：银行已收，单位未收	160 000	加：单位已收，银行未收	13 000
减：银行已付，单位未付	2 000	减：单位已付，银行未付	85 000
调节后余额	185 248 000	调节后余额	185 248 000

第四节　零余额账户用款额度

一、概念

零余额账户是指财政部门为本部门和预算单位在商业银行开设的账户，用于财政直接支付和财政授权支付及清算。财政部门零余额账户用于财政直接支付。

高等学校零余额账户是指经财政部门批准，在国库集中支付代理银行开立，用于办理高等学校财政授权支付的银行结算账户，其性质为专用存款账户，该账户每日发生的支付，于当日营业终了前由代理银行在财政部批准的用款额度内与国库单一账户进行清算，清算后该账户无余额。

零余额账户用款额度是实行国库集中支付的高等学校根据财政部门批复的用款计划收到的财政授权支付资金额度。零余额账户用款额度具有与人民币存款相同的支付结算功能，可办理转账、汇兑、提取现金等支付结算业务。

二、管理要求

1.高等学校零余额账户的开立、变更和撤销要报经同级财政部门批准，严格履行审批备案等有关程序。

2.高等学校应严格按照财政部门批复的预算、支付范围和支付标准申请使用零余额账户用款额度，除特别规定的事项外，高等学校严禁从零余额账户向本校其他同名实有商业银行账户转存财政授权支付资金。

3.高等学校应当加强零余额账户用款额度支付业务管理，根据不相容岗位相互分离的原则，合理设置管理岗位，明确经办人、审核人的岗位职责，确保财政授权支付业务实现相互制约、相互监督。

4.高等学校要加强和规范公务支出管理，按照《中央预算单位公务卡管理暂行办法》(财库〔2007〕63 号)要求，规范财政授权支付管理，减少现金支付结算，按规定的支出范围，积极推进公务卡结算制度改革，加强对公务支出过程的监控。

5.月度终了，高等学校应对“零余额账户用款额度”科目与代理银行提供的对账单对零余额账户用款额度的收入数、支出数进行核对，同时与国库集中支付系统中授权支付额度的结余数进行核对。确保零余额账户用款额度的账面余额与国库集中支付系统中结存余额一致。

二、会计核算

(一)账户设置

高等学校应按规定设置“零余额账户用款额度”科目，用于核算高等学校根据财政部门批复的用款计划收到和支用的零余额账户用款额度。

本科目期末借方余额，反映高等学校尚未支用的零余额账户用款额度。年末注销单位零余额账户用款额度后，本科目应无余额。

(二)账务处理

1.收到额度

高等学校收到代理银行“财政授权支付到账通知书”时，根据通知书所列金额，借记本科目，贷记“财政拨款收入”科目。

2.支用额度

(1)从零余额账户提取现金时，按照实际提取的金额，借记“库存现金”科目，贷记本科目。

(2)高等学校支付日常活动费用时，按照支付的金额，借记“业务活动费用”“单位管理费用”等科目，贷记本科目。

(3)高等学校购买库存物品或购建固定资产，按照实际发生的成本，借记“库存物品”“固定资产”“在建工程”等科目，按照实际支付或应付的金额，贷记本科目、“应付账款”等科目。涉及增值税业务的，相关账务处理参见“应交增值税”科目。

3.因购货退回等发生财政授权支付额度退回的，按照退回的金额，借记本科目，贷记“库存物品”等科目。

4.年末，根据代理银行提供的对账单作注销额度的相关账务处理，借记“财政应返还额度—财政授权支付”科目，贷记本科目。

年末，高等学校本年度财政授权支付预算指标数大于零余额账户用款额度下达数的，根据未下达的用款额度，借记“财政应返还额度—财政授权支付”科目，贷记“财政拨款收入”科目。下年初，单位根据代理银行提供的上年度注销额度恢复到账通知书作恢复额度的相关账务处理，借记本科目，贷记“财政应返还额度—财政授权支付”科目。单位收到财政部门批复的上年末下达零余额账户用款额度，借记本科目，贷记“财政应返还额度—财政授权支付”科目。

四、主要业务举例

2019 年 7 月，某大学零余额账户发生如下经济业务：

[例 5-14] 7 月 1 日，收到代理银行转来的财政授权支付额度到账通知单，金额为 30 000 000 元。账务处理如下：

财务会计：

借：零余额账户用款额度　　30 000 000

　贷：财政拨款收入　　30 000 000

预算会计：

借：资金结存—零余额账户用款额度　　30 000 000

　贷：财政拨款预算收入—基本支出　　30 000 000

[例 5-15] 7 月 10 日，通过财政授权支付离退休人员生活费 1 800 000 元。账务处理如下：

财务会计：

借：单位管理费用—离退休费用—对个人和家庭补助费用　　1 800 000

　贷：零余额账户用款额度　　1 800 000

预算会计：

借：事业支出—离退休支出—财政拨款支出—基本支出—高等教育—对个人和家庭补助—离退休费　　1 800 000

　贷：资金结存—零余额账户用款额度　　1 800 000

[例 5-16] 7 月 15 日，从零余额账户提取备用金 30 000 元。账务处理如下：

财务会计：

借：库存现金—学校现金　　30 000

　贷：零余额账户用款额度　　30 000

预算会计：

借：资金结存—货币资金　　30 000

　贷：资金结存—零余额账户用款额度　　30 000

[例 5-17] 7 月 20 日，月初支付 3 500 元购置的科研（省自然基金）材料，因材料不合格，经双方协商，予以退货退款处理。财务处理如下：

财务会计：

借：零余额账户用款额度　　3 500

　贷：库存材料　　3 500

预算会计：

借：资金结存—零余额账户用款额度　　3 500

　贷：事业支出—科研支出—财政拨款支出—项目支出—自然科学基金—商品和服务支出—专用材料费　　3 500

[例 5-18] 7 月 25 日，于上年 12 月 26 日预付的咨询费 5 000 元，因对方出具的咨询报告不符合要求，经双方协商，予以退款，代理银行收到零余额账户用款额度。财务处理如下：

财务会计：

借：零余额账户用款额度　　5 000

　贷：预付账款—××单位　　5 000

预算会计：

借：资金结存—零余额账户用款额度　　5 000

　贷：财政拨款结余—年初余额调整—基本支出结余　　5 000

[例 5-19] 2019 年末，某大学零余额账户用款额度有 100 000 元未支出；年度追加预算指标中有 150 000 元因到位时间较晚无法申请用款计划。

(1)年末，根据代理银行提供的对账单注销财政授权支付额度，根据年度预算指标，对未下达的用款额度进行处理。账务处理如下：

财务会计：

①注销财政授权支付额度

借：财政应返还额度—财政授权支付　　100 000

　贷：零余额账户用款额度　　100 000

②确认未下达的额度

借：财政应返还额度—财政授权支付　　150 000

　贷：财政拨款收入　　150 000

预算会计：

①注销财政授权支付额度

借：资金结存—财政应返还额度　　100 000

　贷：资金结存—零余额账户用款额度　　100 000

②确认未下达的额度

借：资金结存—财政应返还额度　　150 000

　贷：财政拨款预算收入—基本支出　　150 000

(2)下年初，根据代理银行提供的额度恢复到账通知书以及财政部门批复的上年末未下达的零余额账户用款额度银行到账通知单进行账务处理。账务处理如下：

财务会计：

①下年初恢复财政授权额度

借：零余额账户用款额度　　100 000

　贷：财政应返还额度—财政授权支付　　100 000

②财政部门下达上年末下达授权额度

借：零余额账户用款额度　　150 000

　贷：财政应返还额度—财政授权支付　　150 000

预算会计：

①下年初恢复财政授权额度

借：资金结存—零余额账户用款额度　　100 000

　贷：资金结存—财政应返还额度　　100 000

②财政部门下达上年末下达授权额度

借：资金结存—零余额账户用款额度　　150 000

　贷：资金结存—财政应返还额度　　150 000

第五节　其他货币资金

一、概念

其他货币资金是指高等学校除现金、银行存款和零余额账户用款额度以外的货币资金，包括外埠存款、银行汇票存款、银行本票存款和信用卡存款等。

外埠存款是指高等学校到外地进行临时或零星采购时，汇往采购地银行并开立采购专户的款项；银行汇票存款是高等学校为取得银行汇票，按照规定存入银行的款项；银行本票存款是高等学校为取得银行本票按规定存入银行的款项；信用卡存款是高等学校为取得信用卡而存入银行信用卡专户的备用金款项。

二、管理要求

1.高等学校应严格执行各种临时存款账户、专用存款账户开立的审批程序，按照业务需求，严格控制相关账户的存款额度。

2.高等学校应当加强对其他货币资金的管理，规范相关账户的支付程序和用途，及时办理结算，对于逾期尚未办理结算的银行汇票、银行本票等，应当按照规定及时转回。

3.高等学校应定期对其他货币资金进行查证，根据经济活动或事项的往来情况，对其他货币资金的交存金额、支付金额、支付用途、结算结存金额进行查证，避免出现非法转移、挪用、侵占其他货币资金的现象。

三、会计核算

(一)账户设置

高等学校应按规定设置“其他货币资金”科目，并在本科目下设置“外埠存款”“银行本票存款”“银行汇票存款”“信用卡存款”等明细科目，进行明细核算。

本科目期末借方余额，反映单位实际持有的其他货币资金。

(二)账务处理

1.单位按照有关规定需要在异地开立银行账户，将款项委托本地银行汇往异地开立账户时，借记本科目，贷记“银行存款”科目。收到采购员交来供应单位发票账单等报销凭证时，借记“库存物品”等科目，贷记本科目。将多余的外埠存款转回本地银行时，根据银行的收账通知，借记“银行存款”科目，贷记本科目。

2.将款项交存银行取得银行本票、银行汇票，按照取得的银行本票、银行汇票金额，借记本科目，贷记“银行存款”科目。使用银行本票、银行汇票购买库存物品等资产时，按照实际支付金额，借记“库存物品”等科目，贷记本科目。如有余款或因本票、汇票超过付款期等原因而退回款项，按照退款金额，借记“银行存款”科目，贷记本科目。

3.将款项交存银行取得信用卡，按照交存金额，借记本科目，贷记“银行存款”科目。用信用卡购物或支付有关费用，按照实际支付金额，借记“单位管理费用”“库存物品”等科目，贷记本科目。单位信用卡在使用过程中，需向其账户续存资金的，按照续存金额，借记本科目，贷记“银行存款”科目。

四、主要业务举例

[**例 5-20**] 2019 年 10 月，某大学其他货币资金发生如下业务。10 月 8 日，因去外地购买横向课题实验用材料需要，经批准，办理银行汇票存款 500 000 元。10 月 9 日，支付材料款 435 000 元。根据汇票结算单余款于 10 月 11 日转回。账务处理如下：

(1)10 月 8 日办理银行汇票存款。

财务会计：

借：其他货币资金—银行汇票存款　　500 000

　贷：银行存款—学校存款　　500 000

预算会计不作账务处理。

(2)10 月 9 日支付实验材料款。

财务会计：

借：库存材料　　435 000

　贷：其他货币资金—银行汇票存款　　435 000

预算会计：

借：事业支出—科研支出—非财政专项资金支出—项目支出—科技成果转化与扩散—商品和服务支出—专用材料费　　435 000

　贷：资金结存—货币资金　　435 000

(3)10 月 11 日，转回多余资金。

财务会计：

借：银行存款—学校存款　　65 000

　贷：其他货币资金—银行汇票存款　　65 000

预算会计不作账务处理。

第六章　应收款项、存货和待摊费用

第一节　应收款项

一、财政应返还额度

(一)概念

财政应返还额度是指实行国库集中支付的高等学校应收财政返还的资金额度,包括可以使用的以前年度财政直接支付资金额度和财政应返还的财政授权支付资金额度。

(二)账户设置

高等学校为了反映和核算财政应返还额度业务,应当设置“财政应返还额度”总账账户,本科目应当设置“财政直接支付”“财政授权支付”两个明细科目进行明细核算。本科目期末借方余额,反映高等学校应收财政返还的资金额度。财政应返还额度在年末,根据财政资金的支付方式不同,分别进行处理。

(三)账务处理

1.财政直接支付

(1)年末,高等学校根据本年度财政直接支付预算指标数大于当年财政直接支付实际发生数的差额,借记本科目(财政直接支付),贷记“财政拨款收入”科目。

(2)高等学校使用以前年度财政直接支付额度支付款项时,借记“业务活动费用”“单位管理费用”等科目,贷记本科目(财政直接支付)。

2.财政授权支付

(1)年末,根据代理银行提供的对账单作注销额度的相关账务处理,借记本科目(财政授权支付),贷记“零余额账户用款额度”科目。

(2)年末,高等学校本年度财政授权支付预算指标数大于零余额账户用款额度下达数的,根据未下达的用款额度,借记本科目(财政授权支付),贷记“财政拨款收入”科目。

(3)下年初，高等学校根据代理银行提供的上年度注销额度恢复到账通知书作恢复额度的相关账务处理，借记“零余额账户用款额度”科目，贷记本科目(财政授权支付)。高等学校收到财政部门批复的上年末下达零余额账户用款额度，借记“零余额账户用款额度”科目，贷记本科目(财政授权支付)。

[**例 6-1**] 某大学 2019 年 12 月至 2020 年 1 月发生如下经济业务：

(1)2019 年 12 月 31 日，经计算某大学财政直接支付预算指标数与财政直接支付实际支出数之间的差额为 200 000 元。账务处理如下：

财务会计：

借：财政应返还额度—财政直接支付　　200 000

　贷：财政拨款收入　　200 000

预算会计：

借：资金结存—财政应返还额度　　200 000

　贷：财政拨款预算收入—基本支出　　200 000

(2)2020 年初，财政部门恢复了该学校的财政直接支付额度。

2020 年初不需作账务处理。

(3)2020 年 1 月 15 日，该学校以财政直接支付方式购买一批行政办公用物资(随买随用，属于上年预算指标数)，支付给供应商 60 000 元价款。

财务会计：

借：单位管理费用—行政管理费用—商品和服务费用　　60 000

　贷：财政应返还额度—财政直接支付　　60 000

预算会计：

借：事业支出—行政管理支出—财政拨款支出—基本支出—高等教育—商品和服务支出—办公费　　60 000

　贷：资金结存—财政应返还额度　　60 000

[**例 6-2**] 某大学 2019 年 12 月至 2020 年 1 月发生如下经济业务：

(1)2019 年 12 月 31 日，学校经与代理银行提供的对账单核对无误后，将 180 000 元零余额账户用款额度予以注销。注销额度的账务处理如下：

财务会计：

借：财政应返还额度—财政授权支付　　180 000

　贷：零余额账户用款额度　　180 000

预算会计：

借：资金结存—财政应返还额度　　180 000

　贷：资金结存—零余额账户用款额度　　180 000

(2)2019 年 12 月 31 日，经计算本年度财政授权支付预算指标数大于零余额账户用款额度下达数，未下达的用款额度为 210 000 元(日常公用支出)。补记指标数的账务处理如下：

财务会计：

借：财政应返还额度—财政授权支付　　210 000

　贷：财政拨款收入　　210 000

预算会计：

借：资金结存—财政应返还额度　　210 000

　贷：财政拨款预算收入—基本支出　　210 000

(3)2020 年 2 月 1 日，该学校收到代理银行提供的额度恢复到账通知书及财政部门批复的上年末未下达零余额账户用款额度。财务处理如下：

①恢复额度

借：零余额账户用款额度　　180 000

　贷：财政应返还额度—财政授权支付　　180 000

预算会计：

借：资金结存—零余额账户用款额度　　180 000

　贷：资金结存—财政应返还额度　　180 000

②收到财政部门批复的上年末未下达的额度

财务会计：

借：零余额账户用款额度　　210 000

　贷：财政应返还额度—财政授权支付　　210 000

预算会计：

借：资金结存—零余额账户用款额度　　210 000

　贷：资金结存—财政应返还额度　　210 000

(4)2020 年 2 月 5 日该学校通过授权支付方式支付校办一笔公务接待费 1 000元，款项已通过高等学校零余额账户支付。账务处理如下：

财务会计：

借：单位管理费用—行政管理费用—商品和服务费用　　1 000

　贷：零余额账户用款额度　　1 000

预算会计：

借：事业支出—行政管理支出—财政拨款支出—基本支出—高等教育—商品和服务支出—公务接待费　　1 000

　　贷：资金结存—零余额账户用款额度　　1 000

二、应收票据

（一）概念

应收票据是指高等学校因开展经营活动销售产品、提供有偿服务等而收到的商业汇票，商业汇票按承兑人不同分为银行承兑汇票和商业承兑汇票。

银行承兑汇票由银行承兑，由在承兑银行开立存款账户的存款人签发。商业承兑汇票是由银行以外的付款人承兑，可由交易双方约定签发。

（二）账户设置

高等学校为了反映和核算应收票据业务，应当设置“应收票据”总账账户，本科目应当按照开出、承兑商业汇票的单位等进行明细核算。本科目期末借方余额，反映高等学校持有的商业汇票票面金额。

高等学校应当设置“应收票据备查簿”，逐笔登记每一应收票据的种类、号数、出票日期、到期日、票面金额、交易合同号和付款人、承兑人、背书人姓名或单位名称、背书转让日、贴现日期、贴现率和贴现净额、收款日期、收回金额和退票情况等。应收票据到期结清票款或退票后，应当在备查簿内逐笔注销。

（三）账务处理

1.因销售产品、提供服务等收到商业汇票，按照商业汇票的票面金额，借记本科目，按照确认的收入金额，贷记“经营收入”“事业收入”“其他收入”等科目。涉及增值税业务的，相关账务处理参见“应交增值税”科目。

[例 6-3] 某大学系增值税一般纳税人，2019 年 1 月 1 日，科技处为甲企业提供技术咨询服务，该项服务属于学校的科研事业收入且尚未在税务机关免税备案登记，合同约定技术服务费 200 000 元（不含税）采用商业汇票一次性结算。同日，甲企业交给该大学一张不带息、有追索权的 3 个月商业承兑汇票，面值 212 000 元。适用增值税税率为 6%。

2019 年 1 月 1 日，账务处理如下：

财务会计：

借：应收票据—甲企业　　212 000

　　贷：事业收入—科研事业收入—横向科研收入　　200 000

　　　　应交增值税—应交税金（销项税额）　　12 000

预算会计不作账务处理。

2.应收票据的贴现

票据贴现是指高等学校因资金短缺等原因，将未到期票据向银行融通资金，银行按票据的应收金额扣除一定期间的利息后的余额付给学校的融资行为。

(1)持未到期的商业汇票向银行贴现，按照实际收到的金额(即扣除贴现息后的净额)，借记“银行存款”科目，按照贴现息金额，借记“经营费用”等科目，按照商业汇票的票面金额，贷记本科目(无追索权)或“短期借款”科目(有追索权)。

[例 6-4] 续[例 6-3]2019 年 2 月 28 日，学校因急需资金，持上述未到期的商业汇票向银行贴现，月贴现率为 0.5%，某大学已将该项目列入科研事业收入。

银行收取的贴现息＝票据到期值×贴现率×贴现期＝212 000×0.5%＝1 060(元)

该大学贴现所得＝票据到期值－贴现息＝212 000－1 060＝210 940(元)

(1)假设贴现票据有追索权

财务会计：

借：银行存款—学校存款　　210 940

　　其他费用—利息费用　　1 060

　贷：短期借款—××银行　　212 000

预算会计：

借：资金结存—货币资金　　210 940

　贷：事业预算收入—科研事业预算收入—横向科研收入　　210 940

(2)假设贴现票据无追索权

财务会计：

借：银行存款—学校存款　　210 940

　　其他费用—利息费用　　1 060

　贷：应收票据—甲企业　　212 000

预算会计：

借：资金结存—货币资金　　210 940

　贷：事业预算收入—科研事业预算收入—横向科研收入　　210 940

(2)如果贴现商业汇票到期，承兑人的银行账户不足支付，银行即将已贴现的票据退回申请贴现的高等学校，同时从贴现高等学校的账户中将票据款划回，此种贴现称为带追索权。此时贴现高等学校应按所付票据本息，借记“短期借款”账户，贷记“银行存款”账户。票据贴现也可不带追索权，票据权利与义务转移，视同票据出售。附追索权的商业汇票到期未发生追索事项的，按照商业汇票的票面金额，借记“短期借款”科目，贷记本科目。

[例 6-5] 续[例 6-4]2019 年 3 月 31 日，上述商业汇票到期。账务处理如下：

(1)假设发生追索事项，银行将已贴现的票据退回某大学，同时从该大学的账户中将票据款划回

财务会计：

借：短期借款—××银行　　212 000

　贷：银行存款—学校存款　　212 000

借：应收账款—甲企业　　212 000

　贷：应收票据—甲企业　　212 000

预算会计：

借：资金结存—货币资金　　210 940

　贷：事业预算收入—科研事业预算收入—横向科研收入　　210 940

(2)假设未发生追索事项

财务会计：

借：短期借款—××银行　　212 000

　贷：应收票据—甲企业　　212 000

预算会计不作账务处理。

3.应收票据转让

应收票据转让是指持票人因偿还欠款等原因，将未到期的商业汇票背书转让给其他单位和个人的业务活动。背书是指持票人在票据背面签字，签字人称为背书人，背书人对票据的到期付款负连带责任。

高等学校将持有的商业汇票背书转让以取得所需物资时，按照取得物资的成本，借记“库存物品”等科目，按照商业汇票的票面金额，贷记本科目，如有差额，借记或贷记“银行存款”等科目。涉及增值税业务的，相关账务处理参见“应交增值税”科目。

[例 6-6] 续[例 6-3]假设 2019 年 2 月 1 日，某大学从乙公司取得行政用办公用品一批，增值税专用发票注明办公用品(随买随用)价值 206 896.55 元，增

值税 33 103.45 元，学校将上述商业汇票背书转让给乙公司，同时通过银行转账支付乙公司 28 000 元。账务处理如下：

财务会计：

借：单位管理费用—行政管理费用—商品和服务费用　　240 000

　贷：应收票据—甲企业　　212 000

　　银行存款—学校存款　　28 000

预算会计：

借：事业支出—行政管理支出—其他资金支出—基本支出—高等教育—商品和服务支出—办公费　　28 000

　贷：资金结存—货币资金　　28 000

4.商业汇票到期，收款学校应将汇票连同进账单送交开户银行以便转账收款，分别以下情况进行账务处理：

(1)收回票款时，按照实际收到的商业汇票票面金额，借记“银行存款”科目，贷记本科目。

[例 6-7] 续[例 6-3]如果 3 个月后，应收票据到期，学校将汇票连同进账单送交开户银行收回票面金额 212 000 元，存入银行。账务处理如下：

财务会计：

借：银行存款—学校存款　　212 000

　贷：应收票据—甲企业　　212 000

预算会计：

借：资金结存—货币资金　　212 000

　贷：事业预算收入—科研事业预算收入—横向科研收入　　212 000

(2)因付款人无力支付票款，收到银行退回的商业承兑汇票、委托收款凭证、未付票款通知书或拒付款证明等，按照商业汇票的票面金额，借记“应收账款”科目，贷记本科目。

[例 6-8] 续[例 6-3]如果 3 个月后，应收票据到期，甲企业无力偿还票款，学校应将到期票据的票面金额 212 000 元转入“应收账款”账户。账务处理如下：

财务会计：

借：应收账款—甲企业　　212 000

　贷：应收票据—甲企业　　212 000

预算会计不作账务处理。

三、应收账款

(一)概念

应收账款是指高等学校提供服务、销售产品等应收取的款项,以及单位因出租资产、出售物资等应收取的款项,不包括应收职工欠款、应收债务人的利息、应收保险赔款等款项。

(二)管理要求

(1)应收账款应当按照买卖双方提供服务、销售产品成交时的实际金额计价入账。

(2)加强应收账款回收情况的监督。应收账款发生的时间有长有短,有的刚刚发生,有的已经超过信用期间很长时间,特别是有些单位应收账款多,时间长,因此,必须对应收账款进行细致的核算和严密的监督。

(3)加强对应收账款的账龄管理。通常来说,客户拖欠账款的时间越长,催收的难度就越大,发生呆坏账的概率就会越高。为了避免高等学校应收账款呆坏账的产生,应定期编制应收账款账龄分析表,密切注意应收账款的回收情况和相关变化,并利用账龄分析结果指导业务部门和财务部门的工作,减少发生账款逾期不回的可能性,加速营运资金的周转。

(4)定期进行应收账款的对账工作。为了加强应收账款的管理,高等学校应当定期向客户寄送对账单,对账单应由双方业务经办人和财务人员确认无误后签章,作为有效的对账依据,如对账发现差错应及时处理。

(三)账户设置

为了反映应收账款的增减变动及其结存情况,高等学校应当设置“应收账款”科目。本科目应当按照债务单位(或个人)进行明细核算。本科目期末借方余额,反映学校尚未收回的应收账款。

(四)账务处理

1.应收账款收回后不需上缴财政

(1)学校发生应收账款时,按照应收未收金额,借记本科目,贷记“事业收入”“经营收入”“租金收入”“其他收入”等科目。涉及增值税业务的,相关账务处理参见“应交增值税”科目。

[**例 6-9**] 某大学系增值税小规模纳税人,房屋租赁增值税征收率为 5%,2019 年 4 月 1 日学校报经财政部门批准后,将闲置的沿街楼出租给甲公司,合同约定年租金 240 000 元,租期 1 年,租金后付,每季度末支付一次。

4 月末、5 月末及 6 月末确认租金收入时，账务处理如下：

不含税月租金额＝240 000÷12÷(1＋5%)＝19 047.62(元)

确认销项税额：

销项税额＝19 047.62 × 5%＝952.38(元)

财务会计：

借：应收账款—甲公司　　20 000

　贷：租金收入　　19 047.62

　　应交增值税　　952.38

预算会计不作账务处理。

(2)收回应收账款时，按照实际收到的金额，借记“银行存款”等科目，贷记本科目。

[**例 6-10**] 续[例 6-9] 2019 年 6 月 30 日，该学校收到甲公司支付房租款 60 000元，存入银行。

财务会计：

借：银行存款—学校存款　　60 000

　贷：应收账款—甲公司　　60 000

预算会计：

借：资金结存—货币资金　　60 000

　贷：其他预算收入—租金预算收入　　60 000

2.应收账款收回后需上缴财政

高等学校出售物资发生应收未收款项时，按照应收未收金额，借记本科目，贷记“应缴财政款”科目。收回应收账款时，按照实际收到的金额，借记“银行存款”等科目，贷记本科目。涉及增值税业务的，相关账务处理参见“应交增值税”科目。

[**例 6-11**] 2019 年 12 月 3 日，某大学资产管理处报经财政部门批准后，将一批账面价值为 40 000 元的行政用办公用品出售给甲公司，双方商定价格为 50 000 元，款项尚未收到。账务处理如下：

财务会计：

借：资产处置费用—存货　　40 000

　贷：库存物品—办公用品　　40 000

借：应收账款—甲公司　　50 000

　贷：应缴财政款—应缴国库款　　50 000

预算会计不作账务处理。

[例 6-12] 续[例 6-11]2019 年 12 月 23 日，甲公司通过银行转账方式支付上述款项 50 000 元。

财务会计：

借：银行存款—学校存款　　　　50 000

　贷：应收账款—甲公司　　　　50 000

预算会计不作账务处理

3.高等学校应当于每年年末对收回后不需上缴财政的应收账款进行全面检查，如发生不能收回的迹象，应当计提坏账准备。“坏账准备”的有关账务处理见“坏账准备”。

(1)对于账龄超过规定年限、确认无法收回的应收账款，按照规定报经批准后予以核销。借记“坏账准备”科目，贷记本科目。核销的应收账款应在备查簿中保留登记。

(2)已核销的应收账款在以后期间又收回的，按照实际收回金额，借记本科目，贷记“坏账准备”科目；同时，借记“银行存款”等科目，贷记本科目。

[例 6-13] 2019 年 12 月 5 日，某大学对收回后不需上缴财政应收账款进行全面检查，发现有一笔应收甲公司房屋租金 50 000 元，账龄超过规定年限、确认无法收回，12 月 16 日学校按照规定报经财政部门批准后予以核销。

财务会计：

借：坏账准备—应收账款　　　　50 000

　贷：应收账款—甲公司　　　　50 000

预算会计不作账务处理。

[例 6-14] 2019 年 11 月，某大学有一笔上年已作核销，不需上缴财政的应收乙公司租金款 3 000 元，又收回并存入学校银行账户。账务处理如下：

财务会计：

借：应收账款—乙公司　　　　3 000

　贷：坏账准备—应收账款　　　　3 000

借：银行存款—学校存款　　　　3 000

　贷：应收账款—乙公司　　　　3 000

预算会计：

借：资金结存—货币资金　　　　3 000

　贷：其他预算收入—租金收入—非专项资金收入　　　　3 000

4.高等学校应当于每年年末，对收回后应当上缴财政的应收账款进行全面检查。

(1)对于账龄超过规定年限、确认无法收回的应收账款，按照规定报经批准后予以核销。按照核销金额，借记“应缴财政款”科目，贷记本科目。核销的应收账款应当在备查簿中保留登记。

[例 6-15] 续[例 6-11]因甲公司宣告破产确认无法收回，学校按照规定报财政部门批准后予以核销。

财务会计：

借：应缴财政款—应缴国库款　　50 000

　贷：应收账款—甲公司　　50 000

预算会计不作账务处理。

(2)已核销的应收账款在以后期间又收回的，按照实际收回金额，借记“银行存款”等科目，贷记“应缴财政款”科目。

[例 6-16] 2019 年 10 月，某大学有一笔上年已作核销的，应当上缴财政的丙公司应收账款 2 000 元，又收回并存入学校银行户。账务处理如下：

财务会计：

借：银行存款—学校存款　　2 000

　贷：应缴财政款—应缴国库款　　2 000

预算会计不作账务处理。

四、预付账款

(一)概念

预付账款是指高等学校按照购货、服务合同或协议规定预付给供应单位(或个人)的款项，以及按照合同规定向承包工程的施工企业预付的备料款和工程款。

(二)账户设置

高等学校为了反映和核算预付账款业务，应当设置“预付账款”总账账户，并按照供应单位(或个人)及具体项目进行明细核算；对于基本建设项目发生的预付账款，还应当在本科目所属基建项目明细科目下设置“预付备料款”“预付工程款”“其他预付款”等明细科目，进行明细核算。本科目期末借方余额，反映高等学校实际预付但尚未结算的款项。

(三)账务处理

1.发生预付账款时，根据购货、服务合同或协议规定预付款项时，按照预付金额，借记本科目，贷记“财政拨款收入”“零余额账户用款额度”“银行存款”等科目。

[例6-17] 某大学系增值税一般纳税人，2019年4月5日，该学校从甲公司采购经营用W材料3 000千克，单价100元，价款总额300 000元。通过银行转账方式按照合同规定向甲公司预付货款90 000元，待验收入库后补付其余款项。账务处理如下：

财务会计：

借：预付账款—甲公司　　90 000

　贷：银行存款—学校存款　　90 000

预算会计：

借：经营支出—待处理　　90 000

　贷：资金结存—货币资金　　90 000

2.收到所购资产或服务时，按照购入资产或服务的成本，借记“库存物品”“固定资产”“无形资产”“业务活动费用”等相关科目，按照相关预付账款的账面余额，贷记本科目，按照实际补付的金额，贷记“财政拨款收入”“零余额账户用款额度”“银行存款”等科目。涉及增值税业务的，相关账务处理参见“应交增值税”科目。

[例6-18] 续[例6-17]2019年6月，某大学收到甲公司发来的3 000千克经营用W材料，经验收无误，有关发票记载的价款为300 000元，增值税额为48 000元。据此以银行转账补付不足款项258 000元。账务处理如下：

财务会计：

借：库存物品—W材料　　300 000

　应交增值税—应交税金(进项税额)　　48 000

　贷：预付账款—甲公司　　90 000

　　银行存款—学校存款　　258 000

预算会计：

借：经营支出　　348 000

　贷：资金结存—货币资金　　258 000

　　经营支出—待处理　　90 000

3.根据工程进度结算工程价款及备料款时，按照结算金额，借记“在建工程”

科目，按照相关预付账款的账面余额，贷记本科目，按照实际补付的金额，贷记“财政拨款收入”“零余额账户用款额度”“银行存款”等科目。

［例 6-18］ 某大学新建教学楼，通过政府采购购进乙公司混凝土，合同价款 1 000 000 元，同时约定乙公司进场前学校按合同总金额的 30％支付预付款，每月按工程进度支付价款的 60％给乙公司，验收合格后学校付至结算总金额 90％，总价款 10％的余款作为质保金，待质保期满后一次性无息付清。2019 年 2 月 28 日，学校通过零余额账户支付 300 000 元预付款，乙公司 3 月累计供应混凝土 700 000 元，该大学 3 月 31 日补付货款 120 000 元。账务处理如下：

（1）2019 年 2 月 28 日支付 30％预付款时

财务会计：

借：预付账款—教学楼—预付工程款—乙公司　　300 000

　贷：零余额账户用款额度　　300 000

预算会计：

借：事业支出—待处理　　300 000

　贷：资金结存—零余额账户用款额度　　300 000

（2）3 月 31 日，按工程进度支付工程款

财务会计：

借：在建工程—建筑安装工程—建筑工程　　420 000

　贷：预付账款—教学楼—预付工程款—乙公司　　300 000

　　零余额账户用款额度　　120 000

预算会计：

借：事业支出—教育支出—财政拨款支出—项目支出—高等教育—资本性支出—房屋建筑物购建　　420 000

　贷：资金结存—零余额账户用款额度　　120 000

　　事业支出—待处理　　300 000

4.预付账款退回：

（1）以前年度预付账款发生退回的，按照实际退回金额，借记“财政应返还额度”“零余额账户用款额度”“银行存款”等科目，贷记本科目。

（2）当年预付账款发生退回的，按照实际退回金额，借记“财政拨款收入”“零余额账户用款额度”“银行存款”等科目，贷记本科目。

［例 6-20］ 2019 年 12 月 10 日，某大学与甲公司签订购买办公用品合同，并通过财政授权支付方式预付甲公司货款 10 000 元，2020 年 2 月 1 日，学校发现

这批办公用品存在质量问题，经双方协商同意终止合同，2月2日学校收到银行转来的零余额账户用款额度退回通知书。账务处理如下：

(1)2019年12月10日预付甲公司货款10 000元

财务会计：

借：预付账款—甲公司　　10 000

　贷：零余额账户用款额度　　10 000

预算会计：

借：事业支出—待处理　　10 000

　贷：资金结存—零余额账户用款额度　　10 000

(2)2020年2月2日，收到银行转来的零余额账户用款额度退回通知书

财务会计：

借：零余额账户用款额度　　10 000

　贷：预付账款—甲公司　　10 000

预算会计：

借：资金结存—零余额账户用款额度　　10 000

　贷：财政拨款结转—年初余额调整—项目支出结转　　10 000

[**例6-21**] 2019年3月1日，某大学通过政府采购从丙公司购进科研设备一套，3月2日学校以财政直接支付方式，按合同约定支付预付款10 000元。2019年4月3日，丙公司因特殊原因，确认无法按时交货，当日退回预付款10 000元。

2019年4月3日，账务处理如下：

财务会计：

借：财政拨款收入　　10 000

　贷：预付账款—丙公司　　10 000

预算会计：

借：财政拨款预算收入—项目支出　　10 000

　贷：事业支出—待处理　　10 000

(四)高等学校应当于每年年末，对预付账款进行全面检查

如果有确凿证据表明预付账款不再符合预付款项性质，或者因供应单位破产、撤销等原因可能无法收到所购货物、服务的，应当先将其转入其他应收款，再按照规定进行处理。将预付账款账面余额转入其他应收款时，借记“其他应收款”科目，贷记本科目。

[**例 6-22**] 2019 年 12 月 26 日，因丙公司破产，导致某大学向丙公司预付款项 20 000 元无法收回。账务处理如下：

财务会计：

借：其他应收款—丙公司　　　　20 000

　贷：预付账款—丙公司　　　　20 000

预算会计不作账务处理。

五、应收股利

(一)概念

应收股利是指高等学校持有长期股权投资应当收取的现金股利或应当分得的利润。

(二)账户设置

高等学校为了反映和核算应收股利业务，应当设置“应收股利”总账账户，并按照被投资单位等进行明细核算，本科目期末借方余额，反映高等学校应当收取但尚未收到的现金股利或利润。

(三)账务处理

1.取得长期股权投资：

(1)取得长期股权投资，按照支付的价款中所包含的已宣告但尚未发放的现金股利，借记本科目，按照确定的长期股权投资成本，借记“长期股权投资”科目，按照实际支付的金额，贷记“银行存款”等科目。

(2)收到取得投资时实际支付价款中所包含的已宣告但尚未发放的现金股利时，按照收到的金额，借记“银行存款”科目，贷记本科目。

2.长期股权投资持有期间，被投资单位宣告发放现金股利或利润的，按照应享有的份额，借记本科目，贷记“投资收益”(成本法下)或“长期股权投资”(权益法下)科目。

3.实际收到现金股利或利润时，按照收到的金额，借记“银行存款”等科目，贷记本科目。

[**例 6-23**] 2019 年 2 月 10 日，某大学报经有关部门批准后买入乙公司 20% 的股份，准备长期持有，实际支付价款 6 030 000 元。其中包括乙公司已经宣告但尚未发放的现金股利 30 000 元，2019 年 3 月 30 日发放现金股利。该学校在取得该部分股份后，未以任何方式参与乙公司的生产经营决策.该大学采用成本法核算，账务处理如下：

(1)2019 年 2 月 10 日买入乙公司股份

财务会计：

借：长期股权投资—乙公司　　6 000 000

　应收股利—乙公司　　30 000

　贷：银行存款—学校存款　　6 030 000

预算会计：

借：投资支出　　6 030 000

　贷：资金结存—货币资金　　6 030 000

(2)2019 年 3 月 30 日收到现金股利

财务会计：

借：银行存款—学校存款　　30 000

　贷：应收股利—乙公司　　30 000

预算会计：

借：资金结存—货币资金　　30 000

　贷：投资支出—乙公司　　30 000

[**例 6-24**] 2019 年 1 月 2 日，某大学报经有关部门批准后，以 1 000 000 元投资于 B 公司，取得 B 公司 10%的股份，学校在取得该部分投资后，未以任何方式参与 B 公司的生产经营决策，采用成本法核算。账务处理如下：

(1)2019 年 2 月 21 日 B 公司宣告发放 2018 年度的现金股利，学校分得 50 000元：

财务会计：

借：应收股利—B 公司　　50 000

　贷：投资收益　　50 000

预算会计不作账务处理。

(2)2019 年 3 月 20 日，收到 B 公司的现金股利。

财务会计：

借：银行存款—学校存款　　50 000

　贷：应收股利—B 公司　　50 000

预算会计：

借：资金结存—货币资金　　50 000

　贷：投资预算收益　　50 000

[**例 6-25**] 2019 年 1 月 2 日，某大学报经有关部门批准后，以 5 000 000 元

投资于C公司，取得C公司40%的股份，并自取得投资之日起派人参与C公司的生产经营决策。取得投资当日C公司可辨认净资产的账面价值为12 500 000元，假定取得投资时C公司各资产公允价值等于账面价值，双方采用的会计政策、会计期间相同，该大学采用权益法核算。账务处理如下：

(1)2019年2月21日C公司宣告发放2018年度的现金股利，学校分得200 000元。

财务会计：

借：应收股利—C公司　　200 000

　贷：长期股权投资—损益调整(C公司)　　200 000

预算会计不作账务处理。

(2)2019年3月20日，学校收到C公司的现金股利，存入银行。

财务会计：

借：银行存款—学校存款　　200 000

　贷：应收股利—C公司　　200 000

预算会计：

借：资金结存—货币资金　　200 000

　贷：投资预算收益　　200 000

六、应收利息

(一)概念

应收利息是指高等学校长期债券投资应当收取的利息。

高等学校购入的到期一次还本付息的长期债券投资持有期间的利息，应当通过“长期债券投资—应计利息”科目核算，不通过本科目核算。

(二)账户设置

高等学校为了反映和核算应收利息业务，应当设置“应收利息”总账账户，并按照被投资单位等进行明细核算，本科目期末借方余额，反映高等学校应收未收的长期债券投资利息。

(三)账务处理

1.取得长期债券投资。

(1)取得长期债券投资，按照确定的投资成本，借记“长期债券投资”科目，按照支付的价款中包含的已到付息期但尚未领取的利息，借记本科目，按照实际支付的金额，贷记“银行存款”等科目。

(2)收到取得投资时实际支付价款中所包含的已到付息期但尚未领取的利息时，按照收到的金额，借记“银行存款”等科目，贷记本科目。

2.按期计算确认长期债券投资利息收入时，对于分期付息、一次还本的长期债券投资，按照以票面金额和票面利率计算确定的应收未收利息金额，借记本科目，贷记“投资收益”科目。

3.实际收到应收利息时，按照收到的金额，借记“银行存款”等科目，贷记本科目。

[**例 6-26**] 2019 年 2 月 1 日，某大学支付价款 602 500 元(包含已到付息期但尚未领取的利息 2 500 元)购入 3 年期国债，到期日为 2021 年 12 月 31 日。该批国债面值总额为 600 000 元，票面年利率 5%，每年年末付息，到期一次性归还本金。账务处理如下：

(1)2019 年 2 月 1 日购入 3 年期国债

财务会计：

借：长期债券投资—本金　　600 000

　应收利息—××国债　　2 500

　贷：银行存款—学校存款　　602 500

预算会计：

借：投资支出　　602 500

　贷：资金结存—货币资金　　602 500

(2)每月计提利息

月利息＝ 600 000×5%÷12＝2 500(元)

财务会计：

借：应收利息—××国债　　2 500

　贷：投资收益　　2 500

预算会计不作账务处理。

(3)每年年末收到利息

财务会计：

借：银行存款—学校存款　　30 000

　贷：应收利息—××国债　　30 000

预算会计：

借：资金结存—货币资金　　30 000

　贷：投资预算收益　　30 000

七、其他应收款

（一）概念

其他应收款是指高等学校除财政应返还额度、应收票据、应收账款、预付账款、应收股利、应收利息以外的其他各项应收及暂付款项，如职工预借的差旅费、已经偿还银行尚未报销的公务卡欠款、拨付给内部有关部门的备用金、应向职工收取的各种垫付款项、支付的可以收回的订金或押金、应收的上级补助和附属单位上交款项等。

（二）管理要求

高等学校通常应当建立其他应收款年度清查制度。每年年终时，安排专人全面清查其他应收款项，并与债务人核对账目，做到债权明确，账实相符，账账相符。

高等学校应及早清理其他应收款，严格执行前账不清、后账不借、一笔业务一清的规定。高等学校催收内部职工的欠款，可以采取扣个人工资清欠、内部通报批评等方式，对情况较严重的可按高等学校内部规章制度处罚。

（三）账户设置

高等学校为了反映和核算其他应收款业务，应当设置“其他应收款”总账账户，并按照其他应收款的类别以及债务单位（或个人）进行明细核算。本科目期末借方余额，反映高等学校尚未收回的其他应收款。

（四）账务处理

1.发生其他各种应收及暂付款项时，按照实际发生金额，借记本科目，贷记“零余额账户用款额度”“银行存款”“库存现金”“上级补助收入”“附属单位上缴收入”等科目。涉及增值税业务的，相关账务处理参见“应交增值税”科目。

2.收回其他各种应收及暂付款项时，按照收回的金额，借记“库存现金”“银行存款”等科目，贷记本科目。

[例 6-27] 2019 年 8 月 3 日，某大学教师张默带学生外出实习预借差旅费 3 000元，财务人员通过零余额账户转账支付。8 月 12 日张默报销差旅费，报销金额 2 800 元，并以现金方式偿还余款 200 元。账务处理如下：

(1)2019 年 8 月 3 日借款时

财务会计：

借：其他应收款—张默	3 000	
贷：零余额账户用款额度		3 000

预算会计不作账务处理。

(2)2019 年 8 月 12 报销时

财务会计：

借：库存现金—学校现金　　200

　业务活动费用—教育费用—商品和服务费用　　2 800

　贷：其他应收款—张默　　3 000

预算会计：

借：事业支出—教育支出—财政拨款支出—基本支出—高等教育—商品和服务支出—差旅费　　2 800

　贷：资金结存—零余额账户用款额度　　2 800

3.备用金的会计处理

备用金是指为了满足高等学校内部各部门和职工个人教学办公活动的需要，而暂付给有关部门和人员使用的备用现金。高等学校内部实行备用金制度的，有关部门使用备用金以后应当及时到财务部门报销并补足备用金。财务部门核定并发放备用金时，按照实际发放金额，借记本科目，贷记“库存现金”等科目。

根据报销金额用现金补足备用金定额时，借记“业务活动费用”“单位管理费用”等科目，贷记“库存现金”等科目，报销数和拨补数都不再通过本科目核算。

[例 6-28] 2019 年某大学校长办公室核定的备用金定额为 10 000 元，1 月 1 日以库存现金拨付。账务处理如下：

财务会计：

借：其他应收款—备用金—校长办公室　　10 000

　贷：库存现金—学校现金　　10 000

预算会计不作账务处理。

[例 6-29] 2019 年 1 月 20 日，校长办公室报销日常办公费用 2 600 元，财务以现金支付该款项。账务处理如下：

财务会计：

借：单位管理费用—行政管理费用—商品和服务费用　　2 600

　贷：库存现金—学校现金　　2 600

预算会计：

借：事业支出—行政管理支出—其他资金支出—基本支出—高等教育—商品和服务支出—办公费　　2 600

　　贷：资金结存—货币资金　　2 600

4.偿还尚未报销的公务卡欠款时，按照偿还的款项，借记本科目，贷记“零余额账户用款额度”“银行存款”等科目；

持卡人报销时，按照报销金额，借记“业务活动费用”“单位管理费用”等科目，贷记本科目。

［例 6-30］ 2019 年 1 月 26 日，某大学人事处职工李红等人外出考察干部，用公务卡支付住宿费 5 231 元。2019 年 1 月 30 日，学校财务处通过财政授权支付方式偿还这笔尚未报销的公务卡欠款。账务处理如下：

财务会计：

借：其他应收款—李红　　5 231

　　贷：零余额账户用款额度　　5 231

预算会计不作账务处理。

［例 6-31］ 续［例 6-30］2019 年 2 月 1 日人事处报账员持住宿费发票及公务卡消费凭证到财务处报销，报销金额 5 231 元。账务处理如下：

财务会计：

借：单位管理费用—行政管理费用—商品和服务费用　　5 231

　　贷：其他应收款—李红　　5 231

预算会计：

借：事业支出—行政管理支出—其他资金支出—基本支出—高等教育—商品和服务支出—差旅费　　5 231

　　贷：资金结存—零余额账户用款额度　　5 231

5.高等学校预付账款如有确凿证据表明其不符合预付账款性质，或者因供货单位破产、撤销等原因已无望再收到所购货物的，应将原计入预付账款的金额转入其他应收款，将预付账款账面余额转入其他应收款时，借记本科目，贷记“预付账款”科目。具体说明参见“预付账款”科目。

6.高等学校应当于每年年末，对其他应收款进行全面检查，如发生不能收回的迹象，应当计提坏账准备。账务处理参见“坏账准备”科目。

八、坏账准备

（一）概念

高等学校应当在资产负债表日对应收款项的账面价值进行检查，有客观证据表明该应收款项发生减值的，应当确认减值损失，计提减值准备。坏账准备是指高等学校对收回后不需上缴财政的应收账款和其他应收款提取的减值准备。

通常高等学校无法收回或收回的可能性极小的应收款项称为坏账，因坏账而产生的损失，称为坏账损失。

（二）应收款项减值

高等学校应当于每年年末，对收回后不需上缴财政的应收账款和其他应收款进行全面检查，分析各应收款项的特性、金额的大小、信用期限、债务人的信誉和当时的经营情况等因素。一般来讲，高等学校对有确凿证据表明确实无法收回的应收款项，预计可能产生的坏账损失计提坏账准备、确认坏账损失。应当指出，对已确认为坏账的应收款项，并不意味着高等学校放弃了追索权，一旦重新收回，应及时入账。

应收款项发生减值的客观证据，包括下列各项：

1.债务人发生严重财务困难、债务单位资不抵债很可能倒闭；

2.债务人违反了合同条款，如偿付利息或本金发生违约或逾期等；

3.债权人出于经济或法律等方面因素的考虑，对发生财务困难的债务人作出让步；

4.债务人现金流量严重不足、很可能倒闭或进行其他财务重组；

5.债务人经营所处的技术、市场、经济或法律环境等发生重大不利变化，债权人可能无法收回应收款项；

6.发生严重的自然灾害；

7.其他表明应收款项发生减值的客观证据。

（三）坏账准备确认的方法

高等学校采用备抵法核算坏账损失。备抵法就是指高等学校按期估计可能产生的坏账损失，并列入当期费用，形成学校的坏账准备，待实际发生坏账损失时，再冲销坏账准备和应收款项的核算方法。

高等学校采用备抵法进行坏账核算时，应先估计坏账损失。高等学校可以采用应收款项余额百分比法、账龄分析法、个别认定法等方法计提坏账准备。

坏账准备计提方法一经确定，不得随意变更。如需变更，应当按照规定报经批准，并在财务报表附注中予以说明。

当期应补提或冲减的坏账准备金额的计算公式如下：

当期应补提或冲减的坏账准备＝按照期末应收账款和其他应收款计算应计提的坏账准备金额－本科目期末贷方余额(或＋本科目期末借方余额)

1.应收款项余额百分比法

应收款项余额百分比法，是根据会计期末应收款项的余额和估计的坏账率，估计坏账损失，计提坏账准备的方法。估计的坏账率可以按照以往的数据资料加以确定，也可以根据规定的百分率确定。

2.账龄分析法

账龄分析法是根据应收款项账龄的长短来估计坏账损失的方法。账龄是指债务人欠账的时间。一般来说，账款拖欠的时间越长，发生坏账的可能性就越大。

3.销货百分比法

销货百分比法，就是根据赊销金额的一定百分比估计坏账损失的方法。

4.个别认定法

如果某项应收款可收回性与其他各项应收款存在明显的差别，导致该项应收款如果按照同其他各项应收款同样的方法计提坏账准备，将无法真实地反映其可收回金额的，可对该项应收款采用个别认定法计提坏账准备。实务中对于单项金额重大的应收款项，应当单独进行减值测试；对于单项金额非重大的应收款项以及单独测试后未发生减值的单项金额重大的应收款项，应当采用组合方式进行减值测试。

(四)账户设置

高等学校为了反映和核算坏账准备业务，应当设置“坏账准备”总账账户，并分别应收账款和其他应收款进行明细核算。本科目期末贷方余额，反映高等学校提取的坏账准备金额。

(五)账务处理

1.提取坏账准备时，借记“其他费用”科目，贷记本科目。冲减坏账准备时，借记本科目，贷记“其他费用”科目。

［**例 6-32**］2019 年末某大学“坏账准备”账户贷方余额为 2 000 元(均为应收账款坏账准备)，“应收账款”明细账户借方余额为 200 000 元(收回后均不需上缴财政)，“其他应收款”明细账户借方余额为 100 000 元(收回后均不需上缴

财政)。该学校采用应收款项余额百分比法估计坏账损失,经分析发生坏账的可能性,“应收账款”按5%提取坏账准备,“其他应收款”按1%提取坏账准备。账务处理如下:

2019年末按应收账款余额计算提取坏账准备=200 000×5%=10 000(元)

2019年末按其他应收款余额计算提取坏账准备=100 000×1%=1 000(元)

由于坏账准备的贷方已有余额2 000元(均为应收账款坏账准备),所以当年应补提9 000元,其中:

应补提应收账款坏账准备=10 000-2 000=8 000(元)

应补提其他应收款坏账准备=1 000-0=1 000(元)

财务会计:

借:其他费用　　9 000

　贷:坏账准备—应收账款　　8 000

　　　　　　—其他应收款　　1 000

预算会计不作账务处理。

[**例6-33**] 2019年末,某大学“坏账准备”账户贷方余额为11 000元(均为应收账款坏账准备),“应收账款”明细账户借方余额为200 000元(收回后均不需上缴财政),该学校采用应收款项余额百分比法估计坏账损失,经分析发生坏账的可能性,“应收账款”按4%提取坏账准备。账务处理如下:

2019年末按应收账款余额计算提取坏账准备=200 000×4%=8 000(元)

当年应冲减应收账款坏账准备8 000-11 000=-3 000(元)

财务会计:

借:坏账准备—应收账款　　3 000

　贷:其他费用　　3 000

预算会计不作账务处理。

2.对于账龄超过规定年限并确认无法收回的应收账款、其他应收款,应当按照有关规定报经批准后,按照无法收回的金额,借记本科目,贷记“应收账款”“其他应收款”科目。

已核销的应收账款、其他应收款在以后期间又收回的,按照实际收回金额,借记“应收账款”“其他应收款”科目,贷记本科目;同时,借记“银行存款”等科目,贷记“应收账款”“其他应收款”科目。

[**例6-34**] 2019年5月,某大学应收账款发生坏账损失5 000元,其中应收甲公司租赁费3 000元,应收乙公司租赁费2 000元,学校按照规定报经批准后

予以核销。账务处理如下：

财务会计：

借：坏账准备—应收账款　　5 000

　贷：应收账款—甲公司　　3 000

　　　　　　　—乙公司　　2 000

预算会计不作账务处理。

[**例 6-35**] 2019 年 6 月，某大学有一笔上年已作核销不需上缴财政的应收丙公司房屋租金款 8 000 元又收回入账。账务处理如下：

财务会计：

借：应收账款—丙公司　　8 000

　贷：坏账准备—应收账款　　8 000

同时：

借：银行存款—学校存款　　8 000

　贷：应收账款—丙公司　　8 000

预算会计：

借：资金结存—货币资金　　8 000

　贷：其他预算收入—租金收入—非专项资金收入　　8 000

第二节　存货和待摊费用

一、存货

(一)概念

存货是指高等学校在开展业务活动及其他活动中为耗用或出售而储存的资产，如材料、产品、包装物和低值易耗品等，以及未达到固定资产标准的用具、装具、动植物等。高等学校随买随用的零星办公用品，可以在购进时直接列作支出，不通过本科目核算。

存货包括在途物品、加工物品和库存物品。

(二)确认条件

存货同时满足下列条件的，应当予以确认：

(1)与该存货相关的服务潜力很可能实现或者经济利益很可能流入高等学校；

(2)该存货的成本或者价值能够可靠地计量。

(三)取得成本的确定

存货在取得时应当按照成本进行初始计量。

1.高等学校购入的存货,其成本包括购买价款、相关税费、运输费、装卸费、保险费以及使得存货达到目前场所和状态所发生的归属于存货成本的其他支出。

2.高等学校自行加工的存货,其成本包括耗用的直接材料费用、发生的直接人工费用和按照一定方法分配的与存货加工有关的间接费用。

3.高等学校委托加工的存货,其成本包括委托加工前存货成本、委托加工的成本(如委托加工费以及按规定应计入委托加工存货成本的相关税费等)以及使存货达到目前场所和状态所发生的归属于存货成本的其他支出。

4.下列各项应当在发生时确认为当期费用,不计入存货成本：

(1)非正常消耗的直接材料、直接人工和间接费用。

(2)仓储费用(不包括在加工过程中为达到下一个加工阶段所必需的费用)。

(3)不能归属于使存货达到目前场所和状态所发生的其他支出。

5.通过置换取得的存货,其成本按照换出资产的评估价值,加上支付的补价或减去收到的补价,加上为换入存货发生的其他相关支出确定。

6.高等学校接受捐赠的存货,其成本按照有关凭据注明的金额加上相关税费、运输费等确定;没有相关凭据可供取得,但按规定经过资产评估的,其成本按照评估价值加上相关税费、运输费等确定;没有相关凭据可供取得、也未经资产评估的,其成本比照同类或类似资产的市场价格加上相关税费、运输费等确定;没有相关凭据且未经资产评估、同类或类似资产的市场价格也无法可靠取得的,按照名义金额入账,相关税费、运输费等计入当期费用。

7.高等学校无偿调入的存货,其成本按照调出方账面价值加上相关税费、运输费等确定。

8.高等学校盘盈的存货,按规定经过资产评估的,其成本按照评估价值确定;未经资产评估的,其成本按照重置成本确定。不同方式取得存货的入账价值,见表 6-1。

表 6-1　　不同方式取得存货的入账价值表

取得方式	入账价值
外购	购买价款＋相关税费＋使得资产达到目前场所和状态所发生的归属于资产成本的其他支出（如运输费、装卸费、借款利息等）
自行加工	自行加工/建造过程中发生的料、工、费等 开发阶段可以资本化—无形资产
委托加工	加工过程中的料、工、费
置换	换出资产的评估价值＋支付的补价/－收到的补价＋其他相关支出
接受捐赠	凭据金额/评估价值/同类或类似资产的市场价格/名义金额（经管资产不适用）＋相关税费、运输费等确定
无偿调入	调出方账面价值＋相关税费＋运输费

（四）发出存货的计量

高等学校应当根据实际情况采用先进先出法、加权平均法或个别计价法确定发出存货的实际成本。计价方法一经确定，不得随意变更。

1.先进先出法

先进先出法是以先购入的存货应先发出（销售或耗用）这样一种存货实物流动假设为前提，对发出存货进行计价。采用这种方法，先购入的存货成本在后购入存货成本之前转出，据此确定发出存货和期末存货的成本。

2.月末一次加权平均法

月末一次加权平均法，是指以当月全部进货数量加上月初存货数量作为权数，去除当月全部进货成本加上月初存货成本，计算出存货的加权平均单位成本，以此为基础计算当月发出存货的成本和期末存货的成本。

3.个别计价法

个别计价法，亦称“个别认定法”，其特征是注重所发出存货具体项目的实物流转与成本流转之间的联系，逐一辨认各批发出存货和期末存货所属的购进批次或生产批别，分别按其购入或生产时所确定的单位成本计算各批发出存货和期末存货的成本。

二、在途物品

（一）概念

在途物品是指高等学校采购材料等物资时，货款已付或已开出商业汇票但尚未验收入库的在途物品的采购成本。

(二)账户设置

高等学校为了反映和核算在途物品业务，应当设置“在途物品”总账账户，并按照供应单位和物品种类进行明细核算。本科目期末借方余额，反映高等学校在途物品的采购成本。

(三)账务处理

1.高等学校购入材料等物品，按照确定的物品采购成本的金额，借记本科目，按照实际支付的金额，贷记“财政拨款收入”“零余额账户用款额度”“银行存款”“应付票据”等科目。

[**例 6-36**] 某大学系增值税一般纳税人，2019 年 3 月 21 日，从甲公司采购经营用 W 材料一批，取得增值税专用发票上注明的材料价款 20 000 元，增值税额 3 200 元，开出承兑商业汇票，材料尚未到达。账务处理如下：

开出商业承兑汇票时

财务会计：

借：在途物品—W 材料	20 000	
应交增值税—应交税费(进项税额)	3 200	
贷：应付票据—甲公司		23 200

预算会计不作账务处理。

2.所购材料等物品到达验收入库，按照确定的库存物品成本金额，借记“库存物品”科目，按照物品采购成本金额，贷记本科目，按照使得入库物品达到目前场所和状态所发生的其他支出，贷记“银行存款”等科目。

[**例 6-37**] 4 月 3 日上述材料运到，验收入库，以现金支付运费 800 元，账务处理如下：

财务会计：

借：库存物品—W 材料	20 800	
贷：在途物品—W 材料		20 000
库存现金—学校现金		800

预算会计：

借：经营支出	800	
贷：资金结存—货币资金		800

三、加工物品

(一)概念

加工物品是指高等学校自制或委托外单位加工的各种物品的实际成本。

未完成的测绘、地质勘察、设计成果的实际成本,也通过本科目核算。

(二)账户设置

高等学校为了反映和核算加工物品业务,应当设置“加工物品”总账账户,设置“自制物品”“委托加工物品”两个一级明细科目,并按照物品类别、品种、项目等设置明细账,进行明细核算。本科目期末借方余额,反映高等学校自制或委托外单位加工但尚未完工的各种物品的实际成本。

本科目“自制物品”一级明细科目下应当设置“直接材料”“直接人工”“其他直接费用”等二级明细科目归集自制物品发生的直接材料、直接人工(专门从事物品制造人员的人工费)等直接费用;对于自制物品发生的间接费用,应当在本科目“自制物品”一级明细科目下单独设置“间接费用”二级明细科目予以归集,期末,再按照一定的分配标准和方法,分配计入有关物品的成本。

(三)账务处理

1.自制物品

(1)为自制物品领用材料等,按照材料成本,借记本科目(自制物品—直接材料),贷记“库存物品”科目。

(2)专门从事物品制造的人员发生的直接人工费用,按照实际发生的金额,借记本科目(自制物品—直接人工),贷记“应付职工薪酬”科目。

(3)为自制物品发生的其他直接费用,按照实际发生的金额,借记本科目(自制物品—其他直接费用),贷记“零余额账户用款额度”“银行存款”等科目。

(4)为自制物品发生的间接费用,按照实际发生的金额,借记本科目(自制物品—间接费用),贷记“零余额账户用款额度”“银行存款”“应付职工薪酬”“固定资产累计折旧”“无形资产累计摊销”等科目。

间接费用一般按照生产人员工资、生产人员工时、机器工时、耗用材料的数量或成本、直接费用(直接材料和直接人工)或产品产量等进行分配。高等学校可根据具体情况自行选择间接费用的分配方法。分配方法一经确定,不得随意变更。

(5)已经制造完成并验收入库的物品,按照所发生的实际成本(包括耗用的直接材料费用、直接人工费用、其他直接费用和分配的间接费用),借记“库存物品”科目，贷记本科目（自制物品）。

[例 6-38] N 学校食品研究所为了完成省自然基金项目，分别用甲、乙两种材料自制 A、B 两种产品，2019 年 6 月，投入甲材料 40 000 元自制 A 产品，投入乙材料 25 000 元自制 B 产品，当月自制 A 产品发生直接人工费用 10 000 元，自制 B 产品发生直接人工费用 5 000 元，通过财政直接支付方式支付工资，通过授权支付方式支付间接费用总额为 30 000 元，假定，当月自制的 A、B 两种产品均于当月完工，该研究所间接费用按生产工人工资比例进行分配。会计分录：

(1)投入材料时

财务会计：

借：加工物品—自制物品—产品 A(直接材料)　　40 000
　加工物品—自制物品—产品 B(直接材料)　　25 000
　贷：库存物品—甲材料　　40 000
　　　　　　—乙材料　　25 000

预算会计不作账务处理。

(2)分配工资费用

借：加工物品—自制物品—产品 A(直接人工)　　10 000
　加工物品—自制物品—产品 B(直接人工)　　5 000
　贷：应付职工薪酬—基本工资　　15 000

借：应付职工薪酬—基本工资　　15 000
　贷：财政拨款收入　　15 000

预算会计：

借：事业支出—科研支出—财政拨款支出—项目支出—自然科学基金—工资福利支出—基本工资　　15 000
　贷：财政拨款预算收入—项目支出　　15 000

(3)分配支付间接费用

A 产品应分摊的间接费＝30 000×[10 000÷(10 000＋5 000)]＝20 000(元)

B 产品应分摊的间接费用＝30 000×[5 000÷(10 000＋5 000)]＝10 000(元)

财务会计：

借：加工物品—自制物品—产品 A(间接费用)　　20 000
　加工物品—自制物品—产品 B(间接费用)　　10 000
　贷：零余额账户用款额度　　30 000

预算会计：

借:事业支出—科研支出—财政拨款支出—项目支出—高等教育—商品和服务支出—专用材料费　　30 000

　贷:资金结存—零余额账户用款额度　　30 000

(4)产品完工入库结转产品成本

A 产品完工成本=40000+10000+20000=70000(元)

B 产品完工成本=25000+5000+10000=40000(元)

财务会计:

借:库存物品—产品 A　　70 000

　库存物品—产品 B　　40 000

　贷:加工物品—自制物品—产品 A(直接材料)　　40 000

　　加工物品—自制物品—产品 B(直接材料)　　25 000

　　加工物品—自制物品—产品 A(直接人工)　　10 000

　　加工物品—自制物品—产品 B(直接人工)　　5 000

　　加工物品—自制物品—产品 A(间接费用)　　20 000

　　加工物品—自制物品—产品 B(间接费用)　　10 000

预算会计不作账务处理。

2.委托加工物品

(1)发给外单位加工的材料等,按照其实际成本,借记本科目(委托加工物品),贷记"库存物品"科目。

(2)支付加工费、运输费等费用,按照实际支付的金额,借记本科目(委托加工物品),贷记"零余额账户用款额度""银行存款"等科目。涉及增值税业务的,相关账务处理参见"应交增值税"科目。

(3)委托加工完成的材料等验收入库,按照加工前发出材料的成本和加工、运输成本等,借记"库存物品"等科目,贷记本科目(委托加工物品)。

[**例 6-39**] 某大学横向科研课题组委托乙公司加工 C 配件一批,加工领用 W 材料成本为 30 000 元,加工费为 9 000 元(不含增值税),材料加工完成验收入库,适用的增值税率为 16%,以银行转账支付有关税费。账务处理如下:

(1)发出委托加工物资时

财务会计:

借:加工物品—委托加工物品(C 配件)　　30 000

　贷:库存物品—W 材料　　30 000

预算会计不作账务处理。

(2)支付加工费用和税金时

增值税进项税额＝9 000×16％＝1 440(元)

财务会计：

借：加工物品—委托加工物品(C配件)　　9 000

　应交增值税—应交税费(进项税额)　　1 440

　贷：银行存款—学校存款　　10 440

预算会计：

借：事业支出—科研支出—非财政专项资金支出—项目支出—科技成果转化和扩散—商品和服务支出—专用材料费　　9 000

　贷：资金结存—货币资金　　9 000

(3)加工完成收回委托加工物资时

借：库存物品—C配件　　39 000

　贷：加工物品—委托加工物品(C配件)　　39 000

预算会计不作账务处理。

以上存货取得的核算都是以一般纳税人为例加以说明的，对于小规模纳税人取得存货的核算，其实际成本包括增值税额，即价税合一。

四、库存物品

(一)概念

库存物品是指高等学校在开展业务活动及其他活动中为耗用或出售而储存的各种材料、产品、包装物、低值易耗品，以及达不到固定资产标准的用具、装具、动植物等的成本。

已完成的测绘、地质勘察、设计成果等的成本，也通过本科目核算。

高等学校随买随用的零星办公用品，可以在购进时直接列作费用，不通过本科目核算；高等学校受托存储保管的物资和受托转赠的物资，应当通过“受托代理资产”科目核算，不通过本科目核算；高等学校为在建工程购买和使用的材料物资，应当通过“工程物资”科目核算，不通过本科目核算。

(二)管理要求

1.高等学校对库存物品管理应“统一领导、统一计划、统一采购”，成立以主管领导为首，各分管领导及职能部门、财务部门和监督部门参加的库存物品管理机构，负责库存物品统一管理的监督检查执行情况，形成既有分工负责，又有统一管理的管理体系。

2.高等学校要建立健全库存物品的管理制度，从购买、验收、入库、保管、领用到转让、对外投资、盘点，都要有严格的审批制度。对一些价值较高的库存物品、贵重库存物品要专人负责并建立岗位责任制。对库存物品的转让、对外投资、盘点，要按照有关规定严格把关，确保库存物品的安全、完整。同时，还要提高库存物品的使用效益，科学确定库存物品的库存量，避免闲置、重复采购和浪费的现象。

3.加强高等学校库存物品的财务核算及管理。学校的财务部门要对库存物品的采购、入库、领用等情况，及时进行核算、入账；对对外投资、转让要严格把关，根据真实的情况登记入账；对盘盈、盘亏的库存物品要查明原因，及时处理，对事业性与经营性库存物品要分别核算。

4.严格采购制度，加强库存物品管理。库存物品是高等学校在开展正常的业务活动过程中为耗用而储存的资产。由于库存物品的价值较低，在使用过程中其价值随着实物的领用，一次性地全部列支，这与固定资产之间存在着明显的区别。因此，单位在购进库存物品时，应根据实际耗用和库存情况，合理确定采购数量，以防止库存物品积压造成浪费。

(三)账户设置

高等学校为了反映和核算库存物品业务，应当设置“库存物品”总账账户，并按照库存物品的种类、规格、保管地点等进行明细核算。高等学校储存的低值易耗品、包装物较多的，可以在本科目(低值易耗品、包装物)下按照“在库”“在用”和“摊销”等进行明细核算。本科目期末借方余额，反映高等学校库存物品的实际成本。

(四)账务处理

1.取得的库存物品，应当按照其取得时的成本入账

(1)外购的库存物品验收入库，按照确定的成本，借记本科目，贷记“财政拨款收入”“零余额账户用款额度”“银行存款”“应付账款”“在途物品”等科目。

[**例 6-40**] 某大学系增值税一般纳税人，2019 年 3 月 5 日化学学院从甲公司购进教学用 W 实验耗材一批，价款为 300 000 元，增值税税额为 48 000 元，另外向运输公司支付运输费 5 000 元(含税价)，材料已验收入库，款项尚未支付，库存物品采用实际成本法核算。账务处理如下：

财务会计：

借：库存物品—W 实验耗材　　353 000

　贷：应付账款—甲公司　　353 000

预算会计不作账务处理。

[例 6-41] 某大学为增值税小规模纳税人，本月购入教学用 A 材料 2 000 公斤，每公斤单价(含增值税)50 元，另外支付运杂费 3 000 元，入库前发生挑选整理费用 600 元(含税价)，材料已验收入库，货款以银行转账支付。

A 材料的实际成本＝2 000×50＋3 000＋600＝103 600(元)

财务会计：

借：库存物品—A 材料　　103 600

　贷：银行存款—学校存款　　103 600

预算会计：

借：事业支出—教育支出—其他资金支出—基本支出—高等教育—商品和服务支出—专用材料费　　103 600

　贷：资金结存—货币资金　　103 600

(2)自制的库存物品加工完成并验收入库，按照确定的成本，借记本科目，贷记“加工物品—自制物品”科目。

[例 6-42] 某大学系增值税一般纳税人，2019 年 6 月 2 日，机电学院加工 M 物品，从仓库领用 B 材料一批，B 材料实际成本 6 000 元，发生直接人工费1 500 元。账务处理如下：

财务会计：

借：加工物品—自制物品—M 物品　　7 500

　贷：库存物品—B 材料　　6 000

　　　应付职工薪酬—基本工资　　1 500

预算会计不作账务处理。

[例 6-43] M 物品加工完毕，验收入库。

财务会计：

借：库存物品—M 物品　　7 500

　贷：加工物品—自制物品—M 物品　　7 500

预算会计不作账务处理。

(3)委托外单位加工收回的库存物品验收入库，按照确定的成本，借记本科目，贷记“加工物品—委托加工物品”等科目。

[例 6-44] 某大学系增值税一般规模纳税人，2019 年 5 月 2 日学校物业公司(非独立核算的经营部门)经营委托乙公司用 A 原材料加工 N 物资一批，当日学校将成本为 10 000 元的 A 原材料发给乙公司，并通过银行支付乙公司的

加工费 8 000 元(不含增值税),5 月 26 日 N 物资加工完成,学校验收入库用于销售,适用的增值税率为 16%。账务处理如下:

(1)2019 年 5 月 2 日发出委托加工物资时

财务会计:

借:加工物品—委托加工物品—N 物资　　10 000

　贷:库存物品—A 原材料　　10 000

预算会计不作账务处理。

(2)2019 年 5 月 2 日支付加工费用和税金时

增值税进项税额=8 000×16%=1 280(元)

财务会计:

借:加工物品—委托加工物品—N 物资　　8 000

　应交增值税—应交税费(进项税额)　　1 280

　贷:银行存款—学校存款　　9 280

预算会计:

借:经营支出　　9 280

　贷:资金结存—货币资金　　9 280

(3)5 月 26 日加工完成收回委托加工物资时

财务会计:

借:库存物品—N 物资　　18 000

　贷:加工物品—委托加工物品—N 物资　　18 000

预算会计不作账务处理。

(4)接受捐赠的库存物品验收入库,按照确定的成本,借记本科目,按照发生的相关税费、运输费等,贷记“银行存款”等科目,按照其差额,贷记“捐赠收入”科目。

[**例 6-45**] 某大学接受社会捐赠的一套多媒体教学专用材料,该专用材料并无证明其价值的凭据,目前的市场价格为 600 元。为专用材料发生的包装费 30 元,以银行转账支付。账务处理如下:

财务会计:

借:库存物品—专用材料　　630

　贷:银行存款—学校存款　　30

　　捐赠收入　　600

预算会计：

借：其他支出—捐赠等税费支出—其他资金支出　　30

　贷：资金结存—货币资金　　30

如果没有相关凭据、同类或类似存货的市场价格也无法可靠取得的，该存货按照名义金额（一般为人民币 1 元）入账。接受捐赠的库存物品按照名义金额入账的，按照名义金额，借记本科目，贷记“捐赠收入”科目；同时，按照发生的相关税费、运输费等，借记“其他费用”科目，贷记“银行存款”等科目。

[例 6-46] 某大学接受校友捐赠一批教学实验特种材料，没有附相关凭据。此材料在市场中并无销售，无法可靠取得其价格，经批准以名义金额入账。接收材料捐赠时，发生运费支出 20 元，通过银行转账支付。

财务会计：

借：库存物品—特种材料　　1

　贷：捐赠收入　　1

借：其他费用—其他　　20

　贷：银行存款—学校存款　　20

预算会计：

借：其他支出—捐赠等税费支出—其他资金支出　　20

　贷：资金结存—货币资金　　20

（5）无偿调入的库存物品验收入库，按照确定的成本，借记本科目，按照发生的相关税费、运输费等，贷记“银行存款”等科目，按照其差额，贷记“无偿调拨净资产”科目。

[例 6-47] 某大学为小规模纳税人，2019 年 5 月从下属独立核算单位无偿调入 1 吨 B 材料用于学生实习实验，该材料含税价值 8 000 元。材料调入时发生运费 500 元，以银行转账方式支付。

财务会计：

借：库存物品—B 材料　　8 500

　贷：银行存款—学校存款　　500

　　无偿调拨净资产　　8 000

预算会计：

借：其他支出—捐赠等税费支出—其他资金支出　　500

　贷：资金结存—货币资金　　500

（6）置换换入的库存物品验收入库，按照确定的成本，借记本科目，按照换出资产的账面余额，贷记相关资产科目（换出资产为固定资产、无形资产的，还应当借记“固定资产累计折旧”“无形资产累计摊销”科目），按照置换过程中发生的其他相关支出，贷记“银行存款”等科目，按照借贷方差额，借记“资产处置费用”科目或贷记“其他收入”科目。

涉及补价的，分别以下情况处理：

①支付补价的，按照确定的成本，借记本科目，按照换出资产的账面余额，贷记相关资产科目（换出资产为固定资产、无形资产的，还应当借记“固定资产累计折旧”“无形资产累计摊销”科目），按照支付的补价和置换过程中发生的其他相关支出，贷记“银行存款”等科目，按照借贷方差额，借记“资产处置费用”科目或贷记“其他收入”科目。

②收到补价的，按照确定的成本，借记本科目，按照收到的补价，借记“银行存款”等科目，按照换出资产的账面余额，贷记相关资产科目（换出资产为固定资产、无形资产的，还应当借记“固定资产累计折旧”“无形资产累计摊销”科目），按照置换过程中发生的其他相关支出，贷记“银行存款”等科目，按照补价扣减其他相关支出后的净收入，贷记“应缴财政款”科目，按照借贷方差额，借记“资产处置费用”科目或贷记“其他收入”科目。

[**例 6-48**] 某大学用一辆行政用旧车置换一批教学实验用材料 W，旧车账面原值 110 000 元，旧车评估价值 90 000 元，运输费 1 000 元，学校用现金支付。假设不考虑增值税。账务处理如下：

财务会计：

借：库存物品—W 材料	91 000	
资产处置费用—固定资产	20 000	
贷：固定资产—通用设备		110 000
库存现金—学校现金		1 000

预算会计：

借：其他支出—捐赠等税费支出—其他资金支出	1 000	
贷：资金结存—货币资金		1 000

[**例 6-49**] 2019 年 10 月，某大学以教学过程中使用的一台实验设备换入乙公司生产的一批教学用办公用品，实验设备账面原值为 160 000 元，累计折旧为 50 000 元，评估价格为 100 000 元，支付补价 20 000 元。交易过程中，除支付运杂费 5 000 元，没有发生其他相关税费（假设不考虑增值税）。账务处理如下：

财务会计：

借：库存物品—办公用品　　125 000

　固定资产累计折旧　　50 000

　资产处置费用　　10 000

　贷：固定资产—专用设备　　160 000

　　银行存款—学校存款　　25 000

预算会计：

借：其他支出—资产置换税费支出—其他资金支出　　25 000

　贷：资金结存—货币资金　　25 000

[例 6-50] 续[例 6-49]，若设备的评估价值 120 000 元，某大学收到补价 10 000元，其他条件不变。账务处理如下：

财务会计：

借：库存物品—办公用品　　115 000

　固定资产累计折旧　　50 000

　银行存款—学校存款　　10 000

　贷：固定资产—专用设备　　160 000

　　应缴财政款—应缴国库款　　5 000

　　银行存款—学校存款　　5 000

　　其他收入—其他　　5 000

预算会计不作账务处理。

2.库存物品在发出时，各种处理情况

(1)高等学校开展业务活动等领用、按照规定自主出售发出或加工发出库存物品，按照领用、出售等发出物品的实际成本，借记“业务活动费用”“单位管理费用”“经营费用”“加工物品”等科目，贷记本科目。

[例 6-51] 2019 年 8 月 5 日，某大学开出“材料出库单”，机电学院学科建设组领用 W 材料一批，采用加权平均法计算出其价值为 6000 元。账务处理如下：

财务会计：

借：业务活动费用—教育费用—商品和服务费用　　6 000

　贷：库存物品—W 材料　　6 000

预算会计不作账务处理。

采用一次转销法摊销低值易耗品、包装物的，在首次领用时将其账面余额一次性摊销计入有关成本费用；采用五五摊销法摊销低值易耗品、包装物的，首次领用时，将其账面余额的 50%摊销计入有关成本费用，使用完时，将剩余的账面余额转销计入有关成本费用。

［**例 6-52**］2019 年 4 月 5 日，某大学机电学院实习实验室领用维修工具一批，其实际成本 1 000 元，9 月 30 日，将这批维修工具按程序报废。学校采用五五摊销法摊销低值易耗品。

财务会计：

(1)4 月 5 日领用时

借：库存物品—在用低值易耗品　　1 000

　贷：库存物品—在库低值易耗品　　1 000

同时，摊销其实际成本的 50%：

借：业务活动费用—教育费用—商品和服务费用　　500

　贷：库存物品—低值易耗品摊销　　500

(2)9 月 30 日，报废维修工具时

借：业务活动费用—教育费用—商品和服务费用　　500

　贷：库存物品—低值易耗品摊销　　500

(3)注销报废原领用低值易耗品的成本

借：库存物品—低值易耗品摊销　　1 000

　贷：库存物品—在用低值易耗品　　1 000

(1)～(3)业务预算会计不作账务处理。

(2)经批准对外出售的库存物品(不含可自主出售的库存物品)发出时，按照库存物品的账面余额，借记“资产处置费用”科目，贷记本科目；同时，按照收到的价款，借记“银行存款”等科目，按照处置过程中发生的相关费用，贷记“银行存款”等科目，按照其差额，贷记“应缴财政款”科目。

［**例 6-53**］2019 年 11 月 18 日，某大学进行资产清查时，清理出一批闲置的 W 实验工具，经有关部门批准后学校对外出售了这批实验工具，售价 20 000 元，已存入银行。该实验工具账面价值 25 000 元。账务处理如下：

财务会计：

借：资产处置费用—存货　　25 000

　贷：库存物品—W 实验工具　　25 000

借：银行存款—学校存款　　20 000

　贷：应缴财政款—应缴国库款　　20 000

预算会计不作账务处理。

（3）经批准对外捐赠的库存物品发出时，按照库存物品的账面余额和对外捐赠过程中发生的归属于捐出方的相关费用合计数，借记“资产处置费用”科目，按照库存物品账面余额，贷记本科目，按照对外捐赠过程中发生的归属于捐出方的相关费用，贷记“银行存款”等科目。

［例6-54］某大学艺术学院向对口帮扶学校无偿捐赠一批画板，画板账面价值为6 000元，运费600元已转账支付。

财务会计：

借：资产处置费用—存货　　60 600

　贷：库存物品—画板　　60 000

　　银行存款—学校存款　　600

预算会计：

借：其他支出—捐赠等税费支出—其他资金支出　　600

　贷：资金结存—货币资金　　600

（4）经批准无偿调出的库存物品发出时，按照库存物品的账面余额，借记“无偿调拨净资产”科目，贷记本科目；同时，按照无偿调出过程中发生的归属于调出方的相关费用，借记“资产处置费用”科目，贷记“银行存款”等科目。

［例6-55］某大学报经有关部门批准后，将一批库存消毒用品无偿调拨给学校下属独立核算的甲单位，该消毒用品的账面价值为3 000元，以现金支付运费100元。

财务会计：

借：无偿调拨净资产　　3 000

　贷：库存物品—消毒用品　　3 000

借：资产处置费用—存货　　100

　贷：库存现金—学校现金　　100

预算会计：

借：其他支出—捐赠等税费支出—其他资金支出　　100

　贷：资金结存—货币资金　　100

（5）经批准置换换出的库存物品，参照本科目有关置换换入库存物品的规定进行账务处理。

3.定期对库存物品进行清查盘点

高等学校应当定期对库存物品进行清查盘点，每年至少盘点一次。对于发生的库存物品盘盈、盘亏或者报废、毁损，应当先计入“待处理财产损溢”科目，按照规定报经批准后及时进行后续账务处理。

(1)盘盈的库存物品，其成本按照有关凭据注明的金额确定；没有相关凭据、但按照规定经过资产评估的，其成本按照评估价值确定；没有相关凭据、也未经过评估的，其成本按照重置成本确定。如无法采用上述方法确定盘盈的库存物品成本的，按照名义金额入账。盘盈的库存物品，按照确定的入账成本，借记本科目，贷记“待处理财产损溢”科目。

[**例 6-56**] 某大学发生如下经济业务：

(1)2019 年 12 月 31 日，在资产清查中发现盘盈行政用 W 材料一批，经评估确定 W 材料价值 10 800 元，原因待查。账务处理如下：

财务会计：

借：库存物品—W 材料　　10 800

　贷：待处理财产损溢—存货—待处理财产价值　　10 800

预算会计不作账务处理。

(2)查明原因属于计量工具不准确引起，冲减“单位管理费用”。

财务会计：

借：待处理财产损溢—存货—待处理财产价值　　10 800

　贷：单位管理费用—行政管理费用—商品和服务费用　　10 800

预算会计不作账务处理。

(2)盘亏或者毁损、报废的库存物品，按照待处理库存物品的账面余额，借记“待处理财产损溢”科目，贷记本科目。

[**例 6-57**] 2019 年 12 月 31 日，某大学在资产清查中发现盘亏 B 实验材料一批，其账面价值为 9 000 元，因无法查明原因，经批准后作学校费用处理。账务处理如下：

财务会计：

借：待处理财产损溢—存货—待处理财产价值　　9 000

　贷：库存物品—B 材料　　9 000

借：资产处置费用—存货　　9 000

　贷：待处理财产损溢—存货—待处理财产价值　　9 000

预算会计不作账务处理。

属于增值税一般纳税人的高等学校，若因非正常原因导致的库存物品盘亏或毁损，还应当将与该库存物品相关的增值税进项税额转出，按照其增值税进项税额，借记“待处理财产损溢”科目，贷记“应交增值税—应交税金(进项税额转出)”科目。

五、待摊费用

(一)概念

待摊费用是指高等学校已经支付，但应当由本期和以后各期分别负担的分摊期在一年以内(含一年)的各项费用，如预付报纸杂志费、低值易耗品摊销、一次支出数额较大的财产保险费、排污费、技术转让费、广告费、固定资产经常修理费、预付租入固定资产的租金、一次购买印花税票和一次交纳印花税额较大需分摊的数额等。

摊销期限在一年以上的租入固定资产改良支出和其他费用，应当通过“长期待摊费用”科目核算，不通过本科目核算。

待摊费用应当在其受益期限内分期平均摊销，如预付租金应在租赁期内分期平均摊销，计入当期费用。

(二)账户设置

高等学校为了反映和核算待摊费用业务，应当设置“待摊费用”总账账户，并按照待摊费用种类进行明细核算。本科目期末借方余额，反映高等学校各种已支付但尚未摊销的分摊期在一年以内(含一年)的费用。

(三)账务处理

1.发生待摊费用时，按照实际预付的金额，借记本科目，贷记“财政拨款收入”“零余额账户用款额度”“银行存款”等科目。

2.按照受益期限分期平均摊销时，按照摊销金额，借记“业务活动费用”“单位管理费用”“经营费用”等科目，贷记本科目。

3.如果某项待摊费用已经不能使高等学校受益，应当将其摊余金额一次全部转入当期费用。按照摊销金额，借记“业务活动费用”“单位管理费用”“经营费用”等科目，贷记本科目。

[**例 6-58**] 2019 年 1 月 1 日，某大学租赁一座临时行政办公用房，租期1 年，租金 600 000 元，双方约定分两次支付租金，当日高等学校通过零余额账户支付租金 300 000 元。

(1)2019 年 1 月 1 日支付租金时

财务会计：

借：待摊费用—行政办公用房租金　　300 000

　贷：零余额账户用款额度　　300 000

预算会计：

借：事业支出—行政管理支出—财政拨款支出—基本支出—高等教育—商品和服务支出—租赁费　　300 000

　　贷：资金结存—零余额账户用款额度　　300 000

(2)2019 年 1～6 月，每月月底摊销租金时

财务会计：

借：单位管理费用—行政管理费用—商品和服务费用　　50 000

　　贷：待摊费用—行政办公用房租金　　50 000

预算会计不作账务处理。

第七章　短期投资和长期投资

第一节　投资概述

一、概念

投资是指高等学校按规定以货币资金、实物资产、无形资产等方式形成的债权或股权投资。

二、管理要求

1.高等学校应当严格遵守国家法律、行政法规以及财政部门、主管部门关于对外投资的有关规定，严格控制对外投资。在保证单位正常运转和事业发展的前提下，按照国家有关规定可以对外投资的，应当履行有关审批程序。

2.高等学校不得使用财政拨款及其结余进行对外投资，不得从事股票、期货、基金、企业债券等投资。国家另有规定的，从其规定。

3.高等学校以实物、无形资产等非货币性资产对外投资的，应当按照国家有关规定进行资产评估，合理确定资产价值。

4.加强对投资项目的追踪管理，及时、全面、准确地记录对外投资的价值变动和投资收益情况。

5.高等学校出资成立的归学校所属的企业，要切实行使投资人权利、履行投资人义务，落实管理责任，加强绩效考评，坚持以管资本为主加强所属企业国有资产监管，加快建立事企分开、权责明晰的国有资产监管体制机制，防范国有资产流失，实现国有资产保值增值。

6.建立退出机制。学校要对所属企业全面进行清理排查，对长期亏损、扭亏无望的企业，依法依规关、停、并、转；对与学科建设无关、对教学科研无促进作用或长期不向学校分配利润的企业，要尽快撤出投资；对产权链条过长难以监管的企业，要压缩产权层级或退出投资。

7.规范企业改制行为。学校所属企业改制，要制定详尽改制方案，严格按规定开展清产核资、产权界定、财务审计、资产评估，准确界定和核实资产，客观、公正地确定资产价值，坚决禁止低价折股、低价转让，搞关联交易、利益输送。凡企业改制涉及管理层持股的，应当严格执行国资委、财政部印发的《企业国有产权向管理层转让暂行规定》(国资发产权〔2005〕78 号)。

8.高等学校对外投资收益以及利用国有资产出租、出借和担保等取得的收入应当纳入单位预算，统一核算，统一管理。国家另有规定的除外。

三、特点

1.投资是以让渡资产而换取的另一项资产，即高等学校以一项资产而换取了被投资单位的一项财务权力，如支付货币资金购买债券、让渡固定资产、无形资产换取股权等，这项资产与其他资产一样，能为高等学校带来未来的经济利益。

2.投资所获得的利益与其他资产带来的利益不同。高等学校拥有和控制的其他资产，是以为社会提供教育、科研服务等公共产品为目的，为高等学校带来社会效益。而投资通常是将高等学校的非财政拨款及其结余转让给其他组织或者企业使用，通过其他企业或者组织创造的效益分配取得的经济利益。

3.投资一般指对外投资，不包括为进行业务活动而进行的内部购买设备、兴建房屋等内部投资。

四、分类

对投资进行适当的分类，是确定投资会计核算方法和如何在会计报表中列示的前提。根据不同的标准，可以把投资作如下分类：

(一)按照投资的性质分类

1.债权性投资。指为取得债权所做的投资。投资方作为债权人，有权了解被投资单位的财务状况，并有权利到期收回投资本金及按期获得规定的利息。高等学校的债权性投资主要指国债投资。

2.权益性投资。指为获取另一单位的权益或净资产所做的投资，高等学校以其依法支配的资产持有某企业的股权后，即成为该企业的股东，有权参与被投资企业的生产经营管理活动，有权按照所持股份比例分享利润和红利，有权按照章程规定领取股息。高等学校的权益性投资主要指对校办企业投资。

3.混合性投资。指兼有债务和权益性质的证券,如企业发行的优先股股票和可转换债券等。高等学校不能投资股票。

(二)按照投出资产的具体形态分类

1.货币资产投资。指以货币资金所进行的投资。这种投资很容易被投资者所接受,且在会计上不会产生计量上的困难,对于投资的确认比较容易。

2.实物资产投资。指以固定资产、存货等实物资产进行的投资。

3.无形资产投资。指以专利权、商标权等无形资产所进行的投资。

(三)按照投资目的和持有期限分类

1.短期投资,很大程度上是为了有效利用闲置资金,待需要使用现金时即可兑换成现金。

2.长期投资,很大程度上是为了积累整笔资金,以满足特定用途的需要,或为了达到控制其他企业或对其他企业实施重大影响,或为重要客户提供财务支持而进行的投资。

第二节　短期投资

一、概念

短期投资是指高等学校将暂时多余不用的资金购买各种能随时变现的持有时间不超过一年的有价证券以及不超过一年的其他投资。

高等学校为了获得比银行存款利息较高的收益,可以购买公开市场上可随时抛售的有价证券。至于不超过一年的其他投资是指以货币资金、材料、固定资产等向其他单位的投资,这种投资在一年内可以收回。在高等学校,短期投资主要是国债投资,一般按照国债投资的种类进行明细核算。

二、会计核算

(一)账户设置

“短期投资”科目的借方反映当期高等学校短期投资的增加,贷方反映当期高等学校出售或收回的短期投资;本科目期末借方余额,反映高等学校持有短期投资的成本。本科目应当按照投资的种类等进行明细核算。期末,短期投资应当按照账面余额计量。

(二)账务处理

1.取得短期投资时,按照实际成本(购买价款和相关税费),借记本科目,贷记“银行存款”等科目。

2.收到取得投资时包含的已到付息期尚未领取的利息时,按照实际收到的金额,借记“银行存款”,贷记“短期投资”等科目。

3.收到持有期间的利息时,按照实际收到的金额,借记“银行存款”,贷记“投资收益”等科目。

对持有的留本基金投资确认利息收入时,按照确认的利息,借记“应收利息”或“银行存款”等科目,贷记“专用基金—留本基金—收益”科目。

4.出售短期投资或到期收回短期投资本息时,按照实际收到的金额,借记“银行存款”,按照出售或收回短期投资的账面余额,贷记“短期投资”,按照其差额,借记或者贷记“投资收益”科目。

5.高等学校直接使用留本基金进行投资时,按照动用留本基金投资的数额,借记“短期投资”,贷记“银行存款”科目;同时,按照相同的金额,借记“专用基金—留本基金—本金—未投资”科目,贷记“专用基金—留本基金—本金—已投资”科目。

收回留本基金投资时,按照收回的金额,借记“银行存款”科目,按照收回的投资本金及相关利息金额,贷记“短期投资”科目,按照两者的差额,贷记或借记“专用基金—留本基金—收益”科目。同时,按照收回的留本基金本金金额,借记“专用基金—留本基金—本金—已投资”科目,贷记“专用基金—留本基金—本金—未投资”科目。

使用留本基金进行短期投资的有关案例见第十二章净资产中的“专用基金—留本基金”。

短期投资账务处理,见表 7-1 所示。

表 7-1　　短期投资账务处理

会计事项		财务会计	预算会计
使用自有资金进行的投资	取得短期投资	借:短期投资 　贷:银行存款	借:投资支出 　贷:资金结存—货币资金
	收到短期投资持有期间的利息	借:银行存款 　贷:投资收益	借:资金结存—货币资金 　贷:投资预算收益
	收到取得投资时包含的利息时	借:银行存款 　贷:短期投资	借:资金结存—货币资金 　贷:投资支出
	出售或者到期收回短期投资	借:银行存款 　贷:短期投资 借或贷:投资收益	借:资金结存—货币资金 　贷:投资支出/其他结余 借或贷:投资预算收益
直接使用留本基金进行的投资	取得短期投资	借:短期投资 　贷:银行存款 借:专用基金—留本基金—本金—未投资 　贷:专用基金—留本基金—本金—已投资	不作处理
	期末获得的收益	借:银行存款/应收利息 　贷:专用基金—留本基金—本金—收益	不作处理
	收回投资	借:银行存款 　贷:短期投资 贷或借:专用基金—留本基金—收益 借:专用基金—留本基金—本金—已投资 　贷:专用基金—留本基金—本金—未投资	不作处理

［**例 7-1**］2019 年 1 月,某大学利用暂时不用的闲置资金购入国债面值 100 000元,票面利率为 3%,以银行存款支付相关款项 101 500 元,包括已经到期尚未收到的利息 1 500 元。账务处理如下:

(1)购入国债

财务会计:

借:短期投资—×国债　　　　101 500

　贷:银行存款—学校存款　　　　101 500

预算会计：

借：投资支出　　101 500

　贷：资金结存—货币资金　　101 500

(2)收到购入时包含的利息

财务会计：

借：银行存款—学校存款　　1 500

　贷：短期投资—×国债　　1 500

预算会计：

借：资金结存—货币资金　　1 500

　贷：投资支出　　1 500

(3)12 月收到持有期间利息

财务会计：

借：银行存款—学校存款　　3 000

　贷：投资收益　　3 000

预算会计：

借：资金结存—货币资金　　3 000

　贷：投资预算收益　　3 000

(4)12 月底到期收回国债

财务会计：

借：银行存款—学校存款　　100 000

　贷：短期投资—×国债　　100 000

预算会计：

借：资金结存—货币资金　　100 000

　贷：投资支出　　100 000

如果 9 月底，该学校因急需资金，将上述国债予以出售，获得收入 114 485 元，款项由对方网银转账形式支付，增值税税率 6%。账务处理如下：

应交增值税：(114 485－101 500)÷(1＋6%)×6%＝735(元)

财务会计：

借：银行存款—学校存款　　114 485

　贷：短期投资—×国债　　100 000

　　投资收益　　13 750

　　应交增值税—转让金融商品应交增值税　　735

预算会计：

	借方	贷方
借：资金结存—货币资金	114 485	
贷：投资支出		100 000
投资预算收益		14 485

第二节　长期股权投资

一、概念

长期股权投资是指高等学校按照规定取得的，持有时间超过一年（不含一年）的股权性质的投资。

二、会计核算

（一）账户设置

高等学校应设置“长期股权投资”科目用以反映和核算单位长期股权投资业务，本科目按照被投资单位和长期股权投资取得方式等进行明细核算。长期股权投资采用权益法核算的，还应当按照“成本”“损益调整”“其他权益变动”设置明细科目，进行明细核算。本科目期末借方余额，反映事业单位持有的长期股权投资的价值。

（二）账务处理

1.长期股权投资的初始计量

（1）以货币资金取得的长期股权投资。高等学校应按照购买价款以及税金、手续费等减去已经宣告但尚未领取的股利后确定的投资成本，借记本科目或本科目（成本），按照支付的价款中包含的已宣告但尚未领取的股利，借记“应收股利”科目，按照实际支付的全部价款，贷记“银行存款”等科目。

实际收到取得投资时所支付价款中包含的已宣告但尚未发放的现金股利时，借记“银行存款”科目，贷记“应收股利”科目。

[例 7-2] 2019 年 4 月 15 日，某大学以银行存款 1 300 000 元购入 M 公司长期股权投资，其中包含已宣告但尚未领取的股利 30 000 元，本投资无权决定被投资单位的财务和经营政策。5 月 28 日收到购入时宣告发放的股利。账务处理如下：

（1）4 月 15 日购入投资时

财务会计：

借:长期股权投资—M 公司　　1 270 000

　应收股利—M 公司　　30 000

　贷:银行存款—学校存款　　1 300 000

预算会计:

借:投资支出　　1 300 000

　贷:资金结存—货币资金　　1 300 000

(2)5 月 28 日收到购入时宣告的股利

财务会计:

借:银行存款—学校存款　　30 000

　贷:应收股利—M 公司　　30 000

预算会计:

借:资金结存—货币资金　　30 000

　贷:投资支出　　30 000

(2)以货币资金以外的其他资产置换取得的长期股权投资。高等学校应当按照换出资产的评估价值加上支付的补价或减去收到的补价,加上换入长期股权投资发生的相关支出确认投资成本,借记本科目、"固定资产累计折旧""银行存款"(收到的补价)等科目,贷记"库存物品""固定资产""银行存款"(支付的补价)、"应缴财政款"(收到的补价扣除支付的相关税费)、"其他收入"(评估价减换出资产账面净值和收到的补价后的差)。

[例 7-3] 2019 年 3 月,某大学经批准以固定资产进行一项长期股权投资,固定资产(教学设备)的账面原值 140 000 元,已计提折旧 20 000 元,另用银行存款支付运费等相关费用 10 000 元,大学无权决定被投资单位的财务和经营政策。账务处理如下:

(1)假如固定资产评估价 160 000 元,收到补价 20 000 元。

财务会计:

借:长期股权投资—×公司　　150 000

　固定资产累计折旧　　20 000

　银行存款—学校存款　　20 000

　贷:固定资产—专用设备　　140 000

　　银行存款—学校存款　　10 000

　　应缴财政款—应缴国库款　　10 000

　　其他收入　　30 000

预算会计不作账务处理。

(2)假如固定资产评估价 100 000 元，支付补价 20 000 元。

财务会计：

借：长期股权投资—×公司　　130 000
　　固定资产累计折旧　　20 000
　　资产处置费用—固定资产　　20 000
　贷：固定资产—专用设备　　140 000
　　　银行存款—学校存款　　30 000

预算会计：

借：其他支出—资产置换税费支出—其他资金支出　　10 000
　　投资支出　　20 000
　贷：资金结存—货币资金　　30000

(3)以未入账的无形资产取得的长期股权投资，按照评估价值加相关税费作为投资成本，借记本科日，贷记“银行存款”“其他应交税费”“其他收入“等科目；

(4)无偿调入的长期股权投资，按照调出方的账面价值加相关税费作为投资成本，借记本科目或本科目(成本)，按照发生的相关税费，贷记“银行存款”等科目，按照其差额，贷记“无偿调拨净资产”科目。

[例 7-4] 2019 年 4～5 月，某大学发生如下长期股权投资业务，账务处理如下：

(1)4 月，经批准，以一项非专利技术对外投资，评估价 100 000 元。

财务会计：

借：长期股权投资—×公司　　100 000
　贷：其他收入—置换资产评估增值　　100 000

预算会计不作账务处理。

(2)5 月，接受合作单位捐赠长期股权投资一项，评估作价 150 000 元，银行存款支付相关费用 5 000 元。

财务会计：

借：长期股权投资　　155 000
　贷：捐赠收入　　150 000
　　　银行存款—学校存款　　5 000

预算会计：

借：其他支出—捐赠等税费支出—其他资金支出 5 000

　　贷：资金结存—货币资金 5 000

(3)5 月，接受无偿调入投资一项，对方账面价值 500 000 元，另支付相关费用 8000 元。

财务会计：

借：长期股权投资 508 000

　　贷：无偿调拨净资产 500 000

　　　　银行存款—学校存款 8 000

预算会计：

借：其他支出—捐赠等税费支出—其他资金支出 8 000

　　贷：资金结存—货币资金 8 000

2.长期股权投资的后续计量

长期股权投资持有期间，应当按照规定采用成本法或权益法进行核算。

(1)长期股权投资的成本法核算

成本法是指投资按照成本计量的方法。高等学校无权决定被投资单位的财务和经营政策或无权参与被投资单位的财务和经营政策决策的，应当采用成本法进行核算。

初始投资或追加投资时，按照确定的成本增加长期股权投资的账面价值，账务处理与初始投资一致。

被投资单位宣告发放现金股利或利润时，按照应收的金额，借记“应收股利”科目，贷记“投资收益”科目。

收到现金股利或利润时，按照实际收到的金额，借记“银行存款”等科目，贷记“应收股利”科目。

[例 7-5] 续[例 7-2]，某大学对 M 公司的投资占其总资本的 10%，采用成本法核算，2020 年 3 月 20 日，M 公司宣告发放现金股利 300 000 元，学校应获得股利 30 000 元，5 月 20 日收到 M 公司发放的现金股利。账务处理如下：

(1)2020 年 3 月 20 日，M 公司宣告发放股利时

财务会计：

借：应收股利—M 公司 30 000

　　贷：投资收益 30 000

预算会计不作账务处理。

(2)5 月 20 日，收到股利时

财务会计：

借：银行存款—学校存款　　30 000

　贷：应收股利—M 公司　　30 000

预算会计：

借：资金结存—货币资金　　30 000

　贷：投资预算收益　　30 000

(2)长期股权投资的权益法核算

高等学校自主决定被投资单位的财务和经营政策，或参与被投资单位的财务和经营政策决策的，应当采用权益法进行核算。长期股权投资采用权益法核算的，还应当按照“成本”“损益调整”“其他权益变动”设置明细科目进行核算。

被投资单位实现净利润的，按照应享有的份额，借记本科目(损益调整)，贷记“投资收益”科目。被投资单位发生净亏损的，按照应分担的份额，借记“投资收益”科日，贷记本科目(损益调整)，但以本科目的账面余额减记至零为限。发生亏损的被投资单位以后年度又实现净利润的，按照收益分享额弥补未确认的亏损分担额等后的金额，借记本科目(损益调整)，贷记“投资收益”科目。

被投资单位宣告分派现金股利或利润的，按照应享有的份额，借记“应收股利”科目，贷记本科目(损益调整)。

被投资单位发生除净损益和利润分配以外的所有者权益变动的，按照应享有或应分担的份额，借记或贷记“权益法调整”科目，贷记或借记本科目(其他权益变动)。

[**例 7-6**] 2019 年 1 月某大学以专利权 600 000 元，评估价 1 000 000 元向 A 企业投资，占 A 企业注册资本的 60%，能够决定 A 企业的财务和经营决策，相关账务处理如下：

(1)取得投资

财务会计：

借：长期股权投资—成本(A 企业)　　1 000 000

　贷：无形资产—专利权　　600 000

　　其他收入　　400 000

预算会计不作账务处理。

(2)当年 A 企业实现净利润 200 000 元

财务会计：

借:长期股权投资—损益调整(A 企业)　　120 000

　贷:投资收益　　120 000

预算会计不作账务处理。

(3)A 企业宣告发放现金股利 100 000 元

财务会计:

借:应收股利—A 企业　　60 000

　贷:长期股权投资—损益调整(A 企业)　　60 000

预算会计不作账务处理。

(4)收到股利 60 000 元

财务会计:

借:银行存款—学校存款　　60 000

　贷:应收股利—A 企业　　60 000

预算会计:

借:资金结存—货币资金　　60 000

　贷:投资预算收益　　60 000

(5)A 企业其他所有者权益变动 200 000 元

财务会计:

借:长期股权投资—其他权益变动(A 企业)　　120 000

　贷:权益法调整　　120 000

预算会计不作账务处理。

(3)成本法与权益法的转换

①成本法改为权益法。单位因追加投资等原因对长期股权投资的核算从成本法改为权益法的,应当按照成本法下本科目账面余额与追加投资成本的合计金额,借记本科目(成本),按照成本法下本科目账面余额,贷记本科目,按照追加投资的成本,贷记"银行存款"等科目。

[例 7-7] 续[例 7-2][例 7-5],2020 年,该高等学校对 M 公司追加货币资金投资 1 200 000 元,占 M 公司注册资本 51%,改用权益法核算该投资。账务处理如下:

财务会计:

借:长期股权投资—成本(M 公司)　　2 470 000

　贷:长期股权投资—M 公司　　1 270 000

　　银行存款—学校存款　　1 200 000

预算会计：

借：投资支出　　1 200 000

　贷：资金结存—货币资金　　1 200 000

②权益法改为成本法。高等学校因处置部分长期股权投资等原因而对处置后的剩余股权投资由权益法改按成本法核算的，应当按照权益法下本科目账面余额作为成本法下本科目账面余额（成本）。

其后，被投资单位宣告分派现金股利或利润时，属于高等学校已计入投资账面余额的部分，按照应分得的现金股利或利润份额，借记“应收股利”科目，贷记本科目。

[**例 7-8**] 2021 年，某大学经批准，对外出售一半对 A 企业投资，因只拥有 A 企业 10%的份额，对 A 企业的财务和经营政策无决策权，改用成本法核算该投资。

出售前，该项投资账面余额情况是：“长期股权投资—成本”1 000 000 元，“长期股权投资—损益调整”60 000 元，“长期股权投资—其他权益变动”120 000 元，账务处理如下：

财务会计：

借：长期股权投资—A 企业　　590 000

　贷：长期股权投资—成本　　500 000

　　长期股权投资—损益调整　　30 000

　　长期股权投资—其他权益变动　　60 000

借：权益法调整　　120 000

　贷：投资收益　　120 000

预算会计不作账务处理。

3.按照规定报经批准处置长期股权投资

(1)按照规定报经批准出售（转让）长期股权投资时，应当区分长期股权投资取得方式分别进行处理。

处置以现金取得的长期股权投资，按照实际取得的价款，借记“银行存款”等科目，按照被处置长期股权投资的账面余额，贷记本科目，按照尚未领取的现金股利或利润，贷记“应收股利”科目，按照发生的相关税费等支出，贷记“银行存款”等科目，按照借贷方差额，借记或贷记“投资收益”科目。

处置以现金以外的其他资产取得的长期股权投资，按照被处置长期股权投资的账面余额，借记“资产处置费用”科目，贷记本科目；同时，按照实际取得的价款，借记“银行存款”等科目，按照尚未领取的现金股利或利润，贷记“应收股利”科目，按照发生的相关税费等支出，贷记“银行存款”等科目，按照贷方差额，贷记“应缴财政款”科目。按照规定将处置时取得的投资收益纳入本单位预算管理的，应当按照所取得价款大于被处置长期股权投资账面余额、应收股利账面余额和相关税费支出合计的差额，贷记“投资收益”科目。

(2)因被投资单位破产清算等原因，有确凿证据表明长期股权投资发生损失，按照规定报经批准后予以核销时，按照予以核销的长期股权投资的账面余额，借记“资产处置费用”科目，贷记本科目。

(3)报经批准置换转出长期股权投资时，按照换出长期股权投资的账面价值，加上支付的补价或减去收到的补价，加上为换入资产发生的其他相关支出作为换入资产的入账价值，借记相关资产，贷记本科目。

(4)采用权益法核算的长期股权投资的处置，除进行上述账务处理外，还应结转原直接计入净资产的相关金额，借记或贷记“权益法调整”科目，贷记或借记“投资收益”科目。

[例 7-9] 续[例 7-2]，2020 年，某大学经财政部门审批将该项投资(成本 1 270 000元)予以出售，获得收入 1 800 000 元，投资收益纳入单位预算管理。账务处理如下：

财务会计：

借：银行存款—学校存款	1 800 000	
贷：长期股权投资—×公司		1 270 000
投资收益		530 000

预算会计：

借：资金结存—货币资金	1 800 000	
贷：其他结余		1 270 000
投资预算收益		530 000

[例 7-10] 续[例 7-6][例 7-8]，某大学经财政部门审批将该项投资出售，出售全部股权，取得银行存款 1 300 000 元，支付相关税费 50 000 元。账务处理如下：

(1)处置收入上缴财政时

财务会计：

借：资产处置费用—投资	1 180 000	
贷：长期股权投资—成本		1 000 000
—损益调整		60 000
—其他权益变动		120 000

借:银行存款—学校存款　　1 300 000
　贷:应缴财政款—应缴国库款　　1 250 000
　　银行存款—学校存款　　50 000
借:权益法调整　　120 000
　贷:投资收益　　120 000
预算会计不作账务处理。
(2)按规定投资收益纳入单位预算管理时
财务会计:
借:资产处置费用—投资　　1 180 000
　贷:长期股权投资—成本　　1 000 000
　　　　—损益调整　　60 000
　　　　—其他权益变动　　120 000
借:银行存款—学校存款　　1 300 000
　贷:应缴财政款　　1 180 000
　　银行存款—学校存款　　50 000
　　投资收益　　70 000
借:权益法调整　　120 000
　贷:投资收益　　120 000
预算会计:
借:资金结存—货币资金　　250 000
　贷:投资预算收益　　250 000

第三节　长期债券投资

一、概念

长期债券投资是指高等学校按照规定取得的,持有时间超过一年(不含一年)的债券投资。

二、会计核算

(一)账户设置

高等学校应当设置“长期债券投资”科目核算单位按规定取得的长期债券

投资，本科目应当设置“成本”和“应计利息”明细科目，并按照债券投资的种类进行明细核算。

(二)账务处理

1.长期债券投资的取得

长期债券投资在取得时，应当按照其实际成本作为投资成本，借记本科目(成本)，按照支付的价款中包含的已到付息期但尚未领取的利息，借记“应收利息”科目，按照实际支付的金额，贷记“银行存款”等科目。

实际收到取得债券时所支付价款中包含的已到付息期但尚未领取的利息时，借“银行存款”科目，贷记“应收利息”科目。

2.长期债券投资的持有

按期以债券票面金额与票面利率计算确认利息收入时，如为到期一次还本付息的债券投资，借记本科目(应计利息)，贷记“投资收益”科目；如为分期付息、到期一次还本的债券投资，借记“应收利息”科目，贷记“投资收益”科目。

收到分期支付的利息时，按照实收的金额，借记“银行存款”等科目，贷记“应收利息”科目。

3.长期债券投资的处置

(1)到期收回长期债券投资。按照实际收到的金额，借记“银行存款”科目，按照长期债券投资的账面余额，贷记本科目，按照相关应收利息金额，贷记“应收利息”科目，按照其差额，贷记“投资收益”科目。

(2)对外出售长期债券投资。按照实际收到的金额，借记“银行存款”科目，按照长期债券投资的账面余额，贷记本科目，按照已记入“应收利息”科目但尚未收取的金额，贷记“应收利息”科目，按照其差额，贷记或借记“投资收益”科目。

4.高等学校直接使用留本基金进行长期债券投资

(1)投资时，按照动用留本基金投资的数额，借记“长期债券投资”，贷记“银行存款”科目；同时，按照相同的金额，借记“专用基金—留本基金—本金—未投资”科目，贷记“专用基金—留本基金—本金—已投资”科目。

(2)期末，对持有的留本基金投资确认应计利息收入时，按照确认的应计利息，借记“应收利息”“长期债券投资”科目，贷记“专用基金—留本基金—收益”科目。

(3)收到留本基金投资获得的利息时，按照实际收到的金额，借记“银行存款”科目，贷记“应收利息”科目。

(4)收回留本基金投资时，按照收回的金额，借记“银行存款”科目，按照收回的投资本金及相关利息金额，贷记“长期债券投资”科目，按照两者的差额，贷记或借记“专用基金—留本基金—收益”科目。同时，按照收回的留本基金本金金额，借记“专用基金—留本基金—本金—已投资”科目，贷记“专用基金—留本基金—本金—未投资”科目。

使用留本基金进行长期债券投资的有关账务处理见第十二章净资产中的“专用基金—留本基金”。

[**例 7-11**] 2019 年 1 月，某大学以银行存款 1 050 000 元购买 3 年期国库券，面值 1 000 000 元，其中包括 30 000 元的已宣告但尚未发放的利息，每年付息一次，票面利息 3%。与该国库券有关的账务处理如下：

(1)购入国库券

财务会计：

	借方	贷方
借：长期债券投资—本金	1 020 000	
应收利息—×国债	30 000	
贷：银行存款—学校存款		1 050 000

预算会计：

	借方	贷方
借：投资支出	1 050 000	
贷：资金结存—货币资金		1 050 000

(2)收到垫支利息 30 000 元

财务会计：

	借方	贷方
借：银行存款—学校存款	30 000	
贷：应收利息—×国债		30 000

预算会计：

	借方	贷方
借：资金结存—货币资金	30 000	
贷：投资支出		30 000

(3)持有期间利息 30 000 元

财务会计：

	借方	贷方
借：银行存款—学校存款	30 000	
贷：投资收益		30 000

预算会计：

	借方	贷方
借：资金结存—货币资金	30 000	
贷：投资预算收益		30 000

(4)到期收回或转让 1 082 000 元

转让金融商品应交增值税＝(108.2－105)÷(1＋6%)×6%＝0.2(万元)

财务会计：

借：银行存款—学校存款　　1 082 000

　贷：长期债券投资—×国债　　1 020 000

　　投资收益　　60 000

　　应交增值税—转让金融商品应交增值税　　2 000

预算会计：

借：资金结存—货币资金　　1 082 000

　贷：其他结余　　1 020 000

　　投资预算收益　　62 000

第八章 固定资产和在建工程

第一节 固定资产概述

一、概念

固定资产是指高等学校为满足自身开展业务活动或其他活动需要而控制的，使用年限超过一年（不含一年）、单位价值在规定标准以上，并在使用过程中基本保持原有物质形态的资产。

单位价值虽未达到规定标准，但是耐用时间超过一年（不含一年）的大批同类物资，应当作为固定资产，如图书、家具、用具、装具等。

二、分类

固定资产一般分为六类（见表 8-1）。

表 8-1 高等学校固定资产分类

序号	类别	备注内容
1	房屋及构筑物	是指高等学校拥有占有权和使用权的房屋和构筑物，构筑物包括建筑物和附属设施。其中，房屋包括办公用房、业务用房、库房、食堂、锅炉房等；建筑物指房屋以外的建筑，包括各种塔、池、井、棚、场、路、围墙等；附属设施是指安装在房屋和建筑物内部的，与房屋和建筑物不可分割的各种配套设施，如电梯、水暖管道、除尘通风设备、通讯设施、输电线路等。
2	专用设备	是指高等学校根据业务活动的实际需要而购置或通过其他方式获得的，单位价值在 1 500 元以上各种具有专门性能和专业用途的设备。

续表

序号	类别	备注内容
3	通用设备	是指高等学校业务活动中使有的具有通用性、一般性的，单位价值在 1 000 元以上的设备，如交通运输工具和办公设备等。
4	文物和陈列品	是指高等学校的各种文物和陈列品、展品，如字画、纪念物品、科普展品等。
5	图书、档案	是指高等学校贮藏的统一管理和使用的图书与档案。具体包括各种藏书、期刊、档案、特种文献资料、缩微资料、视听资料、磁盘、光盘资料等。
6	家具、用具、装具及动植物	是指高等学校购置或通过其他方式获得的各种家具、被服装具和特种用途动植物等，如办公桌椅、沙发、文件柜等办公家具，厨卫用具，实验用动物，名贵树木花卉等。

三、特征

高等学校固定资产具有以下特征：

1.高等学校固定资产的使用寿命超过一个会计年度。固定资产的使用寿命，是指高等学校使用固定资产的预计期间，或者该固定资产所能提供服务的数量。固定资产的这一特点使它与流动资产相区别。

2.高等学校持有固定资产的目的是为教学、科研或管理服务。根据这一特征，可以区分固定资产与以消耗为目的的存货、以通过分配获得收益的长期投资。

3.除了以名义金额入账(人民币 1 元)的固定资产外，其他固定资产单位价值在规定标准以上。该特征使固定资产明显区别于低值易耗品。除了以名义金额入账的固定资产，通常专用设备单位价值在 1500 元以上，其他物资单位价值在 1000 元以上，都作为固定资产核算和管理。这里所说的价值一般是指市场价值或者公允价值。没有相关凭据且未经资产评估、同类或类似资产的市场价格也无法可靠取得的，如接受捐赠的文物等，使用以象征性价值(1 元)入账。

4.固定资产在使用过程中基本保持原有物质形态。充分体现固定资产是有形资产，明显区别于无形资产。有些无形资产可能同时符合固定资产的其他特征，如使用期限超过一年，单位价值在规定标准以上，由于其没有实物形态，所以不属于固定资产。

四、账户设置

为了记录从不同渠道取得的固定资产，高等学校应当设置“固定资产”“工程物资”“在建工程”“固定资产累计折旧”等总账科目。

（一）“固定资产”

该账户属于资产类账户，反映固定资产原值的增减变动和结存情况，借方登记高等学校固定资产的增加，贷方登记高等学校减少的固定资产，期末余额在借方，反映高等学校现有的固定资产原值。采用融资租入方式取得的固定资产，通过本科目核算，并在本科目下设置“融资租入固定资产”明细科目。以借入、经营租赁租入方式取得的固定资产，不通过本科目核算，应当设置备查簿进行登记。

高等学校对于达到可使用状态的固定资产，除了设置“固定资产”总账进行记录外，还需要设置“固定资产登记簿”和“固定资产卡片”明细账，按固定资产类别、使用部门和每项固定资产进行明细记录。

高等学校应当为每项固定资产设置一张固定资产卡片，即一物一卡。凡是新增一项固定资产都应当根据固定资产有关交接凭证开设一张新卡片。固定资产减少时应当及时注销。为了防止卡片遗失，高等学校固定资产管理部门可将所有卡片存放在卡片箱内，按使用部门和类别顺次排列。

（二）“工程物资”

该账户属于资产类账户，主要反映为在建工程准备的各种物资的成本，包括工程用材料、设备等。借方登记购入为工程准备的物资的成本，贷方登记领用工程物资的成本，期末余额在借方，反映期末为在建工程准备的各种物资的成本。本科目可按照“库存材料”“库存设备”等工程物资类别进行明细核算。

（三）“在建工程”

该账户属于资产类账户，反映高等学校进行各种建筑（包括新建、改建、扩建、修缮等）、设备安装工程等发生的实际支出，学校在建的信息系统项目工程的实际成本，也通过本科目核算。借方登记各项工程发生的实际成本，贷方登记结转的完工工程成本，期末余额在借方，反映期末未完工工程结存的实际成本。

本科目应当设置“建筑安装工程投资”“设备投资”“待摊投资”“其他投资”“待核销基建支出”“基建转出投资”等明细科目，并按照具体项目进行明细核算。

1."建筑安装工程投资"明细科目，核算单位发生的构成建设项目实际支出的建筑工程和安装工程的实际成本，不包括被安装设备本身的价值以及按照合同规定支付给施工单位的预付备料款和预付工程款。本科目应当设置"建筑工程"和"安装工程"两个明细科目进行明细核算。

2."设备投资"明细科目，核算单位发生的构成建设项目实际支出的各种设备的实际成本。

3."待摊投资"明细科目，核算单位发生的构成建设项目实际支出的、按照规定应当分摊计入有关工程成本和设备成本的各项间接费用和税费支出。本明细科目的具体核算内容包括以下方面：

(1)勘察费、设计费、研究试验费、可行性研究费及项目其他前期费用。

(2)土地征用及迁移补偿费、土地复垦及补偿费、森林植被恢复费及其他为取得土地使用权、租用权而发生的费用。

(3)土地使用税、耕地占用税、契税、车船税、印花税及按照规定缴纳的其他税费。

(4)项目建设管理费、代建管理费、临时设施费、监理费、招投标费、社会中介审计(审查)费及其他管理性质的费用。

项目建设管理费是指项目建设单位从项目筹建之日起至办理竣工财务决算之日止发生的管理性质的支出，包括不在原单位发工资的工作人员工资及相关费用、办公费、办公场地租用费、差旅交通费、劳动保护费、工具用具使用费、固定资产使用费、招募生产工人费、技术图书资料费(含软件)、业务招待费、施工现场津贴、竣工验收费等。

(5)项目建设期间发生的各类专门借款利息支出或融资费用。

(6)工程检测费、设备检验费、负荷联合试车费及其他检验检测类费用。

(7)固定资产损失、器材处理亏损、设备盘亏及毁损、单项工程或单位工程报废、毁损净损失及其他损失。

(8)系统集成等信息工程的费用支出。

(9)其他待摊性质支出。

本明细科目应当按照上述费用项目进行明细核算，其中有些费用(如项目建设管理费等)，还应当按照更为具体的费用项目进行明细核算。

4."其他投资"明细科目，核算单位发生的构成建设项目实际支出的房屋购置支出，基本畜禽、林木等购置、饲养、培育支出，办公生活用家具、器具购置支出，软件研发和不能计入设备投资的软件购置等支出。学校为进行可行性研究而购置的固定资产，以及取得土地使用权支付的土地出让金，也通过本明细科目核算。本明细科目应当设置“房屋购置”“基本畜禽支出”“林木支出”“办公生活用家具、器具购置”“可行性研究固定资产购置”“无形资产”等明细科目。

5.“待核销基建支出”明细科目，核算建设项目发生的江河清障、航道清淤、飞播造林、补助群众造林、水土保持、城市绿化、取消项目的可行性研究费以及项目整体报废等不能形成资产部分的基建投资支出。本明细科目应按照待核销基建支出的类别进行明细核算。

6.“基建转出投资”明细科目，核算为建设项目配套而建成的、产权不归属本学校的专用设施的实际成本。本明细科目应按照转出投资的类别进行明细核算。

(四)“固定资产累计折旧”

该账户属于资产类备抵调整账户，反映固定资产的累计折旧情况，借方登记经批准处置或处理的固定资产折旧，贷方登记按月计提的固定资产折旧，期末余额在贷方，反映高等学校反映单位计提的固定资产折旧累计数。该科目应当按照所对应固定资产的明细分类进行明细核算。

第二节 固定资产的取得

一、外购的固定资产

外购的固定资产，其成本包括购买价款、相关税费以及固定资产交付使用前所发生的可归属于该项资产的运输费、装卸费、安装费和专业人员服务费等。以一笔款项购入多项没有单独标价的固定资产，应当按照各项固定资产同类或类似资产市场价格的比例对总成本进行分配，分别确定各项固定资产的成本。

外购的固定资产应在固定资产验收合格时确认。

[**例 8-1**] 2019 年 3 月 7 日，某大学向乙公司一次购入 3 套不同型号的教学设备 A、B、C，共支付价款及相关税费 81 万元，通过财政授权支付付清。假定 A、B、C 设备都满足固定资产确认条件，类似设备的市场价值分别为 25.5 万元、42.5 万元和 17 万元，A、B、C 设备入账金额计算如下：

(1)确定 A、B、C 设备价值分配比例

A 设备应分配固定资产价值比例＝25.5÷(25.5＋42.5＋17)×100％＝30％

B 设备应分配固定资产价值比例＝42.5÷(25.5＋42.5＋17)×100%＝50%

C 设备应分配固定资产价值比例＝17÷(25.5＋42.5＋17)×100%＝20%

(2)确定 A、B、C 设备各自的成本

A 设备的成本＝81×30%＝24.3(万元)

B 设备的成本＝81×50%＝40.5(万元)

C 设备的成本＝81×20%＝16.2(万元)

购入固定资产到达预定可使用状态时，就要办理固定资产入账手续。根据购入的固定资产是否可以立即发挥作用，外购固定资产又可分为不需要安装的固定资产和需要安装的固定资产，其账务处理也不相同。

(一)不需安装的固定资产

不需要安装的固定资金是指购入后即可发挥作用的固定资产，所以资产购入后就可以办理入账手续。购入不需安装的固定资产验收合格时，按照确定的固定资产成本，借记“固定资产”科目，贷记“财政拨款收入”“零余额账户用款额度”“应付账款”“银行存款”等科目。

[**例 8-2**] 2019 年 1 月 5 日，某大学 A 学院使用甲项目经费，购入一台不需要安装的教学用试验设备，取得的增值税专用发票上注明设备价款为200 000元，增值税税额为 32 000 元，款项通过零余额账户付清。假定不考虑其他相关税费，账务处理如下：

购入实验设备的价值＝200 000 ＋32 000＝232 000 (元)

根据固定资产入账通知书、发票和零余额账户支票

财务会计：

借：固定资产—专用设备　　232 000

　贷：零余额账户用款额度　　232 000

预算会计：

借：事业支出—教育支出—财政拨款支出—项目支出—高等教育—资本性支出—专用设备购置(A 学院　甲项目)　　232 000

　贷：资金结存—零余额账户用款额度　　232 000

(二)需要安装的固定资产

购入需要安装的固定资产，先通过“在建工程”科目核算，安装完毕交付使用时再转入“固定资产”科目。按照确定的成本及发生的安装费用，借记“在建工程”科目，贷记“财政拨款收入”“零余额账户用款额度”“应付账款”“银行存款”等科目。

固定资产安装完工交付使用时，借记“固定资产”科目，贷记“在建工程(设备投资、建筑安装工程投资—安装工程)”科目。

[例 8-3] 2019 年 4 月 10 日，某大学 Z 独立研究所使用 D 项目经费，购入需要安装科研(省科技攻关项目)设备一台，设备买价和相关税费合计 1 300 000 元，安装过程中发生安装调试费 30 000 元，均通过财政授权支付付清，2019 年 4 月 25 日设备交付使用。账务处理如下：

(1)根据取得的增值税专用发票和零余额账户付款凭证

财务会计：

借：在建工程—设备投资　　1 300 000

　贷：零余额账户用款额度　　1 300 000

预算会计：

借：事业支出—科研支出—财政拨款支出—项目支出—应用技术研究与开发—资本性支出—专用设备购置(Z 研究所　D 项目)　　1 300 000

　贷：资金结存—零余额账户用款额度　　1 300 000

(2)根据取得的安装调试费用发票和零余额账户付款凭证

财务会计：

借：在建工程—建筑安装工程投资—安装工程　　30 000

　贷：零余额账户用款额度　　30 000

预算会计：

借：事业支出—科研支出—财政拨款支出—项目支出—应用技术研究与开发—资本性支出—专用设备购置(Z 研究所 D 项目)　　30 000

　贷：资金结存—零余额账户用款额度　　30 000

(3)设备交付使用时，根据固定资产入账通知书

财务会计：

借：固定资产—专用设备(Z 研究所)　　1 330 000

　贷：在建工程—设备投资　　1 300 000

　　在建工程—建筑安装工程投资—安装工程　　30 000

预算会计不作账务处理。

(三)扣留质量保证金的固定资产购入

购入固定资产扣留质量保证金的，应当在取得固定资产时，按照确定的固定资产成本，借记“固定资产”(不需安装)或“在建工程”科目(需要安装)，按照实际支付或应付的金额，贷记“财政拨款收入”“零余额账户用款额度”“应付账

款”(不含质量保证金)“银行存款”等科目,按照扣留的质量保证金数额,贷记“其他应付款”[扣留期在一年以内(含一年)]或“长期应付款”(扣留期超过一年)科目。质保期满支付质量保证金时,借记“其他应付款”“长期应付款”科目,贷记“财政拨款收入”“零余额账户用款额度”“银行存款”等科目。

质保期满因固定资产质量问题等原因未支付质量保证金的,应当相应调减固定资产的账面余额,并重新计算折旧额。

[例 8-4] 2019 年 3 月 5 日,某大学购入一台不需要安装的科研(国家自然基金项目)用试验设备,合同价款为 2 000 000 元,设备交付使用时,对方按含质保金金额开具发票,发票金额 2 000 000 元,实际支付 1 900 000 元,通过银行结算账户付清。剩余 100 000 元作为质保金,期限自交付使用时起 2 年。2 年后设备使用正常,通过银行结算账户付清质保金 100 000 元。账务处理如下:

(1)根据固定资产入账通知书、发票及银行支付凭证

财务会计:

借:固定资产—专用设备(科技处)　　2 000 000

　贷:银行存款—学校存款　　1 900 000

　　长期应付款—××公司　　100 000

预算会计:

借:事业支出—科研支出—非财政专项资金支出—项目支出—自然科学基金—资本性支出—专用设备购置(科技处　××项目)　　1 900 000

　贷:资金结存—货币资金　　1 900 000

(2)质保期满无质量问题,根据相关证明、质保金单据及资金收据支付质保金

财务会计:

借:长期应付款—××公司　　100 000

　贷:银行存款—学校存款　　100 000

预算会计:

借:事业支出—科研支出—非财政专项资金支出—项目支出—自然科学基金—资本性支出—专用设备购置(科技处　××项目)　　100 000

　贷:资金结存—货币资金　　100 000

二、自行建造的固定资产

高等学校自行建造的固定资产,其成本包括该项资产至交付使用前所发生

的全部必要支出。为建造固定资产借入的专门借款的利息，属于建设期间发生的，计入在建工程成本；不属于建设期间发生的，计入当期费用。

已交付使用但尚未办理竣工决算手续的固定资产，应当按照估计价值入账，待办理竣工决算后再按实际成本调整原来的暂估价值。

1.购入为工程准备的物资，按照确定的物资成本，借记“工程物资”科目，贷记“财政拨款收入”“零余额账户用款额度”“银行存款”“应付账款”等科目。

2.领用工程物资，按照物资成本，借记“在建工程”科目，贷记“工程物资”科目。工程完工后将领出的剩余物资退库时做相反的会计分录。

3.建筑安装工程投资，具体如下：

(1)将固定资产等资产转入改建、扩建等时，按照固定资产等资产的账面价值，借记“在建工程”科目(建筑安装工程投资)，按照已计提的折旧或摊销，借记“固定资产累计折旧”等科目，按照固定资产等资产的原值，贷记“固定资产”等科目。

固定资产等资产改建、扩建过程中涉及替换(或拆除)原资产的某些组成部分的，按照被替换(或拆除)部分的账面价值，借记“待处理财产损溢”科目，贷记“在建工程”科目(建筑安装工程投资)。

(2)单位对于发包建筑安装工程，根据建筑安装工程价款结算账单与施工企业结算工程价款时，按照应承付的工程价款，借记“在建工程”科目(建筑安装工程投资)，按照预付工程款余额，贷记“预付账款”科目，按照其差额，贷记“财政拨款收入”“零余额账户用款额度”“银行存款”“应付账款”等科目。

(3)学校自行施工的小型建筑安装工程，按照发生的各项支出金额，借记本科目(建筑安装工程投资)，贷记“工程物资”“零余额账户用款额度”“银行存款”“应付职工薪酬”等科目。

(4)工程竣工，办妥竣工验收交接手续交付使用时，按照建筑安装工程成本(含应分摊的待摊投资)，借记“固定资产”等科目，贷记“在建工程”科目(建筑安装工程投资)。

[例8-5] 2019年3月某大学自行建造自行车棚一个，3月15日支付设备租赁费5000元，支付材料费18 000元，4月10日支付人工费8 000元，有关款项均通过银行存款支付。4月15日建设完成后办理增加固定资产手续。账务处理如下：

(1)3月15日支付租赁费

财务会计：

借:在建工程—建筑安装工程投资—建筑工程　　5 000

　贷:银行存款—学校存款　　5 000

预算会计:

借:事业支出—后勤保障支出—非财政专项资金支出—项目支出—高等教育—资本性支出—房屋建筑物购建(基建处　自行车棚)　　5 000

　贷:资金结存—货币资金　　5 000

(2)3 月 15 日验收入库后支付材料费

财务会计:

借:工程物资—×材料　　18 000

　贷:银行存款—学校存款　　18 000

预算会计:

借:事业支出—待处理　　18 000

　贷:资金结存—货币资金　　18 000

(3)材料全部领用

财务会计:

借:在建工程—建筑安装工程投资—建筑工程　　18 000

　贷:工程物资—×材料　　18 000

预算会计:

借:事业支出—后勤保障支出—非财政专项资金支出—项目支出—高等教育—资本性支出—房屋建筑物购建(基建处 自行车棚)　　18 000

　贷:事业支出—待处理　　18 000

(4)4 月 10 日支付人工费

财务会计:

借:在建工程—建筑安装工程投资—建筑工程　　8 000

　贷:银行存款—学校存款　　8 000

预算会计:

借:事业支出—后勤保障支出—非财政专项资金支出—项目支出—高等教育—资本性支出—房屋建筑物购建(基建处 自行车棚)　　8 000

　贷:资金结存—货币资金　　8 000

(5)4 月 15 日工程完工验收合格交付使用,办理固定资产增加手续

财务会计:

借:固定资产—房屋及构筑物　　31 000

贷：在建工程—建筑安装工程投资—建筑工程　　　　31 000

预算会计不作账务处理。

4.待摊投资。建设工程发生的构成建设项目实际支出的、按照规定应当分摊计入有关工程成本和设备成本的各项间接费用和税费支出，先在本明细科目中归集；建设工程办妥竣工验收手续交付使用时，按照合理的分配方法，摊入相关工程成本、安装设备成本等。

(1)学校发生的构成待摊投资的各类费用，按照实际发生金额，借记“待摊投资”科目，贷记“财政拨款收入”“零余额账户用款额度”“银行存款”“应付利息”“长期借款”“其他应交税费”“固定资产累计折旧”“无形资产累计摊销”等科目。

(2)对于建设过程中试生产、设备调试等产生的收入，按照取得的收入金额，借记“银行存款”等科目，按照依据有关规定应当冲减建设工程成本的部分，贷记“在建工程”科目(待摊投资)，按照其差额贷记“应缴财政款”或“其他收入”科目。

(3)由于自然灾害、管理不善等原因造成的单项工程或单位工程报废或毁损，扣除残料价值和过失人或保险公司等赔款后的净损失，报经批准后计入继续施工的工程成本的，按照工程成本扣除残料价值和过失人或保险公司等赔款后的净损失，借记“在建工程”科目(待摊投资)，按照残料变价收入、过失人或保险公司赔款等，借记“银行存款”“其他应收款”等科目，按照报废或毁损的工程成本，贷记“在建工程”科目(建筑安装工程投资)。

(4)工程交付使用时，按照合理的分配方法分配待摊投资，借记“在建工程”科目(建筑安装工程投资、设备投资)，贷记“在建工程”科目(待摊投资)。

待摊投资的分配方法，可按照下列公式计算：

①按照实际分配率分配。适用于建设工期较短、整个项目的所有单项工程一次竣工的建设项目。

实际分配率＝待摊投资明细科目余额÷(建筑工程明细科目余额＋安装工程明细科目余额＋设备投资明细科目余额)×100%

②按照概算分配率分配。适用于建设工期长、单项工程分期分批建成投入使用的建设项目。

概算分配率＝(概算中各待摊投资项目的合计数－其中可直接分配部分)÷(概算中建筑工程、安装工程和设备投资合计)×100%

③某项固定资产应分配的待摊投资＝该项固定资产的建筑工程成本或该

项固定资产(设备)的采购成本和安装成本合计×分配率。

[**例 8-6**] 某大学待摊投资采用概算分配率分配。2019 年 3 月,学校基建工程 4 项,其中化工实验楼本月交付使用,4 项工程概算中所列的建筑工程投资为 2000 万元、安装工程投资 1000 万元,设备投资 2000 万元,应分摊计入交付使用资产的待摊费用总额为 500 万元。已交付使用的化工实验楼工程投资为 600 万元,则化工实验楼应分摊的待摊投资可计算如下:

分配率=500÷(2000+1000+2000)=10%

化工实验楼应分配的待摊投资=600×10%=60(万元)

财务会计:

借:在建工程—建筑安装工程投资—建筑工程　　600 000

　　贷:在建工程—待摊投资　　600 000

预算会计不作账务处理。

5.其他投资。

(1)学校为建设工程发生的房屋购置支出,基本畜禽、林木等的购置、饲养、培育支出,办公生活用家具、器具购置支出,软件研发和不能计入设备投资的软件购置等支出,按照实际发生金额,借记“在建工程”科目(其他投资),贷记“财政拨款收入”“零余额账户用款额度”“银行存款”等科目。

(2)工程完成将形成的房屋、基本畜禽、林木等各种财产以及无形资产交付使用时,按照其实际成本,借记“固定资产”“无形资产”等科目,贷记“在建工程”科目(其他投资)。

[**例 8-7**] 2019 年 9 月,某大学成立新校区建设办公室,因地处偏远,购置办公生活用家具一宗,价值 20 000 元,用银行存款支付。一年后工程完工办理资产移交。

(1)购置生活家具

财务会计:

借:在建工程—其他投资　　20 000

　　贷:银行存款—学校存款　　20 000

预算会计:

借:事业支出—后勤保障支出—非财政专项资金支出—项目支出—高等教育—资本性支出—办公设备购置　　20 000

　　贷:资金结存—货币资金　　20 000

(2)资产移交

财务会计：

借：固定资产—家具、用具、装具及动植物　　20 000

　贷：在建工程—其他投资　　20 000

预算会计不作账务处理。

6.待核销基建支出，具体如下：

(1)建设项目发生的江河清障、航道清淤、飞播造林、补助群众造林、水土保持、城市绿化等不能形成资产的各类待核销基建支出，按照实际发生金额，借记“在建工程”科目(待核销基建支出)，贷记“财政拨款收入”“零余额账户用款额度”“银行存款”等科目。

(2)取消的建设项目发生的可行性研究费，按照实际发生金额，借记“在建工程”科目(待核销基建支出)，贷记“在建工程”科目(待摊投资)。

(3)由于自然灾害等原因发生的建设项目整体报废所形成的净损失，报经批准后转入待核销基建支出，按照项目整体报废所形成的净损失，借记“在建工程”科目(待核销基建支出)，按照报废工程回收的残料变价收入、保险公司赔款等，借记“银行存款”“其他应收款”等科目，按照报废的工程成本，贷记“在建工程”科目(建筑安装工程投资等)。

(4)建设项目竣工验收交付使用时，对发生的待核销基建支出进行冲销，借记“资产处置费用”科目，贷记“在建工程”科目(待核销基建支出)。

[例 8-8] 2019 年 9 月，某大学因建设学生服务中心项目以银行转账支付补助群众造林款 200 000 元。

(1)支付款项

财务会计：

借：在建工程—待核销基建支出　　200 000

　贷：银行存款—学校存款　　200 000

预算会计：

借：事业支出—后勤保障支出—非财政专项资金支出—项目支出—高等教育—资本性支出—对个人和家庭补助—生活补助　　200 000

　贷：资金结存—货币资金　　200 000

(2)竣工验收交付使用时冲销

财务会计：

借：资产处置费用—基建工程　　200 000

　贷：在建工程—待核销基建支出　　200 000

预算会计不作账务处理。

7.基建转出投资。为建设项目配套而建成的、产权不归属本单位的专用设施，在项目竣工验收交付使用时，按照转出的专用设施的成本，借记“在建工程”科目(基建转出投资)，贷记“在建工程”科目(建筑安装工程投资)。

三、融资租赁租入的固定资产

以融资租赁方式租入的固定资产，其成本按照租赁协议或者合同确定的租赁价款、相关税费以及固定资产交付使用前所发生的可归属于该项资产的运输费、途中保险费、安装调试费等确定。

融资租入的固定资产，按照确定的成本，借记“固定资产”科目(不需安装)或“在建工程”科目(需安装)，按照租赁协议或者合同确定的租赁付款额，贷记“长期应付款”科目，按照支付的运输费、途中保险费、安装调试费等金额，贷记“财政拨款收入”“零余额账户用款额度”“银行存款”等科目。定期支付租金时，按照实际支付金额，借记“长期应付款”科目，贷记“财政拨款收入”“零余额账户用款额度”“银行存款”等科目。

[**例 8-9**] 2019 年 1 月 5 日，某大学以融资租赁方式租入学生公寓一栋，合同约定租金总额为 10 800 000 元，期限 8 年，按年平均支付租金，租金通过银行结算账户支付，租赁期满学校将取得该公寓的所有权，租赁期满该公寓预计还可使用 22 年，按照年限平均法计提折旧。账务处理如下：

(1)根据固定资产入账通知单

财务会计：

借：固定资产—房屋及构筑物—融资租赁　　10 800 000

　　贷：长期应付款—××公司　　10 800 000

预算会计不作账务处理。

(2)根据支付租金通知书和付款发票

财务会计：

借：长期应付款—××公司　　1 350 000

　　贷：银行存款—学校存款　　1 350 000

预算会计：

借：事业支出—后勤保障支出—非财政专项资金支出—项目支出—高等教育—商品和服务支出—租赁费(学校　学生公寓租赁)　　1 350 000

　　贷：资金结存—货币资金　　1 350 000

(3)计提折旧

融资租入固定资产应当计提折旧，由于租赁期满学校确定取得上述公寓的所有权，因此折旧年限应为预计可使用年限，即按照 30 年的预计使用年限计提折旧。2019 年 1 月末计提本月折旧 30 000 元(10 800 000÷30÷12＝30 000)。

财务会计：

借：业务活动费用—后勤保障费用—固定资产折旧费　　30 000

　贷：固定资产累计折旧—房屋及构筑物　　30 000

预算会计不作处理。

四、接受捐赠、无偿调入的固定资产

接受捐赠的固定资产，其成本按照有关凭据注明的金额加上相关税费、运输费等确定；没有相关凭据可供取得，但按规定经过资产评估的，其成本按照评估价值加上相关税费、运输费等确定；没有相关凭据可供取得、也未经资产评估的，其成本比照同类或类似资产的市场价格加上相关税费、运输费等确定；没有相关凭据且未经资产评估、同类或类似资产的市场价格也无法可靠取得的，按照名义金额入账，相关税费、运输费等计入当期费用。如受赠的系旧的固定资产，在确定其初始入账成本时应当考虑该项资产的新旧程度。

无偿调入的固定资产，其成本按照调出方账面价值加上相关税费、运输费等确定。

接受捐赠、无偿调入的固定资产，按照确定的固定资产成本，借记“固定资产”科目(不需安装)或“在建工程”科目(需安装)，按照发生的相关税费、运输费等，贷记“零余额账户用款额度”“银行存款”等科目，按照其差额，贷记“捐赠收入”“无偿调拨净资产”科目。接受捐赠的固定资产按照名义金额入账的，按照名义金额，借记“固定资产”科目，贷记“捐赠收入”科目；按照发生的相关税费、运输费等，借记“其他费用”科目，贷记“零余额账户用款额度”“银行存款”等科目。

[**例 8-10**] 2019 年 3 月 5 日，某大校收到校友捐赠的一批图书，价值600 000元，以银行存款支付 10 000 元运输费。

根据捐赠协议、固定资产入账通知书和校友提供的购置图书发票等。账务处理如下：

财务会计：

借：固定资产—图书、档案　　610 000

贷：捐赠收入 600 000

银行存款—学校存款 10 000

预算会计：

借：其他支出—捐赠等税费支出—其他资金支出 10 000

贷：资金结存—货币资金 10 000

第三节 固定资产折旧

一、概念

折旧，是指在固定资产的预计使用年限内，按照确定的方法对应计的折旧额进行系统分摊。固定资产应计的折旧额为其成本，计提固定资产折旧时不考虑预计净残值。高等学校应当对暂估入账的固定资产计提折旧，实际成本确定后不需调整原已计提的折旧额。

二、折旧的范围

高等学校固定资产，除了文物和陈列品、动植物、图书、档案、单独计价入账的土地、以名义金额计量的固定资产外都应计提折旧。高等学校固定资产计提折旧的范围如图 8-1 所示：

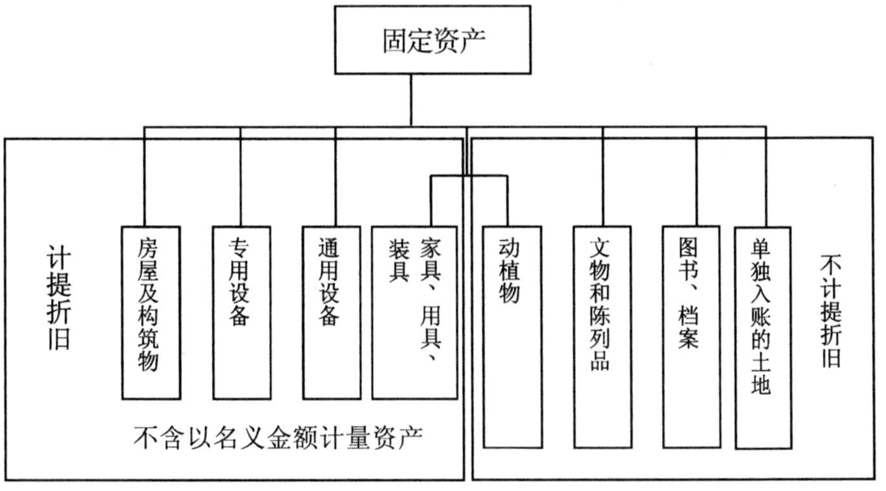

图 8-1 高等学校固定资产计提折旧的范围

在确定计提折旧的范围时还应注意以下几点：

1.高等学校通常情况下，应根据教育部、财政部规定的各类固定资产折旧年限、性质和实际使用情况，合理确定其折旧年限。固定资产的使用年限一经确定，不得随意变更。具体确定固定资产的折旧年限时，应当考虑下列因素：

(1)固定资产预计实现服务潜力或提供经济利益的期限；

(2)固定资产预计有形损耗和无形损耗；

(3)法律或者类似规定对固定资产使用的限制。

2.固定资产应当按月计提折旧，当月增加的固定资产，当月开始计提折旧；当月减少的固定资产，当月不再计提折旧。

3.固定资产提足折旧后，无论能否继续使用，均不再计提折旧；提前报废的固定资产，也不再补提折旧。已提足折旧的固定资产，可以继续使用的，应当继续使用，规范实物管理。

4.盘盈、无偿调入、接受捐赠以及置换的固定资产，应当考虑该项资产的新旧程度，按照其尚可使用的年限计提折旧。

5.计提融资租入固定资产折旧时，应当采用与自有固定资产相一致的折旧政策。能够合理确定租赁期届满时将会取得租入固定资产所有权的，应当在租入固定资产尚可使用年限内计提折旧；无法合理确定租赁期届满时能够取得租入固定资产所有权的，应当在租赁期与租入固定资产尚可使用年限两者中较短的期间内计提折旧。

6.固定资产因改建、扩建或修缮等原因而延长其使用年限的，应当按照重新确定的固定资产的成本以及重新确定的折旧年限计算折旧额。

三、高等学校固定资产折旧年限

高等学校固定资产折旧年限如表 8-2 所示。

表 8-2　高等学校固定资产折旧年限表

固定资产类别	折旧年限(年)	备注
一、房屋及构筑物		
1.房屋		
钢结构	50	
钢筋混凝土结构	50	
砖混结构	30	

续表

固定资产类别	折旧年限(年)	备注
砖木结构	30	
2.简易房	8	
3.房屋附属设施	8	围墙、停车设施等
4.构筑物	8	池、罐、槽、塔等
二、通用设备		
1.计算机设备	6	计算机、网络设备、安全设备、终端设备、存储设备等
2.办公设备	6	电话机、传真机、摄像机、刻录机等
3.车辆	8	载货汽车、牵引汽车、乘用车、专用车辆等
4.图书档案设备	5	
5.机械设备	10	锅炉、液压机械、金属加工设备、泵、风机、气体压缩机、气体分离及液化设备、分离及干燥设备等
6.电气设备	5	电机、变压器、电源设备、生活用电器等
7.雷达、无线电和卫星导航设备	10	
8.通信设备、广播、电视、电影设备	5	
9.仪器仪表、电子和通信测量仪器、计量标准器具及量具、衡器	5	
10.除上述以外其他通用设备	5	
三、专用设备		
1.探矿、采矿、选矿和造块设备	10	
2.石油天然气开采专用设备	10	
3.石油和化学工业专用设备	10	
4.炼焦和金属冶炼轧制设备	10	
5.电力工业专用设备	20	
6.核工业专用设备	20	
7.航空航天工业专用设备	20	
8.非金属矿物制品工业专用设备	10	

续表

固定资产类别	折旧年限(年)	备注
9.工程机械	10	
10.农业和林业机械	10	
11.木材采集和加工设备	10	
12.食品加工专用设备	10	
13.饮料加工设备	10	
14.烟草加工设备	10	
15.粮油作物和饲料加工设备	10	
16.纺织设备	10	
17.缝纫、服饰、制革和毛皮加工设备	10	
18.造纸和印刷机械	10	
19.化学药品和中药专用设备	5	
20.医疗设备	5	
21.电工、电子专用生产设备	5	
22.安全生产设备	10	
23.邮政专用设备	10	
24.环境污染防治设备	10	
25.公安专用设备	3	
26.水工机械	10	
27.殡葬设备及用品	5	
28.铁路运输设备	10	
29.水上交通运输设备	10	
30.航空器及其配套设备	10	
31.专用仪器仪表	5	
32.文艺设备	5	
33.体育设备	5	
34.娱乐设备	5	
四、家具、用具、装具		
1.家具	15	
其中:学生用家具	5	
2.用具、装具	5	

四、折旧的计算方法及其账务处理

高等学校一般应当采用年限平均法或工作量法计提固定资产折旧。在确定固定资产的折旧方法时，应当考虑与固定资产相关的服务潜力或经济利益的预期实现方式。固定资产折旧方法一经确定，不得随意变更。

按月计提固定资产折旧时，按照应计提折旧金额，借记“业务活动费用”“单位管理费用”“经营费用”等科目，贷记“固定资产累计折旧”科目。

（一）年限平均法

年限平均法又称直线法，是指将固定资产的应计折旧额均衡地分摊到固定资产预计使用寿命内的一种方法。采用这种方法计算的每期折旧额均相等，计算公式如下：

$$月折旧额=\frac{原价}{预计使用年限\times 12}$$

［**例 8-11**］2019 年 1 月 17 日，某大学 A 学院使用乙专项资金，购入一台不需要安装的教学设备，原价 360 000 元，通过零余额账户支付，预计使用寿命为 8 年，使用年限平均法计提折旧。月折旧额的计算及其账务处理如下：

$$月折旧额=\frac{360\ 000}{8}\div 12=3\ 750（元）$$

2019 年 1 月末计提折旧：

财务会计：

借：业务活动费用—教育费用—固定资产折旧费　　3 750

　贷：固定资产累计折旧　　3 750

预算会计不作账务处理。

（二）工作量法

对于在各个会计期间使用程度不均衡的固定资产，应考虑各期使用程度大小计提折旧，这种以实际工作量为基础计算折旧的方法就是工作量法。工作量法是将应计折旧额平均分摊到固定资产的单位工作量上，然后根据实际工作量计算每期应提折旧额的一种方法。工作量法的计算公式如下：

$$单位工作量折旧额=\frac{原价}{预计总工作量}$$

［**例 8-12**］续［例 8-11］，假设该教学设备在其使用寿命内额定工作量为 100 000小时，采用工作量法计提折旧，其他条件不变。2019 年 1 月份该设备工作时间为 650 小时，计算当月折旧及其账务处理如下：

单位工作量折旧额$=\frac{360\ 000}{100\ 000}=3.6$(元/小时)

2019 年 1 月折旧额$=3.6\times650=2\ 340$元

财务会计：

借：业务活动费用—教育费用—固定资产折旧费　　2 340

　贷：固定资产累计折旧　　2 340

预算会计不作账务处理。

第四节　固定资产的后续支出

一、符合固定资产确认条件的后续支出

为增加固定资产使用效能或延长其使用年限而发生的改建、扩建或修缮等后续支出，应当计入固定资产成本。通常情况下，将固定资产转入改建、扩建时，按照固定资产的账面价值，借记“在建工程”科目，按照固定资产已计提折旧，借记“固定资产累计折旧”科目，按照固定资产的账面余额，贷记“固定资产”科目。

发生的改建、扩建等后续支出，借记“在建工程”科目，贷记“财政拨款收入”“零余额账户用款额度”“银行存款”等科目。

固定资产改建、扩建等完成交付使用时，按照在建工程成本，借记“固定资产”科目，贷记“在建工程”科目。

[**例 8-13**] 2019 年 2 月份，某大学计划对正在使用的一栋学生公寓进行修缮，该公寓原价 600 000 元，已提折旧 194 000 元。2019 年 4 月 27 日，修缮工作完成，支付工程款 179 000 万元，通过零余额账户支票支付，取得全额发票，修缮完成以后，公寓使用寿命明显延长，由原来的预计剩余使用年限 6 年延长到预计可再使用 8 年。账务处理如下：

(1)转入修缮时，根据固定资产修缮通知书

财务会计：

借：在建工程—建筑安装工程投资　　406 000

　　固定资产累计折旧　　194 000

　贷：固定资产—房屋及构筑物　　600 000

预算会计不做账务处理。

(2)支付工程款时,根据授权支付通知书及发票

财务会计:

借:在建工程—建筑安装工程投资—建筑工程　　179 000

　贷:零余额账户用款额度　　179 000

预算会计:

借:事业支出—后勤保障支出—财政拨款支出—项目支出—高等教育—资本性支出—大型修缮(后勤管理处　学生公寓维修)　　179 000

　贷:资金结存—零余额账户用款额度　　179 000

(3)工程完工交付使用时,根据固定资产入账通知书

财务会计:

借:固定资产—房屋及构筑物　　585 000

　贷:在建工程—建筑安装工程投资—建筑工程　　585 000

预算会计不做账务处理。

(4)重新计算折旧额

公寓修缮以后,应当按照重新确定的成本以及重新确定的折旧年限,重新计算折旧额。2019 年 4 月份折旧额计算如下:

$$月折旧额=\frac{585\ 000}{8}\div 12=6\ 093.75(元)$$

计提折旧账务处理如下:

财务会计:

借:单位管理费用—后勤保障费用—固定资产折旧费　　6 093.75

　贷:固定资产累计折旧—房屋及构筑物　　6 093.75

预算会计不作账务处理。

二、不符合固定资产确认条件的后续支出

一般情况下,固定资产投入使用后,由于固定资产磨损各组成部分耐用程度不同,可能导致固定资产局部损坏,为了维护固定资产正常运转和使用,充分发挥其使用效能,高等学校会对固定资产进行必要的维护。

为维护固定资产的正常使用而发生的日常修理等后续支出,应当计入当期费用但不计入固定资产成本,借记“业务活动费用”“单位管理费用”等科目,贷记“财政拨款收入”“零余额账户用款额度”“银行存款”等科目。

[**例 8-14**] 2019 年 5 月 27 日,某大学财务处打印机维修,发生维修费 200

元，通过银行结算账户支付。

财务会计：

借：单位管理费用—行政管理费用—商品和服务费用　　200

　贷：银行存款—学校存款　　200

预算会计：

借：事业支出—行政管理支出—其他资金支出—基本支出—高等教育—商品和服务支出—维修(护)费　　200

　贷：资金结存—货币资金　　200

第五节　固定资产的处置与清查盘点

一、处置

固定资产处置是高等学校转让固定资产的所有权、使用权、控制权或者占有权的行为，包括经批准出售、无偿调出、对外捐赠和对外投资等情况。

1.出售、转让固定资产，按照被出售、转让固定资产的账面价值，借记“资产处置费用”科目，按照固定资产已计提的折旧，借记“固定资产累计折旧”科目，按照固定资产账面余额，贷记“固定资产”科目。同时，按照收到的价款，借记“银行存款”等科目；按照处置过程中发生的相关费用，贷记“银行存款”等科目，按照其差额，贷记“应缴财政款”科目。

2.对外捐赠固定资产，按照固定资产已计提的折旧，借记“固定资产累计折旧”科目，按照被处置固定资产账面余额，贷记“固定资产”科目，按照捐赠过程中发生的归属于捐出方的相关费用，贷记“银行存款”等科目，按照其差额，借记“资产处置费用”科目。

[**例 8-15**] 2019 年 3 月 27 日，经批准某大学决定将一批在用电脑对外捐赠，该批电脑原价 480 000 元，已提折旧 120 000 元，捐赠过程中发生运杂费 5 000元，以银行转账方式支付，根据对外捐赠协议、发票等。账务处理如下：

财务会计：

借：资产处置费用—固定资产　　365 000

　固定资产累计折旧—通用设备　　120 000

　贷：固定资产—通用设备　　480 000

　　银行存款—学校存款　　5 000

预算会计：

根据对外捐赠过程中发生的归属于捐出方的费用。

借：其他支出—捐赠等税费支出—其他资金支出　　5 000

　贷：资金结存—货币资金　　5 000

3.无偿调出固定资产，按照固定资产已计提的折旧，借记“固定资产累计折旧”科目，按照被处置固定资产账面余额，贷记“固定资产”科目，按照其差额，借记“无偿调拨净资产”科目；按照无偿调出过程中发生的归属于调出方的相关费用，借记“资产处置费用”科目，贷记“银行存款”等科目。

[**例 8-16**] 2019 年 5 月 10 日，经上级主管部门批准，某大学决定将一幢教学楼无偿划转给该校附属中学，教学楼原价 5 000 000 元，已提折旧 1 000 000 元。调出过程中发生清理、搬运费用 10 000 元，通过银行存款支付。账务处理如下：

财务会计：

借：无偿调拨净资产　　4000 000

　固定资产累计折旧—房屋及构筑物　　1 000 000

　资产处置费用—固定资产　　10 000

　贷：固定资产—房屋及构筑物　　5 000 000

　　银行存款—学校存款　　10 000

预算会计：

借：其他支出—捐赠等税费支出—其他资金支出　　10 000

　贷：资金结存—货币资金　　10 000

二、清查盘点

高等学校固定资产单位价值较高、使用年限较长，应当加强管理，定期进行清查盘点，至少每年盘点一次。清查过程中，发生的固定资产盘盈、盘亏或者报废、毁损，应当先记入“待处理财产损溢”科目，及时查明原因，按照规定报经批准后及时进行后续账务处理。

1.盘盈的固定资产，其成本按照有关凭据注明的金额确定；没有相关凭据、但按照规定经过资产评估的，其成本按照评估价值确定；没有相关凭据、也未经过评估的，其成本按照重置成本确定。如无法采用上述方法确定盘盈固定资产成本的，按照名义金额（人民币 1 元）入账。盘盈的固定资产，按照确定的入账成本，借记“固定资产”科目，贷记“待处理财产损溢”科目。经批准处理时，借记

“待处理财产损溢”科目，贷记“以前年度盈余调整”科目

[**例 8-17**] 2019 年末，某大学对固定资产进行清查时盘盈实验设备一台，同类固定资产价值 2 000 元。账务处理如下：

财务会计：

(1)盘盈时

借：固定资产—专用设备　　2 000

　贷：待处理财产损溢—固定资产—待处理财产价值　　2 000

(2)经批准后处理

借：待处理财产损溢—固定资产—待处理财产价值　　2 000

　贷：以前年度盈余调整　　2 000

预算会计不作账务处理。

2.盘亏、毁损或报废的固定资产，按照待处理固定资产的账面价值，借记“待处理财产损溢”科目，按照已计提折旧，借记“固定资产累计折旧”科目，按照固定资产的账面余额，贷记“固定资产”科目。报经批准予以处置时，借记“资产处置费用”科目，贷记“待处理财产损溢”科目。

[**例 8-18**] 2019 年末，某大学对固定资产进行清查时，发现丢失实验仪器一台，该设备原价 10 200 元，已计提折旧 4 000 元，经查仪器丢失的原因在于保管员失职。经批准，由保管员赔偿 1 000 元。账务处理如下：

(1)根据固定资产盘点明细表，将盘亏资产转入待处置资产

财务会计：

借：待处理财产损溢—固定资产—待处理财产价值　　6 200

　固定资产累计折旧—专用设备　　4 000

　贷：固定资产—专用设备　　10 200

预算会计不做账务处理。

(2)报经批准同意处置

财务会计：

借：资产处置费用—固定资产　　6 200

　贷：待处理财产损溢—固定资产—待处理财产价值　　6 200

预算会计不做账务处理。

(3)根据处置意见，保管员赔偿缴款，处置收益上交国库

财务会计：

①保管员赔偿

借：库存现金　　1 000

　　贷：待处理财产损溢—处置净收入　　1 000

②转入“应缴财政款”

借：待处理财产损溢—处置净收入　　1 000

　　贷：应缴财政款　　1 000

③上交

借：应缴财政款　　1 000

　　贷：银行存款—学校存款　　1 000

预算会计不作账务处理。

第九章　无形资产和其他资产

第一节　无形资产

一、无形资产概述

(一)概念

无形资产是指高等学校控制的没有实物形态的可辨认非货币性资产，如专利权、商标权、著作权、土地使用权、非专利技术等。

满足下列条件之一的，符合无形资产定义中的可辨认性标准：

1.能够从高等学校中分离或者划分出来，并能单独或者与相关合同、资产或负债一起，用于出售、转移、授予许可、租赁或者交换。

2.源自合同性权利或其他法定权利，无论这些权利是否可以从高等学校或其他权利和义务中转移或者分离。

(二)特征

1.不具有实物形态。不同于固定资产等有实物形态的资产，它没有具体的物质实体，通常表现为高等学校所拥有的一种特殊权利，使用过程中没有有形损耗。

2.具有可辨认性。无形资产能够从高等学校自身中分离或者划拨出来，并能够单独或者与相关合同性等法定权利一起，用于转让、调出、捐赠或者对外投资等。

3.属于非货币性资产。区别于货币性资产，无形资产的货币金额是不固定或者不确定的，但同其他类型资产一样，无形资产一经取得或者形成，就可能为高等学校带来经济利益。

4.具有明显排他性。无形资产的排他性，有时通过高等学校自身的保密措施来维护，如非专利技术等；有时通过适当公开其内容作为代价以取得法律的保护，如专利权、著作权等。

(三)分类

高等学校的无形资产包括专利权、商标权、著作权、土地使用权、非专利技术等,见图 9-1。

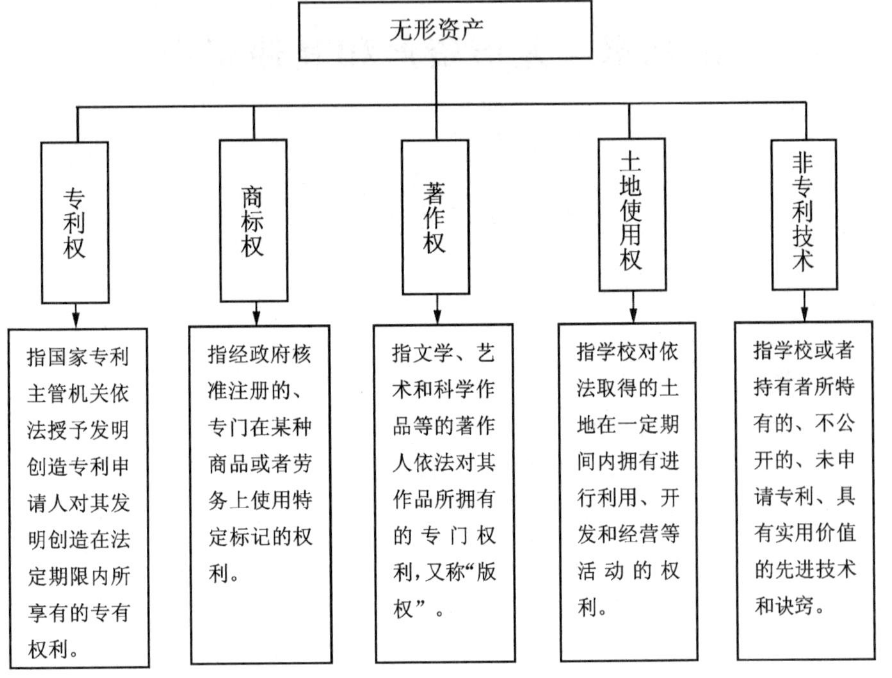

图 9-1 无形资产分类

二、确认

(一)无形资产确认条件

确认无形资产,应当同时满足下列条件:

1.与该无形资产相关的服务潜力很可能实现或者经济利益很可能流入高等学校;

2.该无形资产的成本或者价值能够可靠地计量。

高等学校在判断无形资产的服务潜力或经济利益是否很可能实现或流入时,应当对无形资产在预计使用年限内可能存在的各种社会、经济、科技因素做出合理估计,并且应当有确凿的证据支持。

(二)无形资产确认的特殊情况

无形资产的确认,需要注意以下特殊情况:

1.高等学校购入的不构成相关硬件不可缺少组成部分的软件，应当确认为无形资产。

2.购建房屋及构筑物时，能够分清购建成本中的房屋及构筑物部分与土地使用权部分的，应将其中的土地使用权部分确认为无形资产。

3.高等学校自创商誉及内部产生的品牌、报刊名等，不应确认为无形资产。

（三）自行研发无形资产的确认

高等学校自行研究开发项目的支出，应当区分研究阶段支出和开发阶段支出。研究阶段的支出，应当于发生时计入当期费用；开发阶段的支出，先按合理方法进行归集，如果最终形成无形资产的，应当确认为无形资产，最终未形成无形资产的，应当计入当期费用。

高等学校自行研究开发项目尚未进入开发阶段，或者确实无法区分研究阶段支出和开发阶段支出，但按法律程序已申请取得无形资产的，应当将依法取得时发生的注册费、聘请律师费等费用确认为无形资产。

（四）与无形资产有关的后续支出的确认

符合无形资产确认条件的后续支出，应当计入无形资产成本；不符合无形资产确认条件的后续支出，应当在发生时计入当期费用或者相关资产成本。

三、会计核算

为了反映和核算无形资产业务，高等学校应当设置“无形资产”“无形资产累计摊销”“研发支出”等科目。“无形资产”科目核算单位无形资产的原值。高等学校应当按照无形资产的类别、项目进行明细核算。“无形资产累计摊销”科目核算高等学校对使用年限有限的无形资产计提的累计摊销，该科目应当按照所对应无形资产的明细分类进行明细核算。

无形资产的会计核算业务包括无形资产的取得、摊销、后续支出、处置。无形资产会计核算内容，见图 9-2 所示。

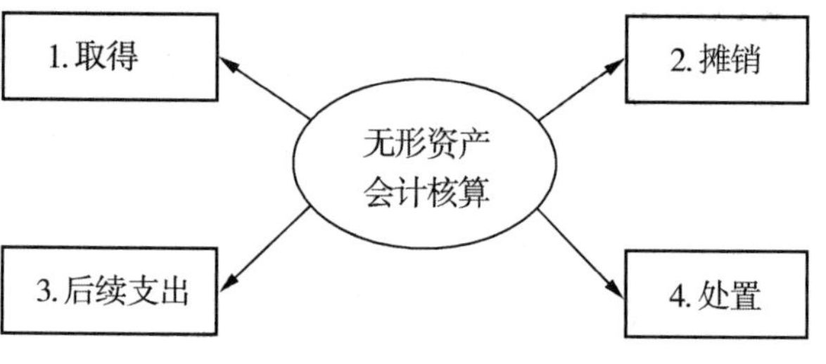

图 9-2　无形资产会计核算内容

(一)取得

高等学校取得无形资产时,应当按照成本进行初始计量。取得方式不同,无形资产的实际成本构成也不同。

1.外购的无形资产,其成本包括购买价款、相关税费以及可归属于该项资产达到预定用途前所发生的其他支出。

外购的无形资产,按照确定的成本,借记“无形资产”科目,贷记“财政拨款收入”“零余额账户用款额度”“应付账款”“银行存款”等科目。

[**例 9-1**] 2019 年 4 月 15 日,某大学使用财政拨款通过政府采购招标采购了一款教学应用软件,价款共计 80 000 元,款项通过国库集中支付系统直接支付方式支付给中标单位。账务处理如下:

财务会计:

借:无形资产—非专利技术　　80 000

　　贷:财政拨款收入　　80 000

预算会计:

借:事业支出—教育支出—财政拨款支出—项目支出—高等教育—资本性支出—无形资产购置　　80 000

　　贷:财政拨款预算收入—项目支出　　80 000

2.委托软件公司开发软件,视同外购无形资产进行处理。合同中约定预付开发费用的,按照预付金额,借记“预付账款”科目,贷记“财政拨款收入”“零余额账户用款额度”“银行存款”等科目。

软件开发完成交付使用并支付剩余或全部软件开发费用时,按照软件开发费用总额,借记“无形资产”科目,按照相关预付账款金额,贷记“预付账款”科目,按照支付的剩余金额,贷记“财政拨款收入”“零余额账户用款额度”“银行存款”等科目。

[**例 9-2**] 2019 年 1 月 16 日,某大学使用非财政专项资金委托 A 软件公司开发一款适应政府会计改革的财务管理软件,支付开发费用共计 100 000 元,合同约定预付开发费用 10 000 元,剩余款项待软件交付时进行支付。账务处理如下:

(1)预付 10 000 元开发费用

财务会计:

借:预付账款—A 公司　　10 000

　　贷:银行存款—学校存款　　10 000

预算会计：

借：事业支出—待处理　　10 000

　贷：资金结存—货币资金　　10 000

(2)软件完成交付使用

财务会计：

借：无形资产—非专利技术　　100 000

　贷：银行存款—学校存款　　90 000

　　预付账款—A 公司　　10 000

预算会计：

借：事业支出—行政管理支出—非财政专项资金支出—项目支出—高等教育—资本性支出—无形资产购置　　100 000

　贷：资金结存—货币资金　　90 000

　　事业支出—待处理　　10 000

3.自行研究开发形成的无形资产，按照研究开发项目进入开发阶段后至达到预定用途前所发生的支出总额，借记“无形资产”科目，贷记“研发支出—开发支出”科目。

[**例 9-3**] 2019 年 4 月 21 日，某大学利用其他资金设置研究专项，由该学校计算机学院自行开发办公自动化信息系统。该软件开发成功后准备申请著作权。开发期间所发生调研、材料等费用共计 5 000 元，该软件已基本达到预期用途。账务处理如下：

财务会计：

借：无形资产—非专利技术　　5 000

　贷：研发支出—开发支出　　5 000

预算会计不作账务处理。

自行研究开发项目尚未进入开发阶段，或者确实无法区分研究阶段支出和开发阶段支出，但按照法律程序已申请取得无形资产的，按照依法取得时发生的注册费、聘请律师费等费用，借记“无形资产”科目，贷记“财政拨款收入”“零余额账户用款额度”“银行存款”等科目；按照依法取得前所发生的研究开发支出，借记“业务活动费用”等科目，贷记“研发支出”科目。

[**例 9-4**] 某大学与高德软件公司合作，开发地理大数据。2019 年 5 月 20 日，该研究成果已按照法律程序申请到专利权，发生注册费、聘请律师费等相关费用 8 000 元，款项以转账支票支付。申请专利前共发生材料费、劳务费等有关

费用 10 000 元，无法区分研究阶段和开发阶段。账务处理如下：

财务会计：

(1)取得专利时

借：无形资产—专利权　　8 000

　贷：银行存款—学校存款　　8 000

(2)结转研发支出时

借：业务活动费用—科研费用—商品和服务费用　　10 000

　贷：研发支出—研究支出　　10 000

预算会计：

(1)取得无形资产时

借：事业支出—科研支出—非试改专项资金支出—项目支出—科技式果转换与扩散—资本性支出—无形资产购置　　8 000

　贷：资金结存—货币资金　　8 000

(2)结转研发支出时

预算会计不作账务处理。

没有专门的科研项目、没有明显的研究开发阶段取得的无形资产，如利用教学、研究及自身积累经验、知识等编写的著作等取得的著作权，按照依法取得时发生的注册费、聘请律师费等费用，借记“无形资产”科目，贷记“财政拨款收入”“零余额账户用款额度”“银行存款”等科目。

[**例 9-5**] 2019 年 6 月 16 日，某大学文学院某教授一部专著取得著作权，依法取得时发生的注册费、聘请律师费等相关费用共计 2 800 元。账务处理如下：

财务会计：

借：无形资产—著作权　　2 800

　贷：银行存款—学校存款　　2 800

预算会计：

借：事业支出—教育支出—非财政专项资金支出—项目支出—高等教育—资本性支出—无形资产购置　　2 800

　贷：资金结存—货币资金　　2 800

4.接受捐赠的无形资产，其成本按照有关凭据注明的金额加上相关税费确定；没有相关凭据可供取得，但按规定经过资产评估的，其成本按照评估价值加上相关税费确定；没有相关凭据可供取得、也未经资产评估的，其成本比照同类或类似资产的市场价格加上相关税费确定；没有相关凭据且未经资产评估、同类或类似资产的市场价格也无法可靠取得的，按照名义金额入账，相关税费计入当期费用。确定接受捐赠的无形资产初始入账成本时，应考虑该项资产尚可为高等学校带来服务潜力或经济利益的能力。

接受捐赠的无形资产，按照确定的无形资产成本，借记“无形资产”科目，按照发生的相关税费等，贷记“零余额账户用款额度”“银行存款”等科目，按照其差额，贷记“捐赠收入”科目。

接受捐赠的无形资产按照名义金额入账的，按照名义金额，借记“无形资产”科目，贷记“捐赠收入”科目；同时，按照发生的相关税费等，借记“其他费用”科目，贷记“零余额账户用款额度”“银行存款”等科目。

[**例 9-6**] 2019 年 5 月 15 日，某大学接受校友捐赠的一项专利权，捐赠凭据上注明金额为 35 000 元，学校接受时以银行存款支付 10 000 元的过户费。账务处理如下：

财务会计：

借：无形资产—专利权　　45 000

　贷：银行存款—学校存款　　10 000

　　捐赠收入　　35 000

预算会计：

借：其他支出—捐赠等税费支出—其他资金支出　　10 000

　贷：资金结存—货币资金　　10 000

5.无偿调入的无形资产，其成本按照调出方账面价值加上相关税费确定。调入时，按照确定的无形资产成本，借记“无形资产”科目，按照发生的相关税费等，贷记“零余额账户用款额度”“银行存款”等科目，按照其差额，贷记“无偿调拨净资产”科目。

[**例 9-7**] 2019 年 6 月 5 日，某大学接受市政府无偿调入一项土地使用权，账面价值 10 000 000 元，假设不产生相关税费。账务处理如下：

财务会计：

借：无形资产—土地使用权　　10 000 000

　贷：无偿调拨净资产　　10 000 000

预算会计不作账务处理。

6.置换取得的无形资产，其成本按照换出资产的评估价值加上支付的补价或减去收到的补价，加上换入无形资产发生的其他相关支出确定。置换取得的无形资产，参照“库存物品”科目中置换取得库存物品的相关规定进行账务处理。

7.无形资产取得时涉及增值税业务的,相关账务处理参见“应交增值税”科目。

8.“无形资产”科目期末借方余额,反映高等学校无形资产的成本。

(二)摊销

1.概念

摊销是指在无形资产使用年限内,按照确定的方法对应摊销金额进行系统分摊。

高等学校应当于取得或形成无形资产时合理确定其使用年限。无形资产使用年限为有限的,应当估计该使用年限;无法预见无形资产为高等学校提供服务潜力或者带来经济利益期限的,应当视为使用年限不确定的无形资产。

2.摊销期限的确定

高等学校应当对使用年限有限的无形资产进行摊销,但已摊销完毕仍继续使用的无形资产和名义金额计量的无形资产除外。

对于使用年限有限的无形资产,高等学校应当按照以下原则确定无形资产的摊销年限:

(1)法律规定了有效年限的,按照法律规定的有效年限作为摊销年限;

(2)法律没有规定有效年限的,按照相关合同或单位申请书中的受益年限作为摊销年限;

(3)法律没有规定有效年限、相关合同或单位申请书也没有规定受益年限的,应当根据无形资产为高等学校带来服务潜力或经济利益的实际情况,预计使用年限。

(4)非大批量购入、单价小于 1000 元的无形资产,可以于购买的当期将其成本一次性全部摊销。

高等学校应当按月对使用年限有限的无形资产进行摊销,并根据用途计入当期费用或者相关资产成本。

高等学校应当采用年限平均法或者工作量法对无形资产进行摊销,应摊销金额为其成本,不考虑预计残值。

因发生后续支出而增加无形资产成本的,对于使用年限有限的无形资产,应当按照重新确定的无形资产成本以及重新确定的摊销年限计算摊销额。

使用年限不确定的无形资产不摊销。

3.账务处理

高等学校应当设置“无形资产累计摊销”科目,核算对使用年限有限的无形资产计提的累计摊销。应当按照所对应无形资产的明细分类进行明细核算。

按月对无形资产进行摊销时，按照应摊销金额，借记“业务活动费用”“单位管理费用”“加工物品”“在建工程”等科目，贷记“无形资产累计摊销”科目。

经批准处置无形资产时，按照所处置无形资产的账面价值，借记“资产处置费用”“无偿调拨净资产”“待处理财产损溢”等科目，按照已计提摊销，借记“无形资产累计摊销”科目，按照无形资产的账面余额，贷记“无形资产”科目。

本科目期末贷方余额，反映学校计提的无形资产摊销累计数。

[例 9-8] 2019 年 4 月 20 日，某大学资产管理部门用其他资金购置了一套新资产管理软件，支付款项 60 000 元，每月摊销额 1 000 元；2022 年 2 月，因管理需要进行软件升级，支付升级费用 30 000 元，经重新确定成本，每月摊销额为 1 500 元。账务处理如下：

(1)购置软件确定无形资产

财务会计：

借：无形资产—非专利技术　　60 000

　贷：银行存款—学校存款　　60 000

预算会计：

借：事业支出—行政管理支出—非财政专项资金支出—项目支出—高等教育—资本性支出—无形资产购置　　60 000

　贷：资金结存—货币资金　　60 000

(2)从 2019 年 4 月开始，每月进行无形资产摊销

财务会计：

借：单位管理费用—行政管理费用—无形资产摊销费　　1 000

　贷：无形资产累计摊销　　1 000

(3)2022 年 2 月，支付升级费用

财务会计：

借：无形资产—非专利技术　　30 000

　贷：银行存款—学校存款　　30 000

预算会计：

借：事业支出—行政管理支出—非财政专项资金支出—项目支出—高等教育—资本性支出—无形资产购置　　30 000

　贷：资金结存—货币资金　　30 000

(4)从 2022 年 2 月开始，每月按重新确定的无形资产成本进行摊销

财务会计：

借：单位管理费用—行政管理费用—无形资产摊销费　　1 500

　贷：无形资产累计摊销　　1 500

自 2027 年 2 月起，如果软件仍在使用，由于成本已经全部摊销完毕，不再摊销。

(三)后续支出

无形资产投入使用后，随着使用者需求和新技术的不断发展，对无形资产的使用效能进行增加或者对无形资产的正常使用进行维护需要发生一些后续支出。不同性质的后续支出，会计核算业务不同。

1.符合无形资产确认条件的后续支出

为增加无形资产的使用效能对其进行升级改造或扩展其功能时，如需暂停对无形资产进行摊销的，按照无形资产的账面价值，借记“在建工程”科目，按照无形资产已摊销金额，借记“无形资产累计摊销”科目，按照无形资产的账面余额，贷记“无形资产”科目。

无形资产后续支出符合无形资产确认条件的，按照支出的金额，借记“无形资产”科目(无须暂停摊销的)或“在建工程”科目(需暂停摊销的)，贷记“财政拨款收入”“零余额账户用款额度”“银行存款”等科目。

暂停摊销的无形资产升级改造或扩展功能等完成交付使用时，按照在建工程成本，借记“无形资产”科目，贷记“在建工程”科目。

[**例 9-9**] 2020 年 5 月 15 日因教学改革需对 A 软件添加部分新模块功能，经与原软件公司议标，利用非财政专项资金支付新模块费用 20 000 元(添加过程中软件继续使用)。账务处理如下：

财务会计：

借：无形资产—非专利技术　　20 000

　贷：银行存款—学校存款　　20 000

预算会计：

借：事业支出—教育支出—非财政专项资金支出—项目支出—高等教育—资本性支出—无形资产购置　　20 000

　贷：资金结存—货币资金　　20 000

2.不符合无形资产确认条件的后续支出

为保证无形资产正常使用发生的日常维护等支出，借记“业务活动费用”

"单位管理费用"等科目,贷记"财政拨款收入""零余额账户用款额度""银行存款"等科目。

[**例 9-10**] 2019 年 11 月 2 日,某大学自行开发的办公自动化信息系统使用过程中存在一些漏洞,为了修补漏洞发生相关费用 1 000 元。账务处理如下:

财务会计:

借:单位管理费用—行政管理费用—商品和服务费用　　1 000

　贷:银行存款—学校存款　　1 000

预算会计:

借:事业支出—行政管理支出—其他资金支出—基本支出—商品和服务支出—维修(护)费　　1 000

　贷:资金结存—货币资金　　1 000

(四)处置

高等学校的无形资产应当按照有关规定报经批准后进行处置。无形资产处置包括出售、转让无形资产、对外捐赠、无偿调出、置换换出、对外投资,以及转销预期不能为高等学校带来服务潜力或者经济利益的无形资产。

按照规定报经批准处置无形资产,应当分别以下情况处理:

1.报经批准出售、转让无形资产,按照被出售、转让无形资产的账面价值,借记"资产处置费用"科目,按照无形资产已计提的摊销,借记"无形资产累计摊销"科目,按照无形资产账面余额,贷记"无形资产"科目。同时,按照收到的价款,借记"银行存款"等科目;按照处置过程中发生的相关费用,贷记"银行存款"等科目;按照其差额,贷记"应缴财政款"(按照规定应上交无形资产转让净收入的)或"其他收入"(按照规定将无形资产转让收入纳入本单位预算管理的)科目。

[**例 9-11**] 2019 年 5 月 30 日,某大学报经批准转让一项专利技术,该专利技术账面余额为 60 000 元,累计摊销 8 000 元,转让价款 55 000 元,发生相关费用 3 025 元。如果按照规定应上交无形资产转让净收入。账务处理如下:

财务会计:

(1)批准转让

借:资产处置费用—无形资产　　52 000

　无形资产累计摊销　　8 000

　贷:无形资产—专利权　　60 000

(2)转让收支

借:银行存款—学校存款　　55 000

贷：银行存款—学校存款　　3 025

应缴财政款—应缴国库款　　51 975

预算会计不作账务处理。

上例，如果按照规定将无形资产转让收入纳入本单位预算管理。账务处理如下：

财务会计：

(1)批准转让

借：资产处置费用—无形资产　　52 000

无形资产累计摊销　　8 000

贷：无形资产—专利权　　60 000

(2)转让收支

借：银行存款—学校存款　　55 000

贷：银行存款—学校存款　　3 025

其他收入—科技成果转换收入　　51 975

预算会计：

借：资金结存—货币资金　　55 000

贷：资金结存—货币资金　　3 025

其他预算收入—其他—非专项资金收入　　51 975

2.报经批准对外捐赠无形资产，按照无形资产已计提的摊销，借记“无形资产累计摊销”科目，按照被处置无形资产账面余额，贷记“无形资产”科目；按照捐赠过程中发生的归属于捐出方的相关费用，贷记“银行存款”等科目；按照其差额，借记“资产处置费用”科目。

[例 9-12] 续[例 9-11]假如该大学经批准将该项专利技术进行对外捐赠，发生相关费用 3 025 元。账务处理如下：

财务会计：

借：资产处置费用—无形资产　　55 025

无形资产累计摊销　　8 000

贷：无形资产—专利权　　60 000

银行存款—学校存款　　3 025

预算会计：

借：其他支出—捐赠等税费支出—其他资金支出　　3 025

贷：资金结存—货币资金　　3 025

3.报经批准无偿调出无形资产，按照无形资产已计提的摊销，借记“无形资产累计摊销”科目；按照被处置无形资产账面余额，贷记“无形资产”科目；按照其差额，借记“无偿调拨净资产”科目。同时，按照无偿调出过程中发生的归属于调出方的相关费用，借记“资产处置费用”科目，贷记“银行存款”等科目。

[例 9-13] 续[例 9-11]假如该大学经批准将该项专利技术进行无偿调出，发生相关费用 3 025 元。账务处理如下：

财务会计：

(1)批准调出

借：无偿调拨净资产　　52 000

　无形资产累计摊销　　8 000

　贷：无形资产—专利权　　60 000

(2)支付费用

借：资产处置费用—无形资产　　3 025

　贷：银行存款—学校存款　　3 025

预算会计：

借：其他支出—捐赠等税费支出—其他资金支出　　3 025

　贷：资金结存—货币资金　　3 025

4.报经批准置换换出无形资产，参照“库存物品”科目中置换换入库存物品的规定进行账务处理。

5.无形资产预期不能为单位带来服务潜力或经济利益，按照规定报经批准核销时，按照待核销无形资产的账面价值，借记“资产处置费用”科目；按照已计提摊销，借记“无形资产累计摊销”科目；按照无形资产的账面余额，贷记“无形资产”科目。

6.报经批准以无形资产对外投资的，应当将无形资产的账面价值予以转销，并将无形资产在对外投资时的评估价值与其账面价值的差额计入当期收入或费用。评估价值小于账面价值的，借记“短期投资”或“长期股权投资”等科目，按照无形资产已计提的摊销，借记“无形资产累计摊销”科目，借记“资产处置费用”科目；按照无形资产账面余额，贷记“无形资产”科目。评估价值大于账面价值的，借记“短期投资”或“长期股权投资”等科目；按照无形资产已计提的摊销，贷记“无形资产”科目，贷记“其他收入”科目。

[例 9-14] 续[例 9-11]假如该大学经批准将该项专利技术进行对外投资，投资期限 3 年，该专利技术的评估价 50 000 元。账务处理如下：

财务会计：

借：长期股权投资—×单位	50 000	
无形资产累计摊销	8 000	
资产处置费用—无形资产	2 000	
贷：无形资产—专利权		60 000

假如该专利技术评估价 58 000 元，账务处理如下：

财务会计：

借：长期股权投资—×单位	58 000	
无形资产累计摊销	8 000	
贷：无形资产—专利权		60 000
其他收入—置换资产评估增值		6 000

预算会计不作账务处理。

四、无形资产其他事项

(一)无形资产的盘点

高等学校应当定期对无形资产进行清查盘点，每年至少盘点一次。资产清查盘点过程中发现的无形资产盘盈、盘亏等，参照“固定资产”科目相关规定进行账务处理。

(二)无形资产的披露

高等学校应当按照无形资产的类别在附注中披露与无形资产有关的下列信息：

1.无形资产账面余额、累计摊销额、账面价值的期初、期末数及其本期变动情况。

2.自行开发无形资产的名称、数量，以及账面余额和累计摊销额的变动情况。

3.以名义金额计量的无形资产名称、数量，以及以名义金额计量的理由。

4.接受捐赠、无偿调入无形资产的名称、数量等情况。

5.使用年限有限的无形资产，其使用年限的估计情况；使用年限不确定的无形资产，其使用年限不确定的确定依据。

6.无形资产出售、对外投资等重要资产处置的情况。

第二节　研发支出

一、概念

研发支出是指高等学校自行研究开发项目研究阶段和开发阶段发生的各项支出。

研究是指为获取并理解新的科学或技术知识而进行的独创性的有计划调查。开发是指在进行生产或使用前，将研究成果或其他知识应用于某项计划或设计，以生产出新的或具有实质性改进的材料、装置、产品等。

二、会计核算

高等学校应当设置“研发支出”科目，用以核算高等学校自行研究开发项目研究阶段和开发阶段发生的各项支出。高等学校应当根据研究与开发的实际情况判断，对研究阶段和开发阶段分别进行核算，应当按照自行研究开发项目，分别设置“研究支出”“开发支出”科目进行明细核算。

建设项目中的软件研发支出，应当通过“在建工程”科目核算，不通过“研发支出”科目核算。

1.自行研究开发项目研究阶段的支出，应当先在“研发支出”科目归集。按照从事研究及其辅助活动人员计提的薪酬，研究活动领用的库存物品，发生与研究活动相关的管理费、间接费和其他各项费用，借记“研发支出”科目(研究支出)，贷记“应付职工薪酬”“库存物品”“财政拨款收入”“零余额账户用款额度”“固定资产累计折旧”“银行存款”等科目。

期(月)末，应当将本科目归集的研究阶段的支出金额转入当期费用，借记“业务活动费用”等科目，贷记“研发支出”科目(研究支出)。

2.自行研究开发项目开发阶段的支出，先通过本科目进行归集。按照从事开发及其辅助活动人员计提的薪酬，开发活动领用的库存物品，发生的与开发活动相关的管理费、间接费和其他各项费用，借记“研发支出”科目(开发支出)，贷记“应付职工薪酬”“库存物品”“财政拨款收入”“零余额账户用款额度”“固定资产累计折旧”“银行存款”等科目。自行研究开发项目完成，达到预定用途形成无形资产的，按照本科目归集的开发阶段的支出金额，借记“无形资产”科目，贷记“研发支出”科目(开发支出)。

3.学校应于每年年度终了评估研究开发项目是否能达到预定用途，如预计不能达到预定用途(如无法最终完成开发项目并形成无形资产的)，应当将已发生的开发支出金额全部转入当期费用，借记“业务活动费用”等科目，贷记“研发支出”科目(开发支出)。

4.自行研究开发项目时涉及增值税业务的，相关账务处理参见“应交增值税”科目。

5.研发支出的期末借方余额，反映高等学校预计能达到预定用途的研究开发项目在开发阶段发生的累计支出数。

［**例 9-15**］2019 年 3 月 8 日，某大学批准×学院利用省自然科学基金研发一项专利技术，2019 年，研发项目发生材料费用 50 000 元，人工费用 80 000 元，均属于研究阶段支出，款项用财政补助资金授权支付方式支付。2020 年初，研究阶段结束，进入开发阶段，项目在技术上已经具有可行性，高等学校继续为该项目提供资源支持。2020 年发生材料费用 200 000 元，人工费用 300 000 元，另发生相关设备折旧费 50 000 元，款项用财政补助资金直接支付形式支付。2021 年 1 月 15 日，研发项目研发成功，专利技术于当日达到预定用途。账务处理如下：

(1)2019 年研究阶段

财务会计：

借：研发支出—研究支出　　130 000

　贷：库存物品—××材料　　50 000

　　应付职工薪酬—基本工资　　80 000

借：应付职工薪酬—基本工资　　80 000

　贷：零余额账户用款额度　　80 000

预算会计：

借：事业支出—科研支出—财政拨款支出—项目支出—自然科学基金—工资福利支出—基本工资　　80 000

　贷：资金结存—零余额账户用款额度　　80 000

(2)2019 年末，结转研发支出

财务会计：

借：业务活动费用—科研费用—商品和服务费用　　50 000

　业务活动费用—科研费用—工资福利费用　　80 000

　贷：研发支出—研究支出　　130 000

(3)2020 年开发阶段

财务会计：

借：研发支出—开发支出　　550 000

　贷：库存物品—××材料　　200 000

　　应付职工薪酬—基本工资　　300 000

　　固定资产累计折旧　　50 000

借：应付职工薪酬—基本工资　　300 000

　贷：零余额账户用款额度　　300 000

预算会计：

借：事业支出—科研支出—财政拨款支出—项目支出—自然科学基金—工资福利支出—基本工资　　300 000

　贷：资金结存—零余额账户用款额度　　300 000

(4)2021 年研发项目完成

借：无形资产—专利权　　550 000

　贷：研发支出—开发支出　　550 000

第三节　文物文化资产

一、概念

文物文化资产是指高等学校为满足社会公共需求而控制的用于展览、教育或研究等目的的历史文物、艺术品以及其他具有文化或历史价值并作长期或永久保存的典藏等。

社会公共需求是社会公众在生产、生活和工作中的共同需求，社会成员无需对公共物品付出任何代价，或只支付与提供这些公共物品的所费不对称的少量费用。

二、会计核算

高等学校应当设置“文物文化资产”科目，核算高等学校为满足社会公共需求而控制的文物文化资产的成本，并按照文物文化资产的类别、项目等进行明细核算。

高等学校为满足自身开展业务活动或其他活动需要而控制的文物和陈列

品，应当通过“固定资产”科目核算，不应当纳入高等学校“文物文化资产”科目进行核算。

(一)取得

高等学校在取得文物文化资产时，应当按照其成本入账。

1.外购的文物文化资产，其成本包括购买价款、相关税费以及可归属于该项资产达到预定用途前所发生的其他支出(如运输费、安装费、装卸费等)。

外购的文物文化资产，按照确定的成本，借记“文物文化资产”科目，贷记“财政拨款收入”“零余额账户用款额度”“银行存款”等科目。

[**例 9-16**] 2019 年 3 月 25 日，某大学博物馆购入一件艺术品，纳入高等学校文物文化资产管理，用非财政专项资金 500 000 元支付。账务处理如下：

财务会计：

借：文物文化资产—艺术品　　500 000

　贷：银行存款—学校存款　　500 000

预算会计：

借：事业支出—行政管理支出—非财政专项资金支出—项目支出—高等教育—资本性支出—其他　　500 000

　贷：资金结存—货币资金　　500 000

2.接受其他单位无偿调入的文物文化资产，其成本按照该项资产在调出方的账面价值加上归属于调入方的相关费用确定。

调入的文物文化资产，按照确定的成本，借记“文物文化资产”科目，按照发生的归属于调入方的相关费用，贷记“零余额账户用款额度”“银行存款”等科目，按照其差额，贷记“无偿调拨净资产”科目。

无偿调入的文物文化资产成本无法可靠取得的，按照发生的归属于调入方的相关费用，借记“其他费用”科目，贷记“零余额账户用款额度”“银行存款”等科目。

[**例 9-17**] 2019 年 4 月 20 日，某大学接受其他单位无偿调入一项文物文化资产，其在调出单位账面价值为 600 000 元，高等学校发生相关费用 60 000 元，用银行存款支付。账务处理如下：

财务会计：

借：文物文化资产　　660 000

　贷：银行存款—学校存款　　60 000

　　无偿调拨净资产　　600 000

预算会计：

借：其他支出—捐赠等税费支出—其他资金支出　　60 000

　贷：资金结存—货币资金　　60 000

[例 9-18] 续上例，如果调入的文物文化资产成本无法可靠取得，发生相关费用 60 000 元，账务处理如下：

财务会计：

借：其他费用—其他　　60 000

　贷：银行存款—学校存款　　60 000

预算会计：

借：其他支出—捐赠等税费支出—其他资金支出　　60 000

　贷：资金结存—货币资金　　60 000

3.接受捐赠的文物文化资产，其成本按照有关凭据注明的金额加上相关费用确定；没有相关凭据可供取得，但按照规定经过资产评估的，其成本按照评估价值加上相关费用确定；没有相关凭据可供取得也未经评估的，其成本比照同类或类似资产的市场价格加上相关费用确定。

接受捐赠的文物文化资产，按照确定的成本，借记“文物文化资产”科目，按照发生的相关税费、运输费等金额，贷记“零余额账户用款额度”“银行存款”等科目，按照其差额，贷记“捐赠收入”科目。

接受捐赠的文物文化资产成本无法可靠取得的，按照发生的相关税费、运输费等金额，借记“其他费用”科目，贷记“零余额账户用款额度”“银行存款”等科目。

[例 9-19] 续[9-17]，如果该项文物文化资产是外单位捐赠的，成本和发生的相关费用不变。账务处理如下：

财务会计：

借：文物文化资产　　660 000

　贷：银行存款—学校存款　　60 000

　　捐赠收入　　600 000

预算会计：

借：其他支出—捐赠等税费支出—其他资金支出　　60 000

　贷：资金结存—货币资金　　60 000

4.“文物文化资产”科目借方余额，反映文物文化资产成本。

(二)后续支出

将文物文化资产转入改建、扩建时,按照文物文化资产的账面余额,借记“在建工程”科目,贷记“文物文化资产”科目。

为增加文物文化资产使用效能或延长其使用年限而发生的改建、扩建等后续支出,借记“在建工程”科目,贷记“财政拨款收入”“零余额账户用款额度”“银行存款”等科目。

文物文化资产改建、扩建完成,竣工验收交付使用时,按照在建工程成本,借记“文物文化资产”科目,贷记“在建工程”科目。

为保证文物文化资产正常使用发生的日常维修等支出,借记“业务活动费用”“单位管理费用”等科目,贷记“财政拨款收入”“零余额账户用款额度”“银行存款”等科目。

(三)处置

高等学校按照规定报经批准处置文物文化资产,应当分别以下情况处理:

1.报经批准对外捐赠文物文化资产,按照被处置文物文化资产账面余额和捐赠过程中发生的归属于捐出方的相关费用合计数,借记“资产处置费用”科目,按照被处置文物文化资产账面余额,贷记“文物文化资产”科目,按照捐赠过程中发生的归属于捐出方的相关费用,贷记“银行存款”等科目。

[**例 9-20**] 2019 年 5 月 25 日,某大学报经批准向文物局捐赠一项文物文化资产,资产账面余额为 350 000 元,捐赠过程中发生相关费用 30 000 元,相关费用通过银行存款支付。账务处理如下:

财务会计:

借:资产处置费用—文物文化资产	380 000	
贷:银行存款—学校存款		30 000
文物文化资产		350 000

预算会计:

借:其他支出—捐赠等税费支出—其他资金支出	30 000	
贷:资金结存—货币资金		30 000

2.报经批准无偿调出文物文化资产,按照被处置文物文化资产账面余额,借记“无偿调拨净资产”科目,贷记“文物文化资产”科目;同时,按照无偿调出过程中发生的归属于调出方的相关费用,借记“资产处置费用”科目,贷记“银行存款”等科目。

[**例 9-21**] 2019 年 6 月 25 日,某大学报经批准无偿调出一项文物文化资

产，账面余额为400 000元，调出过程中发生相关费用45 000元，款项用银行存款支付。账务处理如下：

财务会计：

借：无偿调拨净资产　　400 000

　贷：文物文化资产　　400 000

借：资产处置费用—文物文化资产　　45 000

　贷：银行存款—学校存款　　45 000

预算会计：

借：其他支出—其他—其他资金支出　　45 000

　贷：资金结存—货币资金　　45 000

三、其他事项

高等学校应当定期对文物文化资产进行清查盘点，每年至少盘点一次。对于发生的文物文化资产盘盈、盘亏、毁损或报废等，应当先记入“待处理财产损溢”科目，按照规定报经批准后及时进行后续账务处理。

1.盘盈的文物文化资产，其成本按照有关凭据注明的金额确定。没有相关凭据但按照规定经过资产评估的，其成本按照评估价值确定；没有相关凭据也未经过评估的，其成本按照重置成本确定。盘盈的文物文化资产成本无法可靠取得的，单位应当设置备查簿进行登记，待成本确定后按照规定及时入账。

盘盈的文物文化资产，按照确定的入账成本，借记“文物文化资产”科目，贷记“待处理财产损溢”科目。

2.盘亏、毁损或报废的文物文化资产，按照待处置文物文化资产的账面余额，借记“待处理财产损溢”科目，贷记“文物文化资产”科目。

第四节　受托代理资产

一、概念

高等学校受托代理资产，是指高等学校接受委托方委托管理的各项资产，包括受托指定转赠物资、受托存储保管物资等的成本，也包括高等学校管理的罚没物资。

受托转赠物资是指接受委托人委托需要转赠给受赠人的物资；受托存储保

管物资是指接受委托人委托存储保管的物资。

二、会计核算

高等学校应当按照资产的种类和委托人进行明细核算；属于转赠资产的，还应当按照受赠人进行明细核算。

高等学校应当在“受托代理资产”科目下设置“应收及暂付款”“固定资产”“无形资产”“受托转赠物资”“受托存储保管物资”“罚设物资”明细科目。

高等学校收到的受托代理资产为现金和银行存款的，不通过“受托代理资产”科目核算，应当通过“库存现金”“银行存款”科目核算。

（一）受托转赠物资

1.接受委托人委托需要转赠给受赠人的物资，其成本按照有关凭据注明的金额确定。接受委托转赠的物资验收入库，按照确定的成本，借记“受托代理资产”科目，贷记“受托代理负债”科目。

受托协议约定由受托方承担相关税费、运输费等的，还应当按照实际支付的相关税费、运输费等金额，借记“其他费用”科目，贷记“银行存款”等科目。

2.将受托转赠物资交付受赠人时，按照转赠物资的成本，借记“受托代理负债”科目，贷记“受托代理资产”科目。

3.转赠物资的委托人取消了对捐赠物资的转赠要求，且不再收回捐赠物资的，应当将转赠物资转为单位的存货、固定资产等。按照转赠物资的成本，借记“受托代理负债”科目，贷记“受托代理资产”科目；同时，借记“库存物品”“固定资产”等科目，贷记“其他收入”科目。

［例 9-22］2019 年 5 月 20 日，某大学接受某企业转来五台笔记本电脑，需要转赠给某学院的贫困学生。相关凭据注明金额为 20 000 元，发生运输等相关费用 1 000 元，当日学校验收入库。受托协议约定由该大学承担运输等相关费用，费用以银行存款支付。2019 年 6 月 10 日，该企业取消了转赠要求，并表示不再收回捐赠物资，高等学校将其作为固定资产核算。账务处理如下：

（1）2019 年 5 月 20 日

财务会计：

借：受托代理资产—受托转赠物资	20 000	
贷：受托代理负债		20 000
借：其他费用—其他	1 000	
贷：银行存款—学校存款		1 000

预算会计：

借：其他支出—其他—其他资金支出　　1 000

　贷：资金结存—货币资金　　1 000

(2)2019 年 6 月 10 日

财务会计：

借：受托代理负债　　20 000

　贷：受托代理资产—受托转赠物资　　20 000

借：固定资产—通用设备　　20 000

　贷：其他收入—其他　　20 000

预算会计不作账务处理。

(二)受托存储保管物资

1.接受委托人委托存储保管的物资，其成本按照有关凭据注明的金额确定。接受委托储存的物资验收入库，按照确定的成本，借记“受托代理资产”科目，贷记“受托代理负债”科目。

2.发生由受托单位承担的与受托存储保管的物资相关的运输费、保管费等费用时，按照实际发生的费用金额，借记“其他费用”等科目，贷记“银行存款”等科目。

3.根据委托人要求交付或发出受托存储保管的物资时，按照发出物资的成本，借记“受托代理负债”科目，贷记“受托代理资产”科目。

(三)罚没物资

1.取得罚没物资时，其成本按照有关凭据注明的金额确定。罚没物资验收(入库)，按照确定的成本，借记“受托代理资产”科目，贷记“受托代理负债”科目。罚没物资成本无法可靠确定的，单位应当设置备查簿进行登记。

2.按照规定处置或移交罚没物资时，按照罚没物资的成本，借记“受托代理负债”科目，贷记“受托代理资产”科目。处置时取得款项的，按照实际取得的款项金额，借记“银行存款”等科目，贷记“应缴财政款”等科目。

[**例 9-23**] 2019 年 5 月 25 日，某大学取得一批罚没物资，有关凭据注明金额为 10 000 元，当日验收入库。2019 年 6 月 15 日，按照规定处置罚没物资，取得处置收入 6 000 元，收到一张转账支票。账务处理如下：

(1)2019 年 5 月 25 日

财务会计：

借：受托代理资产—罚没物资　　10 000

　贷：受托代理负债　　10 000

(2)2019 年 6 月 15 日

财务会计：

	借方	贷方
借：受托代理负债	10 000	
贷：受托代理资产—罚没物资		10 000
借：银行存款—学校存款	6 000	
贷：应缴财政款—应缴国库款		6 000

预算会计不作账务处理。

(四)受托代理款项

1.发生涉及受托代理资金的各种应收及暂付款时，按照实际发生金额，借记“受托代理资产—应收及暂付款”科目，贷记“银行存款—受托代理资产”“库存现金—受托代理资产”等科目；收回其他应收款项或报销时，借记“库存现金—受托代理资产”“银行存款—受托代理资产”“受托代理负债”等科目，贷记“受托代理资产—应收及暂付款”科目。

[**例 9-24**] 2019 年 6 月 3 日，某大学受托代理某学会会费发生预借差旅费 2 000元，款项以网上银行方式支付。6 月 6 日出差回来，报销差旅费 1 800 元，剩余款项 200 元交回现金。账务处理如下：

财务会计：

(1)预借差旅费时

	借方	贷方
借：受托代理资产—应收及暂付款	2 000	
贷：银行存款—受托代理资产		2 000

(2)出差回来报销时

	借方	贷方
借：受托代理负债	1 800	
库存现金—受托代理资产	200	
贷：受托代理资产—应收及暂付款		2 000

预算会计不作账务处理。

2.使用受托代理资金购置固定资产或无形资产时，借记“受托代理资产—固定资产”“受托代理资产—无形资产”科目，贷记“银行存款—受托代理资产”“库存现金—受托代理资产”等科目。受托代理资产科目下“固定资产”“无形资产”不计提折旧和摊销，受托代理的固定资产、无形资产报废、转交时，按照受托代理的固定资产、无形资产账面余额，借记“受托代理负债”科目，贷记“受托代理资产”科目及其明细科目。

[**例 9-25**] 2019 年 6 月 20 日，某大学受托代理某学会会费发生购置电脑一

台，购买价 4 000 元，以银行存款支付。账务处理如下：

财务会计：

借：受托代理资产—固定资产　　4 000

　贷：银行存款—受托代理资产　　4 000

预算会计不作账务处理。

3.单位受托代理的其他实物资产，参照本科目有关受托转赠物资、受托存储保管物资的规定进行账务处理。

本科目期末借方余额，反映单位受托代理实物资产的成本。

第五节　长期待摊费用

一、概念

高等学校的长期待摊费用是指学校已经支出，但应由本期和以后各期负担的分摊期限在一年以上（不含一年）的各项费用。具体包括以经营租赁方式租入的固定资产发生的改良支出以及摊销期限在一年以上的其他待摊费用。

长期待摊费用的主要特征：

(1)长期待摊费用属于长期资产；

(2)长期待摊费用是已经支出的各项费用；

(3)长期待摊费用应能使以后会计期间受益。

二、核算原则

1.学校在筹建期间发生的费用，除购置和建造固定资产以外，应先在长期待摊费用中归集，待学校开始开展业务起一次计入当期的损益。

2.租入固定资产改良支出应当在租赁期限与预计可使用年限两者孰短的期限内平均摊销。

3.固定资产大修理支出采取待摊方法的，实际发生的大修理支出应当在大修理间隔期内平均摊销。

4.其他长期待摊费用应当在受益期内平均摊销。

三、会计核算

长期待摊费用不能全部计入当年损益，应当在本期和以后年度内分期摊销。

“长期待摊费用”科目应当按照费用项目进行明细核算。

1.发生长期待摊费用时，按照支出金额，借记“长期待摊费用”科目，贷记“财政拨款收入”“零余额账户用款额度”“银行存款”等科目。

2.按照受益期间摊销长期待摊费用时，按照摊销金额，借记“业务活动费用”“单位管理费用”“经营费用”等科目，贷记“长期待摊费用”科目。

3.如果某项长期待摊费用已经不能使学校受益，应当将其摊余金额一次全部转入当期费用。按照摊销金额，借记“业务活动费用”“单位管理费用”“经营费用”等科目，贷记“长期待摊费用”科目。

4.本科目期末借方余额，反映学校尚未摊销完毕的长期待摊费用。

［**例 9-26**］2019 年 4 月 10 日，某省自然基金负责人租入科研设备一台，租期两年，租赁费 120 000 元，租赁合同于下月生效。因该设备无法满足本校科研需要，需对该设备进行改造，共发生改造支出 24 000 元，均以财政零余额资金支付，自下月开始摊销。账务处理如下：

财务会计：

(1)2019 年 4 月租入设备并进行改良时

借：长期待摊费用—租赁设备款　　144 000

　贷：零余额账户用款额度　　144 000

预算会计：

借：事业支出—科研支出—财政拨款支出—项目支出—自然科学基金—商品和服务支出—租赁费　　120 000

　事业支出—科研支出—财政拨款—项目支出—自然科学基金—商品和服务支出—维修费　　24 000

　贷：资金结存—零余额账户用款额度　　144 000

(2)5 月摊销时

摊销额＝144 000÷24＝6 000(元)

财务会计：

借：业务活动费用—科研费用—租赁费　　5 000

　业务活动费用—科研费用—维修费　　1 000

　贷：长期待摊费用—租赁设备款　　6 000

预算会计不作账务处理。

第六节　待处理财产损溢

一、概念

高等学校的待处理财产损溢是指高等学校在资产清查过程中查明的各种资产盘盈、盘亏和报废、毁损。

高等学校的财产清查是指盘点财产物资的实存数量,是对实物的清查,包括对货币资金(库存现金、银行存款、其他货币资金)、实物财产(存货、固定资产、文物文化资产等)、应收应付款、无形资产等进行盘存。

二、会计核算

"待处理财产损溢"科目核算高等学校在资产清查过程中查明的各种资产盘盈、盘亏和报废、毁损的价值。本科目应当按照待处理的资产项目进行明细核算;对于在资产处理过程中取得收入或发生相关费用的项目,还应当设置"待处理财产价值""处理净收入"明细科目,进行明细核算。

单位资产清查中查明的资产盘盈、盘亏、报废和毁损,一般应当先记入本科目,按照规定报经批准后及时进行账务处理。年末结账前一般应处理完毕。

(一)账款核对时发现的库存现金短缺或溢余

1.每日账款核对中发现现金短缺或溢余,属于现金短缺,按照实际短缺的金额,借记"待处理财产损溢"科目,贷记"库存现金"科目;属于现金溢余,按照实际溢余的金额,借记"库存现金"科目,贷记"待处理财产损溢"科目。

2.如为现金短缺,属于应由责任人赔偿或向有关人员追回的,借记"其他应收款"科目,贷记"待处理财产损溢"科目;属于无法查明原因的,报经批准核销时,借记"资产处置费用"科目,贷记"待处理财产损溢"科目。

3.如为现金溢余,属于应支付给有关人员或单位的,借记"待处理财产损溢"科目,贷记"其他应付款"科目;属于无法查明原因的,报经批准后,借记"待处理财产损溢"科目,贷记"其他收入"科目。

[**例 9-27**] 2019 年 1 月 18 日,某大学将超额库存现金存入银行时,发现一张 20 元假币,银行当即没收,库存现金盘点时短缺 20 元。1 月 19 日经查,无法查明假币来源。后期报经批准核销。账务处理如下:

(1)1 月 18 日盘点现金时

财务会计：

借：待处理财产损溢—货币资金　　20

　　贷：库存现金—学校现金　　20

预算会计：

借：其他支出—现金盘亏损失　　20

　　贷：资金结存—货币资金　　20

(2)后期报经批准时

财务会计：

借：资产处置费用—货币资金　　20

　　贷：待处理财产损溢—货币资金　　20

[**例 9-28**] 2019 年 3 月 20 日，某大学进行库存现金盘点时，发现当日库存现金账实不符，溢余现金 10 元。3 月 21 日，经查，属于少付某学院老师报销的现金，并及时付款。账务处理如下：

(1)3 月 20 日盘点库存现金时

财务会计：

借：库存现金—学校现金　　10

　　贷：待处理财产损溢—货币资金　　10

预算会计：

借：资金结存—货币资金　　10

　　贷：其他预算收入—现金盘盈收入　　10

(2)3 月 21 日，查明现金溢余情况时

财务会计：

借：待处理财产损溢—货币资金　　10

　　贷：其他应付款—×老师　　10

付款时：

借：其他应付款—×老师　　10

　　贷：库存现金—学校现金　　10

预算会计：

借：其他预算收入—现金盘盈收入　　10

　　贷：资金结存—货币资金　　10

（二）资产清查过程中发现的存货、固定资产、无形资产、文物文化资产等各种资产盘盈、盘亏或报废、毁损

1.盘盈的各类资产

（1）转入待处理资产时，按照确定的成本，借记“库存物品”“固定资产”“无形资产”“文物文化资产”等科目，贷记“待处理财产损溢”科目。

（2）按照规定报经批准后处理时，对于盘盈的流动资产，借记“待处理财产损溢”科目，贷记“单位管理费用”或“业务活动费用”科目。对于盘盈的非流动资产，如属于本年度取得的，按照当年新取得相关资产进行账务处理；如属于以前年度取得的，按照前期差错处理，借记“待处理财产损溢”科目，贷记“以前年度盈余调整”科目。

2.盘亏或者毁损、报废的各类资产

（1）转入待处理资产时，借记“待处理财产损溢”科目（待处理财产价值）（盘亏、毁损、报废固定资产、无形资产的，还应借记“固定资产累计折旧”“无形资产累计摊销”科目），贷记“库存物品”“固定资产”“无形资产”“文物文化资产”“在建工程”等科目。涉及增值税业务的，相关账务处理参见“应交增值税”科目。

报经批准处理时，借记“资产处置费用”科目，贷记“待处理财产损溢”科目（待处理财产价值）。

（2）处理毁损、报废实物资产过程中取得的残值或残值变价收入、保险理赔和过失人赔偿等，借记“库存现金”“银行存款”“库存物品”“其他应收款”等科目，贷记“待处理财产损溢”科目（处理净收入）；处理毁损、报废实物资产过程中发生的相关费用，借记“待处理财产损溢”科目（处理净收入），贷记“库存现金”“银行存款”等科目。

处理收支结清，如果处理收入大于相关费用的，按照处理收入减去相关费用后的净收入，借记“待处理财产损溢”科目（处理净收入），贷记“应缴财政款”等科目；如果处理收入小于相关费用的，按照相关费用减去处理收入后的净支出，借记“资产处置费用”科目，贷记“待处理财产损溢”科目（处理净收入）。

［**例 9-29**］2019 年 6 月 30 日，某大学在进行固定资产清查时，发现一台全新电脑查无归属，按照市场价确认该电脑价值 4 000 元，按照规定报经批准后归学校使用。账务处理如下：

（1）2019 年 6 月 30 日，转入待处理时

财务会计：

借：固定资产—通用设备　　4 000

　贷：待处理财产损溢—固定资产—待处理财产价值　　4 000

(2)报经批准后归学校使用

借:待处理财产损溢—固定资产—待处理财产价值　　4 000
　贷:以前年度盈余调整　　4 000

预算会计不作账务处理。

[**例 9-30**] 2019 年 12 月 20 日,某大学 A 学院一台教学实验设备经鉴定已不能继续使用,报经批准作报废处理。该设备账面余额 60 000 元,累计折旧 56 000元,报废过程中收到残值收入现金 600 元,处置过程中发生相关费用 100 元,现金支付。账务处理如下:

(1)2019 年 12 月 20 日,转入待处理时

财务会计:

借:待处理财产损溢—固定资产—待处理财产价值　　4 000
　固定资产累计折旧　　56 000
　贷:固定资产—专用设备　　60 000

(2)经批准作报废处理

财务会计:

借:资产处置费用—固定资产　　4 000
　贷:待处理财产损溢—固定资产—待处理财产价值　　4 000

(3)收到残值收入时

财务会计:

借:库存现金—学校现金　　600
　贷:待处理财产损溢—固定资产—处理净收入　　600

(4)处置过程中发生相关费用

财务会计:

借:待处理财产损溢—固定资产—处理净收入　　100
　贷:库存现金—学校现金　　100

(5)处理收支结清

财务会计:

借:待处理财产损溢—固定资产—处理净收入　　500
　贷:应缴财政款—应缴国库款　　500

预算会计不作账务处理。

3."待处理财产损溢"科目

"待处理财产损溢"科目期末如为借方余额,反映尚未处理完毕的各种资产的净损失;期末如为贷方余额,反映尚未处理完毕的各种资产净溢余。年末,经批准处理后,本科目一般应无余额。

第十章　流动负债

第一节　流动负债概述

一、概念

流动负债是指预计在一年内(含一年)偿还的负债,主要包括短期借款、应交增值税、其他应交税费、应缴财政款、应付职工薪酬、应付票据、应付账款、应付政府补贴款、应付利息、预收账款和其他应付款等。

二、特点

流动负债除具有负债的基本特征外还具有以下特点:

1.偿还期短,需要在一年内(含一年)偿还;

2.举借目的是为了满足短期周转资金的需要;

3.负债的数额相对较小;

4.一般以流动资金来偿付。

三、管理要求

1.高等学校的负债应当按照合同金额或实际发生额进行计量。

2.高等学校应当对不同性质的负债分类管理,及时清理并按照规定办理结算,保证各项负债在规定期限内归还。对于应交增值税,要合理调控,积极准备资金,保证按规定缴纳;对于应缴款项,应当严格按照国家相关规定执行,及时、足额上交,不得无故拖欠截留和坐收坐支;对于短期借款,学校应按照国家有关法律法规,向银行和非银行金融机构借款,并且应严格控制和管理,保证按时偿还。

3.高等学校应当建立健全财务风险控制机制,规范和加强借入款项管理,严格执行审批程序,不得违反规定举借债务和提供担保。

第二节 短期借款

一、概念

短期借款是指高等学校经批准向银行或其他金融机构等借入的期限在一年内(含一年)的各种借款,短期借款一般是学校为了维持正常的教学、科研或其他业务活动所需的资金而借入的或者为抵偿某项债务而借入的款项。

短期借款不包括学校从非金融机构取得借款。

二、管理要求

高等学校为了既保证教学业务的需要,又节约借款利息支出,在管理短期借款时应注意以下两点:

1.把握借款期限和金额,有计划地将借款到期时间和金额分散,以减轻流动性需要过于集中的压力;

2.短期借款要按约定利率和时间支付借款利息,并提前备好资金按时偿还借款本金。

三、会计核算

(一)账户设置

高等学校为了反映和核算短期借款业务,应当设置“短期借款”总账户,并应当按照债权人、借款种类和币种进行明细核算。本科目期末贷方余额,反映高等学校尚未偿还的短期借款本金。

(二)账务处理

1.借入各种短期借款时,按照实际借入的金额,借记“银行存款”科目,贷记本科目。

2.银行承兑汇票到期,本单位无力支付票款的,按照应付票据的账面余额,借记“应付票据”科目,贷记本科目。

3.归还短期借款时,借记本科目,贷记“银行存款”科目。

四、主要业务举例

[**例 10-1**] 2019 年 3 月 1 日,某大学从甲银行贷款 500 000 元用于学校人才

建设，贷款期限 6 个月，利率 6%，到期一次还本付息。账务处理如下：

(1)3 月 1 日借款到账

财务会计：

借：银行存款—学校存款　　500 000

　贷：短期借款—甲银行　　500 000

预算会计：

借：资金结存—货币资金　　500 000

　贷：债务预算收入—非专项资金收入　　500 000

(2)3 月末，按规定的利率计提利息费用

财务会计：

借：其他费用—利息费用　　2 500

　贷：应付利息—甲银行　　2 500

预算会计不作账务处理。

(3)2019 年 8 月 31 日，还本付息

财务会计：

借：短期借款—甲银行　　500 000

　　其他费用—利息费用　　15 000

　贷：银行存款—学校存款　　515 000

预算会计：

借：债务还本支出　　500 000

　　其他支出—利息支出—其他资金支出　　15 000

　贷：资金结存—货币资金　　515 000

第三节　应缴税费和应缴财政款

一、应交增值税

(一)概念

按照《关于全面推开营业税改征增值税试点的通知》(财税〔2016〕36 号)、《关于调整增值税税率的通知》(财税〔2018〕32 号)的规定，增值税是对在我国境内(以下称境内)销售服务、无形资产或者不动产(以下称应税行为)的单位和个人课征的一种流转税。按照纳税人的经营规模及会计核算的健全程度，增值税

纳税人可分为一般纳税人和小规模纳税人。

高等学校应税行为的具体范围，按照《营业税改征增值税试点实施办法》(财税〔2016〕36 号)所附的《销售服务、无形资产、不动产注释》执行。通常高等学校自身和后勤服务集团的经营所得，以及校内各部门非独立核算经营活动取得的收入，除了依法可以免税行为外，都应按照税法规定缴纳增值税。

增值税的计税方法包括一般计税方法和简易计税方法。一般纳税人发生应税行为适用一般计税方法计税，一般纳税人发生财政部和国家税务总局规定的特定应税行为，可以选择适用简易计税方法计税，但一经选择，36 个月内不得变更；小规模纳税人发生应税行为适用简易计税方法计税。

1.税率和征收率

税率和征收率见表 10-1。

表 10-1　　增值税税率和征收率表

纳税人	税　　目	税率/征收率
一般纳税人	1.纳税人发生除本表第二项、第三项、第四项规定外的应税行为	6%
	2.提供交通运输、邮政、基础电信、建筑、不动产租赁服务，销售不动产，转让土地使用权	10%
	3.提供有形动产租赁服务	16%
	4.境内单位和个人发生的跨境应税行为，税率为零；具体范围由财政部和国家税务总局另行规定	0
小规模纳税人	增值税征收率(财政部和国家税务总局另有规定的除外)	3%
	销售、出租不动产	5%

2.应纳税额的计算

(1)一般计税方法的应纳税额，是指当期销项税额抵扣当期进项税额后的余额。应纳税额计算公式为：

应纳税额＝当期销项税额－当期进项税额

当期销项税额小于当期进项税额不足抵扣时，其不足部分可以结转下期继续抵扣。

销项税额，是指纳税人发生应税行为按照销售额和增值税税率计算并收取的增值税额。销项税额计算公式为：

销项税额＝销售额×税率

一般计税方法的销售额不包括销项税额，纳税人采用销售额和销项税额合并定价方法的，按照下列公式计算销售额：

销售额＝含税销售额÷(1＋税率)

进项税额，是指纳税人购进货物、加工修理修配劳务、服务、无形资产或者不动产，支付或者负担的增值税额。

适用一般计税方法的纳税人，兼营简易计税方法计税项目、免征增值税项目而无法划分不得抵扣的进项税额，按照下列公式计算不得抵扣的进项税额：

不得抵扣的进项税额＝当期无法划分的全部进项税额×(当期简易计税方法计税项目销售额＋免征增值税项目销售额)÷当期全部销售额

纳税人适用一般计税方法计税的，因销售折让、中止或者退回而退还给购买方的增值税额，应当从当期的销项税额中扣减；因销售折让、中止或者退回而收回的增值税额，应当从当期的进项税额中扣减。

(2)简易计税方法的应纳税额是指按照销售额和增值税征收率计算的增值税额，不得抵扣进项税额。应纳税额计算公式为：

应纳税额＝销售额×征收率

简易计税方法的销售额不包括其应纳税额，纳税人采用销售额和应纳税额合并定价方法的，按照下列公式计算销售额：

销售额＝含税销售额÷(1＋征收率)

纳税人适用简易计税方法计税的，因销售折让、中止或者退回而退还给购买方的销售额，应当从当期销售额中扣减。扣减当期销售额后仍有余额造成多缴的税款，可以从以后的应纳税额中扣减。

(二)账户设置

高等学校为了反映和核算应交增值税业务，应当设置“应交增值税”总账账户，属于增值税一般纳税人的高等学校，应当在本科目下设置“应交税金”“未交税金”“预交税金”“待抵扣进项税额”“待认证进项税额”“待转销项税额”“简易计税”“转让金融商品应交增值税”“代扣代交增值税”等明细科目。本科目期末贷方余额，反映高等学校应交未交的增值税；期末如为借方余额，反映高等学校尚未抵扣或多交的增值税。

1.“应交税金”明细账内应当设置“进项税额”“已交税金”“转出未交增值税”“减免税款”“销项税额”“进项税额转出”“转出多交增值税”等专栏。其中：

(1)“进项税额”专栏，记录高等学校购进货物、加工修理修配劳务、服务、无形资产或不动产而支付或负担的、准予从当期销项税额中抵扣的增值税额。

(2)“已交税金”专栏,记录高等学校当月已交纳的应交增值税额。

(3)“转出未交增值税”和“转出多交增值税”专栏,分别记录高等学校月度终了转出当月应交未交或多交的增值税额。

(4)“减免税款”专栏,记录高等学校按照现行增值税制度规定准予减免的增值税额。

(5)“销项税额”专栏,记录高等学校销售货物、加工修理修配劳务、服务、无形资产或不动产应收取的增值税额。

(6)“进项税额转出”专栏,记录高等学校购进货物、加工修理修配劳务、服务、无形资产或不动产等发生非正常损失以及其他原因而不应从销项税额中抵扣、按照规定转出的进项税额。

2.“未交税金”明细科目,核算高等学校月度终了从“应交税金”或“预交税金”明细科目转入当月应交未交、多交或预缴的增值税额,以及当月交纳以前期间未交的增值税额。

3.“预交税金”明细科目,核算高等学校转让不动产、提供不动产经营租赁服务等,以及其他按照现行增值税制度规定应预缴的增值税额。

4.“待抵扣进项税额”明细科目,核算高等学校已取得增值税扣税凭证并经税务机关认证,按照现行增值税制度规定准予以后期间从销项税额中抵扣的进项税额。

5.“待认证进项税额”明细科目,核算高等学校由于未经税务机关认证而不得从当期销项税额中抵扣的进项税额。包括:高等学校已取得增值税扣税凭证并按规定准予从销项税额中抵扣,但尚未经税务机关认证的进项税额;高等学校已申请稽核但尚未取得稽核相符结果的海关缴款书进项税额。

6.“待转销项税额”明细科目,核算高等学校销售货物、加工修理修配劳务、服务、无形资产或不动产,已确认相关收入(或利得)但尚未发生增值税纳税义务而需于以后期间确认为销项税额的增值税额。

7.“简易计税”明细科目,高等学校采用简易计税方法只需在“应交增值税”总账户下设置“简易计税”明细科目,本科目核算高等学校发生的增值税计提、扣减、预缴、缴纳等业务。

8.“转让金融商品应交增值税”明细科目,核算高等学校转让金融商品发生的增值税额。

9.“代扣代交增值税”明细科目,核算高等学校购进在境内未设经营机构的境外单位或个人在境内的应税行为代扣代缴的增值税。

属于增值税小规模纳税人的高等学校只需在本科目下设置“转让金融商品应交增值税”“代扣代交增值税”明细科目。

（三）增值税一般纳税人账务处理

1.高等学校取得资产或接受劳务等业务

（1）采购等业务进项税额允许抵扣。高等学校购买用于增值税应税项目的资产或服务等时，按照应当计入相关成本费用或资产的金额，借记“业务活动费用”“在途物品”“库存物品”“工程物资”“在建工程”“固定资产”“无形资产”等科目；按照当月已认证的可抵扣增值税额，借记本科目（应交税金—进项税额）；按照当月未认证的可抵扣增值税额，借记本科目（待认证进项税额）；按照应付或实际支付的金额，贷记“应付账款”“应付票据”“银行存款”“零余额账户用款额度”等科目。

发生退货的，如原增值税专用发票已做认证，应当根据税务机关开具的红字增值税专用发票做相反的会计分录；如原增值税专用发票未做认证，应将发票退回并做相反的会计分录。

［**例 10-2**］某大学系增值税一般纳税人，2019 年 3 月，学校一项横向课题（W 课题）通过规定程序购入一批专用设备，取得增值税专用发票上注明的设备价款 100 000 元，增值税额为 16 000 元，货款银行转账支付，经认证增值税额可抵扣。账务处理如下：

财务会计：

借：固定资产—专用设备　　100 000

　　应交增值税—应交税金（进项税额）　　16 000

　　贷：银行存款—学校存款　　116 000

预算会计：

借：事业支出—科研支出—非财政专项资金支出—项目支出—科技成果转化与扩散—资本性支出—专用设备购置　　116 000

　　贷：资金结存—货币资金　　116 000

（2）采购等业务进项税额不得抵扣。高等学校购进资产或服务等，用于简易计税方法计税项目、免征增值税项目、集体福利或个人消费等，其进项税额按照现行增值税税法规定不得从销项税额中抵扣的，取得增值税专用发票时，应当按照增值税发票注明的金额，借记相关成本费用或资产科目；按照待认证的增值税进项税额，借记本科目（待认证进项税额）；按照实际支付或应付的金额，贷记“银行存款”“应付账款”“零余额账户用款额度”等科目。

经税务机关认证为不可抵扣进项税时，借记本科目(应交税金—进项税额)科目，贷记本科目(待认证进项税额)；同时，将进项税额转出，借记相关成本费用科目，贷记本科目(应交税金—进项税额转出)。

[**例 10-3**] 某大学系增值税一般纳税人，2019 年 1 月 3 日通过政府采购，从甲公司购买一批经营用材料(A 材料)，取得增值税专用发票上注明的价款 50 000元，增值税额为 8 000 元，未经税务部门认证，货款以银行转账方式支付，1 月 25 日学生食堂维修领用了这批材料，后经税务机关认证为不可抵扣进项税。账务处理如下：

(1)2019 年 1 月 3 日，取得增值税专用发票时

财务会计：

借：库存物品—A 材料　　50 000

　应交增值税—应交税金(待认证进项税额)　　8 000

　贷：银行存款—学校存款　　58 000

预算会计：

借：经营支出　　58 000

　贷：资金结存—货币资金　　58 000

(2)2019 年 1 月 25 日，学生食堂维修领用了经营用材料

经税务机关认证为不可抵扣的进项税：

借：应交增值税—应交税金(进项税额)　　8 000

　贷：应交增值税—应交税金(待认证进项税额)　　8 000

借：单位管理费用—后勤保障费用—商品和服务费用　　58 000

　贷：应交增值税—应交税金(进项税额转出)　　8 000

　　库存物品—A 材料　　50 000

预算会计：

借：事业支出—后勤保障支出—其他资金支出—基本支出—高等教育—商品和服务支出—维修(护)费　　58 000

　贷：经营支出　　58 000

[**例 10-4**] 某大学系增值税一般纳税人，2019 年 5 月 6 日，学校购入 B 材料一批，取得增值税专用发票注明的价款为 40 000 元，增值税额为 6 400 元，增值税专用发票已做认证可以抵扣，B 材料已入库，货款以银行转账支付。

(1)假设该材料购入时已确定用于某大学科研处 X 项目，X 项目为校企合

作项目,在税务机关办理了免税备案登记。

根据《营业税改征增值税试点过渡政策的规定》第二十六条,纳税人提供技术转让、技术开发和与之相关的技术咨询、技术服务项目免征增值税。账务处理如下:

财务会计:

借:业务活动费用—科研费用—商品和服务费用　46 400

　贷:银行存款—学校存款　46 400

预算会计:

借:事业支出—科研支出—非财政专项资金支出—项目支出—科技成果转化与扩散—商品和服务支出—专用材料费　46 400

　贷:资金结存—货币资金　46 400

(2)假设该材料购入时并未确定用途,账务处理如下:

财务会计:

借:库存物品—B材料　40 000

　应交增值税—应交税费(进项税额)　6 400

　贷:银行存款—学校存款　46 400

预算会计:

借:事业支出—待处理　46 400

　贷:资金结存—货币资金　46 400

(3)X项目领用材料时:

财务会计:

借:业务活动费用—科研费用—商品和服务费用　46 400

　贷:库存物品—B材料　40 000

　　应交增值税—应交税费(进项税额转出)　6 400

预算会计:

借:事业支出—科研支出—非财政专项资金支出—项目支出—科技成果转化与扩散—商品和服务支出—专用材料费　46 400

　贷:事业支出—待处理　46 400

(3)购进不动产或不动产在建工程按照规定进项税额分年抵扣。财税〔2016〕36号文附件2及国家税务总局2016年第15号公告规定,适用一般计税方法的试点纳税人,2016年5月1日后取得并在会计制度上按固定资产核算的不动产或者2016年5月1日后取得的不动产在建工程,其进项税额应自取得之日起分两年从销项税额中抵扣：一年抵扣比例为 60%，二年抵扣比例为 40%。取得的不动产，包括以直接购买、接受捐赠、接受投资入股以及抵债等各种形式取得的不动产。纳税人新建、改建、扩建、修缮、装饰不动产，属于不动产在建工程。

高等学校取得应税项目为不动产或者不动产在建工程，应当按照取得成本，借记“固定资产”“在建工程”等科目；按照当期可抵扣的增值税额，借记本科目（应交税金—进项税额）；按照以后期间可抵扣的增值税额，借记本科目（待抵扣进项税额）；按照应付或实际支付的金额，贷记“应付账款”“应付票据”“银行存款”“零余额账户用款额度”等科目。

尚未抵扣的进项税额待以后期间允许抵扣时，按照允许抵扣的金额，借记本科目（应交税金—进项税额），贷记本科目（待抵扣进项税额）。

[例 10-5] 某大学系增值税一般纳税人，2019 年 8 月学校购进一座经营用办公楼，购入价 11000 000 元，已取得增值税专用发票，发票注明的价款 10 000 000元，增值税额 1 000 000 元，款项已通过银行转账方式支付。账务处理如下：

(1)取得扣税凭证的当期，即 2019 年 8 月

可抵扣进项税额＝1 000 000×60%＝600 000(元)。

财务会计：

借：固定资产—房屋及建筑物　　10 000 000

　应交增值税—应交税金(进项税额)　　600 000

　应交增值税—待抵扣进项税额　　400 000

　贷：银行存款　　11 000 000

预算会计：

借：经营支出　　11 000 000

　贷：资金结存—货币资金　　11 000 000

(2)取得扣税凭证的当月起第 13 个月，即 2020 年 8 月

可抵扣进项税额＝1000 000 ×40%＝400 000(元)。

财务会计：

借：应交增值税—应交税金(进项税额) 400 000

　贷：应交增值税—待抵扣进项税额　　400 000

预算会计不作账务处理。

(4)进项税额抵扣情况发生改变。高等学校因发生非正常损失或改变用途

等，原已计入进项税额、待抵扣进项税额或待认证进项税额，但按照现行增值税制度规定不得从销项税额中抵扣的，借记“待处理财产损益”“固定资产”“无形资产”等科目，贷记本科目（应交税金—进项税额转出）、本科目（待抵扣进项税额）或本科目（待认证进项税额）。

原不得抵扣且未抵扣进项税额的固定资产、无形资产等，因改变用途等用于允许抵扣进项税额的应税项目的，应按照允许抵扣的进项税额，借记本科目（应交税金—进项税额），贷记“固定资产”“无形资产”等科目。固定资产、无形资产等经上述调整后，应按照调整后的账面价值在剩余尚可使用年限内计提折旧或摊销。

高等学校购进时已全额计入进项税额的货物或服务等转用于不动产在建工程的，对于结转以后期间的进项税额，应借记本科目（待抵扣进项税额），贷记本科目（应交税金—进项税额转出）。

[例 10-6] 某大学系增值税一般纳税人，2019 年年末进行资产清查，发现经营用 A 材料盘亏 100 件，其账面成本 100 000 元，该材料增值税率 16%。盘亏原因待查。账务处理如下：

财务会计：

借：待处理财产损溢—存货—待处理财产价值　　116 000

　贷：库存物品—A 材料　　100 000

　　应交增值税—应交税费（进项税额转出）　　16 000

预算会计不作账务处理。

假设经查明是由于仓库管理不善造成的被盗损失，经相关部门批准，除 70 000元由保险公司承担外，其余全部计入当期“经营费用”。账务处理如下：

财务会计：

借：经营费用　　46 000

　其他应收款—保险公司理赔款　　70 000

　贷：待处理财产损溢—存货—待处理财产价值　　116 000

预算会计不作账务处理。

(5)购买方作为扣缴义务人。按照现行增值税制度规定，境外单位或个人在境内发生应税行为，在境内未设有经营机构的，以购买方为增值税扣缴义务人。境内一般纳税人购进服务或资产时，按照应计入相关成本费用或资产的金额，借记“业务活动费用”“在途物品”“库存物品”“工程物资”“在建工程”“固定资产”“无形资产”等科目，按照可抵扣的增值税额，借记本科目（应交税金—进项税额)(小规模纳税人应借记相关成本费用或资产科目),按照应付或实际支付的金额,贷记“银行存款”“应付账款”等科目;按照应代扣代缴的增值税额,贷记本科目(代扣代交增值税)。

实际缴纳代扣代缴增值税时,按照代扣代缴的增值税额,借记本科目(代扣代交增值税),贷记“银行存款”“零余额账户用款额度”等科目。

[**例 10-7**] 某大学系增值税一般纳税人,2019 年 6 月 8 日,从境外乙公司采购一台经营用进口化学分析设备。2019 年 7 月 1 日,因设备故障,乙公司派遣技术人员在境内提供维修设备劳务,乙公司在境内未设有经营机构,7 月底维修完毕,经双方核定,学校应支付乙公司劳务费 11 600 元。2019 年 9 月 5 日,学校通过银行转账支付了该费用。账务处理如下:

(1)2019 年 7 月

应代扣代缴的增值税进项税额=11 600÷(1+16%)×16%=1 600(元)。

财务会计:

借:经营费用　　10 000

　应交增值税—应交税金(进项税额)　　1 600

　贷:应付账款—乙公司　　10 000

　　应交增值税—代扣代交增值税　　1 600

预算会计不作账务处理。

(2)2019 年 8 月实际缴纳代扣代缴增值税时

财务会计:

借:应交增值税—代扣代交增值税　　1 600

　贷:银行存款—学校存款　　1 600

预算会计:

借:经营支出　　1 600

　贷:资金结存—货币资金　　1 600

(3)2019 年 9 月支付劳务费时

财务会计:

借:应付账款—乙公司　　10 000

　贷:银行存款—学校存款　　10 000

预算会计:

借:经营支出　　10 000

　贷:资金结存—货币资金　　10 000

2.高等学校销售资产或提供服务等业务

高等学校销售货物或提供服务，应当按照应收或已收的金额，借记“应收账款”“应收票据”“银行存款”等科目，按照确认的收入金额，贷记“经营收入”“事业收入”等科目，按照现行增值税制度规定计算的销项税额（或采用简易计税方法计算的应纳增值税额），贷记本科目（应交税金—销项税额）或本科目（简易计税）（小规模纳税人应贷记本科目）。发生销售退回的，应根据按照规定开具的红字增值税专用发票做相反的会计分录。

按照本制度及相关政府会计准则确认收入的时点早于按照增值税制度确认增值税纳税义务发生时点的，应将相关销项税额计入本科目（待转销项税额），待实际发生纳税义务时再转入本科目（应交税金—销项税额）或本科目（简易计税）。

按照增值税制度确认增值税纳税义务发生时点早于按照本制度及相关政府会计准则确认收入的时点的，应按照应纳增值税额，借记“应收账款”科目，贷记本科目（应交税金—销项税额）或本科目（简易计税）。

［例 10-8］某大学系增值税一般纳税人，2019 年 4 月份学校化学学院接受乙集团的委托，承担一项新材料、新工艺的技术研发，合同金额 5 300 000 元，学校开具了增值税专用发票，该项目尚未在税务机关备案登记，财务部门为该笔经费设置了一个账号 B（简称 B 课题）。账务处理如下：

先进行价税分离换算：

不含税销售额＝5 300 000÷(1＋6%)＝5 000 000(元)。

再确认销项税额：

销项税额＝5 000 000×6%＝300 000(元)。

财务会计：

借：银行存款—学校存款　　5 300 000

　贷：事业收入—科研事业收入—横向科研收入　　5 000 000

　　　应交增值税—应交税金(销项税额)　　300 000

预算会计：

借：资金结存—货币资金　　5 300 000

　贷：事业预算收入—科研事业预算收入—横向科研收入　　5 300 000

3.月末转出多交增值税和未交增值税

月度终了，高等学校应当将当月应交未交或多交的增值税自“应交税金”明细科目转入“未交税金”明细科目。对于当月应交未交的增值税，借记本科目

(应交税金—转出未交增值税),贷记本科目(未交税金)。

对于当月多交的增值税,借记本科目(未交税金),贷记本科目(应交税金—转出多交增值税)。

[例 10-9] 续[例 10-8],假设某大学 3 月份除产生了 160 000 元进项税额外没有其他增值税应税项目,所以学校 3 月份没有纳税义务产生,3 月份的进项税额可以结转到 4 月份继续抵扣。账务处理如下:

4 月份应纳税额＝ 300 000－160 000＝140 000(元)。

财务会计:

借:应交增值税—应交税金(转出未交增值税)　　140 000

　贷:应交增值税—未交税金　　140 000

预算会计不作账务处理。

4.交纳增值税

(1)交纳当月应交增值税。高等学校交纳当月应交的增值税,借记本科目(应交税金—已交税金)(小规模纳税人借记本科目),贷记“银行存款”等科目。

[例 10-10] 假定某大学 4 月份因承担一项新工艺而应缴纳增值税 240 000 元,当月通过银行转账支付。账务处理如下:

借:应交增值税—应交税金(已交税金)　　240 000

　贷:银行存款—学校存款　　240 000

预算会计:

借:事业支出—科研支出—非财政专项资金支出—项目支出—科技成果转化与扩散—商品和服务支出—税金及附加费用　　240 000

　贷:资金结存—货币资金　　240 000

(2)交纳以前期间未交增值税。高等学校交纳以前期间未交的增值税,借记本科目(未交税金)(小规模纳税人借记本科目),贷记“银行存款”等科目。

(3)预交增值税。学校预交增值税时,借记本科目(预交税金),贷记“银行存款”等科目。月末,高等学校应将“预交税金”明细科目余额转入“未交税金”明细科目,借记本科目(未交税金),贷记本科目(预交税金)。

[例 10-11] 续[例 10-9]假设某大学 4 月份预缴了 200 000 元增值税,税款已通过银行划拨。月末账务处理如下:

预缴时:

财务会计:

借：应交增值税—预交税金　　200 000

　　贷：银行存款—学校存款　　200 000

预算会计：

借：事业支出—科研支出—非财政专项资金支出—项目支出—科技成果转化与扩散—商品和服务支出—税金及附加费用　　200 000

　　贷：资金结存—货币资金　　200 000

月末：

借：应交增值税—未交税金　　200 000

　　贷：应交增值税—预交税金　　200 000

预算会计不作账务处理。

(4)减免增值税。对于当期直接减免的增值税，借记本科目(应交税金—减免税款)，贷记“业务活动费用”“经营费用”等科目。

按照现行增值税制度规定，高等学校初次购买增值税税控系统专用设备支付的费用以及缴纳的技术维护费允许在增值税应纳税额中全额抵减的，按照规定抵减的增值税应纳税额，借记本科目(应交税金—减免税款)(小规模纳税人借记本科目)，贷记“业务活动费用”“经营费用”等科目。

[**例 10-12**] 2019 年 3 月 7 日，某大学认定为增值税一般纳税人后首次购入增值税税控系统专用设备，银行转账支付价款 720 元，同时支付当年增值税税控系统专用设备技术维护费 330 元。两项合计抵减当月增值税应纳税额 1 050 元。账务处理如下：

财务会计：

(1)购入设备

借：单位管理费用—行政管理费用—商品和服务费用　　1 050

　　贷：银行存款—学校存款　　1 050

(2)抵税

借：应交增值税—应交税金(减免税款)　　1 050

　　贷：单位管理费用—行政管理费用—商品和服务费用　　1 050

预算会计：

借：事业支出—行政管理支出—其他资金支出—基本支出—高等教育—商品和服务支出—税金及附加费用　　1 050

　　贷：资金结存—货币资金　　1 050

(四)增值税小规模纳税人主要账务处理

1.购入应税资产或服务

(1)小规模纳税人购买资产或服务等时不能抵扣增值税,发生的增值税计入资产成本或相关成本费用。按价税合计金额借记"业务活动费用""在途物品""库存物品"等,按实际支付的金额贷记"银行存款"等,按开出并承兑的商业汇票贷记"应付票据",按应付的金额贷记"应付账款"等。

(2)购进资产或服务时作为扣缴义务人,借记"在途物品""库存物品""固定资产""无形资产"等,贷记"应付账款""银行存款""应交增值税—代扣代交增值税"等,实际缴纳增值税时参见一般纳税人的账务处理。

2.销售应税资产或提供应税服务

(1)销售资产或提供服务时,按包含增值税的价款总额借记"银行存款""应收账款""应收票据"等科目,按扣除增值税金额后的价款贷记"事业收入""经营收入"等科目、按增值税金额贷记"应交增值税"。

(2)金融商品转让产生收益时,按净收益计算的应纳增值税借记"投资收益",贷记"应交增值税—转让金融商品应交增值税";产生损失时,按净损失计算的应纳增值税借记"应交增值税—转让金融商品应交增值税",贷记"投资收益",实际缴纳时见一般纳税人的账务处理。

3.小规模纳税企业期末"应交增值税"明细账户的贷方余额,即为本月应交的增值税。

[**例 10-13**] 某大学为小规模纳税人,适用征收率为 3%,2019 年 3 月份该学校接受甲公司委托研发新材料(W 项目),该项目尚未在税务机关备案登记,项目合同金额 800 000 元,该款项已存入学校银行账户,学校开具了增值税专用发票;当月 W 项目组购入 A 材料一批,取得的增值税专用发票上注明价款 300 000 元,增值税额 48 000 元,材料已入库,款项尚未支付。账务处理如下:

(1)收到委托合同款时

价税分离:

计算应纳税收入额=800 000÷(1+3%)=776 699 (元)

计算应缴增值税=776 699×3%=23 301 (元)

财务会计:

借:银行存款—学校存款	800 000	
贷:事业收入—科研事业收入—横向科研收入		776 699
应交增值税		23 301

预算会计：

借：资金结存—货币资金　　800 000

　贷：事业预算收入—科研事业预算收入—横向科研收入　　800 000

(2)购进材料时

财务会计：

借：库存物品—A 材料　　348 000

　贷：应付账款—甲公司　　348 000

预算会计不作账务处理。

[**例 10-14**] 月末通过银行转账缴纳增值税 23 301 元。账务处理如下：

财务会计：

借：应交增值税　　23 301

　贷：银行存款—学校存款　　23 301

预算会计：

借：事业支出—科研支出—非财政专项资金支出—项目支出—科技成果转化与扩散—商品和服务支出—税金及附加费用　　23 301

　贷：资金结存—货币资金　　23 301

二、其他应交税费

（一）概念

其他应交税费是指高等学校按照税法等规定计算应交纳的除增值税以外的各种税费，包括城市维护建设税、教育费附加、地方教育费附加、车船税、房产税、城镇土地使用税、企业所得税和高等学校代扣代缴的个人所得税等。

城市维护建设税是以纳税人实际交纳的增值税和消费税税额为纳税依据，并按规定税率计算征收的一种税；车船税是以车船为征税对象，向拥有车船的单位和个人征收的一种税；房产税是以城市、县城、建制镇和工矿区的房产为征税对象，按照房屋的计税余值或房产租金收入向产权所有人征收的一种财产税；城镇土地使用税是以城镇土地为征税对象，以实际占用土地面积为计税依据向拥有土地使用权的高等学校和个人征收的一种税；企业所得税是对我国境内的企业和其他取得收入的组织的生产经营所得和其他所得征收的税种。

高等学校应交纳的印花税不需要预提应交税费，直接通过“业务活动费用”“单位管理费用”“经营费用”等科目核算，不通过本科目核算。

(二)账户设置

高等学校为了反映和核算其他应交税费业务，应当设置“其他应交税费”总账户，并按照应交纳的税费种类进行明细核算。其他应交税费期末贷方余额，反映高等学校应交未交的除增值税以外的税费金额；期末如为借方余额，反映高等学校多交纳的除增值税以外的税费金额。

(三)账务处理

1.发生城市维护建设税、教育费附加、地方教育费附加、车船税、房产税、城镇土地使用税等纳税义务的，按照税法规定计算的应缴税费金额，借记“业务活动费用”“单位管理费用”“经营费用”等科目，贷记“其他应交税费—应交城市维护建设税/应交教育费附加/应交地方教育费附加/应交车船税/应交房产税/应交城镇土地使用税”等。

2.按照税法规定计算应代扣代缴职工(含长期聘用人员)的个人所得税，借记“应付职工薪酬”科目，贷记“其他应交税费—应交个人所得税”。

按照税法规定计算应代扣代缴支付给职工(含长期聘用人员)以外人员劳务费的个人所得税，借记“业务活动费用”“单位管理费用”等科目，贷记“其他应交税费—应交个人所得税”。

3.发生企业所得税纳税义务的，按照税法规定计算的应交所得税额，借记“所得税费用”科目，贷记“其他应交税费—单位应交所得税”(单位应交所得税)。

4.高等学校实际交纳上述各种税费时，借记“其他应交税费—应交城市维护建设税/应交教育费附加/应交地方教育费附加/应交车船税/应交房产税/应交城镇土地使用税/应交个人所得税/单位应交所得税等”，贷记“财政拨款收入”“零余额账户用款额度”“银行存款”等科目。

[**例 10-15**] 2019 年 1 月，某大学按税法规定计算，行政部门公务用车本年应缴纳车船税 2 500 元。账务处理如下：

财务会计：

借：单位管理费用—行政管理费用—商品和服务费用　　2 500

　贷：其他应交税费—应交车船税　　2 500

预算会计不作账务处理。

[**例 10-16**] 某大学通过银行转账缴纳本月的属于横向课题应负担的城市维护建设税 1 470 元、教育费附加 630 元，归属于行政管理部门的车船税 2 500 元，共计 4 600 元。

财务会计：

借：其他应交税费—应交城市维护建设　　1 470

　其他应交税费—应交教育费附加　　630

　其他应交税费—应交车船税　　2 500

　贷：银行存款—学校存款　　4 600

预算会计：

借：事业支出—科研支出—非财政专项资金支出—项目支出—科技成果转化与扩散—商品和服务支出—税金及附加费用　　2 100

　事业支出—行政管理支出—其他资金支出—基本支出—高等教育—商品和服务支出—税金及附加费用　　2 500

　贷：资金结存—货币资金　　4 600

三、应缴财政款

（一）概念

应缴财政款是指高等学校取得或应收的按照规定应当上缴财政的款项，包括应缴国库的款项和应缴财政专户的款项。

高等学校应缴财政款包括高等学校收取的各种学费、住宿费、代收教材费及高等学校处置国有资产的收入等。

高等学校按照国家税法等有关规定应当缴纳的各种税费，通过“应交增值税”“其他应交税费”科目核算，不通过本科目核算。

（二）账户设置

高等学校为了反映和核算应缴财政款业务，应当设置“应缴财政款”总账户，并按照应缴财政款项的类别进行明细核算。

（三）账务处理

1.高等学校取得或应收按照规定应缴财政的款项时，借记“银行存款”“应收账款”等科目，贷记本科目。

2.高等学校处置资产取得的应上缴财政的处置净收入的账务处理，参见“待处理财产损溢”等科目。

3.高等学校上交应缴财政的款项时，按照实际上交的金额，借记本科目，贷记“银行存款”科目。

［**例 10-17**］2019 年 8 月 20 日，某大学继续教育学院收到网络教育学费 50 000元，已经存入学校的银行账户。账务处理如下：

财务会计：

借：银行存款—学校存款　　50 000

　　贷：应缴财政款—应缴财政专户款　　50 000

预算会计不作账务处理。

［**例 10-18**］2019 年 8 月 28 日，某大学将收到学费及住宿费 200 000 元，上缴财政专户。

财务会计：

借：应缴财政款—应缴财政专户款　　200 000

　　贷：银行存款—学校存款　　200 000

预算会计不作账务处理。

第四节　应付职工薪酬

一、概述

职工薪酬是指高等学校为获得教职工提供的服务或解除劳动关系而给予的各种形式的报酬或补偿。高等学校提供给教职工配偶、子女、受赡养人、已故员工遗属及其他受益人等的福利，也属于职工薪酬。

二、管理要求

1.“应付职工薪酬”核算高等学校按照有关规定应付给职工（含长期聘用人员）及为职工支付的各种薪酬，包括基本工资、国家统一规定的津贴补贴、规范津贴补贴（绩效工资）、改革性补贴、社会保险费（如职工基本养老保险费、职业年金、基本医疗保险费等）、住房公积金等。

2.“应付职工薪酬”科目只是核算高等学校应付给“本单位”职工及为“本单位”职工支付的各种薪酬。现在比较普遍的劳务派遣人员的工资和津贴补贴等，应由劳务派遣公司支付，高等学校支付派遣公司的费用属于劳务费范畴，不能通过“应付职工薪酬”科目核算。

三、账户设置

高等学校为了反映和核算应付职工薪酬业务，应当设置“应付职工薪酬”总账账户，本科目应当根据国家有关规定按照“基本工资（含离退休费）”“国家统一规定的津贴补贴”“规范津贴补贴(绩效工资)”“改革性补贴”“社会保险费”“住房公积金”“其他个人收入”等进行明细核算。其中,“社会保险费”“住房公积金”明细科目核算内容包括高等学校从职工工资中代扣代缴的社会保险费、住房公积金,以及高等学校为职工计算缴纳的社会保险费、住房公积金。本科目期末贷方余额,反映高等学校应付未付的职工薪酬。

四、账务处理

1.计算确认当期应付职工薪酬(含高等学校为职工计算缴纳的社会保险费、住房公积金)。

(1)计提从事专业及其辅助活动人员的职工薪酬,借记“业务活动费用”“单位管理费用”科目,贷记本科目。

(2)计提应由在建工程、加工物品、自行研发无形资产负担的职工薪酬,借记“在建工程”“加工物品”“研发支出”等科目,贷记本科目。

(3)计提从事专业及其辅助活动之外的经营活动人员的职工薪酬,借记“经营费用”科目,贷记本科目。

(4)因解除与职工的劳动关系而给予的补偿,借记“单位管理费用”等科目,贷记本科目。

2.向职工支付工资、津贴补贴等薪酬时,按照实际支付的金额,借记本科目,贷记“财政拨款收入”“零余额账户用款额度”“银行存款”等科目。

3.按照税法规定代扣职工个人所得税时,借记本科目(基本工资),贷记“其他应交税费—应交个人所得税”科目。

从应付职工薪酬中代扣为职工垫付的水电费、房租等费用时,按照实际扣除的金额,借记本科目(基本工资),贷记“其他应收款”等科目。

从应付职工薪酬中代扣社会保险费和住房公积金,按照代扣的金额,借记本科目(基本工资),贷记本科目(社会保险费、住房公积金)。

4.按照国家有关规定缴纳职工社会保险费和住房公积金时,应按实际支付的金额,借记本科目(社会保险费、住房公积金),贷记“财政拨款收入”“零余额账户用款额度”“银行存款”等科目。

5.从应付职工薪酬中支付的其他款项,借记本科目,贷记“零余额账户用款额度”“银行存款”等科目。

五、主要业务举例

[例 10-19] 某大学2019年10月份工资统计，见表10-2所示。

表10-2　　2019年10月份计提工资统计表

部门	基本工资	绩效工资	住房及物业补贴	应发工资
经管学院	151 216	190 987	64 157	406 360
会计学院	133 909	168 222	55 048	357 179
人文学院	78 868	97 596	37 786	214 250
机电学院	145 322	194 477	70 270	410 069
小计	509 315	651 282	227 261	1 387 858
行政部门	105 051	114 913	42 083	262 047
后勤保障部门	21 684	25 121	8 859	55 664
离退休部门	39 274	49 823	17 748	106 845
小计	166 009	189 857	68 690	424 556
实习农场*	13 884	17 085	5 619	36 588
果蔬中心*	46 244	49 847	18 535	114 626
小计	60 128	66 932	24 154	151 214
科研处	26 546	30 768	10 721	68 035
小计	26 546	30 768	10 721	68 035
合计	761 998	938 839	330 826	2 031 663

注：实习农场和果蔬中心的是从事农产品经营非独立核算单位。

账务处理如下：

财务会计：

借：业务活动费用—教育费用—工资福利费用　　1 387 858

　　业务活动费用—科研费用—工资福利费用　　68 035

　　单位管理费用—行政管理费用—工资福利费用　　262 047

　　单位管理费用—后勤保障费用—工资福利费用　　55 664

　　单位管理费用—离退休费用—对个人和家庭的补助　　106 845

　　经营费用　　151 214

　　贷：应付职工薪酬—基本工资　　761 998

　　　　应付职工薪酬—规范津贴补贴　　938 839

　　　　应付职工薪酬—改革性补贴　　330 826

预算会计不作账务处理。

[**例 10-20**] 某大学 2019 年 10 月份，代扣职工社会保险费 28 054 元，代扣职工住房公积金 452 192 元，代扣职工个人所得税 39 773 元，代扣垫付房租 800 元(王欣用房)，详见表 10-3 某大学 2019 年 10 月份工资发放表。

表 10-3　　2019 年 10 月份工资发放表

部门	应发工资	代扣社会保险费	代扣住房公积金	代扣个人所得税	代扣房租	代扣合计	实发工资
经管学院	406 360	5 431	87 438	6 828		99 697	306 663
会计学院	357 179	3 722	81 786	5 559		91 067	266 112
人文学院	214 250	3 198	46 525	4 510		54 233	160 017
机电学院	410 069	5 753	92 896	5 999	800	105 448	304 621
小计	1 387 858	18 104	308 645	22 896	800	350 445	1 037 413
行政部门	262 047	4 497	59 052	10 196		73 745	188 302
后勤保障部门	55 664	769	12 309	802		13 880	41 784
离退休部门	106 845	1 339	23 595	1 332		26 266	80 579
小计	424 556	6 605	94 956	12 330		113 891	310 665
实习农场	36 588	571	7 715	944		9 230	27 358
果蔬中心	114 626	1 694	25 558	1 962		29 214	85 412
小计	151 214	2 265	33 273	2 906		38 444	112 770
科研处	68 035	1 085	15 318	1 647		18 050	49 985
小计	68 035	1 085	15 318	1 647		18 050	49 985
合计	2 031 663	28 059	452 192	39 779	800	520 830	1 510 833

账务处理如下：

财务会计：

借：应付职工薪酬—基本工资　　520 830

　　贷：应付职工薪酬—社会保险费　　28 059

应付职工薪酬—住房公积金　　452 192

其他应交税费—应交个人所得税　　39 779

其他应收款—王欣　　800

预算会计不作账务处理。

[**例 10-21**] 2019 年 10 月 15 日某大学计提单位为职工负担的社会保险费和住房公积金,见表 10-4 所示。

表 10-4　　2019 年 10 月份计提社会保险费和住房公积金统计表

部门	社会保险费	住房公积金	小计
经管学院	10 862	87 438	98 300
会计学院	7 444	81 786	89 230
人文学院	6 396	46 526	52 922
机电学院	11 506	92 896	104 402
小计	36 208	308 646	344 854
行政部门	8 994	59 052	68 046
后勤保障部门	1 538	12 308	13 846
离退休部门	2 679	23 595	26 274
小计	13 211	94 955	108 166
实习农场	1 141	7 715	8 856
果蔬中心	3 388	25 558	28 946
小计	4 529	33 273	37 802
科研处	2 169	15 318	17 487
小计	2 169	15 318	17 487
合计	56 117	452 192	508 309

账务处理如下:

财务会计:

借:业务活动费用—教育费用—工资福利费用　　344 854

业务活动费用—科研费用—工资福利费用　　17 487

单位管理费用—行政管理费用—工资福利费用　　68 046

单位管理费用—后勤保障费用—工资福利费用　　13 846

单位管理费用—离退休费用—对个人和家庭的补助　　26 274

经营费用　　37 802

贷:应付职工薪酬—社会保险费　　56 117

应付职工薪酬—住房公积金　　452 192

预算会计不作账务处理。

[例 10-22] 某大学发放 2019 年 10 月份职工工资和补贴 1 510 833 元,通过零余额账户支付。账务处理如下:

财务会计:

借:应付职工薪酬—基本工资　　241 168

应付职工薪酬—规范津贴补贴　　938 839

应付职工薪酬—改革性补贴　　330 826

贷:零余额账户用款额度　　1 510 833

预算会计:

借:事业支出—教育支出—财政拨款支出—基本支出—高等教育—工资福利支出　　1 037 413

事业支出—行政管理支出—财政拨款支出—基本支出—高等教育—工资福利支出　　238 287

事业支出—后勤保障支出—财政拨款支出—基本支出—高等教育—工资福利支出　　41 784

事业支出—离退休支出—财政拨款支出—基本支出—高等教育—工资福利支出　　80 579

经营支出　　112 770

贷:资金结存—零余额账户用款额度　　1 510 833

[例 10-23] 某大学缴纳 10 月份职工社会保险费 84 176 元(其中高等学校承担部分 56 117 元,个人承担部分 28 059 元)、住房公积金 904 384 元(其中高等学校承担部分 452 192 元,个人承担部分 452 192 元)、个人所得税 39 779 元,房租 800 元(王欣用房),通过零余额账户支付。

账务处理如下:

财务会计:

借:应付职工薪酬—社会保险费　　84 176

应付职工薪酬—住房公积金　　904 384

其他应交税费—应交个人所得税　　39 779

其他应付款—房租　　800

贷:零余额账户用款额度　　1 029 139

预算会计：

借：事业支出—教育支出—财政拨款支出—基本支出—高等教育—工资福利支出 695 299

事业支出—行政管理支出—财政拨款支出—基本支出—高等教育—工资福利支出 177 328

事业支出—后勤保障支出—财政拨款支出—基本支出—高等教育—工资福利支出 27 726

事业支出—离退休支出—财政拨款支出—基本支出—高等教育—工资福利支出 52 540

经营支出 76 246

贷：资金结存—零余额账户用款额度 1 029 139

第五节　应付及预收款项、预提费用

一、应付票据

（一）概念

应付票据是指高等学校因购买材料、物资等而开出、承兑的商业汇票，包括银行承兑汇票和商业承兑汇票。商业汇票按照是否带息，分为带息票据和不带息票据。带息票据的票面金额表示本金，票据到期时除支付面值外，还应支付利息。不带息票据，其面值就是高等学校到期时应支付的金额。

（二）账户设置

高等学校为了反映和核算应付票据业务，应当设置“应付票据”总账账户，本科目应当按照债权人进行明细核算。本科目期末贷方余额，反映高等学校开出、承兑的尚未到期的应付票据金额。

（三）账务处理

1.开出、承兑商业汇票时，借记“库存物品”“固定资产”等科目，贷记本科目。涉及增值税业务的，相关账务处理参见“应交增值税”科目。

以商业汇票抵付应付账款时，借记“应付账款”科目，贷记本科目。

2.支付银行承兑汇票的手续费时，借记“业务活动费用”“经营费用”等科目，贷记“银行存款”“零余额账户用款额度”等科目。

3.商业汇票到期时，应当分别以下情况处理：

(1)收到银行支付到期票据的付款通知时,借记本科目,贷记“银行存款”科目。

(2)银行承兑汇票到期,单位无力支付票款的,按照应付票据账面余额,借记本科目,贷记“短期借款”科目。

(3)商业承兑汇票到期,单位无力支付票款的,按照应付票据账面余额,借记本科目,贷记“应付账款”科目。

(四)设置应付票据备查簿

高等学校应当设置“应付票据备查簿”,详细登记每一应付票据的种类、号数、出票日期、到期日、票面金额、交易合同号、收款人姓名或单位名称,以及付款日期和金额等。应付票据到期结清票款后,应当在备查簿内逐笔注销。

[**例 10-24**] 某大学系增值税一般纳税人,适用增值税税率 16%,2019 年 4 月1 日,从甲公司采购经营用 W 材料一批,增值税专用发票上注明材料价款为 700 000 元,增值税额为 112 000 元。材料已经验收入库。学校财务开出建设银行为承兑人的三个月不带息银行承兑汇票,根据上述资料,账务处理如下:

(1)2019 年 4 月 1 日,开出商业承兑汇票时

财务会计:

借:库存物品—W 材料　　700 000

　应交增值税—应交税费(进项税额)　　112 000

　贷:应付票据—甲公司　　812 000

预算会计不作账务处理。

(2)2019 年 6 月 30 日,到期付款时

财务会计:

借:应付票据—甲公司　　812 000

　贷:银行存款—学校存款　　812 000

预算会计:

借:经营支出　　812 000

　贷:资金结存—货币资金　　812 000

(3)如学校到期不能支付时

财务会计:

借:应付票据—甲公司　　812 000

　贷:短期借款—建设银行　　812 000

预算会计不作账务处理。

二、应付账款

(一)概念

应付账款是指高等学校因购买物资、接受服务、开展工程建设等而应付的偿还期限在一年以内(含一年)的款项。

(二)账户设置

高等学校为了反映和核算应付账款业务,应当设置“应付账款”总账账户,本科目应当按照债权人进行明细核算。对于建设项目,还应当设置“应付器材款”“应付工程款”等明细科目,并按照具体项目进行明细核算。本科目期末贷方余额,反映高等学校尚未支付的应付账款金额。

(三)账务处理

1.收到所购材料、物资、设备或服务以及确认完成工程进度但尚未付款时,根据发票及账单等有关凭证,按照应付未付款项的金额,借记“库存物品”“固定资产”“在建工程”等科目,贷记本科目。涉及增值税业务的,相关账务处理参见“应交增值税”科目。

2.偿付应付账款时,按照实际支付的金额,借记本科目,贷记“财政拨款收入”“零余额账户用款额度”“银行存款”等科目。

3.开出、承兑商业汇票抵付应付账款时,借记本科目,贷记“应付票据”科目。

4.无法偿付或债权人豁免偿还的应付账款,应当按照规定报经批准后进行账务处理。经批准核销时,借记本科目,贷记“其他收入”科目。核销的应付账款应在备查簿中保留登记。

[例 10-25] 某大学系增值税一般纳税人,2019 年 6 月 2 日,化学学院通过政府采购从甲公司购入教学材料一批,增值税专用发票上注明价款为 20 000 元,增值税税额为 3 200 元,教学材料已验收入库,货款未付。账务处理如下:

财务会计:

借:库存物品—教学用品　　23 200

　贷:应付账款—甲公司　　23 200

预算会计不作账务处理。

[例 10-26] 续[例 10-25]6 月 28 日学校通过财政授权支付方式支付欠款。账务处理如下:

财务会计：

借：应付账款—甲公司　　23 200

　贷：零余额账户用款额度　　23 200

预算会计：

借：事业支出—教育支出—财政拨款支出—基本支出—高等教育—商品和服务支出—专用材料费　　23 200

　贷：资金结存—零余额账户用款额度　　23 200

［**例 10-27**］2019 年 12 月 13 日，某大学清理资产和负债时发现，应付甲公司款项 80 000 元，因该单位已撤销而无法偿付，学校按照规定报经有关部门批准后，同意核销该债务。账务处理如下：

财务会计：

借：应付账款—甲公司　　80 000

　贷：其他收入—无法偿付的应付账款　　80 000

预算会计不作账务处理。

三、应付利息

（一）概念

应付利息是指高等学校按照合同约定应支付的借款利息，包括短期借款、分期付息到期还本的长期借款等应支付的利息。

（二）账户设置

高等学校为了反映和核算应付利息业务，应当设置“应付利息”总账账户，本科目应当按照债权人等进行明细核算。本科目期末贷方余额，反映高等学校应付未付的利息金额。

（三）账务处理

1.为建造固定资产、公共基础设施等借入的专门借款的利息，属于建设期间发生的，按期计提利息费用时，按照计算确定的金额，借记“在建工程”科目，贷记本科目；不属于建设期间发生的，按期计提利息费用时，按照计算确定的金额，借记“其他费用”科目，贷记本科目。相关账务处理参见“长期借款”科目。

2.对于其他借款，按期计提利息费用时，按照计算确定的金额，借记“其他费用”科目，贷记本科目。

3.实际支付应付利息时，按照支付的金额，借记本科目，贷记“银行存款”等科目。

[**例 10-28**] 2019 年 1 月 1 日，某大学从建设银行借入资金 1 000 000 元，用于学校人才建设支出，借款期限为 1 年，年利率为 6%，到期一次还本付息。

(1)2019 年 1 月 1 日收到借款时，账务处理如下：

财务会计：

借：银行存款—学校存款　　1 000 000

　贷：短期借款—建设银行　　1 000 000

预算会计：

借：资金结存—货币资金　　1 000 000

　贷：债务预算收入—非专项资金收入　　1 000 000

(2)每月月底计提利息时，账务处理如下：

月利息金额：1 000 000×6%÷12 ＝ 5 000

财务会计：

借：其他费用—利息费用　　5 000

　贷：应付利息　　5 000

预算会计不作账务处理。

(3)2019 年 12 月 31 日还本付息时，账务处理如下：

财务会计：

借：短期借款—建设银行　　1 000 000

　　应付利息　　60 000

　贷：银行存款—学校存款　　1 060 000

预算会计：

借：债务还本支出　　1 000 000

　　其他支出—利息支出—其他资金支出　　60 000

　贷：资金结存—货币资金　　1 060 000

四、预收账款

(一)概念

预收账款是指高等学校预先收取但尚未结算的款项。

(二)账户设置

高等学校为了反映和核算预收账款业务，应当设置“预收账款”总账账户，本科目应当按照债权人进行明细核算。本科目期末贷方余额，反映高等学校预收但尚未结算的款项金额。

(三)账务处理

1.从付款方预收款项时,按照实际预收的金额,借记“银行存款”等科目,贷记本科目。

2.确认有关收入时,按照预收账款账面余额,借记本科目,按照应确认的收入金额,贷记“事业收入”“经营收入”等科目,按照付款方补付或退回付款方的金额,借记或贷记“银行存款”等科目。涉及增值税业务的,相关账务处理参见“应交增值税”科目。

3.无法偿付或债权人豁免偿还的预收账款,应当按照规定报经批准后进行账务处理。经批准核销时,借记本科目,贷记“其他收入”科目。

核销的预收账款应在备查簿中保留登记。

[**例 10-29**] 某大学接受甲企业委托进行一项技术开发,双方约定研发费60 000元,研发期限一个月,该技术研发项目已通过省级科技主管部门认定并在税务机关备案登记。2019 年 1 月 1 日,学校收到甲企业预付的技术研发款20 000 元。账务处理如下:

财务会计:

借:银行存款—学校存款　　20 000

　贷:预收账款—甲企业　　20 000

预算会计:

借:资金结存—货币资金　　20 000

　贷:事业预算收入—科研事业预算收入—横向科研收入　　20 000

[**例 10-30**] 续[例 10-29]2019 年 1 月 31 日,学校开具了金额为 60 000 元的普通发票,并收到银行存款 40 000 元。账务处理如下:

根据《营业税改征增值税试点过渡政策的规定》第二十六条,经省级科技主管部门认定的并在税务机关备案登记的技术开发项目免征增值税。

财务会计:

借:银行存款—学校存款　　40 000

　预收账款—甲企业　　20 000

　贷:事业收入—科研事业收入—横向科研收入　　60 000

预算会计:

借:资金结存—货币资金　　40 000

　贷:事业预算收入—科研事业预算收入—横向科研收入　　40 000

五、其他应付款

(一)概念

其他应付款是指高等学校除应交增值税、其他应交税费、应缴财政款、应付职工薪酬、应付票据、应付账款、应付政府补贴款、应付利息、预收账款以外，其他各项偿还期限在一年内(含一年)的应付及暂收款项，如收取的押金、存入保证金、已经报销但尚未偿还银行的本高等学校公务卡欠款等。

同级政府财政部门预拨的下期预算款和没有纳入预算的暂付款项，以及采用实拨资金方式通过本高等学校转拨给下属单位的财政拨款，也通过本科目核算。

(二)账户设置

为了反映和核算其他应付款业务，应当设置“其他应付款”总账账户，本科目应当按照其他应付款的类别以及债权人等进行明细核算。本科目期末贷方余额，反映高等学校尚未支付的其他应付款金额。

(三)主要账务处理

1.发生其他应付及暂收款项时，借记“银行存款”等科目，贷记本科目。支付(或退回)其他应付及暂收款项时，借记本科目，贷记“银行存款”等科目。将暂收款项转为收入时，借记本科目，贷记“事业收入”等科目。

2.收到同级政府财政部门预拨的下期预算款和没有纳入预算的暂付款项，按照实际收到的金额，借记“银行存款”等科目，贷记本科目。

待到下一预算期或批准纳入预算时，借记本科目，贷记“财政拨款收入”科目。

采用实拨资金方式通过本高等学校转拨给下属单位的财政拨款，按照实际收到的金额，借记“银行存款”科目，贷记本科目；向下属单位转拨财政拨款时，按照转拨的金额，借记本科目，贷记“银行存款”科目。

3.本高等学校公务卡持卡人报销时，按照审核报销的金额，借记“业务活动费用”“单位管理费用”等科目，贷记本科目。

偿还公务卡欠款时，借记本科目，贷记“零余额账户用款额度”等科目。

4.涉及质保金形成其他应付款的，相关账务处理参见“固定资产”科目。

5.无法偿付或债权人豁免偿还的其他应付款项，应当按照规定报经批准后进行账务处理。经批准核销时，借记本科目，贷记“其他收入”科目。

核销的其他应付款应在备查簿中保留登记。

[**例 10-31**] 2019 年 4 月 1 日，某大学收到甲企业交来的投标保证金100 000 元，款项已存入银行。账务处理如下：

财务会计：

借：银行存款—学校存款　　100 000

　　贷：其他应付款—甲企业　　100 000

预算会计不作账务处理。

[**例 10-32**] 2019 年 6 月 3 日，人事处张丽报销差旅费用 5 200 元，其中公务卡消费支出 4 840 元，领取差旅补助 360 元。财务处 6 月 19 日统一偿还公务卡欠款。

(1)6 月 3 日报销时，账务处理如下：

财务会计：

借：单位管理费用—行政管理费用—商品和服务费用　　5 200

　　贷：其他应付款—张丽　　5 200

预算会计不作账务处理。

(2)6 月 19 日还公务卡欠款时，账务处理如下：

财务会计：

借：其他应付款—张丽　　5 200

　　贷：零余额账户用款额度　　5 200

预算会计：

借：事业支出—行政管理支出—财政拨款支出—基本支出—高等教育—商品和服务支出—差旅费　　5 200

　　贷：资金结存—零余额账户用款额度　　5 200

[**例 10-33**] 2019 年 11 月 5 日，某大学资产清查时得知，A 企业因无力偿还到期债务，已经宣布破产。学校收取 A 企业履约保证金 20 000 元，已无法退还。按照规定报经批准后，11 月 30 日学校核销了该债务。

11 月 30 日会计处理：

财务会计：

借：其他应付款—履约保证金—A 企业　　20 000

　　贷：其他收入—无法偿付的应付款　　20 000

预算会计：

借：资金结存—货币资金　　20 000

　　贷：其他预算收入—其他—非专项资金收入　　20 000

六、预提费用

(一)概念

预提费用是指高等学校预先提取的已经发生但尚未支付的费用,如预提租金费用等。高等学校按规定从科研项目收入中提取的项目间接费用或管理费,也通过本科目核算。

高等学校计提的借款利息费用,通过“应付利息”“长期借款”科目核算,不通过本科目核算。

(二)账户设置

高等学校为了反映预提费用业务,应当设置“预提费用”总账账户,本科目应当按照预提费用的种类进行明细核算。对于提取的项目间接费用或管理费,应当在本科目下设置“项目间接费用或管理费”明细科目,并按项目进行明细核算。本科目期末贷方余额,反映高等学校已预提但尚未支付的各项费用。

(三)账务处理

1.项目间接费用或管理费

按规定从科研项目收入中提取项目间接费用或管理费时,按照提取的金额,借记“单位管理费用”科目,贷记本科目(项目间接费用或管理费)。实际使用计提的项目间接费用或管理费时,按照实际支付的金额,借本科目(项目间接费用或管理费),贷记“银行存款”“库存现金”等科目。

高等学校使用计提的项目间接费用或管理费购买固定资产、无形资产的,在财务会计下,按照固定资产、无形资产的成本金额,借记“固定资产”“无形资产”科目,贷记“银行存款”等科目;同时,按照相同的金额,借记“预提费用—项目间接费用或管理费”科目,贷记“累计盈余”科目。在预算会计下,按照相同的金额,借记“事业支出”等科目,贷记“资金结存”科目。

2.其他预提费用

按期预提租金等费用时,按照预提的金额,借记“业务活动费用”“单位管理费用”“经营费用”等科目,贷记本科目。

实际支付款项时,按照支付金额,借记本科目,贷记“零余额账户用款额度”“银行存款”等科目。

[**例 10-34**] 2019 年 7 月,某大学共收到纵向科研项目经费 600 000 元,学校科研经费管理办法规定,按纵向科研项目经费总额的 5%提取管理费。

当月应计提管理费=600 000×5%=30 000(元)

借：单位管理费用—行政管理费用—商品和服务费用　　30 000

　　贷：预提费用—项目间接费用或管理费　　30 000

预算会计：

借：非财政拨款结转—项目间接费用或管理费—项目支出结转

30 000

　　贷：非财政拨款结余—项目间接费用或管理费—项目支出结余

30 000

[**例 10-35**] 2019 年 7 月 1 日，某大学租用甲企业一套闲置厂房，用于学生实训课程教学，合同约定每年租金 120 000 元，租期 2 年，租金采用后付方式，半年支付一次，首次支付租金时间为 2019 年 12 月 31 日。账务处理如下：

(1)7～12 月每月月末计提租金时

财务会计：

借：业务活动费用—教育费用—商品和服务费用　　10 000

　　贷：预提费用—租金　　10 000

预算会计不作账务处理。

(2)2019 年 12 月 31 日，学校通过财政授权支付方式支付租金 60 000 元

财务会计：

借：预提费用—租金　　60 000

　　贷：零余额账户用款额度　　60 000

预算会计：

借：事业支出—教育支出—财政拨款支出—基本支出—高等教育—商品和服务支出—租赁费　　60 000

　　贷：资金结存—零余额账户用款额度　　60 000

第十一章　非流动负债

第一节　非流动负债概述

一、概念

非流动负债又称为长期负债，是指流动负债以外的负债，是指偿还期在一年或者超过一年的一个营业周期以上的债务。

高等学校的非流动负债包括长期借款、长期应付款等。

二、特点

非流动负债除具有负债的基本特征外，非流动负债还具有以下特点：

1.债务偿还期较长，偿还期限超过一年(不含一年)。

2.债务的金额较大。

3.债务可以采取分期偿还的方式。分期偿还利息，或者待债务期满时一次偿还本息。

二、管理要求

1.建立动态管理台账。对高校的债务要建立债务动态管理台账，载明债务对象、时间、原因、债务偿还计划、债务偿还进度等情况，及时反映债务增减变化。

2.建立健全债务控制机制。严格控制新增贷款、降低债务规模与风险，防止盲目举债。

3.完善债务化解机制。按照债务情况，分轻重缓急，制定切实可行的偿债计划，逐步有序偿还。

第二节　长期借款

一、概念

长期借款是指高等学校经批准向银行或其他金融机构等借入的期限超过一年(不含一年)的各种借款本息。

二、账户设置

为了反映长期借款的增减变动及其结存情况,高等学校应当设置“长期借款”科目,本科目应当设置“本金”和“应计利息”明细科目,并按照贷款单位和贷款种类进行明细核算。对于建设项目借款,还应按照具体项目进行明细核算。本科目期末贷方余额,反映高等学校尚未偿还的长期借款本息金额。

三、账务处理

1.借入各项长期借款时,按照实际借入的金额,借记“银行存款”科目,贷记本科目(本金)。

2.为建造固定资产、公共基础设施等应支付的专门借款利息,按期计提利息时,分别以下情况处理:

(1)属于工程项目建设期间发生的利息,计入工程成本,按照计算确定的应支付的利息金额,借记“在建工程”科目,贷记“应付利息”科目。

(2)属于工程项目完工交付使用后发生的利息,计入当期费用,按照计算确定的应支付的利息金额,借记“其他费用”科目,贷记“应付利息”科目。

3.按期计提其他长期借款的利息时,按照计算确定的应支付的利息金额,借记“其他费用”科目,贷记“应付利息”科目(分期付息、到期还本借款的利息)或本科目(应计利息)(到期一次还本付息借款的利息)。

4.到期归还长期借款本金、利息时,借记本科目(本金、应计利息),贷记“银行存款”科目。

[例 11-1] 2019 年 3 月 1 日,某大学从建设银行借入资金 10 000 000 元,用于新建学生宿舍项目,借款期限为 2 年,年利率为 6%,每季度付息一次。账务处理如下:

(1)2019 年 3 月 1 日收到借款时,账务处理如下:

财务会计：

借：银行存款—学校存款　　10 000 000

　贷：长期借款—本金—建设银行　　10 000 000

预算会计：

借：资金结存—货币资金　　10 000 000

　贷：债务预算收入—专项资金收入　　10 000 000

(2)某大学第一年每月按期计提利息时，学生宿舍项目尚未竣工。

月利息金额：10 000 000×6%÷12=50 000。

财务会计：

借：在建工程—建筑安装工程投资—建筑工程　　50 000

　贷：应付利息—建设银行　　50 000

预算会计不作账务处理。

(3)某大学第二年首次计提利息前，学生宿舍项目已经竣工且交付使用，并转为固定资产。

财务会计：

借：其他费用—利息费用　　50 000

　贷：应付利息—建设银行　　50 000

预算会计不作账务处理。

(4)每季度支付利息时，账务处理如下：

财务会计：

借：应付利息—建设银行　　150 000

　贷：银行存款—学校存款　　150 000

预算会计：

借：其他支出—利息支出—其他资金支出　　150 000

　贷：资金结存—货币资金　　150 000

(5)到期归还长期借款本金时，账务处理如下：

财务会计：

借：长期借款—本金—建设银行　　10 000 000

　贷：银行存款—学校存款　　10 000 000

预算会计：

借：债务还本支出　　10 000 000

　贷：资金结存—货币资金　　10 000 000

第三节　长期应付款

一、概念

长期应付款是指高等学校发生的偿还期限超过一年(不含一年)的应付款项,如以融资租赁方式取得固定资产应付的租赁费、扣留期超过一年的质保金等。

二、账户设置

高等学校为了反映和核算长期应付款业务,应当设置“长期应付款”总账账户,本科目应当按照长期应付款的类别以及债权人进行明细核算。本科目期末贷方余额,反映高等学校尚未支付的长期应付款金额。

三、账务处理

1.发生长期应付款时,借记“固定资产”“在建工程”等科目,贷记本科目。

2.支付长期应付款时,按照实际支付的金额,借记本科目,贷记“财政拨款收入”“零余额账户用款额度”“银行存款”等科目。涉及增值税业务的,相关账务处理参见“应交增值税”科目。

3.无法偿付或债权人豁免偿还的长期应付款,应当按照规定报经批准后进行账务处理。经批准核销时,借记本科目,贷记“其他收入”科目。

核销的长期应付款应在备查簿中保留登记。

4.涉及质保金形成长期应付款的,相关账务处理参见“固定资产”科目。

[**例 11-2**] 2019 年 1 月 1 日,某大学采用分期付款方式从甲公司购入 B 教学实验设备一套,该实验设备不需要安装,当日投入使用。合同约定的价款为 12 000 000 元,每半年支付一次设备款,6 月 30 日支付第一笔,3 年支付完毕。账务处理如下:

(1)2019 年 1 月 1 日

财务会计:

借:固定资产—专用设备　　12 000 000

　贷:长期应付款—甲公司　　12 000 000

预算会计不作账务处理。

(2)6 月 30 日支付设备款时

财务会计：

借：长期应付款—甲公司　　2 000 000

　　贷：零余额账户用款额度　　2 000 000

预算会计：

借：事业支出—教育支出—财政拨款支出—项目支出—高等教育—商品和服务支出—专用设备购置　　2 000 000

　　贷：资金结存—零余额账户用款额度　　2 000 000

第四节　其他长期负债

一、预计负债

(一)概念

预计负债是高等学校对因或有事项所产生的现时义务而确认的负债，如未决诉讼、对外提供担保等确认的负债。

(二)账户设置

高等学校为了反映和核算预计负债业务，应当设置“预计负债”总账账户，本科目应当按照预计负债的项目进行明细核算。本科目期末贷方余额，反映高等学校已确认但尚未支付的预计负债金额。

(三)账务处理

1.确认预计负债时，按照预计的金额，借记“业务活动费用”“经营费用”“其他费用”等科目，贷记本科目。

2.实际偿付预计负债时，按照偿付的金额，借记本科目，贷记“银行存款”“零余额账户用款额度”等科目。

3.根据确凿证据需要对已确认的预计负债账面余额进行调整的，按照调整增加的金额，借记有关科目，贷记本科目；按照调整减少的金额，借记本科目，贷记有关科目。

[**例 11-3**] 2019 年 10 月 20 日，某大学涉及一起诉讼案。2019 年 12 月 31 日，法院尚未作出判决。根据学校法律顾问的职业判断，学校败诉的可能性为 60%。如果败诉，学校需要赔偿 60 000 元。账务处理如下：

财务会计：

借：单位管理费用—单位统一负担的其他管理费用—诉讼费　60 000

　　贷：预计负债　60 000

预算会计不作账务处理。

[**例 11-4**] 假设 2020 年 3 月 3 日，法院判决学校败诉，该学校需支付60 000元赔款，当日学校通过银行转账支付赔款。账务处理如下：

财务会计：

借：预计负债　60 000

　　贷：银行存款—学校存款　60 000

预算会计：

借：事业支出—其他事业支出—其他资金支出—基本支出—高等教育—商品和服务支出—其他　60 000

　　贷：资金结存—货币资金　60 000

[**例 11-5**] 假设 2020 年 3 月 3 日，法院判决学校胜诉，该学校不需支付赔款。账务处理如下：

财务会计：

借：预计负债　60 000

　　贷：以前年度盈余调整　60 000

预算会计不作账务处理。

二、受托代理负债

(一)概念

受托代理负债是高等学校接受委托取得受托代理资产时形成的负债。这里的受托代理资产主要包括受托转赠物资和受托储存管理物资。

高等学校管理的罚没物资，代管党费、团费、学会(协会)会费等形成的负债也通过本科目核算。

(二)账户设置

高等学校为了反映和核算受托代理负债业务，应当设置“受托代理负债”总账账户，本科目应当按照受托代理负债的项目进行明细核算。受托代理负债科目期末贷方余额，反映高等学校尚未交付或发出受托代理资产形成的受托代理负债金额。

(三)账务处理

受托代理负债的账务处理参见“受托代理资产”“库存现金”“银行存款”等科目。

[例 11-6] 2019 年 6 月 1 日，某大学与甲企业签订一份捐赠协议，根据协议，甲企业通过该学校向乙医院捐赠医疗设备 1 台，价值共 12 000 元。甲企业应在协议签订后的 10 日内将设备运至该学校，该学校应当在设备运抵后的 10 日内将设备送至乙医院并负责安装。6 月 9 日，甲企业按照协议规定将设备运至该学校，6 月 17 日，该学校按照协议将设备运至乙医院并安装完毕。假设不考虑其他因素和税费。账务处理如下：

(1)2019 年 6 月 9 日收到设备时

财务会计：

借:受托代理资产—受托转赠物资—医疗设备　　12 000

　贷:受托代理负债—受托转赠物资—医疗设备　　12 000

预算会计不作账务处理。

(2)2019 年 6 月 17 日转出设备时

财务会计：

借:受托代理负债—受托转赠物资—医疗设备　　12 000

　贷:受托代理资产—受托转赠物资—医疗设备　　12 000

预算会计不作账务处理。

[例 11-7] 2019 年 9 月 1 日，某大学收到党费专户银行进账通知(该党费由学校代管)，通知单注明收到学校职工缴纳的党费 6 360 元。账务处理如下：

财务会计：

借:银行存款—受托代理资产—党费　　6 360

　贷:受托代理负债　　6 360

预算会计不作账务处理。

第十二章　净资产

第一节　净资产概述

一、概念

净资产是指高等学校资产扣除负债后的净额。净资产包括：累计盈余、专用基金、权益法调整、本期盈余、本年盈余分配、无偿调拨净资产、以前年度盈余调整。

二、管理要求

1.高等学校一定要加强自身的净资产管理理念，不断完善净资产保值增值机制。

2.每一项净资产的形成都有其特定的来源渠道，应当按规定的用途进行使用，不可以随意支配。

三、账务处理

(一)入账原则

高等学校净资产的有关经济业务，一般只考虑财务会计的有关账务处理，但是对于根据有关规定从本年度非财政拨款结余或经营结余中提取专用基金—职工福利基金的，以及专用基金—职工福利基金、学生奖助基金、留本基金的使用，需考虑编制财务会计分录和预算会计分录。

(二)科目设置

高等学校需要设置的净资产会计科目有：累计盈余、专用基金、权益法调整、本期盈余、本年盈余分配、无偿调拨净资产、以前年度盈余调整。

(三)期末账户结转

净资产部分科目的结转流程，见图 12-1。

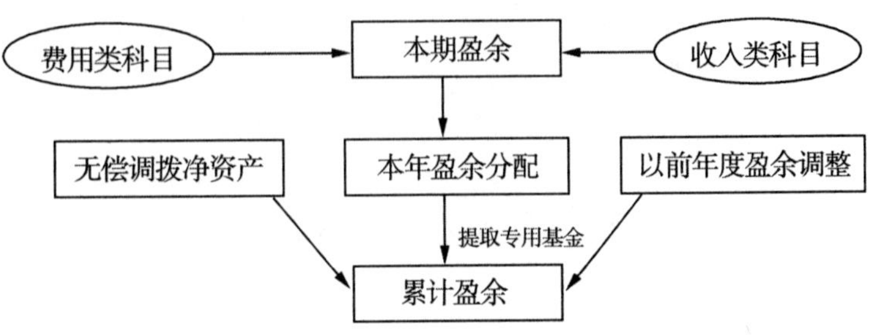

图 12-1 “净资产”结转流程图

第二节 本期盈余

一、概念

本期盈余是指高等学校本期各项收入、费用相抵后的余额。

二、账务处理

1.期末，将各类收入科目的本期发生额转入本期盈余，借记“财政拨款收入”“事业收入”“上级补助收入”“附属单位上缴收入”“经营收入”“非同级财政拨款收入”“投资收益”“捐赠收入”“利息收入”“租金收入”“其他收入”科目，贷记本科目；将各类费用科目本期发生额转入本期盈余，借记本科目，贷记“业务活动费用”“单位管理费用”“经营费用”“所得税费用”“资产处置费用”“上缴上级费用”“对附属单位补助费用”“其他费用”科目。

2.年末，完成上述结转后，将本科目余额转入“本年盈余分配”科目，借记或贷记本科目，贷记或借记“本年盈余分配”科目。年末结账后，本期盈余科目应无余额。

3.本科目期末如为贷方余额，反映单位自年初至当期期末累计实现的盈余；如为借方余额，反映单位自年初至当期期末累计发生的亏损。

4.年末结账后，本科目应无余额。

三、主要业务举例

[例 12-1] 某大学 2019 年 12 月 31 日收入科目余额表见表 12-1。

表 12-1　　收入科目余额表　　单位：元

科目名称	贷方余额
财政拨款收入——一般公共预算财政拨款	99 100 000
事业收入—教育事业收入	80 000 000
事业收入—科研事业收入	7 000 000
上级补助收入	600 000
附属单位上缴收入	300 000
经营收入	500 000
非同级财政拨款收入—非本级财政拨款	1 000 000
投资收益	660 000
捐赠收入	1 010 000
利息收入	900 000
租金收入	700 000
其他收入	1 100 000
合计	192 870 000

某大学年终收入科目结转的账务处理如下：

借：财政拨款收入——一般公共预算财政拨款　　99 100 000
　　事业收入—教育事业收入　　80 000 000
　　事业收入—科研事业收入　　7 000 000
　　上级补助收入　　600 000
　　附属单位上缴收入　　300 000
　　经营收入　　500 000
　　非同级财政拨款收入—非本级财政拨款　　1 000 000
　　投资收益　　660 000
　　捐赠收入　　1 010 000
　　利息收入　　900 000
　　租金收入　　700 000
　　其他收入　　1 100 000
　贷：本期盈余　　192 870 000

[**例 12-2**] 某大学 2019 年 12 月 31 日费用科目余额表见表 12-2。

表 12-2　　费用科目余额表　　单位：元

科目名称	借方余额
业务活动费用—教育费用	90 021 000
业务活动费用—科研费用	10 000 000
单位管理费用—行政管理费用	60 000 000
单位管理费用—后勤保障费用	20 000 000
单位管理费用—离退休费用	8 500 000
单位管理费用—单位统一负担的其他管理费用	500 000
经营费用	459 000
资产处置费用	500 000
上缴上级费用	595 000
对附属单位补助费用	295 000
其他费用	1 000 000
合计	191 870 000

某大学年终费用科目的账务处理如下：

借：本期盈余　　191 870 000
　贷：业务活动费用—教育费用　　90 021 000
　　业务活动费用—科研费用　　10 000 000
　　单位管理费用—行政管理费用　　60 000 000
　　单位管理费用—后勤保障费用　　20 000 000
　　单位管理费用—离退休费用　　8 500 000
　　单位管理费用—单位统一负担的其他管理费用　　500 000
　　经营费用　　459 000
　　资产处置费用　　500 000
　　上缴上级费用　　595 000
　　对附属单位补助费用　　295 000
　　其他费用　　1 000 000

第三节　本年盈余分配

一、概念

本年盈余分配是指高等学校本年度盈余分配的情况和结果。

二、账务处理

1.年末，将“本期盈余”科目余额转入本科目，借记或贷记“本期盈余”科目，贷记或借记本科目。

2.年末，根据有关规定从本年度非财政拨款结余或经营结余中提取专用基金的，按照预算会计下计算的提取金额，借记本科目，贷记“专用基金”科目。

3.年末，按照规定完成上述1,2处理后，将本科目余额转入累计盈余，借记或贷记本科目，贷记或借记“累计盈余”科目。

4.年末结账后，本科目应无余额。

三、主要业务举例

[**例 12-3**] 某大学2019年12月31日将“本期盈余”科目贷方余额1 000 000元结转至“本年盈余分配”科目。账务处理如下：

借：本期盈余　　1 000 000

　贷：本年盈余分配　　1 000 000

[**例 12-4**] 年末，学校“其他结余”科目贷方余额400 000元，“经营结余”科目贷方余额100 000元，按40%提取职工福利基金200 000元。账务处理如下：

财务会计：

借：本年盈余分配　　200 000

　贷：专用基金—职工福利基金　　200 000

预算会计：

借：非财政拨款结余分配　　200 000

　贷：专用结余　　200 000

[**例 12-5**] 年末某大学结转“本年盈余分配”科目贷方余额800 000元至“累计盈余”科目。账务处理如下：

借：本年盈余分配　　800 000

　贷：累计盈余　　800 000

第四节　专用基金

一、概念

专用基金是指高等学校按规定提取或设置的具有专门用途的净资产，主要包括职工福利基金、学生奖助基金、留本基金、其他基金。

二、分类

“专用基金”科目应当按照类别进行明细核算，可以设“职工福利基金”“学生奖助基金”“留本基金”“其他专用基金”明细科目。

1.职工福利基金，即按结余的一定比例提取以及按照其他规定提取转入，用于学校职工的集体福利设施、集体福利待遇等的资金。职工福利基金一般按照预算会计下本年度非财政拨款结余或经营结余的40%确定。

2.学生奖助基金，即按照国家有关规定，按照事业预算收入和经营预算收入的一定比例提取，在业务活动费用等相关科目中列支，用于学费减免、勤工助学、校内无息借款、校内奖助学金和特殊困难补助等的资金。

按照财政部教育部关于《普通本科高校、高等职业学校国家助学金管理暂行办法》(2007)，各高等学校要从事业预算收入中足额提取4%～6%的经费用于资助家庭经济困难学生。中央高等学校提取的具体比例由财政部中央主管部门确定，地方高等学校提取的具体比例由各省(自治区、直辖市)确定。

按《山东省教育厅关于进一步规范高等学校资助经费提取与使用管理工作的通知》(鲁教财字〔2013〕76号)的要求，山东省各高等学校要从事业收入(现指事业预算收入)中足额提取5%的经费，用于学费减免、勤工助学、校内无息借款、校内奖助学金和特殊困难补助等方面。

3.留本基金，核算高等学校使用捐赠资金建立的具有永久性保留本金或在一定时期内保留本金的限定性基金。高等学校如有两个以上留本基金，应当按照每个留本基金设置明细科目进行核算。在每个留本基金明细科目下还应当设置“本金”和“收益”明细科目；在“本金”明细科目下，还应当设置“已投资”和“未投资”两个明细科目。

4.其他基金，按照其他有关规定，根据事业发展需要提取或者设置的其他专用资金。

三、管理要求

专用基金管理应当遵循先提后用、收支平衡、专款专用的原则，支出不得超出基金规模。

高等学校的专用基金各项基金的提取比例和管理办法，国家有统一规定的，按照统一规定执行；没有统一规定的，由主管部门会同同级财政部门确定。

四、账务处理

1.年末，根据有关规定从本年度非财政拨款结余或经营结余中提取专用基金的，按照预算会计下计算的提取金额，借记“本年盈余分配”科目，贷记本科目。

2.根据有关规定从收入中提取专用基金并计入费用的，一般按照预算会计下基于预算收入计算提取的金额，借记“业务活动费用”等科目，贷记本科目。国家另有规定的，从其规定。

3.留本基金的账务处理如下：

(1)高等学校形成留本基金时，根据取得的留本基金数额，借记“银行存款”科目，贷记“专用基金—留本基金—本金—未投资”科目。

(2)高等学校委托基金会进行投资如下：

①投资时，按照转给基金会的留本基金数额，借记“其他应收款—留本基金委托投资”科目，贷记“银行存款”科目；同时，按照相同的金额，借记“专用基金—留本基金—本金—未投资”科目，贷记“专用基金—留本基金—本金—已投资”科目。

②收到基金会交回的投资收益，按照实际收到的金额，借记“银行存款”科目，贷记“专用基金—留本基金—收益”科目。

③从基金会收回使用留本基金委托的投资，按照收回的金额，借记“银行存款”科目，按照收回的留本基金本金金额，贷记“其他应收款—留本基金委托投资”科目，按照两者的差额，贷记或借记“专用基金—留本基金—收益”科目；同时，按照收回的留本基金本金金额，借记“专用基金—留本基金—本金—已投资”科目，贷记“专用基金—留本基金—本金—未投资”科目。

(3)高等学校直接使用留本基金进行投资如下：

①投资时，按照动用留本基金投资的数额，借记“短期投资”“长期债券投资”等科目，贷记“银行存款”科目；同时，按照相同的金额，借记“专用基金—留本基

金—本金—未投资”科目，贷记“专用基金—留本基金—本金—已投资”科目。

②期末，对持有的留本基金投资确认应计利息收入时，按照确认的应计利息，借记“应收利息”“长期债券投资”科目，贷记“专用基金—留本基金—收益”科目。

③收到留本基金投资获得的利息时，按照实际收到的金额，借记“银行存款”科目，贷记“应收利息”科目。

④收回留本基金投资时，按照收回的金额，借记“银行存款”科目，按照收回的投资本金及相关利息金额，贷记“短期投资”“长期债券投资”等科目，按照两者的差额，贷记或借记“专用基金—留本基金—收益”科目。同时，按照收回的留本基金本金金额，借记“专用基金—留本基金—本金—已投资”科目，贷记“专用基金—留本基金—本金—未投资”科目。

(4)高等学校按照协议将留本基金收益转增本金时，按照转增的金额，借记“专用基金—留本基金—收益”科目，贷记“专用基金—留本基金—本金—未投资”科目。

(5)高等学校按照协议可以使用留本基金取得的收益时，按照可以使用的金额，借记“专用基金—留本基金—收益”科目，贷记“捐赠收入”科目；同时，按照相同的金额，借记“资金结存—货币资金”科目，贷记“其他预算收入”科目。使用留本基金收益时，按照使用的金额，借记“业务活动费用”等科目，贷记“银行存款”等科目；同时，借记“事业支出—教育支出”等科目，贷记“资金结存—货币资金”科目。

(6)按照协议规定的留本基金限定期限到期，高等学校将留本基金转为可以使用的资金，按照转为可以使用的资金数额，借记“专用基金—留本基金—本金—未投资”科目，贷记“捐赠收入”科目；同时按照相同的金额，借记“资金结存—货币资金”科目，贷记“其他预算收入”科目。

4.根据有关规定设置的其他专用基金，按照实际收到的基金金额，借记“银行存款”等科目，贷记本科目。

5.按照规定使用提取的专用基金时，借记本科目，贷记“银行存款”等科目。使用提取的专用基金购置固定资产、无形资产的，按照固定资产、无形资产的实际成本，借记“固定资产”“无形资产”科目，贷记“银行存款”等科目；同时，按照专用基金使用金额，借记本科目，贷记“累计盈余”科目。

6.本科目期末贷方余额，反映事业单位累计提取或设置的尚未使用的专用基金。

专用基金账务处理见表12-3。

表 12-3　　专用基金账务处理

业务事项			财务会计分录	预算会计分录
职工福利基金	提取时		借:本年盈余分配 贷:专用基金—职工福利基金	借:非财政拨款结余分配 贷:专用结余
	使用时	购固定资产、无形资产的	借:固定资产/无形资产 贷:银行存款等 借:专用基金—职工福利基金 贷:累计盈余	借:专用结余 贷:资金结存
		其他用途	借:专用基金—职工福利基金 贷:银行存款等	借:专用结余 贷:资金结存
学生奖助基金	提取时		借:业务活动费用—教育费用 贷:专用基金—学生奖助基金	—
	使用时		借:专用基金—学生奖助基金 贷:银行存款等	借:事业支出—教育支出 贷:资金结存
留本基金	收到时		借:银行存款 贷:专用基金—留本基金—本金—未投资	—
	委托基金会投资	投资时	借:其他应收款—留本基金委托投资 贷:银行存款 借:专用基金—留本基金—本金—未投资 贷:专用基金—留本基金—本金—已投资	—
		收到投资收益	借:银行存款 贷:专用基金—留本基金—收益	—
		收回委托投资	借:银行存款 贷:其他应收款—留本基金委托投资(本金额) 专用基金—留本基金—收益(收到款与本金的差额) 借:专用基金—留本基金—本金—已投资 贷:专用基金—留本基金—本金—未投资	—

续表

业务事项			财务会计分录	预算会计分录
留本基金	学校直接使用留本基金进行投资	投资时	借:短期投资/长期债券投资等 贷:银行存款 借:专用基金—留本基金—本金—未投资 贷:专用基金—留本基金—本金—已投资	—
		确认应计利息	借:应收利息/长期债券投资 贷:专用基金—留本基金—收益	—
		收到利息收入	借:银行存款 贷:应收利息	—
		收回投资	借:银行存款 贷:短期投资/长期债券投资等(投资本金)应收利息(已确认的利息收入) 专用基金—留本基金—收益(收到款与本金和应收利息的差额) 借:专用基金—留本基金—本金—已投资 贷:专用基金—留本基金—本金—未投资	—
	收益转增本金		借:专用基金—留本基金—收益 贷:专用基金—留本基金—本金—未投资	—
	按照可以使用的收益		借:专用基金—留本基金—收益 贷:捐赠收入	借:资金结存—货币资金 贷:其他预算收入
	使用留本基金收益时		借:业务活动费用—教育费用等 贷:银行存款	借:事业支出—教育支出等 贷:资金结存—货币资金
	留本基金转为可使用资金		借:专用基金—留本基金—本金—未投资 贷:捐赠收入	借:资金结存—货币资金 贷:其他预算收入

续表

业务事项		财务会计分录	预算会计分录
其他专用基金	以货币资金设置其他专用基金时	借:银行存款等 　贷:专用基金—其他专用基金	—
	使用货币资金设置的其他专用基金	借:专用基金—其他专用基金 　贷:银行存款等	—

五、主要业务举例

某大学发生与专用基金有关的经济业务如下：

[例 12-6] 年末,学校“其他结余”科目贷方余额 400 000 元,“经营结余”科目贷方余额100 000元,按 40%提取职工福利基金 200 000 元。账务处理如下：

财务会计：

借:本年盈余分配　　200 000

　贷:专用基金—职工福利基金　　200 000

预算会计：

借:非财政拨款结余分配　　200 000

　贷:专用结余　　200 000

[例 12-7] 学校上年事业收入为 1 100 000 000 元,事业预算收入100 000 000元,按 5%提取本年度学生奖助基金 5 000 000 元。账务处理如下：

财务会计：

借:业务活动费用—教育费用—计提专用基金　　5 000 000

　贷:专用基金—学生奖助基金　　5 000 000

预算会计不作账务处理。

[例 12-8] 学校发放学生奖助基金 4 500 000 元。账务处理如下：

财务会计：

借:专用基金—学生奖助基金　　4 500 000

　贷:银行存款—学校存款　　4 500 000

预算会计：

借:事业支出—教育支出—其他资金支出—基本支出—高等教育—对个人家庭补助支出—助学金　　4 500 000

　贷:资金结存—货币资金　　4 500 000

[例 12-9] 学校使用职工福利基金，转账支付健身器材 130 000 元。账务处理如下：

财务会计：

借：固定资产—专用设备　　130 000

　贷：银行存款—学校存款　　130 000

借：专用基金—职工福利基金　　130 000

　贷：累计盈余　　130 000

预算会计：

借：专用结余　　130 000

　贷：资金结存—货币资金　　130 000

[例 12-10] 2019 年 1 月 10 日，学校收到 5 000 000 元留本基金，按协议规定收到的投资收益可作为助学金发放。2019 年 1 月 15 日委托基金会进行投资 3 000 000 元，协议每年 12 月 15 日按本金的 4%给予投资收益。2019 年 2 月 1 日购入 1 年期国库券 1 200 000 元，票面利率为 3.5%，到期一次还本付息；2019 年 3 月 1 日购入 3 年期国库券 800 000 元，票面利率为 4.5%，到期一次还本付息。账务处理如下：

(1)2019 年 1 月 10 日，收到 5 000 000 元留本基金时

财务会计：

借：银行存款—学校存款　　5 000 000

　贷：专用基金—留本基金—本金—未投资　　5 000 000

预算会计不作账务处理。

(2)2019 年 1 月 15 日委托基金会进行投资 3 000 000 元时

财务会计：

借：其他应收款—留本基金委托投资　　3 000 000

　贷：银行存款—学校存款　　3 000 000

借：专用基金—留本基金—本金—未投资　　3 000 000

　贷：专用基金—留本基金—本金—已投资　　3 000 000

预算会计不作账务处理。

(3)2019 年 2 月 1 日购入 1 年期国库券 1 200 000 元时

财务会计：

借：短期投资—×国债　　1 200 000

　贷：银行存款—学校存款　　1 200 000

借:专用基金—留本基金—本金—未投资　　1 200 000
　贷:专用基金—留本基金—本金—已投资　　1 200 000
预算会计不作账务处理。

(4)2019 年 3 月 1 日购入 3 年期国库券 800 000 元时

财务会计:
借:长期债券投资—本金　　800 000
　贷:银行存款—学校存款　　800 000
借:专用基金—留本基金—本金—未投资　　800 000
　贷:专用基金—留本基金—本金—已投资　　800 000
预算会计不作账务处理。

(5)2019 年 12 月 15 日,收到基金会转入的投资收益 110 000 元时

财务会计:
借:银行存款—学校存款　　110 000
　贷:专用基金—留本基金—收益　　110 000
预算会计不作账务处理。

(6)2019 年 12 月 25 日,按协议规定可以使用留本基金收益 110 000 元发放助学金时

①留本基金收益 110 000 元转为捐赠收入,账务处理如下:

财务会计:
借:专用基金—留本基金—收益　　110 000
　贷:捐赠收入　　110 000
预算会计:
借:资金结存—货币资金　　110 000
　贷:其他预算收入—捐赠收入—专项资金收入　　110 000

②发放助学金的账务处理如下:

财务会计:
借:业务活动费用—教育费用—对个人和家庭补助费用　　110 000
　贷:银行存款—学校存款　　110 000
预算会计:
借:事业支出—教育支出—其他资金支出—基本支出—高等教育—对个人家庭补助—助学金　　110 000
　贷:资金结存—货币资金　　110 000

(7)2019 年 12 月 31 日，对持有的留本基金投资确认应计利息收入：其中 1 年期国库券应计利息为 38 500 元，3 年期国库券应计利息为 30 000 元。

财务会计：

借：应收利息　　38 500

　贷：专用基金—留本基金—收益　　38 500

借：长期债券投资—应计利息　　30 000

　贷：专用基金—留本基金—收益　　30 000

预算会计不作账务处理。

(8)2020 年 1 月 31 日收回 1 年期国库券本金 1 200 000 元和投资收益 42 000元。

财务会计：

借：银行存款—学校存款　　1 242 000

　贷：短期投资—×国债　　1 200 000

　　应收利息　　38 500

　　专用基金—留本基金—收益　　3 500

借：专用基金—留本基金—本金—已投资　　1 200 000

　贷：专用基金—留本基金—本金—未投资　　1 200 000

预算会计不作账务处理。

第五节　累计盈余

一、概念

累计盈余是指高等学校历年实现的盈余扣除盈余分配后滚存的金额，以及因无偿调入调出资产产生的净资产变动额。

按照规定上交、缴回、单位间调剂结转结余资金产生的净资产变动额，以及对以前年度盈余的调整金额，也通过本科目核算。

二、账务处理

1.年末，将“本年盈余分配”科目的余额转入累计盈余，借记或贷记“本年盈余分配”科目，贷记或借记本科目。

2.年末，将“无偿调拨净资产”科目的余额转入累计盈余，借记或贷记“无偿调拨净资产”科目，贷记或借记本科目。

3.按照规定上缴财政拨款结转结余、缴回非财政拨款结转资金、向其他单位调出财政拨款结转资金时，按照实际上交、缴回、调出金额，借记本科目，贷记“财政应返还额度”“零余额账户用款额度”“银行存款”等科目。

按照规定从其他单位调入财政拨款结转资金时，按照实际调入金额，借记“零余额账户用款额度”“银行存款”等科目，贷记本科目。

4.将“以前年度盈余调整”科目的余额转入本科目，借记或贷记“以前年度盈余调整”科目，贷记或借记本科目。

5.按照规定使用专用基金购置固定资产、无形资产的，按照固定资产、无形资产成本金额，借记“固定资产”“无形资产”科目，贷记“银行存款”等科目；同时，按照专用基金使用金额，借记“专用基金”科目，贷记本科目。

6.累计盈余期末余额，反映单位未分配盈余（或未弥补亏损）的累计数以及截至上年末无偿调拨净资产变动的累计数。

累计盈余年末余额，反映单位未分配盈余（或未弥补亏损）以及无偿调拨净资产变动的累计数。

三、主要业务举例

［例 12-11］年末，L 大学需要结转的净资产科目余额，见表 12-4。

表 12-4　科目余额表　单位：元

科目名称	借方余额	贷方余额
本年盈余分配		800 000
无偿调拨净资产		50 000
以前年度盈余调整	3 000	

（1）将“本年盈余分配”科目贷方余额 800 000 元转入“累计盈余 ”科目。账务处理如下：

借：本年盈余分配　800 000

　贷：累计盈余　800 000

（2）将“无偿调拨净资产”科目贷方余额 50 000 元转入“累计盈余 ”科目。账务处理如下：

借：无偿调拨净资产　50 000

　贷：累计盈余　50 000

(3)将“以前年度盈余调整”科目借方余额 3 000 元转入“累计盈余 ”科目。账务处理如下：

借：累计盈余　　3 000

　贷：以前年度盈余调整　　3 000

[**例 12-12**] 某大学按照规定上缴财政拨款结转资金 25 000 元、缴回非财政拨款结转资金 9 000 元。账务处理如下：

财务会计：

借：累计盈余　　25 000

　贷：零余额账户用款额度　　25 000

借：累计盈余　　9 000

　贷：银行存款—学校存款　　9 000

预算会计：

借：财政拨款结转—归集上交—项目支出结转　　25 000

　贷：资金结存—零余额账户用款额度　　25 000

借：非财政拨款结转—缴回资金—项目支出结转　　9 000

　贷：资金结存—货币资金　　9 000

第六节　权益法调整

一、概念

权益法调整是指高等学校持有的长期股权投资采用权益法核算时，按照被投资单位除净损益和利润分配以外的所有者权益变动份额调整长期股权投资账面余额而计入净资产的金额。

二、账务处理

1.权益法调整科目应当按照被投资单位进行明细核算。

2.年末，按照被投资单位除净损益和利润分配以外的所有者权益变动应享有(或应分担)的份额，借记或贷记“长期股权投资—其他权益变动”科目，贷记或借记本科目。

3.采用权益法核算的长期股权投资，因被投资单位除净损益和利润分配以外的所有者权益变动而将应享有(或应分担)的份额计入单位净资产的，处置该项投资时，按照原计入净资产的相应部分金额，借记或贷记本科目，贷记或借记“投资收益”科目。

4.权益法调整科目期末余额，反映高等学校在被投资单位除净损益和利润分配以外的所有者权益变动中累积享有(或分担)的份额。

“权益法调整”账务处理如图 12-2。

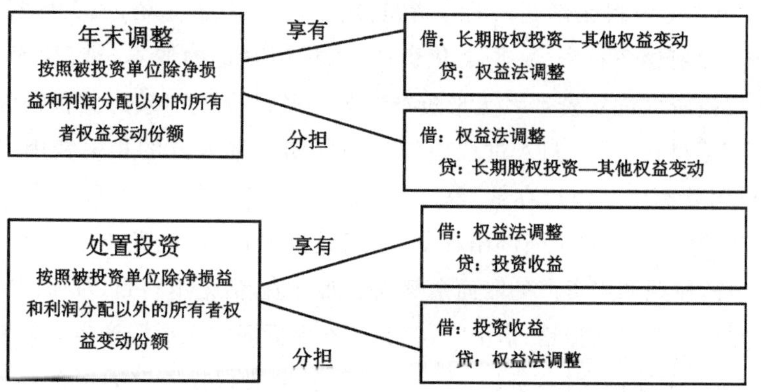

图 12-2　“权益法调整”账务处理

[**例 12-13**] 经批准，某大学用自有资金对 A 有限责任公司进行长期股权投资，占 A 有限责任公司 60%的产权比例。在该长期股权投资持有期间，采用权益法核算。有关账务处理如下：

(1)年末，A 有限责任公司资本公积等增加 1 000 000 元。

借：长期股权投资—其他权益变动(A 企业)　　600 000

　贷：权益法调整—A 企业　　600 000

(2)假设经批准某大学将该 A 有限责任公司的长期股权投资处置，与权益法调整有关账务处理。

借：权益法调整—A 企业　　600 000

　贷：投资收益　　600 000

第七节　无偿调拨净资产

一、概念

无偿调拨净资产是指高等学校无偿调入或调出非现金资产所引起的净资

产变动金额。无偿调拨净资产的特征是无偿性、强制性。

无偿调拨净资产与捐赠收入、捐赠支出的根本区别在于前者具有强制性、后者具在自愿性、公益性。

二、账务处理

1.按照规定取得无偿调入的存货、长期股权投资、固定资产、无形资产、公共基础设施、政府储备物资、文物文化资产等，按照确定的成本，借记“库存物品”“长期股权投资”“固定资产”“无形资产”“公共基础设施”“政府储备物资”“文物文化资产”等科目，按照调入过程中发生的归属于调入方的相关费用，贷记“零余额账户用款额度”“银行存款”等科目，按照其差额，贷记本科目。

2.按照规定经批准无偿调出存货、长期股权投资、固定资产、无形资产、文物文化资产等，按照调出资产的账面余额或账面价值，借记本科目，按照固定资产累计折旧、无形资产累计摊销、借记“固定资产累计折旧”“无形资产累计摊销”科目，按照调出资产的账面余额，贷记“库存物品”“长期股权投资”“固定资产”“无形资产”“文物文化资产”等科目；同时，按照调出过程中发生的归属于调出方的相关费用，借记“资产处置费用”科目，贷记“零余额账户用款额度”“银行存款”等科目。

3.年末，将本科目余额转入累计盈余，借记或贷记本科目，贷记或借记“累计盈余”科目。年末结账后，本科目应无余额。

无偿调拨净资产账务处理见表 12-5。

表 12-5　　无偿调拨净资产账务处理

业务事项	财务会计分录	预算会计分录
取得无偿调入的资产时	借：库存物品/固定资产/无形资产/长期股权投资等 　贷：无偿调拨净资产 　　零余额账户用款额度/银行存款等（发生的归属于调入方的相关费用）	借：其他支出（发生的归属于调入方的相关费用） 　贷：资金结存等
经批准无偿调出资产时	借：无偿调拨净资产/固定资产累计折旧/无形资产累计摊销 　贷：库存物品/固定资产/无形资产/长期股权投资/ 借：资产处置费用 　贷：银行存款/零余额账户用款额度等（发生的归属于调出方的相关费用）	借：其他支出（发生的归属于调出方的相关费用） 　贷：资金结存等

续表

业务事项		财务会计分录	预算会计分录
年末，将本科目余额转入累计盈余	科目余额在贷方时	借：无偿调拨净资产 　贷：累计盈余	—
	科目余额在借方时	借：累计盈余 　贷：无偿调拨净资产	—

三、主要业务举例

某大学2019年发生如下经济业务：

［例12-14］学校按照规定取得无偿调入图书一批，调出方的账面价值为180 000元，发生运输费3 000元，学校以银行存款支付。账务处理如下：

财务会计：

借：固定资产—图书、档案　183 000
　贷：无偿调拨净资产　180 000
　　银行存款—学校存款　3 000

预算会计：

借：其他支出—捐赠等税费支出—其他资金支出　3 000
　贷：资金结存—货币资金　3 000

［例12-15］学校按照规定将上述图书无偿调出，支付相关的费用1 000元，以银行存款支付。账务处理如下：

财务会计：

借：无偿调拨净资产　183 000
　贷：固定资产—图书、档案　183 000
借：资产处置费用—固定资产　1 000
　贷：银行存款—学校存款　1 000

预算会计：

借：其他支出—捐赠等税费支出—其他资金支出　1 000
　贷：资金结存—货币资金　1 000

[例 12-16] 年末，将“无偿调拨净资产”科目借方余额 3 000 元转入“累计盈余”科目。

借：累计盈余　　3 000

　贷：无偿调拨净资产　　3 000

第八节　以前年度盈余调整

一、概念

以前年度盈余调整是指高等学校本年度发生的调整以前年度盈余的事项，包括本年度发生的重要前期差错更正涉及调整以前年度盈余的事项。

重要前期差错一般是指金额比较大或性质比较严重，通常某项经济业务或事项对报表的影响金额占该类经济业务或事项对报表影响金额的 10%及以上，则认为金额比较大。

二、账务处理

1.调整增加以前年度收入时，按照调整增加的金额，借记有关科目，贷记本科目。调整减少的，做相反会计分录。

2.调整增加以前年度费用时，按照调整增加的金额，借记本科目，贷记有关科目。调整减少的，做相反会计分录。

3.盘盈的各种非流动资产，报经批准后处理时，借记“待处理财产损溢”科目，贷记本科目。

4.经上述调整后，应将本科目的余额转入累计盈余，借记或贷记“累计盈余”科目，贷记或借记本科目。本科目结转后应无余额。

“以前年度盈余调整”的具体账务处理见表 12-6。

表 12-6　　以前年度盈余调整账务处理

业务事项		财务会计分录	预算会计分录
调整以前年度收入	增加以前年度收入时	借：有关资产或负债科目 贷：以前年度盈余调整	借：资金结存（按照实际收到的金额） 贷：财政拨款结转/财政拨款结余/非财政拨款结转/非财政拨款结余（年初余额调整）
	减少以前年度收入时	借：以前年度盈余调整 贷：有关资产或负债科目	借：财政拨款结转/财政拨款结余/非财政拨款结转/非财政拨款结余（年初余额调整） 贷：资金结存（按照实际支付的金额）
调整以前年度费用	增加以前年度费用时	借：以前年度盈余调整 贷：有关资产或负债科目	借：财政拨款结转/财政拨款结余/非财政拨款结转/非财政拨款结余（年初余额调整） 贷：资金结存（按照实际支付的金额）
	减少以前年度费用时	借：有关资产或负债科目 贷：以前年度盈余调整	借：资金结存（按照实际收到的金额） 贷：财政拨款结转/财政拨款结余/非财政拨款结转/非财政拨款结余（年初余额调整）
盘盈非流动资产	报经批准处理时	借：待处理财产损溢 贷：以前年度盈余调整	—
将本科目余额转入累计盈余	本科目为借方余额时	借：累计盈余 贷：以前年度盈余调整	—
	本科目为贷方余额时	借：以前年度盈余调整 贷：累计盈余	—

三、主要业务举例

某大学财务人员在账务查询时发现如下错误：

[**例 12-17**] 2020 年 1 月 31 日，某大学 2019 年决算报告已上报，其财务人员在账务查询时，发现 2019 年 12 月的账务处理存在以下“以前年度调整”事项：

（1）2019 年 12 月 20 日，已收缴财政的学费回拨款 10 000 000 元，其财务会计分录贷方应入“教育事业收入”，而误入“应缴财政款”，未做预算会计分录。

该事项应予以差错更正，财务处理如下：

财务会计：

借：应缴财政款—应缴国库款　　10 000 000

　贷：以前年度盈余调整　　10 000 000

预算会计：

借：资金结存—货币资金　　10 000 000

　贷：非财政拨款结余—年初余额调整—基本支出结余　　10 000 000

(2)2019 年 12 月 22 日，材料中心按规定程序购买的一批实验材料，其发票金额为 9 000 000 元，已验收，并已注明该批材料直接领用，不做入库处理，该批材料资金来源为非财政非专项资金。其财务会计分录借方应入“业务活动费—教育费用—商品和服务费用”，而误入“其他应收款”科目，未做预算会计分录。该事项应予以差错更正，账务处理如下：

财务会计录：

借：以前年度盈余调整　　9 000 000

　贷：其他应收款—××单位　　9 000 000

财务会计：

借：非财政拨款结余—年初余额调整—基本支出结余　　9 000 000

　贷：资金结存—货币资金　　9 000 000

(3)2019 年 12 月 24 日，购入一批图书，价值 8 800 000 元。其财务会计分录借方应入“固定资产”科目，而误入“业务活动费—教育费用—商品和服务费用”，其预算会计分录正确。该事项应予以差错更正，账务处理如下：

财务会计：

借：固定资产—图书、档案　　8 800 000

　贷：以前年度盈余调整　　8 800 000

预算会计不作账务处理。

[例 12-18] 将“以前年度盈余调整”科目贷方余额 9 800 000 元，转入“累计盈余”科目。账务处理如下：

借：以前年度盈余调整　　9 800 000

　贷：累计盈余　　9 800 000

第十三章　收　入

第一节　收入概述

一、概念

收入是指报告期内导致高等学校净资产增加的、含有服务潜力或者经济利益的经济资源的流入。

高等学校收入的增加将导致净资产增加，进而导致资产增加或负债减少（或两者兼而有之），并且最终导致高等学校经济利益的增加或服务潜力增强。

高等学校依法取得的应上缴财政收入款项，不属于本单位的收入。

二、分类

高等学校取得的收入按照收入的来源，主要分为财政补助收入、事业收入、非同级财政拨款收入、捐赠收入、利息收入、租金收入、其他收入、上级补助收入、附属单位上缴收入、经营活动收入等。

三、管理要求

1.高等学校收取行政事业性收费时要按照隶属关系使用财政部门印（监）制的财政票据，在收取服务性收费时应使用相应的税务发票。

2.高等学校行政事业性收费应当由学校财务部门统一收取、管理和核算，并严格实行“收支两条线”管理，收入按照国家有关规定和学校财务隶属关系及时全额上缴财政专户或国库，支出由财政部门按预算核拨。服务性收费原则上也应由学校财务部门统一收取，不具备条件的，可由学校相关职能部门收取，但应由学校财务部门统一进行管理和核算，严禁由学校财务部门之外的其他部门自立账户进行管理和核算。

3.高等学校的行政事业性收费和服务性收费收入要严格按照批准的预算使

用收费资金，应全部用于学校的办学支出，不得随意乱发钱物。

4.国库集中支付制度下，财政直接支付的，在所需支出由财政部门直接支付后，依据代理银行转来的“财政直接支付入账通知书”确认收入；财政授权支付的，依据代理银行转来的“财政授权支付额度到账通知书”确认收入。

四、确认

高等学校的收入应当以权责发生制为基础确认。一般来讲，收入的确认至少应该符合以下三个条件：

1.收入相关的经济利益应当很可能流入高等学校；

2.经济利益流入的结果会导致资产的增加或者负债的减少；

3.经济利益的流入额能够可靠计量。

第二节　财政拨款收入

一、概念

财政拨款收入是指高等学校从同级财政部门取得的各类财政拨款，主要包括财政教育拨款、财政科研拨款和财政其他拨款。根据同级财政拨款经费的使用方向，可分为基本支出拨款和项目拨款。

“从同级财政部门取得”是指高等学校按照部门预算隶属关系直接从同一级次财政部门取得的财政拨款。

财政拨款收入的特点：一是资金管理使用比较严格，财政资金的申请、审批、划拨、管理和使用都有严谨的流程和规定。二是资金拨付方式多样，同级财政部门按照对学校批复的预算和用款计划，分为财政直接支付、财政授权支付和财政实拨资金三种方式。

二、会计核算

（一）账户设置

高等学校应当设置“财政拨款收入”科目，核算学校从同级政府财政部门取得的各类财政拨款。同级政府财政部门预拨的下期预算款和没有纳入预算的暂付款项，以及采用实拨资金方式通过本单位转拨给下属单位的财政拨款，通过“其他应付款”科目核算，不通过本科目核算。

本科目可按照一般公共预算财政拨款、政府性基金预算财政拨款等拨款种类进行明细核算。期末，将本科目本期发生额转入本期盈余，借记本科目，贷记“本期盈余”科目。本科目年末应无余额。

为了简化会计核算，财政拨款收入按照收付实现制核算，即在实际收到时确认收入。

(二)账务处理

财政拨款收入需要分别按照财政直接支付、财政授权支付和其他支付方式进行不同的账务处理。“财政拨款收入”账务处理如表 13-1 所示。

表 13-1　　财政拨款收入账务处理

会计事项			财务会计	预算会计
取得财政拨款收入	直接支付		借:库存物品/业务活动费用等 贷:财政拨款收入	借:事业支出等 贷:财政拨款预算收入
	授权支付		借:零余额账户用款额度 贷:财政拨款收入	借:资金结存—零余额账户用款额度 贷:财政拨款预算收入
	其他方式		借:银行存款等 贷:财政拨款收入	借:资金结存—货币资金等 贷:财政拨款预算收入
取得差错更正、退货收入	直接支付	属于本年支付的款项	借:财政拨款收入 贷:库存物品/业务活动费用等	借:财政拨款预算收入 贷:教育支出等
		以前年度支付的款项	借:财政应返还额度—财政直接支付 贷:以前年度盈余调整/库存物品等	借:资金结存—财政应返还额度 贷:财政拨款结转/财政拨款结余—年初余额调整
	授权支付	属于本年支付的款项	借:零余额账户用款额度 贷:库存物品/业务活动费用等	借:资金结存—零余额账户用款额度 贷:事业支出等
		以前年度支付的款项	借:零余额账户用款额度 贷:以前年度盈余调整/库存物品等	借:资金结存—零余额账户用款额度 贷:财政拨款结转/财政拨款结余—年初余额调整

续表

会计事项		财务会计	预算会计
期末确认拨款差额	财政直接支付预算指标＞实际直接支付数	借:财政应返还额度—财政直接支付 　贷:财政拨款收入	借:资金结存—财政应返还额度 　贷:财政拨款预算收入
	财政授权支付预算指标＞零余额账户额度	借:财政应返还额度—财政授权支付 　贷:财政拨款收入	借:资金结存—财政应返还额度 　贷:财政拨款预算收入
期末结转		借:财政拨款收入 　贷:本期盈余	借:财政拨款预算收入 　贷:财政拨款结转—本年收支结转

1.财政直接支付方式下,根据收到的“财政直接支付入账通知书”及相关原始凭证,按照通知书中的直接支付入账金额,借记“库存物品”“固定资产”“业务活动费用”“单位管理费用”“应付职工薪酬”等科目,贷记本科目。

年末,根据本年度财政直接支付预算指标数与当年财政直接支付实际支付数的差额,借记“财政应返还额度—财政直接支付”科目,贷记本科目。

2.财政授权支付方式下,根据收到的“财政授权支付额度到账通知书”,按照通知书中的授权支付额度,借记“零余额账户用款额度”科目,贷记本科目。

年末,本年度财政授权支付预算指标数大于零余额账户用款额度下达数的,根据未下达的用款额度,借记“财政应返还额度—财政授权支付”科目,贷记本科目。

3.其他方式下收到财政拨款收入时,按照实际收到的金额,借记“银行存款”等科目,贷记本科目。

4.因差错更正或购货退回等发生国库直接支付款项退回的,属于以前年度支付的款项,按照退回金额,借记“财政应返还额度—财政直接支付”科目,贷记“以前年度盈余调整”“库存物品”等科目;属于本年度支付的款项,按照退回金额,借记本科目,贷记“业务活动费用”“库存物品”等科目。

5.期末,将本科目本期发生额转入本期盈余,借记本科目,贷记“本期盈余”科目。期末结转后,本科目应无余额。

三、主要业务举例

[例 13-1] 2019 年 3 月 1 日,某大学收到“财政直接支付入账通知书”,列示

由财政直接支付学院后勤部门 80 000 元物业管理费，30 000 元维修费用。账务处理如下：

财务会计：

借：单位管理费用—后勤保障费用—商品和服务费用　　80 000

　单位管理费用—后勤保障费用—商品和服务费用　　30 000

　贷：财政拨款收入　　110 000

预算会计：

借：事业支出—后勤保障支出—财政拨款支出—基本支出—高等教育—商品和服务支出—物业管理费　　80 000

　事业支出—后勤保障支出—财政拨款支出—基本支出—高等教育—商品和服务支出—维修费　　30 000

　贷：财政拨款预算收入—基本支出　　110 000

[例 13-2] 2019 年 5 月 10 日，某大学收到代理银行转来的授权支付到账通知书，列示收到学院重点专业建设专项资金 1 000 000 元。账务处理如下：

财务会计：

借：零余额账户用款额度　　1 000 000

　贷：财政拨款收入　　1 000 000

预算会计：

借：资金结存—零余额账户用款额度　　1 000 000

　贷：财政拨款预算收入—项目支出—重点专业建设项目　　1 000 000

[例 13-3] 2019 年 6 月 1 日，某大学收到开户银行转来的入账通知书，列示收到同级财政部门下拨的 300 000 元高层次人才专项经费。账务处理如下：

财务会计：

借：银行存款—学校存款　　300 000

　贷：财政拨款收入　　300 000

预算会计：

借：资金结存—货币资金　　300 000

　贷：财政拨款预算收入—项目支出—高层次人才建设　　300 000

[例 13-4] 2020 年 1 月 20 日，某大学将 2019 年底购入的一批 20 000 元办公用品因为质量原因予以退回。该批办公用品购置时为财政授权支付，属于学校的基本支出项目。账务处理如下：

财务会计：

借：零余额账户用款额度　　20 000

　　贷：库存物品—办公用品　　20 000

预算会计：

借：资金结存—零余额账户用款额度　　20 000

　　贷：财政拨款结转—年初余额调整—基本支出结转　　20 000

[**例 13-5**] 2019 年 12 月 31 日，某大学将本年度财政直接支付下达数小于年初财政批复的直接支付预算指标数 1 800 000 元(总务处大型修缮项目)转入财政应返还额度。账务处理如下：

财务会计：

借：财政应返还额度—财政直接支付　　1 800 000

　　贷：财政拨款收入　　1 800 000

预算会计：

借：资金结存—财政应返还额度—财政直接支付　　1 800 000

　　贷：财政拨款预算收入—项目支出　　1 800 000

第三节　事业收入

一、概念

事业收入是指高等学校开展教学、科研及其辅助活动所取得的收入。教学及其辅助活动收入主要是指通过财政专户返还(如收取的学费、住宿费、考试考务费等)和非学历教育培训取得(如收取的会议费、培训费、版面费、检测费等)的收入；科研及其辅助活动所取得的收入主要包括通过承接科研项目、开展科研协作、进行科技咨询等活动取得的收入，以及从非同级政府财政部门取得的科研经费拨款。

二、管理要求

1.高等学校承担着社会公益性服务任务，收取的学费、住宿费、考试考务费等属于政府非税收入，是政府财政收入的重要组成部分，其收费范围和标准必须严格按照政府及物价主管部门的规定设立和征收，并纳入财政专户管理。高等学校对各项纳入财政专户管理的收费，需要按“收支两条线”的方式管理，取得的各项收费不得安排支出，需要及时全额上缴财政部门设立的财政资金专户，支出时，同级财政部门按资金收支计划从财政专户中拨付。高等学校经过审批取得从财政专户核拨的款项时，方可确认事业收入。

2.高等学校的其他事业收入是未采用财政专户返还方式管理的普通事业收入。比如收取的会议费、培训费、版面费、检测费等。这些没有纳入财政专户管理的收费，高等学校在收到时即可确认事业收入。

3.科研业务活动收入需专项管理。高校科研业务活动收入的组织、管理、使用等必须按照国家及各地方政府颁布的各类科研经费的管理办法进行，需要“专款专用，单独核算”。

三、会计核算

(一)账户设置

高等学校应当设置“事业收入”科目核算学校开展教学业务活动及其辅助活动实现的收入，不包括从同级政府财政部门取得的各类财政拨款。本科目应当按照事业收入的类别、来源等进行明细核算。对于因开展科研及其辅助活动从非同级政府财政部门取得的经费拨款，应当在本科目下单设“非同级财政拨款”明细科目进行核算(见图 13-1)。本科目期末结转后应无余额。

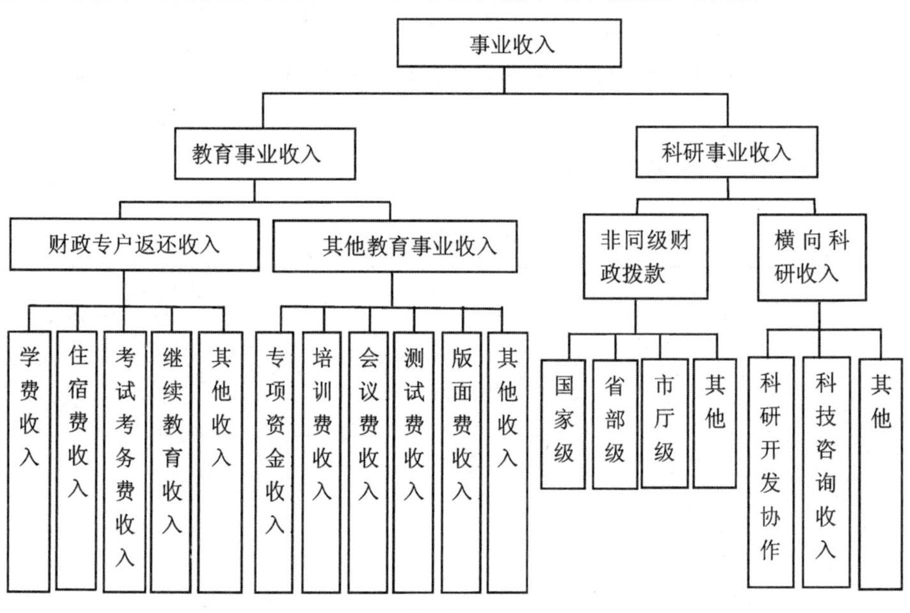

图 13-1　事业收入账户设置

(二)账务处理

1.采用财政专户返还方式管理的事业收入。实现应上缴财政专户的事业收入时,按照实际收到或应收的金额,借记“银行存款”“应收账款”等科目,贷记“应缴财政款”科目。

向财政专户上交款项时,按照实际上交的款项金额,借记“应缴财政款”科目,贷记“银行存款”等科目。

收到从财政专户返还的事业收入时,按照实际收到的返还金额,借记“银行存款”等科目,贷记本科目。

2.采用预收款方式确认的事业收入。实际收到预收款项时,按照收到的款项金额,借记“银行存款”等科目,贷记“预收账款”科目。以合同完成进度确认事业收入时,按照基于合同完成进度计算的金额,借记“预收账款”科目,贷记本科目。

3.采用应收款方式确认的事业收入如下:

(1)根据合同完成进度计算本期应收的款项,借记“应收账款”科目,贷记本科目。

(2)实际收到款项时,借记“银行存款”等科目,贷记“应收账款”科目。

4.其他方式下确认的事业收入,按照实际收到的金额,借记“银行存款”“库存现金”等科目,贷记本科目。

5.期末,财务会计将本科目本期发生额转入本期盈余,借记本科目,贷记“本期盈余”科目。

“事业收入”账务处理如表13-2所示:

表13-2　　事业收入账务处理

会计事项		财务会计	预算会计
采用财政专户返还方式管理的事业收入	按合同规定确认权利或收到款项	借:银行存款/应收账款等 贷:应缴财政款	不作账务处理
	向财政上交款项	借:应缴财政款 贷:应收账款	不作账务处理
	收到财政专户返还款	借:银行存款等 贷:事业收入	借:资金结存—货币资金 贷:事业预算收入

续表

<table>
<tr><th colspan="2">会计事项</th><th>财务会计</th><th colspan="2">预算会计</th></tr>
<tr><td rowspan="2">其他事业收入</td><td>确认收入</td><td>借:应收账款/预收账款等
　贷:事业收入</td><td colspan="2">不作账务处理</td></tr>
<tr><td>实际收到款项</td><td>借:银行存款
　贷:预收账款/应收账款等</td><td colspan="2">借:资金结存—货币资金
　贷:事业预算收入</td></tr>
<tr><td colspan="2" rowspan="2">期末结转</td><td rowspan="2">借:事业收入
　贷:本期盈余</td><td>专项资金</td><td>借:事业预算收入
　贷:非财政拨款结转—本年收支结转</td></tr>
<tr><td>非专项资金</td><td>借:事业预算收入
　贷:其他结余</td></tr>
</table>

四、主要业务举例

[**例 13-6**] 2019 年 9 月,某大学(该大学是一般纳税人)发生如下经济业务:

(1)10 日,收取学生学费 8 000 000 元,应当纳入财政专户管理。账务处理如下:

财务会计:

借:银行存款—学校存款　　8 000 000

　贷:应缴财政款—应缴财政专户款　　8 000 000

预算会计不作账务处理。

(2)20 日上缴财政专户学费 58 000 000 元。账务处理如下:

财务会计:

借:应缴财政款—应缴财政专户款　　58 000 000

　贷:银行存款—学校存款　　58 000 000

预算会计不作账务处理。

(3)29 日收到代理银行通知书,列明收到财政专户返还资金 58 000 000 元。账务处理如下:

财务会计:

借:银行存款—学校存款　　58 000 000

　贷:事业收入—教育事业收入　　58 000 000

预算会计：

借：资金结存—货币资金　　58 000 000

　贷：事业预算收入—教育事业预算收入—非专项资金收入　　58 000 000

(4)30 日，取得一项横向课题经费 100 000 元，增值税 16 000 元，款项已经收到。账务处理如下：

财务会计：

借：银行存款—学校存款　　116 000

　贷：事业收入—科研事业收入—横向科研收入　　100 000

　　应交增值税—应交税金(销项税额)　　16 000

预算会计：

借：资金结存—货币资金　　116 000

　贷：事业预算收入—科研事业预算收入—横向科研收入　　116 000

[**例 13-7**] 2019 年 12 月 31 日，结转本年度“事业收入”中教育事业收入 9 000 000元。账务处理如下：

财务会计：

借：事业收入—教育事业收入　　9 000 000

　贷：本期盈余　　9 000 000

第四节　上级补助收入

一、概念

上级补助收入是高等学校收到主管部门或上级单位拨入的非财政补助资金。为了弥补高等学校教育经费支出不足和促进高校发展，主管部门或者上级单位可以利用自身的收入和集中下级单位的收入，以一定的方式对所属高校予以补助，形成高等学校的上级补助收入。通过主管部门和上级单位转拨的财政拨款，不能作为上级补助收入处理，应当作为“非同级财政拨款收入”或“事业收入—非同级财政拨款”。

二、管理要求

1.上级补助收入是由主管部门或上级单位拨入的非财政性资金，需要按照主管部门或上级单位的要求来进行管理，按规定的用途安排使用。

2.高等学校对于主管部门或上级单位拨入的专项资金，应当专款专用、单独核算，并按照规定向主管部门或上级单位报送专项资金的使用情况；项目完成后，应当报送专项资金支出决算和使用效果的书面报告，接受主管部门或上级单位的检查、验收。当年未完成的项目结转到下一年继续使用。已经完成项目结余的资金，按规定应缴回原拨款单位，或留归高等学校转入本期盈余。

3.上级补助收入并不是高等学校的常规收入，主管单位或上级单位一般根据自身的资金情况和事业单位的需要进行拨付。

三、会计核算

（一）科目设置

高等学校应当设置"上级补助收入"科目用于反映高等学校取得主管部门或上级单位的补助情况。本科目按照发放补助单位、补助项目等进行明细核算。

（二）账务处理

1.确认上级补助收入时，按照应收的金额，借记"其他应收款"等科目，贷记本科目。

实际收到应收的上级补助款时，按照实际收到的金额，借记"银行存款"等科目，贷记"其他应收款"科目。

2.期末，将本科目本期发生额转入本期盈余，借记本科目，贷记"本期盈余"科目。

3.期末结转后，本科目应无余额。

"上级补助收入"账户主要的账务处理如表 13-3 所示：

表 13-3　　上级补助收入主要会计处理

会计事项	财务会计	预算会计	
确认收入	借：其他应收款等 　贷：上级补助收入	不作账务处理	
收到款项	借：银行存款等 　贷：其他应收款	借：资金结存—货币资金 　贷：上级补助预算收入	
期末结转	借：上级补助收入 　贷：本期盈余	专项资金	借：上级补助预算收入 　贷：非财政拨款结转—本年收支结转
		非专项资金	借：上级补助预算收入 　贷：其他结余

四、主要业务举例

[**例 13-8**] 2019 年 6 月 20 日，某大学收到主管部门拨来的补助款 2 000 000 元，用于本单位基本支出，款项已经到账。账务处理如下：

财务会计：

借：银行存款—学校存款　　2 000 000

　贷：上级补助收入—×部门　　2 000 000

预算会计：

借：资金结存—货币资金　　2 000 000

　贷：上级补助预算收入—非专项资金收入　　2 000 000

[**例 13-9**] 2019 年 12 月 31 日，结转上级补助收入 1 400 000 元。账务处理如下：

财务会计：

借：上级补助收入　　1 400 000

　贷：本期盈余　　1 400 000

第五节　附属单位上缴收入

一、概念

附属单位上缴收入是指高等学校附属的独立核算单位按规定标准或比例缴纳的各项收入。

二、管理要求

1.高等学校与附属单位之间垫付的水电费、福利费、工资等各项费用，应当通过“其他应收款”等往来账户进行核算，不能作为附属单位上缴收入处理。

2.高等学校从其投资的全资或控股企业获取属于对外投资收益性质的收入，属于对外投资获得的投资收益，不能作为附属单位上缴收入处理。

三、会计核算

(一)账户设置

高等学校应当设置“附属单位上缴收入”科目核算高等学校取得的附属独

立核算单位按照有关规定上交的收入。本科目应当按照附属单位、缴款项目等进行明细核算。

(二)账务处理

1.确认附属单位上缴收入时，按照应收的金额，借记“其他应收款”“银行存款”等科目，贷记本科目。

2.实际收到应收附属单位上交款时，按照实际收到的金额，借记“银行存款”等科目，贷记“其他应收款”科目。

3.期末，将本科目本期发生额转入本期盈余，借记本科目，贷记“本期盈余”科目。

4.本科目期末结转后无余额。

“附属单位上缴收入”主要的账务处理如表 13-4 所示：

表 13-4　　附属单位上缴收入主要会计处理

会计事项	财务会计	预算会计	
确认收入	借:其他应收款等 　贷:附属单位上缴收入	不作账务处理	
收到款项	借:银行存款等 　贷:其他应收款	借:资金结存—货币资金 　贷:附属单位上缴预算收入	
期末结转	借:附属单位上缴收入 　贷:本期盈余	专项资金	借:附属单位上缴预算收入 　贷:非财政拨款结转—本年收支结转
		非专项资金	借:附属单位上缴预算收入 　贷:其他结余

四、主要业务举例

[例 13-10] 2020 年 1 月 10 日，某大学按照分配办法规定，确认 2019 年该校应收取下属的独立核算的附属单位—培训中心分成款 500 000 元，该款项于 2 月 20 日收到。账务处理如下：

(1)1 月 10 日，确认收入

财务会计：

借:其他应收款—培训中心　　500 000

　贷:附属单位上缴收入—培训中心　　500 000

预算会计不作账务处理。

(2)2 月 20 日收到款项

财务会计：

借：银行存款—学校存款　　500 000

　贷：其他应收款—培训中心　　500 000

预算会计：

借：资金结存—货币资金　　500 000

　贷：附属单位上缴预算收入—非专项资金预算收入　　500 000

第六节　经营收入

一、概念

经营收入是高等学校在专业业务活动及辅助活动之外开展非独立核算经营活动取得的收入。经营收入是一种有偿收入，以提供各项服务或商品为前提，是高等学校在经营活动中通过收费等方式取得的，用以弥补教育经费的不足。

高等学校的经营收入根据经营业务类型，主要分为服务收入、销售收入和其他经营收入等。

二、管理要求

高等学校确认经营收入，必须同时满足下列两个条件：

一是经营收入是高等学校在教学、科研及教辅活动之外取得的收入；二是经营收入是高等学校非独立核算单位取得的收入。

三、会计核算

(一)科目设置

高等学校应当设置“经营收入”科目核算高等学校在教学业务活动及辅助活动之外开展非独立核算经营活动取得的收入。本科目应按照经营活动类别、项目和收入来源等进行明细核算。

(二)账务处理

1.经营收入应当在提供服务或发出存货，同时收讫价款或者取得索取价款的凭据时，按照实际收到或应收的金额予以确认。

实现经营收入时，按照确定的收入金额，借记“银行存款”“应收账款”“应收票据”等科目，贷记本科目。

2.期末，将本科目本期发生额转入本期盈余，借记本科目，贷记“本期盈余”科目。

3.本科目期末结转后，应无余额。

“经营收入”账户的主要账务处理如表 13-5 所示：

表 13-5　　经营收入主要会计处理

会计事项	财务会计	预算会计
确认收入	借:应收账款等 　贷:经营收入	不作账务处理
收到款项	借:银行存款等 　贷:应收账款等	借:资金结存—货币资金 　贷:经营预算收入
期末结转	借:经营收入 　贷: 本期盈余	借:经营预算收入 　贷:经营结余

四、主要业务举例

[**例 13-11**] 2019 年 9 月 15 日，某大学利用其技术条件对外销售一批产品，价值 116 000 元，其中货款 100 000 元，增值税 16 000 元，该款项尚未收到。账务处理如下：

财务会计：

借:应收账款—××单位　　116 000

　贷:经营收入　　100 000

　　应交增值税—应交税金(销项税额)　　16 000

预算会计不作账务处理。

[**例 13-12**] 10 月 8 日，上述销售款项收回。账务处理如下：

财务会计：

借:银行存款 —学校存款　　116 000

　贷:应收账款—××单位　　116 000

预算会计：

借：资金结存—货币资金　　116 000

　贷：经营预算收入　　116 000

第七节　非同级财政拨款收入

一、概念

非同级财政拨款收入是指高等学校从非同级政府财政部门取得的经费拨款，包括从同级政府其他部门取得的横向转拨财政款、从上级或下级政府财政部门取得的经费拨款等。

二、管理要求

高等学校因开展科研及其辅助活动从非同级政府财政部门取得的经费拨款，应当通过“事业收入—非同级财政拨款”科目核算，不通过本科目核算。

三、会计核算

（一）账户设置

高等学校应当设置“非同级财政拨款收入”核算本单位取得的各种非财政拨款收入，本科目应当按照本级横向转拨财政款和非本级财政拨款进行明细核算，并按照收入来源进行明细核算。

（二）账务处理

1.确认非同级财政拨款收入时，按照应收的金额，借记“其他应收款”等科目，贷记本科目。

2.实际收到款项时，借记“银行存款”，贷记“其他应收款”。

3.期末结转时，借记本科目，贷记“本期盈余”。

4.期末结转后，本科目应无余额。

“非同级财政拨款收入”账户的主要账务处理如表 13-6 所示：

表 13-6　　非同级财政拨款收入主要会计处理

会计事项	财务会计	预算会计	
确认收入	借:其他应收款 　贷:非同级财政拨款收入	不作账务处理	
收到款项	借:银行存款 　贷:其他应收款	借:资金结存—货币资金 　贷:非同级财政拨款预算收入	
期末结转	借:非同级财政拨款收入 　贷:本期盈余	专项资金	借:非同级财政拨款预算收入 　贷:非财政拨款结转—本年收支结转
		非专项资金	借:非同级财政拨款预算收入 　贷:其他结余

四、主要业务举例

［**例 13-13**］2019 年 6 月 2 日，省属某大学收到市财政局拨来的专业建设款 1 000 000 元，用于本单位本专科转段对口专业课程开发支出，款项已经到账。账务处理如下：

财务会计：

借:银行存款—学校存款　　1 000 000

　贷:非同级财政拨款收入—市财政局　　1 000 000

预算会计：

借:资金结存—货币资金　　1 000 000

　贷:非同级财政拨款预算收入—非本级财政拨款预算收入—专项资金收入　　1 000 000

第八节　投资收益

一、概念

投资收益指高等学校股权投资和债券投资所实现的收益或发生的损失。

二、会计核算

(一)账户设置

高等学校应当设置“投资收益”科目核算学校股权投资和债券投资所实现的收益或发生的损失。本科目应当按照投资的种类等进行明细核算。

(二)账务处理

1.短期投资收益如下：

(1)收到短期投资持有期间的利息，按照实际收到的金额，借记“银行存款”科目，贷记“投资收益”科目。

(2)出售或到期收回短期债券本息，按照实际收到的金额，借记“银行存款”科目，按照出售或收回短期投资的成本，贷记“短期投资”科目，按照其差额，贷记或借记本科目。

2.长期债券投资收益如下：

(1)持有的分期付息、一次还本的长期债券投资，确认利息收入时，按照计算确定的应收未收利息，借记“应收利息”科目，贷记本科目；持有的到期一次还本付息的债券投资，确认利息收入时，按照计算确定的应收未收利息，借记“长期债券投资—应计利息”科目，贷记本科目。

(2)实际收到利息收入时，按照实际收到的金额，借记“银行存款”科目，贷记“应收利息”科目。

(3)出售长期债券投资或到期收回长期债券投资本息，按照实际收到的金额，借记“银行存款”等科目，按照债券初始投资成本和已计未收利息金额，贷记“长期债券投资—成本、应计利息”科目(分期付息债券通过“长期债券投资”“应收利息”科目)，按照其差额，贷记或借记本科目。

长期债券投资的“投资收益”账户主要的账务处理如表13-7所示。

表 13-7 长期债券投资收益的主要会计处理

会计事项		财务会计	预算会计
分期付息、一次还本的长期债券	按期确认利息收入	借:应收利息 贷:投资收益	不作账务处理
	实际收到利息收入	借:银行存款 贷:应收利息	借:资金结存—货币资金 贷:投资预算收益
	出售或到期收回	借:银行存款 贷:应收利息 长期债券投资 借或贷:投资收益	借:资金结存—货币资金 贷:投资支出/非财政拨款结余 借或贷:投资预算收益
到期一次还本付息的债券投资	按期确认应收利息收入	借:长期债券投资—应计利息 贷:投资收益	不作账务处理
	出售或到期收回	借:银行存款 贷:长期债券投资—成本—应计利息 借或贷:投资收益	借:资金结存—货币资金 贷:投资支出/非财政拨款结余 借或贷:投资预算收益

3.长期股权投资收益如下:

(1)持有长期股权投资期间投资收益的核算。采用成本法核算的长期股权投资持有期间,被投资单位宣告分派现金股利或利润时,按照宣告分派的现金股利或利润中属于单位应享有的份额,借记"应收股利"科目,贷记本科目。

采用权益法核算的长期股权投资持有期间,按照应享有或应分担的被投资单位实现的净损益的份额,借记"长期股权投资—损益调整"科目,贷记本科目(被投资单位亏损时做相反的会计分录);被投资单位发生净亏损,但以后年度又实现净利润的,单位在其收益分享额弥补未确认的亏损分担额等后,恢复确认投资收益,借记"长期股权投资—损益调整"科目,贷记本科目。

持有长期股权投资期间"投资收益"账户主要账务处理如表 13-8 所示:

表 13-8　　持有长期股权投资期间投资收益的主要会计处理

<table>
<tr><th>方法</th><th>投资收益确认时点</th><th colspan="2">财务会计</th><th>预算会计</th></tr>
<tr><td>成本法</td><td>被投资单位宣告分派现金股利或利润时，按学校享有的份额确认投资收益</td><td colspan="2">借：应收股利
　贷：投资收益</td><td>不作账务处理</td></tr>
<tr><td rowspan="2">权益法</td><td rowspan="2">被投资单位实现净损益时，按照学校享有的份额确认投资收益</td><td>被投资单位实现利润</td><td>借：长期股权投资—损益调整
　贷：投资收益</td><td>不作账务处理</td></tr>
<tr><td>被投资单位亏损</td><td>借：投资收益
　贷：长期股权投资—损益调整</td><td>不作账务处理</td></tr>
</table>

(2)按照规定处置长期股权投资时有关投资收益的确认。处置投资收益上缴财政的，投资单位不确认投资收益。当处置收益纳入单位预算管理时，根据被处置投资取得方式不同分为两种情况：

①长期股权投资以现金方式取得的，按照实际取得的价款借记“银行存款”科目，贷记“长期股权投资”(账面余额)，贷记“应收股利”(已宣告尚未领取的现金股利)，贷记“银行存款”(支付的相关税费)，差额贷记或者借记“投资收益”(差额)。

②长期股权投资以现金以外的其他资产取得的，借记“资产处置费用”，贷记“长期股权投资”；借记“银行存款”，贷记“应收股利”(已宣告但尚未领取的现金股利)、“应缴财政款”(贷差)、“投资收益”(取得价款扣减投资账面余额、应收股利和相关税费后的差额)科目。

处置长期股权投资时“投资收益”主要账务处理如表 13-9 所示：

表 13-9　　处置长期股权投资收益的会计处理

会计事项	处置资产取得方式	财务会计处理	预算会计
处置收益纳入单位预算管理	以现金取得	借:银行存款(实际取得的价款) 　贷:长期股权投资(账面余额) 　　应收股利(已宣告尚未领取的现金股利) 　　银行存款(相关税费) 借或贷:投资收益	借:资金结存—货币资金 　贷:投资支出/非财政拨款结余 借或贷:投资预算收益
	以现金以外的其他资产取得	借:资产处置费用 　贷:长期股权投资 借:银行存款(实际取得的存款) 　贷:应收股利(已宣告但尚未领取的现金不确认) 　　投资收益(取得价款减去投资账面余额,应收股利与相关税费) 　　银行存款(支付的相关税费) 　　应缴财政款(长期股权投资账面余额)	借:资金结存—货币资金(取得价款减去投资账面余额与相关税费) 　贷:投资预算收益
处置投资收益上缴财政	不作账务处理		

4.期末将本科目发生额转入本期盈余,借记或贷记本科目,贷记或借记“本期盈余”科目。

5.本科目期末结转后,应无余额。

三、主要业务举例

[例 13-14] 2019 年 11 月,某大学持有的一项 6 个月期限的短期国债投资到期兑付,收到投资本息 832 000 元,其中成本 800 000 元,利息 32 000 元。账务处理如下:

财务会计:

借:银行存款—学校存款　　832 000

　贷:短期投资—×国债　　800 000

　　投资收益　　32 000

预算会计:

借:资金结存—货币资金　832 000
　贷:投资支出　800 000
　　投资预算收益　32 000

[例 13-15] 2019 年 8 月,某大学出售一项原由无形资产作价投资的股权投资,取得银行存款 1 300 000 元,支付相关税费 50 000 元(处置净收入上缴财政),该股权投资账面成本 1 000 000 元,损益调整 90 000 元,其他权益变动 120 000元。账务处理如下:

财务会计:

借:资产处置费用—投资　1 210 000
　贷:长期股权投资—成本　1 000 000
　　　　—损益调整　90 000
　　　　—其他权益变动　120 000
借:银行存款—学校存款　1 300 000
　贷:应缴财政款—应缴国库款　1 250 000
　　银行存款—学校存款　50 000
借:权益法调整　120 000
　贷:投资收益　120 000

预算会计不作账务处理。

[例 13-16] 续[例 13-15]若出售净收入纳入学院预算管理,账务处理如下:

财务会计:

借:资产处置费用—投资　1 210 000
　贷:长期股权投资—成本　1 000 000
　　　　—损益调整　90 000
　　　　—其他权益变动　120 000
借:银行存款—学校存款　1 300 000
　贷:应缴财政款—应缴国库款　1 210 000
　　银行存款—学校存款　50 000
　　投资收益　40 000
借:权益法调整　120 000
　贷:投资收益　120 000

预算会计:

借:资金结存—货币资金　250 000
　贷:投资预算收益　250 000

第九节　其他收入

一、捐赠收入

（一）概念

捐赠收入是指高等学校接受其他单位或者个人捐赠取得的收入。

（二）会计核算

1.账户设置

高等学校应当设置“捐赠收入”科目，核算单位获取的捐赠收入。本科目应当按照捐赠资产的用途和捐赠单位等进行明细核算。

2.账务处理

（1）接受捐赠的货币资金，按照实际收到的金额，借记“银行存款”“库存现金”等科目，贷记本科目。

（2）接受捐赠的存货、固定资产等非现金资产，按照确定的成本，借记“库存物品”“固定资产”等科目，按照发生的相关税费、运输费等，贷记“银行存款”等科目；按照其差额，贷记本科目。

（3）接受捐赠的资产按照名义金额入账的，按照名义金额，借记“库存物品”“固定资产”等科目，贷记本科目；同时，按照发生的相关税费、运输费等，借记“其他费用”科目，贷记“银行存款”等科目。

（4）高等学校按照协议可以使用留本基金取得的收益时，按照可以使用的金额，借记“专用基金—留本基金—收益”科目，贷记“捐赠收入”科目。

（5）按照协议规定的留本基金限定期限到期，高等学校将留本基金转为可以使用的资金，按照转为可以使用的资金数额，借记“专用基金—留本基金—本金—未投资”科目，贷记“捐赠收入”科目。具体账务处理见第十二章净资产中的“专用基金—留本基金”。

（6）期末，财务会计将本科目本期发生额转入本期盈余，借记本科目，贷记“本期盈余”科目。

（7）期末结转后，本科目应无余额。

“捐赠收入”账户的主要账务处理如表13-10所示：

表 13-10　　　　捐赠收入主要会计处理

会计事项	财务会计	预算会计	
接受货币捐赠	借:银行存款/库存现金等 　贷:捐赠收入	借:资金结存—货币资金 　贷:其他预算收入—捐赠收入	
接受实物捐赠	借:库存物品/固定资产等 　贷:捐赠收入 　　银行存款(相关税费)	借:其他支出 　贷:资金结存—货币资金(相关税费)	
按照协议可以使用留本基金取得的收益时	借:专用基金—留本基金—收益 　贷:捐赠收入	借:资金结存—货币资金 　贷:其他预算收入—捐赠收入	
将留本基金转为可以使用的资金	借:专用基金—留本基金—本金—未投资 　贷:捐赠收入	借:资金结存—货币资金 　贷: 其他预算收入—捐赠收入	
期末结转	借:捐赠收入 　贷:本期盈余	专项资金	借:其他预算收入—捐赠收入 　贷:非财政拨款结转—本年收支结转
		非专项资金	借: 其他预算收入—捐赠收入 　贷:其他结余

[**例 13-17**] 2019 年 3 月 28 日,某大学收到合作企业捐资助学专项款100 000元,存入银行。账务处理如下:

财务会计:

借:银行存款—学校存款　　　　100 000

　贷:捐赠收入　　　　100 000

预算会计:

借:资金结存—货币资金　　　　100 000

　贷:其他预算收入—捐赠收入—专项资金收入　　　　100 000

二、利息收入

(一)概念

利息收入是指高等学校取得的银行存款利息收入。

(二)会计核算

1.账户设置

高等学校应当设置“利息收入”科目,核算单位取得的银行存款利息收入,本科目期末结转后应无余额。

2.账务处理

取得银行存款利息时,按照实际收到的金额,借记“银行存款”科目,贷记本科目。

期末,将本科目本期发生额转入本期盈余,借记本科目,贷记“本期盈余”科目。

期末结转后,本科目应无余额。

“利息收入”账户主要的账务处理如表 13-11 所示:

表 13-11　　利息收入主要会计处理

会计事项	财务会计	预算会计
实际收到款项	借:银行存款 　贷:利息收入	借:资金结存—货币资金 　贷:其他预算收入—利息收入
期末结转	借:利息收入 　贷:本期盈余	借:其他预算收入—利息收入 　贷:其他结余

[**例 13-18**] 2019 年 9 月 30 日,某大学收到银行存款利息 23 000 元。账务处理如下:

财务会计:

借:银行存款—学校存款　　23 000

　贷:利息收入　　23 000

预算会计:

借:资金结存—货币资金　　23 000

　贷:其他预算收入—利息预算收入—非专项资金收入　　23 000

三、租金收入

(一)概念

租金收入是指高等学校经批准利用国有资产出租取得并按照规定纳入本单位预算管理的租金收入。

(二)会计核算

1.账户设置

高等学校应当设置“租金收入”科目,核算单位经批准利用国有资产出租取得并按照规定纳入本单位预算管理的租金收入。本科目应当按照出租国有资产类别和收入来源等进行明细核算。国有资产出租收入,应当在租赁期内各个期间按照直线法予以确认。

2.账务处理

(1)采用预收租金方式的,预收租金时,按照收到的金额,借记“银行存款”等科目,贷记“预收账款”科目;分期确认租金收入时,按照各期租金金额,借记“预收账款”科目,贷记本科目。

(2)采用后付租金方式的,每期确认租金收入时,按照各期租金金额,借记“应收账款”科目,贷记本科目;收到租金时,按照实际收到的金额,借记“银行存款”等科目,贷记“应收账款”科目。

(3)采用分期收取租金方式的,每期收取租金时,按照租金金额,借记“银行存款”等科目,贷记本科目。

(4)期末,将本科目本期发生额转入本期盈余,借记本科目,贷记“本期盈余”科目。

(5)本科目期末结转后,应当无余额。

“租金收入”账户主要的账务处理如表 13-12 所示:

表 13-12　　租金收入主要会计处理

会计事项	财务会计	预算会计
直线法确认收入	借:应收账款/预付账款 　贷:租金收入	不作账务处理
实际收到款项	借:银行存款 　贷:应收账款/预付账款	借:资金结存—货币资金 　贷:其他预算收入—租金收入
期末结转	借:租金收入 　贷:本期盈余	借:其他预算收入—租金收入 　贷:其他结余

[**例 13-19**] 2019 年 12 月 20 日，某大学收到移动公司交来的场地租赁费 480 000 元，存入银行。账务处理如下：

财务会计：

借：银行存款—学校存款　　480 000

　贷：租金收入　　480 000

预算会计：

借：资金结存—货币资金　　480 000

　贷：其他预算收入—租金预算收入—非专项资金收入　　480 000

四、其他收入

（一）概念

其他收入是指高等学校取得的除财政拨款收入、事业收入、上级补助收入、附属单位上缴收入、经营收入、非同级财政拨款收入、投资收益、捐赠收入、利息收入、租金收入以外的各项收入，包括现金盘盈收入、按照规定纳入单位预算管理的科技成果转化收入、无法偿付的应付及预收款项、置换换出资产评估增值等。

（二）会计核算

1.账户设置

高等学校应设置“其他收入”科目核算学校取得的除财政拨款收入、事业收入、上级补助收入、附属单位上缴收入、经营收入、非同级财政拨款收入、投资收益、捐赠收入、利息收入、租金收入以外的各项收入。本科目应当按照其他收入的类别、来源等进行明细核算。

2.账务处理

（1）现金盘盈收入。每日现金账款核对中发现的现金溢余，属于无法查明原因的部分，报经批准后，借记“待处理财产损溢”科目，贷记本科目。

（2）科技成果转化收入。学校科技成果转化所取得的收入，按照规定留归本单位的，按所取得收入扣除相关费用之后的净收益，借记“银行存款”等科目，贷记本科目。

（3）无法偿付的应付及预收款项。无法偿付或债权人豁免偿还的应付账款、预收账款、其他应付款及长期应付款，借记“应付账款”“预收账款”“其他应付款”“长期应付款”等科目，贷记本科目。

（4）置换换出资产评估增值。资产置换过程中，换出资产评估增值的，按照评估价值高于资产账面价值或账面余额的金额，借记有关科目，贷记本科目。

以未入账的无形资产取得的长期股权投资，按照评估价值加相关税费作为投资成本，借记“长期股权投资”科目，按照发生的相关税费，贷记“银行存款”“其他应交税费”等科目，按其差额，贷记本科目。

(5)期末，将本科目本期发生额转入本期盈余，借记本科目，贷记“本期盈余”科目。

(6)期末结转后，本科目应无余额。

其他收入账务处理如表13-13所示：

表 13-13　　其他收入账务处理

会计事项		财务会计	预算会计
无法查明原因的现金盘盈	按实际盘盈金额	借:待处理财产损益 　贷:其他收入	不作账务处理
科技成果转化收入	按留归本单位部分	借:银行存款等 　贷:其他收入	借:资金结存—货币资金 　贷:其他预算收入
应付及预收款无法偿付	按无法偿付金额	借:应付账款/预收账款等 　贷:其他收入	不作账务处理
置换换出的资产评估增值	按评估价高于账面价值的金额	借:相关科目 　贷:其他收入	不作账务处理

[**例 13-20**] 2019 年 9 月 30 日，某大学现金盘点盘盈 100 元，无法查明原因。账务处理如下：

财务会计：

(1)盘盈时

借:库存现金—学校现金　　100

　贷:待处理财产损溢—货币资金　　100

(2)无法查明原因时

借:待处理财产损溢—货币资金　　100

　贷:其他收入—现金盘盈收入　　100

预算会计：

盘盈时：

借:资金结存—货币资金　　100

　　贷:其他预算收入—其他—非专项资金收入　　100

[例 13-21] 2019 年 12 月 31 日,某大学清理往来账,将长期挂账无法支付的其他应付款 15 000 元(出租设备押金)予以核销。账务处理如下:

财务会计:

借:其他应付款—××人　　15 000

　　贷:其他收入—无法偿付应付款项收入　　15 000

预算会计:

借:资金结存—货币资金　　15 000

　　贷:其他预算收入—其他—非专项资金收入　　15 000

第十四章　费　用

第一节　费用概述

一、概念

费用是指高等学校报告期内导致高等学校净资产减少的、含有服务潜力或者经济利益的经济资源的流出。

二、确认

费用以权责发生制为基础，确认应该同时满足以下条件：

1.与费用相关的含有服务潜力或者经济利益的经济资源很可能流出高等学校。

2.含有服务潜力或者经济利益的经济资源流出会导致高等学校资产减少或者负债增加。

3.流出金额能够可靠地计量。

费用是在权责发生制基础上的资源耗费，其目标是满足成本管理信息采集的需要。高等学校根据内部管理需要设计成本会计科目体系，建立多层次、多类型的成本责任中心，将费用计入或归集分配到成本对象，形成对外的成本信息报告及对内的成本管理报告。

三、管理要求

1.高等学校应当按照费用用途及部门职能目标，正确区分教育辅助部门、科研辅助部门、行政部门、后勤部门、离退休管理部门，合理确定各项费用核算范围。

2.费用应当按月结转。经营费用应当与经营收入配比。

3.高等学校应当进一步结合财务信息化工作加强会计基础建设，科学设置成本责任中心，完善财务信息及非财务信息的数据采集及分析机制，满足成本管理的需要。

四、账户设置

高等学校费用按照功能及用途分为业务活动费用、单位管理费用、经营费用、资产处置费用、上缴上级费用、对附属单位补助费用、所得税费用和其他费用等科目。其中，高等学校设置“业务活动费用”“单位管理费用”科目，区分了高等学校开展专业活动及其辅助活动与学校行政及后勤管理部门管理活动过程中发生的各项费用；设置了“资产处置费用”科目，单独核算单位经批准处置资产时发生的费用，涵盖高等学校出售、出让、转让、置换、对外捐赠、报废、毁损等资产处置业务，对于加强行高等学校国有资产管理具有特殊的意义。

高等学校可以根据费用的功能设置明细科目，如图 14-1 所示。

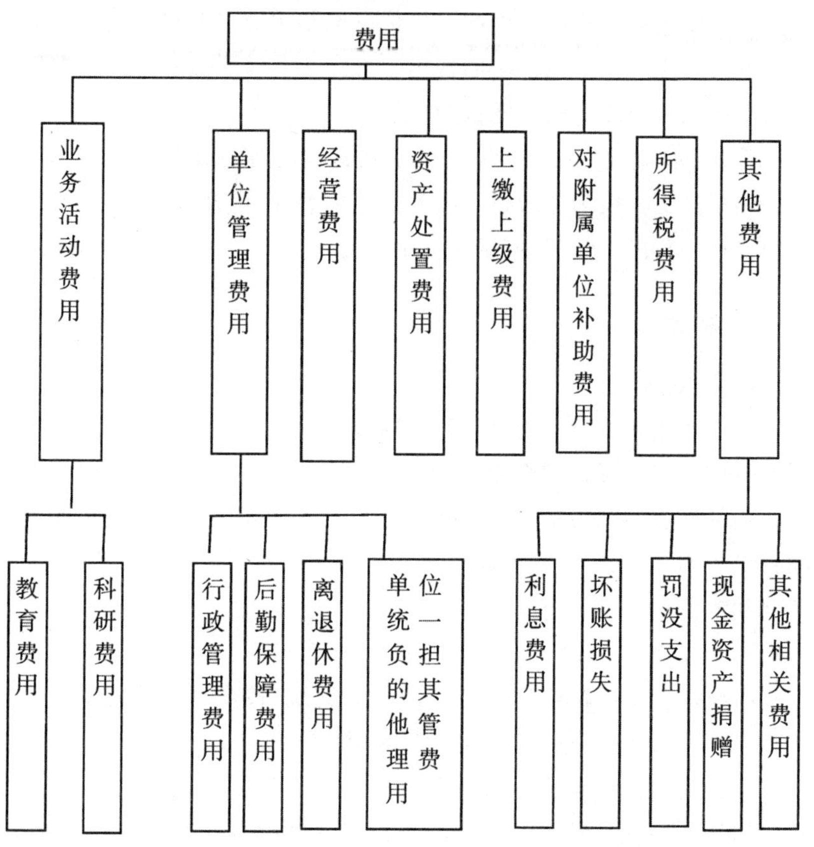

图 14-1　费用账户明细科目设置

第二节　业务活动费用

一、概念

业务活动费用是指高等学校为实现其职能目标，依法履职或开展专业业务活动及其辅助活动所发生的各项费用。按照高等学校教育教学、科学研究、社会服务和文化传承与创新的基本职能，高等学校业务活动费用主要分为教育费用和科研费用。

1.教育费用指高等学校开展教学活动及其辅助活动所发生的各项费用。教学活动费用指高等学校各学院（系）等教学机构以及校团委、学生工作部、实习实训中心、实验管理中心、创新创业学院、高教研究院等部门为培养各类学生发生的费用。教学辅助费用是指高等学校信息网络中心、图书馆、电教中心、博物馆和档案馆等教学辅助部门发生的费用。各高等高等学校教学活动费用、教学辅助费用的部门区分以部门职能目标为依据。

2.科研费用指高等学校开展科研活动及其辅助活动所发生的各项费用。科研活动费用指高等学校为完成科研任务发生的费用，科研辅助费用指高等学校科研管理机构、研究院所等研究机构发生的费用。

二、会计核算

（一）账户设置

业务活动费用应当设置“教育费用”“科研费用”明细科目，为了满足成本核算需要，还可按照“工资福利费用”“商品和服务费用”“对个人和家庭的补助费用”“对企业补助费用”“固定资产折旧费”“无形资产摊销费”“计提专用基金”等成本项目设置明细科目，归集能够直接计入业务活动或采用一定方法计算后计入业务活动的费用。

（二）账务处理

1.为了履职或开展业务活动人员计提的薪酬，按照计算确定的金额，借记“业务活动费用”科目，贷记“应付职工薪酬”科目。实际发放时，借记“应付职工薪酬”科目，按照代扣代缴个人所得税的金额，贷记“其他应交税费—应交个人所得税”科目，按照扣税后实际支付的金额，贷记“财政拨款收入”“零余额账户用款额度”“银行存款”等科目。

实际缴纳税款时，借记“其他应交税费—应交个人所得税”科目，贷记“零余额账户用款额度”“银行存款”等科目。

［**例 14-1**］2019 年 3 月 31 日，某大学计提 3 月份学校人员基本工资 20 000 000元，其中教学人员 13 000 000 元，科研部门人员 2 000 000 元，行政人员 1 000 000 元，后勤人员 500 000 元，经营人员 500 000 元，退休人员生活费 3 000 000元。4 月实际发放 18 500 000 元，代扣个人所得税 1 500 000 元。其中：教学人员实际发放 11 770 000 元，代扣代缴个人所得税 1 230 000 元；科研人员实际发放 1 860 000 元，代扣代缴个人所得税 140 000 元；行政人员实际发放 930 000 元，代扣代缴个人所得税 70 000 元，后勤人员实际发放 470 000 元，代扣代缴个人所得税 30 000 元；经营人员实际发放 470 000 元，代扣代缴个人所得税 30 000 元，退休人员生活费实际发放 3 000 000 元。通过国库零余额账户用款额度支付。5 月 15 日，申报代扣代缴个人所得税 1 500 000 元，通过国库零余额账户用款额度支付。此项经费属于学校人员经费预算项目。账务处理如下：

(1)月末计提职工薪酬时

财务会计：

借：业务活动费用—教育费用—工资福利费用　　13 000 000

　单位管理费用—行政管理费用—工资福利费用　　3 000 000

　单位管理费用—后勤保障费用—工资福利费用　　500 000

　经营费用—××经营服务部—工资福利费用　　500 000

　单位管理费用—离退休费用—对个人和家庭的补助费用　　3 000 000

　贷：应付职工薪酬—基本工资　　20 000 000

预算会计不作账务处理。

(2)11 日发放职工薪酬时

财务会计：

借：应付职工薪酬—基本工资　　20 000 000

　贷：零余额账户用款额度　　18 500 000

　　其他应交税费—应交个人所得税　　1 500 000

预算会计：

借：事业支出—教育支出—财政拨款支出—基本支出—高等教育—工资福利支出—基本工资　　11 770 000

　事业支出—行政管理支出—财政拨款支出—基本支出—高等教育—工

资福利支出—基本工资　　2 790 000

事业支出—后勤保障支出—财政拨款支出—基本支出—高等教育—工资福利支出—基本工资　　470 000

经营支出—××经营服务部—财政拨款支出—基本支出—高等教育—工资福利支出—基本工资　　470 000

事业支出—离退休支出—财政拨款支出—基本支出—高等教育—对个人和家庭的补助—退休费　　3 000 000

贷:资金结存—零余额账户用款额度　　18 500 000

(3)实际缴纳税款时

财务会计:

借:其他应交税费—应交个人所得税　　1 500 000

贷:零余额账户用款额度　　1 500 000

预算会计:

借:事业支出—教育支出—财政拨款支出—基本支出—高等教育—工资福利支出—基本工资　　1 230 000

事业支出—行政管理支出—财政拨款支出—基本支出—高等教育—工资福利支出—基本工资　　210 000

经营支出—经营服务部—财政拨款支出—基本支出—高等教育—工资福利支出—基本工资　　30 000

事业支出—后勤保障支出—财政拨款支出—基本支出—高等教育—工资福利支出—基本工资　　30 000

贷:资金结存—零余额账户用款额度　　1 500 000

2.为了履职或开展业务活动发生的外部人员劳务费,按照计算确定的金额,借记“业务活动费用”科目,按照代扣代缴个人所得税的金额,贷记“其他应交税费—应交个人所得税”科目,按照扣税后应付或实际支付的金额,贷记“其他应付款”“财政拨款收入”“零余额账户用款额度”“银行存款”等科目。

实际缴纳税款时,借记“其他应交税费—应交个人所得税”科目,贷记“零余额账户用款额度”“银行存款”等科目。

[**例 14-2**] 2019 年 5 月,某国家自然基金项目负责人发放校外专家科研项目评审费 2 300 元,通过银行存款账户支付,实际支付个人 2 000 元,代扣个人所得税 300 元。账务处理如下:

(1)发放评审费时

财务会计：

借：业务活动费用—科研费用—商品和服务费用　　2 300

　贷：银行存款—学校存款　　2 000

　　其他应交税费—应交个人所得税　　300

预算会计：

借：事业支出—科研支出—非财政专项资金支出—项目支出—自然科学基金—商品和服务支出—劳务费　　2 000

　贷：资金结存—货币资金　　2 000

(2)实际缴纳税款时

财务会计：

借：其他应交税费—应交个人所得税　　300

　贷：银行存款—学校存款　　300

预算会计：

借：事业支出—科研支出—非财政专项资金支出—项目支出—自然科学基金—商品和服务支出—劳务费　　300

　贷：资金结存—货币资金　　300

3.为了履职或开展业务活动发生的预付款项，按照实际支付金额，借记“预付账款”科目，贷记“财政拨款收入”“零余额账户用款额度”“银行存款”等科目。

预付账款结算时，按照结算总金额借记“业务活动费用”等科目，按照已预付账款贷记“预付账款”科目，按照补付金额贷记“财政拨款收入”“零余额账户用款额度”“银行存款”等科目。

[**例 14-3**] 2019 年 5 月，某大学印制学生资助政策手册 1 000 册，价款 5 000 元，按照合同约定：签订合同后预付价款的 20%，货到验收合格后付款 80%。款项通过银行存款支付。账务处理如下：

(1)支付预付款时

财务会计：

借：预付账款—印务公司　　1 000

　贷：银行存款—学校存款　　1 000

预算会计：

借：事业支出—待处理(学生工作部业务经费)　　1 000

　贷：资金结存—货币资金　　1 000

(2)货到验收合格后支付余款

财务会计：

借：业务活动费用—教育费用—商品和服务费用　　5 000

　贷：银行存款—学校存款　　4 000

　　预付账款—印务公司　　1 000

预算会计：

借：事业支出—教育支出—其他资金支出—基本支出—高等教育—商品和服务支出—印刷费(学生工作部业务经费)　　5 000

　贷：资金结存—货币资金　　4 000

　　事业支出—待处理(学生工作部业务经费)　　1 000

4.为了履职或开展业务活动领用库存物品，按照领用库存物品或发出相关政府储备物资的账面余额，借记“业务活动费用”，贷记“库存物品”科目。

[**例 14-4**] 2019 年 6 月，某大学机械工程学院领用学生实习用实验耗材 2 000元。账务处理如下：

财务会计：

借：业务活动费用—教育费用—商品和服务费用　　2 000

　贷：库存物品—实验材料　　2 000

预算会计：

借：事业支出—教育支出—其他资金支出—基本支出—高等教育—商品和服务支出—专用材料　　2 000

　贷：事业支出—待处理　　2 000

5.为了履职或开展业务活动所使用的固定资产、无形资产以及为所控制的折旧、摊销，按照计提金额，借记“业务活动费用”，贷记“固定资产累计折旧”“无形资产累计摊销”科目。

[**例 14-5**] 2019 年 6 月，某大学计提电气工程学院固定资产折旧 10 000 元，其中：学院办公室通用设备 1 000 元，教学专用设备 6 500 元，科研专用设备 2 000元，家具 500 元。账务处理如下：

财务会计：

借：业务活动费用—教育费用—固定资产折旧费　　10 000

　贷：固定资产累计折旧—通用设备　　1 000

　　　　　　—专用设备　　8 500

　　　　　　—家具　　500

预算会计不作账务处理。

6.为了履职或开展业务活动发生的城市维护建设税、教育费附加、地方教育费附加、车船税、房产税、城镇土地使用税等，按照计算确定应交纳的金额，借记“业务活动费用”，贷记“其他应交税费”等科目。实际交纳时按照交纳金额借记“其他应交税费”，贷记“银行存款”科目。

[例 14-6] 2019 年 7 月，某大学横向科研课题应缴城市维护建设税 5 000 元、教育费附加 2 000 元、地方教育费附加 1 440 元、水利建设基金 360 元，8 月份通过银行存款上交 8 800 元。账务处理如下：

(1)计算确定 7 月份应交纳的金额

财务会计：

借：业务活动费用—科研费用—商品和服务费用　　8 800
　贷：其他应交税费—应交城市维护建设税　　5 000
　　　　　　　　—应交教育费附加　　2 000
　　　　　　　　—应交地方教育费附加　　1 440
　　　　　　　　—应交水利建设基金　　360

预算会计不作处理。

(2)8 月份上交税款

财务会计：

借：其他应交税费—应交城市维护建设税　　5 000
　　　　　　　—应交教育费附加　　2 000
　　　　　　　—应交地方教育费附加　　1 440
　　　　　　　—应交水利建设基金　　360
　贷：银行存款—学校存款　　8 800

预算会计：

借：事业支出—科研支出—其他资金支出—项目支出—科技成果转化与扩散—商品和服务支出—税金及附加费用(横向科研课题 ××项目)
　　8 800
　贷：资金结存—货币资金　　8 800

7.为了履职或开展业务活动发生其他各项费用时，按照费用确认金额，借记“业务活动费用”，贷记“财政拨款收入”“零余额账户用款额度”“银行存款”“应付账款”“其他应付款”“其他应收款”等科目。

[例 14-7] 2019 年 9 月，某大学电气工程学院宋老师参加教学管理论坛，出差报销差旅费共计 2 000 元，其中，会议注册费 1 000 元采取借款电汇方式，通

过国库零余额账户用款额度支付；住宿费 640 元采取公务卡结算；伙食及交通补助 360 元通过国库零余额账户用款额度支付。次日学校通过国库零余额账户用款额度支付公务卡欠款 640 元。账务处理如下：

(1)会议注册费借款电汇

财务会计：

借：其他应收款—宋老师　　1 000

　贷：零余额账户用款额度　　1 000

预算会计不作处理。

(2)差旅费报销

财务会计：

借：业务活动费用—教育费用—商品和服务费用　　2 000

　贷：其他应付款—已报销公务卡欠款　　640

　　零余额账户用款额度　　360

　　其他应收款—宋老师　　1 000

预算会计：

借：事业支出—教育支出—财政拨款支出—基本支出—高等教育—商品和服务支出—差旅费(电气工程学院业务经费)　　1 360

　贷：资金结存—零余额账户用款额度　　1360

(3)偿还公务卡欠款

财务会计：

借：其他应付款—已报销公务卡欠款　　640

　贷：零余额账户用款额度　　640

预算会计：

借：事业支出—教育支出—财政拨款支出—基本支出—高等教育—商品和服务支出—差旅费　　640

　贷：资金结存—零余额账户用款额度　　640

8.按照规定从收入中提取专用基金并计入费用的，一般按照预算会计下基于预算收入计算提取的金额，借记“业务活动费用”科目，贷记“专用基金”科目。国家另有规定的，从其规定。

[**例 14-8**] 2019 年山东某大学根据政策规定计提学生资助经费。该校 2018 年事业预算收入 90 000 000 元，按照 5%计提学生资助经费 4 500 000 元。账务处理如下：

财务会计：

借：业务活动费用—教育费用—计提专用基金　　4 500 000

　贷：专用基金—学生资助经费　　4 500 000

预算会计不作处理。

9.发生当年购货退回等业务，对于已计入本年业务活动费用的，按照收回或应收的金额，借记“财政拨款收入”“零余额账户用款额度”“银行存款”“其他应收款”等科目，贷记“业务活动费用”科目。

[例 14-9] 续[例 14-3]，某大学印制学生资助政策手册 1000 册，价款 5000 元。其中 100 册印刷质量存在问题退货，印务公司退回货款 400 元。账务处理如下：

财务会计：

借：银行存款—学校存款　　400

　贷：业务活动费用—教育费用—商品和服务费用　　400

预算会计：

借：资金结存—货币资金　　400

　贷：事业支出—教育支出—其他资金支出—基本支出—高等教育—商品和服务支出—印刷费　　400

10.期末结转

期末，将“业务活动费用”科目本期发生额转入本期盈余，借记“本期盈余”科目，贷记“业务活动费用”科目。期末结转后，本科目应无余额。

第三节　单位管理费用

一、概述

单位管理费用指高等学校本级行政及后勤管理部门开展管理活动发生的各项费用，包括单位行政及后勤管理部门发生的人员经费、公用经费、资产折旧（摊销）等费用，以及由单位统一负担的离退休人员经费、工会经费、诉讼费、中介费等。

“行政管理费用”科目核算高等学校开展单位的行政管理活动所发生的各项费用。

“后勤保障费用”科目核算高等学校统一负担的开展后勤保障活动所发生的各项费用。

“离退休费用”科目核算高等学校统一负担的离退休人员工资、补助、活动经费等各项费用。

“单位统一负担的其他管理费用”科目核算由高等学校统一负担的除行政管理费用、后勤保障费用、离退休费用之外的其他各项管理费用，如工会经费、诉讼费、中介费等。

二、会计核算

（一）账户设置

单位管理费用按照费用类型应当设置“行政管理费用”“后勤保障费用”“离退休费用”“单位统一负担的其他管理费用”明细科目，再按照项目、服务、支付对象等进行明细核算。为了满足成本核算需要，还可按照“工资福利费用”“商品和服务费用”“对个人和家庭的补助费用”“固定资产折旧费”“无形资产摊销费”等成本项目设置明细科目，归集能够直接计入业务活动或采用一定方法计算后计入业务活动的费用。

（二）账务处理

1.为管理活动人员计提的薪酬，按照计算确定的金额，借记“单位管理费用”科目，贷记“应付职工薪酬”科目。实际发放时，借记“应付职工薪酬”科目，按照代扣代缴个人所得税的金额，贷记“其他应交税费—应交个人所得税”科目，按照扣税后实际支付的金额，贷记“财政拨款收入”“零余额账户用款额度”“银行存款”等科目。

实际缴纳税款时，借记“其他应交税费—应交个人所得税”科目，贷记“零余额账户用款额度”“银行存款”等科目。

2.为开展管理活动发生的外部人员劳务费，按照计算确定的费用金额，借记“单位管理费用”科目，按照代扣代缴个人所得税的金额，贷记“其他应交税费—应交个人所得税”科目，按照扣税后应付或实际支付的金额，贷记“其他应付款”“财政拨款收入”“零余额账户用款额度”“银行存款”等科目。

实际缴纳税款时，借记“其他应交税费—应交个人所得税”科目，贷记“零余额账户用款额度”“银行存款”等科目。

[**例 14-10**] 2019 年 7 月，某大学招标采购中心发放校外专家招标评审费 1 050元，通过银行存款账户支付，实际支付1 000元，代扣个人所得税 50 元。账务处理如下：

(1)发放评审费时

财务会计：

借：单位管理费用—行政管理费用—商品和服务费用　　1 050

　贷：银行存款—学校存款　　1 000

　　其他应交税费—应交个人所得税　　50

预算会计：

借：事业支出—行政管理支出—其他资金支出—基本支出—高等教育—商品和服务支出—劳务费(资产管理处招标费)　　1 000

　贷：资金结存—货币资金　　1 000

(2)实际缴纳税款时

财务会计：

借：其他应交税费—应交个人所得税　　50

　贷：银行存款—学校存款　　50

预算会计：

借：事业支出—行政管理支出—其他资金支出—基本支出—高等教育—商品和服务支出—劳务费(资产管理处招标费)　　50

　贷：资金结存—货币资金　　50

3.为了开展管理活动发生的预付款项，按照实际支付金额，借记“预付账款”科目，贷记“财政拨款收入”“零余额账户用款额度”“银行存款”等科目。预付账款结算时，按照结算总金额借记“单位管理费用”等科目，按照已预付账款贷记“预付账款”科目，按照补付金额贷记“财政拨款收入”“零余额账户用款额度”“银行存款”等科目。

[**例 14-11**] 2019 年 5 月，某大学进行处级干部集中培训，培训费 20 000 元，按照培训合同约定：预付 50%作为培训住宿费订金，培训结束后付款 50%。账务处理如下：

(1)支付预付款时

财务会计：

借：预付账款—干部培训中心　　10 000

　贷：银行存款—学校存款　　10 000

预算会计：

借：事业支出—待处理(组织部培训经费)　　10 000

　贷：资金结存—货币资金　　10 000

(2)培训完成后支付余款

财务会计：

借：单位管理费用—行政管理费用—商品和服务费用　　20 000

　　贷：银行存款—学校存款　　10 000

　　　　预付账款—干部培训中心　　10 000

预算会计：

借：事业支出—行政管理支出—其他资金支出—基本支出—高等教育—商品和服务支出—培训费　　20 000

　　贷：资金结存—货币资金　　10 000

　　　　事业支出—待处理(组织部培训经费)　　10 000

4.为了开展管理活动领用库存物品，按照领用库存物品的账面余额，借记“单位管理费用”，贷记“库存物品”科目。

[**例 14-12**] 2019 年 6 月，某大学安全管理处领用办公用品 1 000 元。账务处理如下：

财务会计：

借：单位管理费用—行政管理费用—商品和服务费用　　1 000

　　贷：库存物品—办公用品　　1 000

预算会计：

借：事业支出—行政管理支出—其他资金支出—基本支出—高等教育—商品和服务支出—办公费(安全管理处办公经费)　　1 000

　　贷：事业支出—待处理(学校经费机动经费)　　1 000

5.为了管理活动所使用固定资产、无形资产计提的折旧、摊销，按照应提折旧、摊销额，借记“单位管理费用”，贷记“固定资产累计折旧”“无形资产累计摊销”科目。

[**例 14-13**] 2019 年 5 月，某大学行政及后勤部门计提资产管理处固定资产折旧 1 500 元，其中通用设备 1000 元，家具 500 元。账务处理如下：

财务会计：

借：单位管理费用—行政管理费用—固定资产折旧费　　1 500

　　贷：固定资产累计折旧—通用设备　　1 000

　　　　　　　　　　　　—家具　　500

预算会计不作账务处理。

6.为了开展管理活动发生城市维护建设税、教育费附加、地方教育费附加、车船税、房产税、城镇土地使用税等，按照计算确定应交纳的金额，借记“单位管理费用”，贷记“其他应交税费”等科目。实际交纳时按照交纳金额借记“其他应交税费”，贷记“银行存款”科目。

[例 14-14] 2019 年 7 月，某大学房屋出租业务应缴城市维护建设税25 000元、教育费附加 11 000 元、地方教育费附加 7 100 元、水利建设基金 1 800 元，8 月份上交 44 900 元。账务处理如下：

(1)计算确定 7 月份应交纳的金额

财务会计：

借：单位管理费用—行政管理费用—商品和服务费用　　44 900
　贷：其他应交税费—应交城市维护建设税　　25 000
　　　　　　　　　—应交教育费附加　　11 000
　　　　　　　　　—应交地方教育费附加　　7 100
　　　　　　　　　—应交水利建设基金　　1 800

预算会计不作账务处理。

(2)8 月份上交税款

财务会计：

借：其他应交税费—城市维护建设税　　25 000
　　　　　　　　—应交教育费附加　　11 000
　　　　　　　　—应交地方教育费附加　　7 100
　　　　　　　　—应交水利建设基金　　1 800
　贷：银行存款—学校存款　　44 900

预算会计：

借：事业支出—行政管理支出—其他资金支出—基本支出—高等教育—商品和服务支出—税金及附加费用(资产管理处房屋出租)　　44 900
　贷：资金结存—货币资金　　44 900

7.为了开展管理活动发生的其他各项费用，按照费用确认金额，借记“单位管理费用”，贷记“财政拨款收入”“零余额账户用款额度”“银行存款”“其他应付款”“其他应收款”等科目。

[例 14-15] 2019 年 9 月，某大学后勤管理处王老师购买维修配件 200 元，直接用于暖气管道破裂维修，款项以银行存款支付。账务处理如下：

财务会计：

借：单位管理费用—后勤保障费用—商品和服务费用　　200
　贷：银行存款—学校存款　　200

预算会计：

借：事业支出—后勤保障支出—其他资金支出—基本支出—高等教育—商品和服务支出—维修费(后勤管理处零星维修)　200

　贷：资金结存—货币资金　200

8.发生当年购货退回等业务，对于已计入本年单位管理费用的，按照收回或应收的金额，借记“财政拨款收入”“零余额账户用款额度”“银行存款”“其他应收款”等科目，贷记“单位管理费用”科目。

[例 14-16] 续[例 14-15]，某大学购置的暖气管道破裂维修配件 200 元质量不符合规定，予以退货，供应商退回货款。账务处理如下：

财务会计：

借：银行存款—学校存款　200

　贷：单位管理费用—后勤保障费用—商品和服务费用　200

预算会计：

借：资金结存—货币资金　200

　贷：事业支出—后勤支出—其他资金支出—基本支出—高等教育—商品和服务支出—维修费(后勤管理处零星维修)　200

9.期末结转

期末，将“单位管理费用”科目本期发生额转入本期盈余，借记“本期盈余”科目，贷记“业务活动费用”科目。期末结转后，本科目应无余额。

第四节　经营费用

一、概念

经营费用指高等学校在专业业务活动及其辅助活动之外开展非独立核算经营活动发生的各项费用。

二、管理要求

1.高等学校在开展非独立核算经营活动中，应当正确归集实际发生的各项费用数；不能归集的，应当按照规定的比例合理分摊。

2.经营支出应当与经营收入配比。

二、会计核算

(一)账户设置

经营支出应当按照经营活动类别、项目、支付对象等进行明细核算。为了满足成本核算需要,本科目下还可按照“工资福利费用”“商品和服务费用”“对个人和家庭的补助费用”“固定资产折旧费”“无形资产摊销费”等成本项目设置明细科目,归集能够直接计入单位经营活动或采用一定方法计算后计入单位经营活动的费用。

(二)账务处理

1.为了经营活动人员计提的薪酬,按照计算确定的金额,借记“经营费用”科目,贷记“应付职工薪酬”科目。实际发放时,借记“应付职工薪酬”科目,按照代扣代缴个人所得税的金额,贷记“其他应交税费—应交个人所得税”科目,按照扣税后实际支付的金额,贷记“银行存款”等科目。实际缴纳税款时,借记“其他应交税费—应交个人所得税”科目,贷记“银行存款”等科目。

2.开展经营活动领用或发出库存物品,按照物品实际成本,借记“经营费用”科目,贷记“库存物品”科目。

[**例 14-17**] 2019 年 8 月,某大学非独立核算的校内文化用品商店从仓库领用文具 200 元用于自用。账务处理如下:

财务会计:

借:经营费用—文化用品商店—商品和服务费用　　200

　贷:库存物品—文化用品商店—文具　　200

预算会计:

借:经营支出—其他资金支出—基本支出—高等教育—商品和服务支出—办公费　　200

　贷:经营支出—待处理　　200

3.为了经营活动所使用固定资产、无形资产计提的折旧、摊销,按照应提折旧、摊销额,借记“经营费用”科目,贷记“固定资产累计折旧”“无形资产累计摊销”科目。

[**例 14-18**] 2019 年 5 月,某大学计提文化用品商店固定资产折旧 1 000 元。其中通用设备 500 元,家具 500 元。账务处理如下:

财务会计:

借:经营费用—文化用品商店—固定资产折旧费　　1 000

　　贷：固定资产累计折旧—通用设备　　500

　　　　　　　　　　　—家具　　500

预算会计不作账务处理。

4.开展经营活动发生城市维护建设税、教育费附加、地方教育费附加、车船税、房产税、城镇土地使用税等，按照计算确定应交纳的金额，借记“经营费用”科目，贷记“其他应交税费”等科目。

[**例 14-19**] 2019 年 5 月，某大学文化用品商店经营业务应缴城市维护建设税 250 元、教育费附加 110 元、地方教育费附加 70 元、水利建设基金 20 元，6 月份上交 450 元。账务处理如下：

(1)计算确定 5 月份应交纳的金额

财务会计：

借：经营费用—文化用品商店—商品和服务费用　　450

　　贷：其他应交税费—应交城市维护建设税　　250

　　　　　　　　　　—应交教育费附加　　110

　　　　　　　　　　—应交地方教育费附加　　70

　　　　　　　　　　—应交水利建设基金　　20

预算会计不作账务处理。

(2)6 月份上交税款

财务会计：

借：其他应交税费—应交城市维护建设税　　250

　　　　　　　　—应交教育费附加　　110

　　　　　　　　—应交地方教育费附加　　70

　　　　　　　　—应交水利建设基金　　20

　　贷：银行存款—学校存款　　450

预算会计：

借：经营支出—其他资金支出—基本支出—高等教育—商品和服务支出—税金及附加费用(文化用品商店运行费用)　　450

　　贷：资金结存—货币资金　　450

5.发生与经营活动相关的其他各项费用时，按照费用确认金额，借记“经营费用”科目，贷记“银行存款”“其他应付款”“其他应收款”等科目。

[**例 14-20**]2019 年 7 月，某大学非独立核算的校内文化用品商店电费支出 500 元，当月支付。账务处理如下：

财务会计：

借：经营费用—文化用品商店—商品和服务费用　　500

　贷：银行存款—学校存款　　500

预算会计：

借：经营支出—文化用品商店　　500

　贷：资金结存—货币资金　　500

6.发生当年购货退回等业务，对于已计入本年经营费用的，按照收回或应收的金额，借记“银行存款”“其他应收款”等科目，贷记“经营费用”科目。

7.期末，将本科目本期发生额转入本期盈余，借记“本期盈余”科目，贷记“经营费用”科目。期末结转后，本科目应无余额。

第五节　资产处置费用

一、概念

资产处置费用指高等学校经批准处置资产时发生的费用，包括转销的被处置资产价值，以及在处置过程中发生的相关费用或者处置收入小于相关费用形成的净支出。

资产处置的形式按照规定包括无偿调拨、出售、出让、转让、置换、对外捐赠、报废、毁损以及货币性资产损失核销等。

二、管理要求

1.单位在资产清查中查明的资产盘亏、毁损以及资产报废等，应当先通过“待处理财产损溢”科目进行核算，再将处理资产价值和处理净支出计入本科目。

2.短期投资、长期股权投资、长期债券投资的处置，按照相关资产科目的规定进行账务处理。

三、会计核算

(一)账户设置

本科目应当按照处置资产的类别、资产处置的形式等进行明细核算。

(二)账务处理

1.不通过“待处理财产损溢”科目核算的资产处置如下：

(1) 按照规定报经批准处置资产时，按照处置资产的账面价值，借记“资产处置费用”科目(处置固定资产、无形资产、公共基础设施、保障性住房的，还应借记“固定资产累计折旧”“无形资产累计摊销”科目)，按照处置资产的账面余额，贷记“库存物品”“固定资产”“无形资产”“文物文化资产”“其他应收款”“在建工程”等科目。

(2) 处置资产过程中仅发生相关费用的，按照实际发生金额，借记“资产处置费用”科目，贷记“银行存款”“库存现金”等科目。

(3) 处置资产过程中取得收入的，按照取得的价款，借记“库存现金”“银行存款”等科目，按照处置资产过程中发生的相关费用，贷记“银行存款”“库存现金”等科目，按照其差额，借记“资产处置费用”科目或贷记“应缴财政款”等科目。

[**例 14-21**] 2019 年 7 月，某大学按照规定报经批准处置实验设备 1 000 000 元，该项设备已提取固定资产累计折旧 900 000 元，处置过程中取得变价收入 20 000 元，发生拆除费用、评估费用、运输费用 50 000 元。账务处理如下：

(1)报经批准处置

财务会计：

借：资产处置费用—固定资产　　100 000

　　固定资产累计折旧—专用设备　　900 000

　贷：固定资产—专用设备　　1 000 000

预算会计不作账务处理。

(2)取得变价收入，支付处置费用

财务会计：

借：银行存款—学校存款　　20 000

　　资产处置费用—固定资产　　30 000

　贷：银行存款—学校存款　　50 000

预算会计：

借：其他支出—其他—其他资金支出(资产管理处　资产处置费用)

　　30 000

　贷：资金结存—货币资金　　30 000

2.通过“待处理财产损溢”科目核算的资产处置。

(1)高等学校账款核对中发现的现金短缺，属于无法查明原因的，报经批准核销时，借记“资产处置费用”科目，贷记“待处理财产损溢”科目。

(2)高等学校资产清查过程中盘亏或者毁损、报废的存货、固定资产、无形资产、文物文化资产等，报经批准处理时，按照处理资产价值，借记“资产处置费用”科目，贷记“待处理财产损溢—待处理财产价值”科目。处理收支结清时，处理过程中所取得收入小于所发生相关费用的，按照相关费用减去处理收入后的净支出，借记“资产处置费用”科目，贷记“待处理财产损溢—处理净收入”科目。

[**例 14-22**] 2019 年 12 月，某大学在库存现金盘点中发现现金短缺 500 元，无法查明原因，经批准予以核销。

(1)盘点

财务会计：

借：待处理财产损溢—货币资金　　500

　贷：库存现金—学校现金　　500

预算会计：

借：其他支出—现金盘亏损失—其他资金支出　　500

　贷：资金结存—货币资金　　500

(2)核销

财务会计：

借：资产处置费用—货币资产　　500

　贷：待处理财产损溢—货币资金　　500

预算会计不作账务处理。

3.期末，将本科目本期发生额转入本期盈余，借记“本期盈余”科目，贷记“资产处置费用”科目。期末结转后，本科目应无余额。

第六节　其他费用

一、概述

高等学校其他费用包括上缴上级费用、对附属单位补助费用、所得税费用及其他费用。

上缴上级费用指按照财政部门和主管部门的规定上缴上级单位款项发生的费用。

对附属单位补助费用指用财政拨款收入之外的收入对附属单位补助发生的费用。

所得税费用指有企业所得税缴纳义务的高等学校按规定缴纳企业所得税所形成的费用。

其他费用指发生的除业务活动费用、单位管理费用、经营费用、资产处置费用、上缴上级费用、附属单位补助费用、所得税费用以外的各项费用，包括利息费用、坏账损失、罚没支出、现金资产捐赠支出以及相关税费、运输费等。

二、会计核算

(一)账户设置

上缴上级费用应当按照收缴款项单位、缴款项目等进行明细核算。

附属单位补助费用应当按照接受补助单位、补助项目等进行明细核算。

其他费用应当按照类别等进行明细核算。单位发生的利息费用较多的，可以单独设置"利息费用"科目。

(二)账务处理

1.高等学校发生上缴上级支出的，按照实际上交的金额或者按照规定计算出应当上缴上级单位的金额，借记"上缴上级费用"科目，贷记"银行存款""其他应付款"等科目。

[**例 14-23**] 2019 年 3 月，某大学按照规定向上级主管部门上交考试管理费 50 000 元。账务处理如下：

财务会计：

借：上缴上级费用—×主管单位　　50 000

　贷：银行存款—学校存款　　50 000

预算会计：

借：上缴上级支出　　50 000

　贷：资金结存—货币资金　　50 000

2.高等学校发生对附属单位补助支出的，按照实际补助的金额或者按照规定计算出应当对附属单位补助的金额，借记"附属单位补助费用"科目，贷记"银行存款""其他应付款"等科目。

[**例 14-24**] 2019 年 3 月，某大学用自有资金向附属小学拨付 100 000 元，用

于该小学基本运转。账务处理如下：

财务会计：

借：附属单位补助费用—附属小学　　100 000

　贷：银行存款—学校存款　　100 000

预算会计：

借：对附属单位补助支出　　100 000

　贷：资金结存—货币资金　　100 000

3.发生企业所得税纳税义务的，按照税法规定计算的应交税金数额，借记“所得税费用”科目，贷记“其他应交税费—单位应交所得税”科目。

实际缴纳时，按照缴纳金额，借记“其他应交税费—单位应交所得税”科目，贷记“银行存款”科目。

4.其他费用如下：

(1)利息费用。按期计算确认借款利息费用时，按照计算确定的金额，借记“在建工程”科目或“其他费用”科目，贷记“应付利息”“长期借款—应计利息”科目。实际支付利息时，借记“应付利息”“长期借款—应计利息”科目，贷记“银行存款”科目。

[**例 14-25**] 2019 年 2 月，某大学计提流动资金银行贷款利息 150 000 元。3 月初通过银行存款账户支付。

(1)计提利息

财务会计：

借：其他费用—利息费用　　150 000

　贷：应付利息　　150 000

预算会计不作账务处理。

(2)支付利息

财务会计：

借：应付利息　　150 000

　贷：银行存款—学校存款　　150 000

预算会计：

借：其他支出—利息支出—其他资金支出(财务处　银行贷款利息)

150 000

　贷：资金结存—货币资金　　150 000

(2)坏账损失。年末，高等学校按照规定对收回后不需上缴财政的应收账款和其他应收款计提坏账准备时，按照计提金额，借记“其他费用”科目，贷记“坏账准备”科目；冲减多提的坏账准备时，按照冲减金额，借记“坏账准备”科目，贷记“其他费用”科目。

［**例 14-26**］某大学按照应收账款余额百分比法计提坏账准备，准备率为5%。2019年12月31日，学校计提坏账准备2 000元。

财务会计：

借：其他费用—坏账准备　　2 000

　贷：坏账准备—应收账款　　2 000

预算会计不作账务处理。

(3)罚没支出。高等学校发生罚没支出的，按照实际缴纳或应当缴纳的金额，借记“其他费用”科目，贷记“银行存款”“库存现金”“其他应付款”等科目。

(4)现金资产捐赠。高等学校对外捐赠现金资产的，按照实际捐赠的金额，借记“其他费用”科目，贷记“银行存款”“库存现金”等科目。

［**例 14-27**］2019年5月，某大学向对口支援贫困山区小学现金捐款150 000元，通过银行存款账户支付。

财务会计：

借：其他费用—现金资产捐赠　　150 000

　贷：银行存款—学校存款　　150 000

预算会计：

借：其他支出—对外捐赠现金资产—其他资金支出(学校经费　机动经费)　　150 000

　贷：资金结存—货币资金　　150 000

(5)其他相关费用。高等学校接受捐赠(或无偿调入)以名义金额计量的存货、固定资产、无形资产，以及成本无法可靠取得的资产等发生的相关税费、运输费等，高等学校发生的与受托代理资产相关的税费、运输费、保管费等，按照实际支付的金额，借记“其他费用”科目，贷记“财政拨款收入”“零余额账户用款额度”“银行存款”“库存现金”等科目。

(6)高等学校经批准出资成立非企业法人单位，如教育基金会、研究院等，应当借记“其他费用”科目，贷记“银行存款”科目。

［**例 14-28**］2019年5月，某大学出资300 000元成立校友基金会，通过银行存款账户支付，校友基金会为非企业法人单位。

财务会计：

借：其他费用—非企业法人出资　　300 000

　贷：银行存款—学校存款　　300 000

预算会计：

借：其他支出—其他—其他资金支出（学校经费机动经费）　　300 000

　贷：资金结存—货币资金　　300 000

5.期末结转。期末，将相关科目本期发生额转入本期盈余，借记“本期盈余”科目，贷记“上缴上级费用”“对附属单位补助费用”“所得税费用”及“其他费用”科目。期末结转后，相关科目应无余额。

第十五章　高等学校会计报告

政府会计改革,构建了“财务会计和预算会计适度分离并相互衔接”的会计核算模式及决算报告和财务报告“双报告”功能。

在同一会计核算系统中实现财务会计和预算会计双重功能,通过资产、负债、净资产、收入、费用五个要素进行财务会计核算,通过预算收入、预算支出和预算结余三个要素进行预算会计核算。对于纳入部门预算管理的现金收支业务,在进行财务会计核算的同时也应当进行预算会计核算。对于其他业务,仅需要进行财务会计核算,决算报告和财务报告相互补充,共同反映政府会计主体的预算执行信息和财务信息。

财务会计采用权责发生制,预算会计采用收付实现制,通过财务会计核算形成财务报告,通过预算会计核算形成决算报告;财务报表与预算会计报表之间存在钩稽关系。通过编制“本期盈余与预算结余差异调节表”并在附注中进行披露,反映高等学校财务会计和预算会计因核算基础和核算范围不同所产生的本年盈余数(即本期收入与费用之间的差额)与本年预算结余数(本年预算收入与预算支出的差额)之间的差异,从而揭示财务会计和预算会计的内在联系。

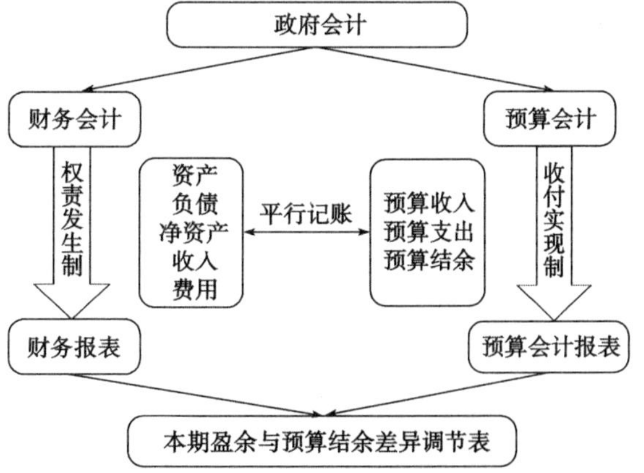

图 15-1　财务会计与预算会计关系

第一节　会计报告概述

一、基本概念

高等学校会计报告是从财务会计和预算会计两个方面综合反映高等学校财务状况、收支情况和预算执行情况的书面文件，是学校经济活动过程及结果的集中反映。

高等学校会计报告包括财务报表、预算会计报表和财务情况说明书。由财务会计核算资料形成财务报表，由预算会计核算资料形成预算会计报表。

（一）财务报表

财务报表是对高等学校财务状况、运行情况和现金流量等信息的结构性表述，财务报表按照月度和年度编制，由会计报表及其附注构成。

1.会计报表

会计报表由四张主表，即资产负债表、收入费用表、净资产变动表和现金流量表及相关有关附表组成，其中高等学校可自行选择编制现金流量表。

资产负债表是反映高等学校在某一特定日期的财务状况的报表。

收入费用表是反映高等学校在一定会计期间运行情况的报表。

净资产变动表是反映高等学校在某一会计年度内净资产项目的变动情况的报表。

现金流量表是反映高等学校在一定会计期间现金及现金等价物流入和流出情况的报表。

2.报表附注

报表附注是表外信息，重点是对在资产负债表、收入费用表、现金流量表等报表中列示项目所作的进一步说明，以及对未能在这些会计报表中列示项目的说明。

附注是会计报表的重要组成部分。凡对报表使用者的决策有重要影响的会计信息，高等学校均应当充分披露。《政府会计制度》对报表附注应当披露的内容进行了细化，对会计报表重要项目说明提供了可参考的披露格式、要求按经济分类披露费用信息、要求披露本年预算结余和本年盈余的差异调节过程等。

(二)预算会计报表

预算会计报表按照年度编制,包括预算收入支出表、预算结转结余变动表和财政拨款预算收入支出表,预算会计报表与财务报表相互补充,共同反映高等学校的预算执行信息和财务信息。

预算收入支出表反映高等学校在某一会计年度内各项预算收入、预算支出和预算收支差额的情况。

预算结转结余变动表反映高等学校在某一会计年度内预算结转结余的变动情况。

财政拨款预算收入支出表反映高等学校本年财政拨款预算资金收入、支出及相关变动的具体情况。

(三)财务情况说明书

财务情况说明书,又称“财务状况说明书”。它是指高等学校在一定时期内对财务收支、预算执行、结转、结余及其分配、资产负债变动、对外投资、资产出租出借、资产处置、绩效评价等情况进行分析总结,以及对本期或者下期财务状况发生重大影响事项的说明所形成的文字材料,是财务报表的补充说明,也是会计报告的重要组成部分。

《政府会计制度》针对新的核算内容和要求对报表结构进行了调整和优化,调整完善后的报表体系,对于全面反映高等学校财务信息和预算执行信息,提高高等学校会计信息的透明度和决策有用性具有重要的意义。

二、会计报告的意义和作用

高等学校会计报告是传递财务信息和会计数据的重要手段。财务报告的目标是向财务报告使用者提供与高等学校的财务状况、运行情况(含运行成本)和现金流量等有关信息,反映高等学校受托责任履行情况,有助于财务报告使用者作出决策或者进行监督和管理;预算会计报告的目标是向决算报告使用者提供与高等学校预算执行情况有关的信息,综合反映高等学校预算收支的年度执行结果,有助于决算报告使用者进行监督和管理,并为编制后续年度预算提供参考和依据。

无论是高等学校本身,还是高等学校的上级主管部门,以及财政、银行、审计等部门,都需要利用会计报告,来了解高等学校预算执行情况以及各项资金的来源、运用及其效果,以便改善管理,加强领导和实行监督。

就高等学校本身而言,会计报告是高等学校内部加强管理、进行决策的重要参考，通过会计报告，可以反映高等学校各项预算指标和事业计划完成情况，分析预算执行进度，发现财务管理中存在的问题，有针对性地提出加强和改进管理的措施，提高财务管理水平。同时，财务报告也是编制以后年度预算的重要参考资料。

会计报告是上级教育主管部门和财政部门核定财政预算拨款的重要依据。通过高等学校会计报告，可以了解高等学校执行国家有关方针、政策和财务制度情况，分析考核预算执行情况和业务工作成果、预算安排和具体开支水平是否合理，为核定下一年度预算、制定相关政策提供重要参考，是上级教育主管部门、财政部门、税务部门等实施监督管理的重要基础资料，同时也是相关高等学校和社会公众了解高等学校业务工作的重要资料。

三、会计报告的编制原则

高等学校应当根据政府会计制度及有关规定编制真实、完整的财务报表和预算会计报表，不得违反政府会计制度及有关规定随意改变财务报表和预算会计报表的编制基础、编制依据、编制原则和方法，不得随意改变会计制度规定的财务报表和预算会计报表有关数据的会计口径。高等学校会计报告质量的高低不仅体现出高等学校财务管理工作具体质量，同时对于整个高等学校的内部管理及教育教学工作都具有深远的影响。因此，高等学校在会计报告的编制和报送过程中，应当遵守以下原则：

（一）编报时间要求

高等学校必须按照制度及上级教育主管部门规定的时间编制与报送，以保证会计报告的及时性，满足学校及上级教育主管部门、财政部门等会计报告使用者及时了解高等学校的财务状况等需要。

（二）内容必须完整

编制会计报告，必须符合统一规定的报表种类、格式和内容，以保证会计报告的完整性。在不同的会计期间（如月、年）应当编制的各种财务会计报表，必须编报齐全；应当填列的报表指标，无论是表内项目或是补充资料，必须全部填列；应当汇总编制的所属单位财务会计报表，必须全部汇总，不得漏编、漏报。

（三）数字必须真实

编制会计报告，必须根据登记完整、核对无误的账簿记录和其他有关资料编制，以保证财务会计报表的真实性。财务报表的编制主要以权责发生制为基础，以高等学校财务会计核算形成的数据为准；预算会计报表的编制主要以收付实现制为基础，以高等学校预算会计核算形成的数据为准。账簿记录是编制财务会计报表的主要依据。只有根据真实无误的账簿记录进行编制，才能保证报表数字的真实可靠。因而在报表上，不应当对已核实的、应列表的账簿记录再作出任何“修正”，否则，报表所提供的数据将会失真，而失真的数据将导致错误的判断和决策。

（四）计算必须准确

编制会计报告，必须做好编表前的准备工作，主要是清查财产，核对账目，结清账项，要做到账证、账账、账实、账表相符。必须是先结账后编表，不能为赶编报表而提前结账。财务会计报表编成后，还要与账簿记录核对，防止遗漏。报表之间的数字钩稽关系要认真核对，避免差错。对报表中的各项明细数字与小计、合计、总计数字，以及相关的数字，都必须计算准确。

四、会计报告编制前的准备工作

为了保证会计报告的内容完整，数字真实，在编制会计报告前，要做好以下几项工作：

（一）核对预算及拨款

高等学校在编制会计报告前，应将本期内本级财政部门、教育主管部门下达的预算已拨入的款项，学校下达给校内独立核算单位的预算和拨出的款项，以及应上交的各种款项，逐笔核对相符。特别是在发生追加和核减预算时，要及时核对拨款数，保证预算数和拨款数的口径一致。

（二）清理往来款项

高等学校对本期内的应收、应付等各种往来款项，在编制报告前应尽量进行催收结算，要做到人欠收回，欠人归还。特别是年终决算，要力争做到各往来款项清理完毕。确实清理不完的，应分析未能清理的情况和原因。

（三）核对货币资金

期末库存现金除按规定留存一定数额的备用金外，多余的现金应及时交存银行，并保证现金的账面数同实际库存数核对相符；银行存款账面余额要同银行对账单的余额核对相符，对未达款项，应查明原因，及时予以调整。有价证券账面数字，应同实存的有价证券核对相符。

（四）收支账目核对

要检查确保本期内的所有经济业务全部登记入账。总分类账要与有关明细分类账和日记账的本期发生额和余额方面完全一致，结转下年继续使用的经费，项目（经费）指标余额和科目余额核对相符。如有不符现象，应及时查明原因，并根据具体情况，按照有关规定调整账目。

（五）财产清查

年终结账前，组织力量对固定资产、库存物品等财产物资进行清查盘点，做到账实相符、账账相符、卡物相符。对发生盘盈、盘亏的，应及时查明原因，并按规定作出处理。

（六）合同清理

积极协调校内有关部门，做好合同收支清理工作。按照收入合同，做好资金催收工作，特别是科研合同的催收工作，确保学校利益不受损失；对支出合同要做好对账工作，确保各类合同按期执行，重点关注设备购置合同中所涉及的质保金支付事项。

第二节　资产负债表

一、概念

资产负债表是反映高等学校在某一特定日期全部资产、负债和净资产情况的报表。它能够反映高等学校在某一时点占有或使用的经济资源和负担的债务情况，以及学校的偿债能力和财务前景。

资产负债表是依据“资产＝负债＋净资产”这一平衡公式，依据一定的分类标准和一定的次序，将某一特定日期的资产、负债和净资产的具体项目意义适当的排序编制而成。

资产负债表为报表使用者提供以下信息：一是高等学校所掌握的经济资源及这些资源的分布和结构；二是高等学校负债总额及其结构；三是高等学校的净资产情况；四是通过对资产负债表的分析，可以了解高等学校的财务实力，偿债能力和支付能力；五是将前后期资产负债表加以对照比较，可以分析高等学校财务状况的发展趋势。

二、资产负债表编制

（一）资产负债表的填制

本表“年初余额”栏内各项数字，应当根据上年年末资产负债表“期末余额”栏内数字填列。

如果本年度资产负债表规定的项目的名称和内容同上年度不一致，应当对上年年末资产负债表项目的名称和数字按照本年度的规定进行调整，将调整后数字填入本表“年初余额”栏内。

如果本年度高等学校发生了因前期差错更正、会计政策变更等调整以前年度盈余的事项，还应当对“年初余额”栏中的有关项目金额进行相应调整。

(二)资产表应与实际相符

本表中“资产总计”项目期末(年初)余额应当与“负债和净资产总计”项目期末(年初)余额相等。

(三)本表“期末余额”栏各项目的内容和填列方法

1.资产类项目

(1)“货币资金”项目，反映高等学校期末库存现金、银行存款、零余额账户用款额度、其他货币资金的合计数。本项目应当根据“库存现金”“银行存款”“零余额账户用款额度”“其他货币资金”科目的期末余额的合计数填列；若高等学校存在通过“库存现金”“银行存款”科目核算的受托代理资产还应当按照前述合计数扣减“库存现金”“银行存款”科目下“受托代理资产”明细科目的期末余额后的金额填列。

(2)“短期投资”项目，反映高等学校期末持有的短期投资账面余额。本项目应当根据“短期投资”科目的期末余额填列。

(3)“财政应返还额度”项目，反映高等学校期末财政应返还额度的金额。本项目应当根据“财政应返还额度”科目的期末余额填列。

(4)“应收票据”项目，反映高等学校期末持有的应收票据的票面金额。本项目应当根据“应收票据”科目的期末余额填列。

(5)“应收账款净额”项目，反映高等学校期末尚未收回的应收账款减去已计提的坏账准备后的净额。本项目应当根据“应收账款”科目的期末余额，减去“坏账准备”科目中对应收账款计提的坏账准备的期末余额后的金额填列。

(6)“预付账款”项目，反映高等学校期末预付给商品或者劳务供应高等学校的款项。本项目应当根据“预付账款”科目的期末余额填列。

(7)“应收股利”项目，反映高等学校期末因股权投资而应收取的现金股利或应当分得的利润。本项目应当根据“应收股利”科目的期末余额填列。

(8)“应收利息”项目，反映高等学校期末因债券投资等而应收取的利息。高等学校购入的到期一次还本付息的长期债券投资持有期间应收的利息，不包括在本项目内。本项目应当根据“应收利息”科目的期末余额填列。

(9)“其他应收款净额”项目,反映高等学校期末尚未收回的其他应收款减去已计提的坏账准备后的净额。本项目应当根据“其他应收款”科目的期末余额减去“坏账准备”科目中对其他应收款计提的坏账准备的期末余额后的金额填列。

(10)“存货”项目,反映高等学校期末存储的存货的实际成本。本项目应当根据“在途物品”“库存物品”“加工物品”科目的期末余额的合计数填列。

(11)“待摊费用”项目,反映高等学校期末已经支出,但应当由本期和以后各期负担的分摊期在一年以内(含一年)的各项费用。本项目应当根据“待摊费用”科目的期末余额填列。

(12)“一年内到期的非流动资产”项目,反映高等学校期末非流动资产项目中将在一年内(含一年)到期的金额,如高等学校将在一年内(含一年)到期的长期债券投资金额。本项目应当根据“长期债券投资”等科目的明细科目的期末余额分析填列。

(13)“其他流动资产”项目,反映高等学校期末除本表中上述各项之外的其他流动资产的合计金额。本项目应当根据有关科目期末余额的合计数填列。

(14)“流动资产合计”项目,反映高等学校期末流动资产的合计数。本项目应当根据本表中“货币资金”“短期投资”“财政应返还额度”“应收票据”“应收账款净额”“预付账款”“应收股利”“应收利息”“其他应收款净额”“存货”“待摊费用”“一年内到期的非流动资产”“其他流动资产”项目金额的合计数填列。

(15)“长期股权投资”项目,反映高等学校期末持有的长期股权投资的账面余额。本项目应当根据“长期股权投资”科目的期末余额填列。

(16)“长期债券投资”项目,反映高等学校期末持有的长期债券投资的账面余额。本项目应当根据“长期债券投资”科目的期末余额减去其中将于一年内(含一年)到期的长期债券投资余额后的金额填列。

(17)“固定资产原值”项目,反映高等学校期末固定资产的原值。本项目应当根据“固定资产”科目的期末余额填列。

“固定资产累计折旧”项目,反映高等学校期末固定资产已计提的累计折旧金额。本项目应当根据“固定资产累计折旧”科目的期末余额填列。

“固定资产净值”项目,反映高等学校期末固定资产的账面价值。本项目应当根据“固定资产”科目期末余额减去“固定资产累计折旧”科目期末余额后的金额填列。

(18)“工程物资”项目,反映高等学校期末为在建工程准备的各种物资的实际成本。本项目应当根据“工程物资”科目的期末余额填列。

(19)“在建工程”项目,反映高等学校期末所有的建设项目工程的实际成本。本项目应当根据“在建工程”科目的期末余额填列。

(20)“无形资产原值”项目,反映高等学校期末无形资产的原值。本项目应当根据“无形资产”科目的期末余额填列。

“无形资产累计摊销”项目,反映高等学校期末无形资产已计提的累计摊销金额。本项目应当根据“无形资产累计摊销”科目的期末余额填列。

“无形资产净值”项目,反映高等学校期末无形资产的账面价值。本项目应当根据“无形资产”科目期末余额减去“无形资产累计摊销”科目期末余额后的金额填列。

(21)“研发支出”项目,反映高等学校期末正在进行的无形资产开发项目开发阶段发生的累计支出数。本项目应当根据“研发支出”科目的期末余额填列。

(22)“公共基础设施原值”项目,反映高等学校期末控制的公共基础设施的原值。本项目应当根据“公共基础设施”科目的期末余额填列。

“公共基础设施累计折旧(摊销)”项目,反映高等学校期末控制的公共基础设施已计提的累计折旧和累计摊销金额。本项目应当根据“公共基础设施累计折旧(摊销)”科目的期末余额填列。

“公共基础设施净值”项目,反映高等学校期末控制的公共基础设施的账面价值。本项目应当根据“公共基础设施”科目期末余额减去“公共基础设施累计折旧(摊销)”科目期末余额后的金额填列。

(23)“政府储备物资”项目,反映高等学校期末控制的政府储备物资的实际成本。本项目应当根据“政府储备物资”科目的期末余额填列。

(24)“文物文化资产”项目,反映高等学校期末控制的文物文化资产的成本。本项目应当根据“文物文化资产”科目的期末余额填列。

(25)“保障性住房原值”项目,反映高等学校期末控制的保障性住房的原值。本项目应当根据“保障性住房”科目的期末余额填列。

“保障性住房累计折旧”项目,反映高等学校期末控制的保障性住房已计提的累计折旧金额。本项目应当根据“保障性住房累计折旧”科目的期末余额填列。

“保障性住房净值”项目,反映高等学校期末控制的保障性住房的账面价值。本项目应当根据“保障性住房”科目期末余额减去“保障性住房累计折旧”科目期末余额后的金额填列。

(26)“长期待摊费用”项目,反映高等学校期末已经支出,但应由本期和以后各期负担的分摊期限在一年以上(不含一年)的各项费用。本项目应当根据“长期待摊费用”科目的期末余额填列。

(27)“待处理财产损溢”项目,反映高等学校期末尚未处理完毕的各种资产的净损失或净溢余。本项目应当根据“待处理财产损溢”科目的期末借方余额填列;如“待处理财产损溢”科目期末为贷方余额,以“-”号填列。

(28)“其他非流动资产”项目,反映高等学校期末除本表中上述各项之外的其他非流动资产的合计数。本项目应当根据有关科目的期末余额合计数填列。

(29)“非流动资产合计”项目,反映高等学校期末非流动资产的合计数。本项目应当根据本表中“长期股权投资”“长期债券投资”“固定资产净值”“工程物资”“在建工程”“无形资产净值”“研发支出”“公共基础设施净值”“政府储备物资”“文物文化资产”“保障性住房净值”“长期待摊费用”“待处理财产损溢”“其他非流动资产”项目金额的合计数填列。

(30)“受托代理资产”项目,反映高等学校期末受托代理资产的价值。本项目应当根据“受托代理资产”科目的期末余额与“库存现金”“银行存款”科目下“受托代理资产”明细科目的期末余额的合计数填列。

(31)“资产总计”项目,反映高等学校期末资产的合计数。本项目应当根据本表中“流动资产合计”“非流动资产合计”“受托代理资产”项目金额的合计数填列。

2.负债类项目

(1)“短期借款”项目,反映高等学校期末短期借款的余额。本项目应当根据“短期借款”科目的期末余额填列。

(2)“应交增值税”项目,反映高等学校期末应缴未缴的增值税税额。本项目应当根据“应交增值税”科目的期末余额填列;如“应交增值税”科目期末为借方余额,以“-”号填列。

(3)“其他应交税费”项目,反映高等学校期末应缴未缴的除增值税以外的税费金额。本项目应当根据“其他应交税费”科目的期末余额填列;如“其他应交税费”科目期末为借方余额,以“-”号填列。

(4)“应缴财政款”项目,反映高等学校期末应当上缴财政但尚未缴纳的款项。本项目应当根据“应缴财政款”科目的期末余额填列。

(5)“应付职工薪酬”项目,反映高等学校期末按有关规定应付给职工及为职工支付的各种薪酬。本项目应当根据“应付职工薪酬”科目的期末余额填列。

(6)“应付票据”项目，反映高等学校期末应付票据的金额。本项目应当根据“应付票据”科目的期末余额填列。

(7)“应付账款”项目，反映高等学校期末应当支付但尚未支付的偿还期限在一年以内(含一年)的应付账款的金额。本项目应当根据“应付账款”科目的期末余额填列。

(8)“应付政府补贴款”项目，反映负责发放政府补贴的行政高等学校期末按照规定应当支付给政府补贴接受者的各种政府补贴款余额。本项目应当根据“应付政府补贴款”科目的期末余额填列。

(9)“应付利息”项目，反映高等学校期末按照合同约定应支付的借款利息。高等学校到期一次还本付息的长期借款利息不包括在本项目内。本项目应当根据“应付利息”科目的期末余额填列。

(10)“预收账款”项目，反映高等学校期末预先收取但尚未确认收入和实际结算的款项余额。本项目应当根据“预收账款”科目的期末余额填列。

(11)“其他应付款”项目，反映高等学校期末其他各项偿还期限在一年内(含一年)的应付及暂收款项余额。本项目应当根据“其他应付款”科目的期末余额填列。

(12)“预提费用”项目，反映高等学校期末已预先提取的已经发生但尚未支付的各项费用。本项目应当根据“预提费用”科目的期末余额填列。

(13)“一年内到期的非流动负债”项目，反映高等学校期末将于一年内(含一年)偿还的非流动负债的余额。本项目应当根据“长期应付款”“长期借款”等科目的明细科目的期末余额分析填列。

(14)“其他流动负债”项目，反映高等学校期末除本表中上述各项之外的其他流动负债的合计数。本项目应当根据有关科目的期末余额的合计数填列。

(15)“流动负债合计”项目，反映高等学校期末流动负债合计数。本项目应当根据本表“短期借款”“应交增值税”“其他应交税费”“应缴财政款”“应付职工薪酬”“应付票据”“应付账款”“应付政府补贴款”“应付利息”“预收账款”“其他应付款”“预提费用”“一年内到期的非流动负债”“其他流动负债”项目金额的合计数填列。

(16)“长期借款”项目，反映高等学校期末长期借款的余额。本项目应当根据“长期借款”科目的期末余额减去其中将于一年内(含一年)到期的长期借款余额后的金额填列。

(17)“长期应付款”项目，反映高等学校期末长期应付款的余额。本项目应当根据“长期应付款”科目的期末余额减去其中将于一年内(含一年)到期的长期应付款余额后的金额填列。

(18)“预计负债”项目,反映高等学校期末已确认但尚未偿付的预计负债的余额。本项目应当根据“预计负债”科目的期末余额填列。

(19)“其他非流动负债”项目,反映高等学校期末除本表中上述各项之外的其他非流动负债的合计数。本项目应当根据有关科目的期末余额合计数填列。

(20)“非流动负债合计”项目,反映高等学校期末非流动负债合计数。本项目应当根据本表中“长期借款”“长期应付款”“预计负债”“其他非流动负债”项目金额的合计数填列。

(21)“受托代理负债”项目,反映高等学校期末受托代理负债的金额。本项目应当根据“受托代理负债”科目的期末余额填列。

(22)“负债合计”项目,反映高等学校期末负债的合计数。本项目应当根据本表中“流动负债合计”“非流动负债合计”“受托代理负债”项目金额的合计数填列。

3.净资产类项目

(1)“累计盈余”项目,反映高等学校期末未分配盈余(或未弥补亏损)以及无偿调拨净资产变动的累计数。本项目应当根据“累计盈余”科目的期末余额填列。

(2)“专用基金”项目,反映高等学校期末累计提取或设置但尚未使用的专用基金余额。本项目应当根据“专用基金”科目的期末余额填列。

(3)“权益法调整”项目,反映高等学校期末在被投资高等学校除净损益和利润分配以外的所有者权益变动中累积享有的份额。本项目应当根据“权益法调整”科目的期末余额填列;如“权益法调整”科目期末为借方余额,以“－”号填列。

(4)“无偿调拨净资产”项目,反映高等学校本年度截至报告期期末无偿调入的非现金资产价值扣减无偿调出的非现金资产价值后的净值。本项目仅在月度报表中列示,年度报表中不列示。月度报表中本项目应当根据“无偿调拨净资产”科目的期末余额填列;“无偿调拨净资产”科目期末为借方余额时,以“－”号填列。

(5)“本期盈余”项目,反映高等学校本年度截至报告期期末实现的累计盈余或亏损。本项目仅在月度报表中列示,年度报表中不列示。月度报表中本项目应当根据“本期盈余”科目的期末余额填列;“本期盈余”科目期末为借方余额时，以“—”号填列。

(6)“净资产合计”项目，反映高等学校期末净资产合计数。本项目应当根据本表中“累计盈余”“专用基金”“权益法调整”“无偿调拨净资产(月度报表)”“本期盈余(月度报表)”项目金额的合计数填列。

(7)“负债和净资产总计”项目，应当按照本表中“负债合计”“净资产合计”项目金额的合计数填列。

某大学 2019 年资产负债表如表 15-1 所示。

表 15-1

资产负债表(合并报表)

会政财 01 表

编制单位:QD 大学　　2019 年 12 月 31 日　　单位:元

资产	期末余额	年初余额	负债和净资产	期末余额	年初余额
流动资产:			流动负债:		
货币资金	291 900 734.79	287 202 084.79	短期借款	4 000 000.00	
短期投资			应交增值税	115 048.30	114 548.30
财政应返还额度	1 300 000.00	30 801 843.28	其他应交税费	872 599.33	972 799.33
应收票据			应缴财政款		
应收账款净额	41 911 017.98	41 911 017.98	应付职工薪酬	3 285 353.40	3 285 353.40
预付账款	247 587.80	247 587.80	应付票据		
应收股利			应付账款	46 146 911.67	46 146 911.67
应收利息			应付政府补贴款		
其他应收款净额	308 396 589.44	308 516 589.44	应付利息		
存货	1 293 989.59	1 283 989.59	预收账款	4 866 389.65	4 866 389.65
待摊费用			其他应付款	240 267 459.83	237 832 459.83
一年内到期的非流动资产			预提费用	70 000.00	
其他流动资产			一年内到期的非流动负债		

续表

资产	期末余额	年初余额	负债和净资产	期末余额	年初余额
流动资产合计	645 049 919.60	669 963 112.88	其他流动负债		
非流动资产			流动负债合计	299 623 762.18	293 218 462.18
长期股权投资	25 371 513.00	25 371 513.00			
长期债券投资			非流动负债		
固定资产原值	1 941 550 492.77	1,894 057 492.77	长期借款	181 000 000.00	181 000 000.00
减:固定资产累计折旧	781 540.00	526 540.00	长期应付款		
固定资产净值	1 940 768 952.77	1 893 530 952.77	预计负债		
工程物资			其他非流动负债		
在建工程	149 048 071.77	109 048 071.77	非流动负债合计	181 000 000.00	181 000 000.00
无形资产原值	56 836 695.22	56 336 695.22	受托代理负债		
减:无形资产累计摊销			负债合计	480 623 762.18	474 218 462.18
无形资产净值	56 836 695.22	56 336 695.22			
研发支出					
公共基础设施原值					
减:公共基础设施累计折旧(摊销)					

续表

资产	期末余额	年初余额	负债和净资产	期末余额	年初余额
公共基础设施净值					
政府储备物资					
文物文化资产					
保障性住房原值					
减:保障性住房累计折旧			净资产:		
保障性住房净值			累计盈余	2 302 927 144.52	2 254 497 517.80
长期待摊费用			专用基金	33 524 245.66	25 534 365.66
待处理财产损溢			权益法调整		
其他非流动资产			无偿调拨净资产*		
非流动资产合计	2 172 025 232.76	2 084 287 232.76	本期盈余*		
受托代理资产			净资产合计	2 336 451 390.18	2 280 031 883.46
资产总计	2 817 075 152.36	2 754 250 345.64	负债和净资产总计	2 817 075 152.36	2 754 250 345.64

注:“*”标识项目为月报项目,年报中不需列示。

第三节 收入费用表

一、收入费用表概述

收入费用表反映了高等学校在某一会计期间内的收入、费用及构成情况，以及当期的盈余情况。

收入费用表依据“收入－费用＝本期盈余”这一平衡公式，编制而成。

通过收入费用表可以向使用者提供以下信息：一是高等学校办学经费的来源渠道及其构成，通过比较分析其构成比例，可以判断高等学校对财政拨款的依赖程度，及其开展社会服务等开源、创收能力；二是高等学校办学经费的使用方向及其构成比例。通过该表的比较分析，特别是对业务活动费用、单位管理费用的支出明细分析，可以反映高等学校在教育教学、科研研究、行政管理、后勤运行保障等方面的支出情况，进而揭示行政管理、后勤运行保障效率，以及对教育教学的投入保障程度。

二、收入费用表编制

（一）本表“本月数”栏反映各项目的本月实际发生数

编制年度收入费用表时，应当将本栏改为“本年数”，反映本年度各项目的实际发生数。

本表“本年累计数”栏反映各项目自年初至报告期期末的累计实际发生数。编制年度收入费用表时，应当将本栏改为“上年数”，反映上年度各项目的实际发生数，“上年数”栏应当根据上年年度收入费用表中“本年数”栏内所列数字填列。

如果本年度收入费用表规定的项目的名称和内容同上年度不一致，应当对上年度收入费用表项目的名称和数字按照本年度的规定进行调整，将调整后的金额填入本年度收入费用表的“上年数”栏内。

如果本年度高等学校发生了因前期差错更正、会计政策变更等调整以前年度盈余的事项，还应当对年度收入费用表中“上年数”栏中的有关项目金额进行相应调整。

(二)本表“本月数”栏各项目的内容和填列方法

1.本期收入

(1)“本期收入”项目,反映高等学校本期收入总额。本项目应当根据本表中“财政拨款收入”“事业收入”“上级补助收入”“附属高等学校上缴收入”“经营收入”“非同级财政拨款收入”“投资收益”“捐赠收入”“利息收入”“租金收入”“其他收入”项目金额的合计数填列。

(2)“财政拨款收入”项目,反映高等学校本期从同级政府财政部门取得的各类财政拨款。本项目应当根据“财政拨款收入”科目的本期发生额填列。

“政府性基金收入”项目,反映高等学校本期取得的财政拨款收入中属于政府性基金预算拨款的金额。本项目应当根据“财政拨款收入”相关明细科目的本期发生额填列。

(3)“事业收入”项目,反映高等学校本期开展专业业务活动及其辅助活动实现的收入。本项目应当根据“事业收入”科目的本期发生额填列。

其中,“教育事业收入”项目,反映高等学校本期开展教学活动及其辅助活动实现的收入。本项目应当根据“事业收入—教育事业收入”科目的本期发生额填列。

“科研事业收入”项目,反映高等学校本期开展科研业务活动及其辅助活动实现的收入。本项目应当根据“事业收入—科研事业收入”科目的本期发生额填列。

(4)“上级补助收入”项目,反映高等学校本期从主管部门和上级高等学校收到或应收的非财政拨款收入。本项目应当根据“上级补助收入”科目的本期发生额填列。

(5)“附属单位上缴收入”项目,反映高等学校本期收到或应收的独立核算的附属高等学校按照有关规定上交的收入。本项目应当根据“附属单位上缴收入”科目的本期发生额填列。

(6)“经营收入”项目,反映高等学校本期在专业业务活动及其辅助活动之外开展非独立核算经营活动实现的收入。本项目应当根据“经营收入”科目的本期发生额填列。

(7)“非同级财政拨款收入”项目,反映高等学校本期从非同级政府财政部门取得的财政拨款,不包括高等学校因开展科研及其辅助活动从非同级财政部门取得的经费拨款。本项目应当根据“非同级财政拨款收入”科目的本期发生额填列。

(8)“投资收益”项目,反映高等学校本期股权投资和债券投资所实现的收益或发生的损失。本项目应当根据“投资收益”科目的本期发生额填列;如为投资净损失,以“－”号填列。

(9)“捐赠收入”项目,反映高等学校本期接受捐赠取得的收入。本项目应当根据“捐赠收入”科目的本期发生额填列。

(10)“利息收入”项目,反映高等学校本期取得的银行存款利息收入。本项目应当根据“利息收入”科目的本期发生额填列。

(11)“租金收入”项目,反映高等学校本期经批准利用国有资产出租取得并按规定纳入本单位预算管理的租金收入。本项目应当根据“租金收入”科目的本期发生额填列。

(12)“其他收入”项目,反映高等学校本期取得的除以上收入项目外的其他收入的总额。本项目应当根据“其他收入”科目的本期发生额填列。

“其他收入—后勤保障单位净收入”项目,反映高等学校具有后勤保障职能的校内独立核算单位(一般指校医院、食堂、水电暖中心、物业管理中心、宿舍管理中心等),本年收入(不含从学校取得的补贴经费)、费用(不含使用学校补贴经费发生的费用)相抵后的净额,净额为负数,则以“－”号填列。本项目根据学校具有后勤保障职能的校内独立核算单位的“收入费用表”的“收入总计”和“费用总计”分析填列。

2.本期费用

(1)“本期费用”项目,反映高等学校本期费用总额。本项目应当根据本表中“业务活动费用”“单位管理费用”“经营费用”“资产处置费用”“上缴上级费用”“对附属单位补助费用”“所得税费用”和“其他费用”项目金额的合计数填列。

(2)“业务活动费用”项目,反映高等学校本期为实现其职能目标,依法履职或开展专业业务活动及其辅助活动所发生的各项费用。本项目应当根据“业务活动费用”科目本期发生额填列。

其中,“教育费用”项目,反映高等学校本期开展教学及其辅助活动、学生事务等活动所发生的各项费用。本项目应当根据“业务活动费用—教育费用”科目本期发生额填列。

“科研费用”项目,反映高等学校本期科研活动及其辅助活动所发生的各项费用。本项目应当根据“业务活动费用—科研费用”科目本期发生额填列。

(3)“单位管理费用”项目,反映高等学校本期本级行政及后勤管理部门开展管理活动发生的各项费用，以及由高等学校统一负担的离退休人员经费、工会经费、诉讼费、中介费等。本项目应当根据“单位管理费用”科目的本期发生额填列。

其中，“行政管理费用”项目，反映高等学校本期开展单位的行政管理活动所发生的各项费用。本项目应当根据“单位管理费用—行政管理费用”科目的本期发生额填列。

“后勤保障费用”项目，反映高等学校本期统一负担的开展后勤保障活动所发生的各项费用。本项目应当根据“单位管理费用—后勤保障费用”科目的本期发生额填列。

“离退休费用”项目，反映高等学校本期统一负担的离退休人员工资、补助、活动经费等各项费用。本项目应当根据“单位管理费用—离退休费用”科目的本期发生额填列。

“单位统一负担的其他管理费用”项目，反映本期由高等学校统一负担的除行政管理费用、后勤保障费用、离退休费用之外的各项管理费用。本项目应当根据“单位管理费用—单位统一负担的其他管理费用”科目的本期发生额填列。

(4)“经营费用”项目，反映高等学校本期在专业业务活动及其辅助活动之外开展非独立核算经营活动发生的各项费用。本项目应当根据“经营费用”科目的本期发生额填列。

(5)“资产处置费用”项目，反映高等学校本期经批准处置资产时转销的资产价值以及在处置过程中发生的相关费用或者处置收入小于处置费用形成的净支出。本项目应当根据“资产处置费用”科目的本期发生额填列。

(6)“上缴上级费用”项目，反映高等学校按照规定上缴上级高等学校款项发生的费用。本项目应当根据“上缴上级费用”科目的本期发生额填列。

(7)“对附属单位补助费用”项目，反映高等学校用财政拨款收入之外的收入对附属高等学校补助发生的费用。本项目应当根据“对附属单位补助费用”科目的本期发生额填列。

(8)“所得税费用”项目，反映有企业所得税缴纳义务的高等学校本期计算应交纳的企业所得税。本项目应当根据“所得税费用”科目的本期发生额填列。

(9)“其他费用”项目，反映高等学校本期发生的除以上费用项目外的其他费用的总额。本项目应当根据“其他费用”科目的本期发生额填列。

3.本期盈余

(1)“本期盈余”项目，反映高等学校本期收入扣除本期费用后的净额。本项目应当根据本表中“本期收入”项目金额减去“本期费用”项目金额后的金额填列；如为负数，以“－”号填列。

某大学收入费用表如表 15-2 所示。

表 15-2 **收入费用表(合并报表)** 会政财 02 表

编制单位：QD 大学 2019 年 12 月 单位：元

项 目	本年数	上年数
一、本期收入	86 493 400.00	
(一)财政拨款收入	35 801 000.00	
其中：政府性基金收入		
(二)事业收入	45 900 000.00	
其中：教育事业收入	44 000 000.00	
科研事业收入	1 900 000.00	
(三)上级补助收入	200 000.00	
(四)附属单位上缴收入	1 000 000.00	
(五)经营收入		
(六)非同级财政拨款收入	1 000 000.00	
(七)投资收益	500 000.00	
(八)捐赠收入	1 000 000.00	
(九)利息收入	50 000.00	
(十)租金收入	50 000.00	
(十一)其他收入	992 400.00	
其中：后勤保障单位净收入	186 400.00	
二、本期费用	37 983 893.28	
(一)业务活动费用	27 750 093.28	
其中：教育费用	25 638 743.28	
科研费用	2 111 350.00	
(二)单位管理费用	9 933 800.00	
其中：行政管理费用	3 209 800.00	
后勤保障费用	5 214 000.00	
离退休费用	1 510 000.00	
单位统一负担的其他管理费用		

续表

项　目	本年数	上年数
（三）经营费用		
（四）资产处置费用	10 000.00	
（五）上缴上级费用	100 000.00	
（六）对附属单位补助费用	30 000.00	
（七）所得税费用		
（八）其他费用	160 000.00	
三、本期盈余	48 509 506.72	

第四节　净资产变动表

一、净资产变动表概述

净资产变动表反映了高等学校在某一会计年度内净资产项目的变动增减情况。

通过净资产变动表可以向使用者提供以下信息：一是高等学校净资产的来源途径及其构成比例；二是高等学校净资产的规模。

二、净资产变动表编制

（一）本表“上年数”栏反映上年度各项目的实际变动数，应当根据上年度净资产变动表中“本年数”栏内所列数字填列

如果上年度净资产变动表规定的项目的名称和内容与本年度不一致，应对上年度净资产变动表项目的名称和数字按照本年度的规定进行调整，将调整后金额填入本年度净资产变动表“上年数”栏内。

（二）本表“本年数”栏各项目的内容和填列方法

本表“本年数”栏反映本年度各项目的实际变动数。

1.“上年年末余额”行，反映高等学校净资产各项目上年年末的余额。本行各项目应当根据“累计盈余”“专用基金”“权益法调整”科目上年年末余额填列。

2.“以前年度盈余调整”行，反映高等学校本年度调整以前年度盈余的事项对累计盈余进行调整的金额。本行“累计盈余”项目应当根据本年度“以前年度盈余调整”科目转入“累计盈余”科目的金额填列；如调整减少累计盈余，以“－”号填列。

3.“本年年初余额”行，反映经过以前年度盈余调整后，高等学校净资产各项目的本年年初余额。本行“累计盈余”“专用基金”“权益法调整”项目应当根据其各自在“上年年末余额”和“以前年度盈余调整”行对应项目金额的合计数填列。

4.“本年变动金额”行，反映高等学校净资产各项目本年变动总金额。本行“累计盈余”“专用基金”“权益法调整”项目应当根据其各自在“本年盈余”“无偿调拨净资产”“归集调整预算结转结余”“提取或设置专用基金”“使用专用基金”“权益法调整”行对应项目金额的合计数填列。

5.“本年盈余”行，反映高等学校本年发生的收入、费用对净资产的影响。本行“累计盈余”项目应当根据年末由“本期盈余”科目转入“本年盈余分配”科目的金额填列；如转入时借记“本年盈余分配”科目，则以“－”号填列。

6.“无偿调拨净资产”行，反映高等学校本年无偿调入、调出非现金资产事项对净资产的影响。本行“累计盈余”项目应当根据年末由“无偿调拨净资产”科目转入“累计盈余”科目的金额填列；如转入时借记“累计盈余”科目，则以“－”号填列。

7.“归集调整预算结转结余”行，反映高等学校本年财政拨款结转结余资金归集调入、归集上交或调出，以及非财政拨款结转资金缴回对净资产的影响。本行“累计盈余”项目应当根据“累计盈余”科目明细账记录分析填列；如归集调整减少预算结转结余，则以“－”号填列。

8.“提取或设置专用基金”行，反映高等学校本年提取或设置专用基金对净资产的影响。本行“累计盈余”项目应当根据“从预算结余中提取”行“累计盈余”项目的金额填列。本行“专用基金”项目应当根据“从预算收入中提取”“从预算结余中提取”“设置的专用基金”行“专用基金”项目金额的合计数填列。

“从预算收入中提取”行，反映高等学校本年从预算收入中提取专用基金对净资产的影响。本行“专用基金”项目应当通过对“专用基金”科目明细账记录的分析，根据本年按有关规定从预算收入中提取基金的金额填列。

“从预算结余中提取”行，反映高等学校本年根据有关规定从本年度非财政拨款结余或经营结余中提取专用基金对净资产的影响。本行“累计盈余”“专用基金”项目应当通过对“专用基金”科目明细账记录的分析，根据本年按有关规定从本年度非财政拨款结余或经营结余中提取专用基金的金额填列；本行“累计盈余”项目以“－”号填列。

“设置的专用基金”行，反映高等学校本年根据有关规定设置的其他专用基金对净资产的影响。本行“专用基金”项目应当通过对“专用基金”科目明细账记录的分析，根据本年按有关规定设置的其他专用基金的金额填列。

9.“使用专用基金”行，反映高等学校本年按规定使用专用基金对净资产的影响。本行“累计盈余”“专用基金”项目应当通过对“专用基金”科目明细账记录的分析，根据本年按规定使用专用基金的金额填列；本行“专用基金”项目以“－”号填列。

10.“权益法调整”行，反映高等学校本年按照被投资高等学校除净损益和利润分配以外的所有者权益变动份额而调整长期股权投资账面余额对净资产的影响。本行“权益法调整”项目应当根据“权益法调整”科目本年发生额填列；若本年净发生额为借方时，以“－”号填列。

11.“本年年末余额”行，反映高等学校本年各净资产项目的年末余额。本行“累计盈余”“专用基金”“权益法调整”项目应当根据其各自在“本年年初余额”“本年变动金额”行对应项目金额的合计数填列。

12.本表各行“净资产合计”项目，应当根据所在行“累计盈余”“专用基金”“权益法调整”项目金额的合计数填列。

某大学净资产变动表如表 15-3 所示。

表 15-3

净资产变动表(合并报表)

会政财 03 表

编制单位:QD 大学　　2019 年 12 月　　单位:元

项　　目	本年数				上年数			
	累计盈余	专用基金	权益法调整	净资产合计	累计盈余	专用基金	权益法调整	净资产合计
一、上年年末余额	2 254 497 517.80	25 534 365.66		2 280 031 883.46				
二、以前年度盈余调整(减少以“—”号填列)		—	—			—	—	
三、本年年初余额	2 254 497 517.80	25 534 365.66		2 280 031 883.46				
四、本年变动金额(减少以“—”号填列)	48 429 626.72	7 989 880.00		56 419 506.72				
(一)本年盈余	48 429 626.72	—	—	48 429 626.72		—	—	
(二)无偿调拨净资产		—	—			—	—	
(三)归集调整预算结转结余		—	—			—	—	
(四)提取或设置专用基金		13 989 880.00	—	13 989 880.00			—	
其中:从预算收入中提取	—	13 910 000.00	—	13 910 000.00	—		—	
从预算结余中提取		79 880.00	—	79 880.00			—	
设置的专用基金	—		—		—		—	
(五)使用专用基金		6 000 000.00	—	6 000 000.00			—	
(六)权益法调整	—	—			—	—		
五、本年年末余额	2 302 927 144.52	33 524 245.66		2 336 451 390.18				

注:“—”标识单元格不需填列。

第五节　现金流量表

一、现金流量表概念

现金流量表反映了高等学校在某一会计年度内现金流入和流出的信息(见表 15-4)。

通过现金流量表可以向使用者提供高等学校在某一年度内日常活动、投资活动、筹资活动的现金流入和流出量情况。

二、现金流量表编制说明

1.本表所指的现金,是指高等学校的库存现金以及其他可以随时用于支付的款项,包括库存现金、可以随时用于支付的银行存款、其他货币资金、零余额账户用款额度、财政应返还额度,以及通过财政直接支付方式支付的款项。

2.高等学校应当采用直接法编制现金流量表。

3.本表“上年金额”栏反映各项目的上年实际发生数,应当根据上年现金流量表中“本年金额”栏内所列数字填列。

4.本表“本年金额”栏各项目的填列方法。本表“本年金额”栏反映各项目的本年实际发生数。

(1)日常活动产生的现金流量如下:

①“财政基本支出拨款收到的现金”项目,反映高等学校本年接受财政基本支出拨款取得的现金。本项目应当根据“零余额账户用款额度”“财政拨款收入”“银行存款”等科目及其所属明细科目的记录分析填列。

②“财政非资本性项目拨款收到的现金”项目,反映高等学校本年接受除用于购建固定资产、无形资产、公共基础设施等资本性项目以外的财政项目拨款取得的现金。本项目应当根据“银行存款”“零余额账户用款额度”“财政拨款收入”等科目及其所属明细科目的记录分析填列。

③“事业活动收到的除财政拨款以外的现金”项目,反映高等学校本年开展专业业务活动及其辅助活动取得的除财政拨款以外的现金。本项目应当根据“库存现金”“银行存款”“其他货币资金”“应收账款”“应收票据”“预收账款”“事业收入”等科目及其所属明细科目的记录分析填列。

④“收到的其他与日常活动有关的现金”项目,反映高等学校本年收到的除

以上项目之外的与日常活动有关的现金。本项目应当根据“库存现金”“银行存款”“其他货币资金”“上级补助收入”“附属单位上缴收入”“经营收入”“非同级财政拨款收入”“捐赠收入”“利息收入”“租金收入”“其他收入”等科目及其所属明细科目的记录分析填列。

⑤“日常活动的现金流入小计”项目，反映高等学校本年日常活动产生的现金流入的合计数。本项目应当根据本表中“财政基本支出拨款收到的现金”“财政非资本性项目拨款收到的现金”“事业活动收到的除财政拨款以外的现金”“收到的其他与日常活动有关的现金”项目金额的合计数填列。

⑥“购买商品、接受劳务支付的现金”项目，反映高等学校本年在日常活动中用于购买商品、接受劳务支付的现金。本项目应当根据“库存现金”“银行存款”“财政拨款收入”“零余额账户用款额度”“预付账款”“在途物品”“库存物品”“应付账款”“应付票据”“业务活动费用”“单位管理费用”“经营费用”等科目及其所属明细科目的记录分析填列。

⑦“支付给职工以及为职工支付的现金”项目，反映高等学校本年支付给职工以及为职工支付的现金。本项目应当根据“库存现金”“银行存款”“零余额账户用款额度”“财政拨款收入”“应付职工薪酬”“业务活动费用”“单位管理费用”“经营费用”等科目及其所属明细科目的记录分析填列。

⑧“支付的各项税费”项目，反映高等学校本年用于缴纳日常活动相关税费而支付的现金。本项目应当根据“库存现金”“银行存款”“零余额账户用款额度”“应交增值税”“其他应交税费”“业务活动费用”“单位管理费用”“经营费用”“所得税费用”等科目及其所属明细科目的记录分析填列。

⑨“支付的其他与日常活动有关的现金”项目，反映高等学校本年支付的除上述项目之外与日常活动有关的现金。本项目应当根据“库存现金”“银行存款”“零余额账户用款额度”“财政拨款收入”“其他应付款”“业务活动费用”“单位管理费用”“经营费用”“其他费用”等科目及其所属明细科目的记录分析填列。

⑩“日常活动的现金流出小计”项目，反映高等学校本年日常活动产生的现金流出的合计数。本项目应当根据本表中“购买商品、接受劳务支付的现金”“支付给职工以及为职工支付的现金”“支付的各项税费”“支付的其他与日常活动有关的现金”项目金额的合计数填列。

⑪“日常活动产生的现金流量净额”项目，应当按照本表中“日常活动的现金流入小计”项目金额减去“日常活动的现金流出小计”项目金额后的金额填

列;如为负数,以"—"号填列。

(2)投资活动产生的现金流量如下:

①"收回投资收到的现金"项目,反映高等学校本年出售、转让或者收回投资收到的现金。本项目应该根据"库存现金""银行存款""短期投资""长期股权投资""长期债券投资"等科目的记录分析填列。

②"取得投资收益收到的现金"项目,反映高等学校本年因对外投资而收到被投资单位分配的股利或利润,以及收到投资利息而取得的现金。本项目应当根据"库存现金""银行存款""应收股利""应收利息""投资收益"等科目的记录分析填列。

③"处置固定资产、无形资产、公共基础设施等收回的现金净额"项目,反映高等学校本年处置固定资产、无形资产、公共基础设施等非流动资产所取得的现金,减去为处置这些资产而支付的有关费用之后的净额。由于自然灾害所造成的固定资产等长期资产损失而收到的保险赔款收入,也在本项目反映。本项目应当根据"库存现金""银行存款""待处理财产损溢"等科目的记录分析填列。

④"收到的其他与投资活动有关的现金"项目,反映高等学校本年收到的除上述项目之外与投资活动有关的现金。对于金额较大的现金流入,应当单列项目反映。本项目应当根据"库存现金""银行存款"等有关科目的记录分析填列。

⑤"投资活动的现金流入小计"项目,反映高等学校本年投资活动产生的现金流入的合计数。本项目应当根据本表中"收回投资收到的现金""取得投资收益收到的现金""处置固定资产、无形资产、公共基础设施等收回的现金净额""收到的其他与投资活动有关的现金"项目金额的合计数填列。

⑥"购建固定资产、无形资产、公共基础设施等支付的现金"项目,反映高等学校本年购买和建造固定资产、无形资产、公共基础设施等非流动资产所支付的现金;融资租入固定资产支付的租赁费不在本项目反映,在筹资活动的现金流量中反映。本项目应当根据"库存现金""银行存款""固定资产""工程物资""在建工程""无形资产""研发支出""公共基础设施""保障性住房"等科目的记录分析填列。

⑦"对外投资支付的现金"项目,反映高等学校本年为取得短期投资、长期股权投资、长期债券投资而支付的现金。本项目应当根据"库存现金""银行存款""短期投资""长期股权投资""长期债券投资"等科目的记录分析填列。

⑧"上交处置固定资产、无形资产、公共基础设施等净收入支付的现金"项目,反映本年高等学校将处置固定资产、无形资产、公共基础设施等非流动资产

所收回的现金净额予以上缴财政所支付的现金。本项目应当根据“库存现金”“银行存款”“应缴财政款”等科目的记录分析填列。

⑨“支付的其他与投资活动有关的现金”项目，反映高等学校本年支付的除上述项目之外与投资活动有关的现金。对于金额较大的现金流出，应当单列项目反映。本项目应当根据“库存现金”“银行存款”等有关科目的记录分析填列。

⑩“投资活动的现金流出小计”项目，反映高等学校本年投资活动产生的现金流出的合计数。本项目应当根据本表中“购建固定资产、无形资产、公共基础设施等支付的现金”“对外投资支付的现金”“上交处置固定资产、无形资产、公共基础设施等净收入支付的现金”“支付的其他与投资活动有关的现金”项目金额的合计数填列。

⑪“投资活动产生的现金流量净额”项目，应当按照本表中“投资活动的现金流入小计”项目金额减去“投资活动的现金流出小计”项目金额后的金额填列；如为负数，以“－”号填列。

(3)筹资活动产生的现金流量如下：

①“财政资本性项目拨款收到的现金”项目，反映高等学校本年接受用于购建固定资产、无形资产、公共基础设施等资本性项目的财政项目拨款取得的现金。本项目应当根据“银行存款”“零余额账户用款额度”“财政拨款收入”等科目及其所属明细科目的记录分析填列。

②“取得借款收到的现金”项目，反映高等学校本年举借短期、长期借款所收到的现金。本项目应当根据“库存现金”“银行存款”“短期借款”“长期借款”等科目记录分析填列。

③“收到的其他与筹资活动有关的现金”项目，反映高等学校本年收到的除上述项目之外与筹资活动有关的现金。对于金额较大的现金流入，应当单列项目反映。本项目应当根据“库存现金”“银行存款”等有关科目的记录分析填列。

④“筹资活动的现金流入小计”项目，反映高等学校本年筹资活动产生的现金流入的合计数。本项目应当根据本表中“财政资本性项目拨款收到的现金”“取得借款收到的现金”“收到的其他与筹资活动有关的现金”项目金额的合计数填列。

⑤“偿还借款支付的现金”项目，反映高等学校本年偿还借款本金所支付的现金。本项目应当根据“库存现金”“银行存款”“短期借款”“长期借款”等科目的记录分析填列。

⑥“偿付利息支付的现金”项目，反映高等学校本年支付的借款利息等。本

项目应当根据“库存现金”“银行存款”“应付利息”“长期借款”等科目的记录分析填列。

⑦“支付的其他与筹资活动有关的现金”项目，反映高等学校本年支付的除上述项目之外与筹资活动有关的现金，如融资租入固定资产所支付的租赁费。本项目应当根据“库存现金”“银行存款”“长期应付款”等科目的记录分析填列。

⑧“筹资活动的现金流出小计”项目，反映高等学校本年筹资活动产生的现金流出的合计数。本项目应当根据本表中“偿还借款支付的现金”“偿付利息支付的现金”“支付的其他与筹资活动有关的现金”项目金额的合计数填列。

⑨“筹资活动产生的现金流量净额”项目，应当按照本表中“筹资活动的现金流入小计”项目金额减去“筹资活动的现金流出小计”金额后的金额填列；如为负数，以“－”号填列。

(4)“汇率变动对现金的影响额”项目，反映高等学校本年外币现金流量折算为人民币时，所采用的现金流量发生日的汇率折算的人民币金额与外币现金流量净额按期末汇率折算的人民币金额之间的差额。

(5)“现金净增加额”项目，反映高等学校本年现金变动的净额。本项目应当根据本表中“日常活动产生的现金流量净额”“投资活动产生的现金流量净额”“筹资活动产生的现金流量净额”和“汇率变动对现金的影响额”项目金额的合计数填列；如为负数，以“－”号填列。

报表编制实例：QD 大学现金流量表(合并报表)，见表 15-4；QD 大学现金流量表(财务“大账”)，见表 15-15；QD 大学校内独立核算单位—饮食中心现金流量表，见表 15-26。

表 15-4　　现金流量表(合并报表)　　会政财 04 表

编制单位：QD 大学　　2019 年　　单位：元

项　目	本年金额	上年金额
一、日常活动产生的现金流量		
财政基本支出拨款收到的现金	15 301 000.00	
财政非资本性项目拨款收到的现金	20 500 000.00	
事业活动收到的除财政拨款以外的现金	47 824 000.00	
收到的其他与日常活动有关的现金	8 265 500.00	
日常活动的现金流入小计	91 890 500.00	

续表

项 目	本年金额	上年金额
购买商品、接受劳务支付的现金	5 125 400.00	
支付给职工以及为职工支付的现金	17 600 000.00	
支付的各项税费	118 250.00	
支付的其他与日常活动有关的现金	10 931 043.28	
日常活动的现金流出小计	33 774 693.28	
日常活动产生的现金流量净额	58 115 806.72	
二、投资活动产生的现金流量		
收回投资收到的现金		
取得投资收益收到的现金	500 000.00	
处置固定资产、无形资产、公共基础设施等收回的现金净额	20 000.00	
收到的其他与投资活动有关的现金		
投资活动的现金流入小计	520 000.00	
购置固定资产、无形资产、公共基础设施等支付的现金	87 329 000.00	
对外投资支付的现金		
上交处置固定资产、无形资产、公共基础设施等净收入支付的现金	10 000.00	
支付的其他与投资活动有关的现金		
投资活动的现金流出小计	87 339 000.00	
投资活动产生的现金流量净额	−86 819 000.00	
三、筹资活动产生的现金流量		
财政资本性项目拨款收到的现金		
取得借款收到的现金	10 000 000.00	
收到的其他与筹资活动有关的现金		
筹资活动的现金流入小计	10 000 000.00	
偿还借款支付的现金	6 000 000.00	
偿还利息支付的现金	100 000.00	

续表

项　目	本年金额	上年金额
支付的其他与筹资活动有关的现金		
筹资活动的现金流出小计	6 100 000.00	
筹资活动产生的现金流量净额	3 900 000.00	
四、汇率变动对现金的影响额		
五、现金净增加额	－24 803 193.28	

第六节　预算收入支出表

一、预算收入支出表概念

预算收入支出表反映了高等学校在某一会计年度内各项预算收入、预算支出和预算收支差额的情况。

通过预算收入支出表可以向使用者提供以下信息：一是高等学校办学预算收入的来源渠道及其构成，通过比较分析其构成比例，可以判断高等学校对财政拨款的依赖程度及其开展社会服务等开源、创收能力。二是高等学校预算支出的方向及其构成比例。通过该表的比较分析，特别是对事业支出的明细分析，可以反映高等学校在教育教学、科研研究、行政管理、后勤运行保障等方面的支出情况，进而揭示行政管理、后勤运行保障效率，以及对教育教学的投入保障程度。

二、预算收入支出表编制

（一）预算收入支出表填制

本表“上年数”栏反映各项目上年度的实际发生数，应当根据上年度预算收入支出表中“本年数”栏内所列数字填列。

如果本年度预算收入支出表规定的项目的名称和内容同上年度不一致，应当对上年度预算收入支出表项目的名称和数字按照本年度的规定进行调整，将调整后金额填入本年度预算收入支出表的“上年数”栏。

(二)本表“本年数”栏各项目的内容和填列方法

本表“本年数”栏反映各项目的本年实际发生数。

1.本年预算收入

(1)“本年预算收入”项目,反映高等学校本年预算收入总额。本项目应当根据本表中“财政拨款预算收入”“事业预算收入”“上级补助预算收入”“附属单位上缴预算收入”“经营预算收入”“债务预算收入”“非同级财政拨款预算收入”“投资预算收益”“其他预算收入”项目金额的合计数填列。

(2)“财政拨款预算收入”项目,反映高等学校本年从同级政府财政部门取得的各类财政拨款。本项目应当根据“财政拨款预算收入”科目的本年发生额填列。

“政府性基金收入”项目,反映高等学校本年取得的财政拨款收入中属于政府性基金预算拨款的金额。本项目应当根据“财政拨款预算收入”相关明细科目的本年发生额填列。

(3)“事业预算收入”项目,反映高等学校本年开展专业业务活动及其辅助活动取得的预算收入。本项目应当根据“事业预算收入”科目的本年发生额填列。

其中,“教育事业预算收入”项目,反映高等学校本期开展教学及其辅助活动取得现金流入。本项目应当根据“事业预算收入—教育事业预算收入”科目的本期发生额填列。

“科研事业预算收入”项目,反映高等学校本年开展科研及其辅助活动取得现金流入。本项目应当根据“事业预算收入—科研事业预算收入”科目的本期发生额填列。

(4)“上级补助预算收入”项目,反映高等学校本年从主管部门和上级单位取得的非财政补助预算收入。本项目应当根据“上级补助预算收入”科目的本年发生额填列。

(5)“附属单位上缴预算收入”项目,反映高等学校本年收到的独立核算的附属单位按照有关规定上交的预算收入。本项目应当根据“附属单位上缴预算收入”科目的本年发生额填列。

(6)“经营预算收入”项目,反映高等学校本年在专业业务活动及其辅助活动之外开展非独立核算经营活动取得的预算收入。本项目应当根据“经营预算收入”科目的本年发生额填列。

(7)“债务预算收入”项目,反映高等学校本年按照规定从金融机构等借入的、纳入部门预算管理的债务预算收入。本项目应当根据“债务预算收入”的本年发生额填列。

(8)“非同级财政拨款预算收入”项目，反映高等学校本年从非同级政府财政部门取得的财政拨款。本项目应当根据“非同级财政拨款预算收入”科目的本年发生额填列。

(9)“投资预算收益”项目，反映高等学校本年取得的按规定纳入学校预算管理的投资收益。本项目应当根据“投资预算收益”科目的本年发生额填列。

(10)“其他预算收入”项目，反映高等学校本年取得的除上述收入以外的纳入学校预算管理的各项预算收入。本项目应当根据“其他预算收入”科目的本年发生额填列。

“利息预算收入”项目，反映高等学校本年取得的利息预算收入。本项目应当根据“其他预算收入”科目的明细记录分析填列。高等学校单设“利息预算收入”科目的，应当根据“利息预算收入”科日的本年发生额填列。

“捐赠预算收入”项目，反映高等学校本年取得的捐赠预算收入。本项目应当根据“其他预算收入”科目明细账记录分析填列。高等学校单设“捐赠预算收入”科目的，应当根据“捐赠预算收入”科目的本年发生额填列。

“租金预算收入”项目，反映高等学校本年取得的租金预算收入。本项目应当根据“其他预算收入”科目明细账记录分析填列。高等学校单设“租金预算收入”科目的，应当根据“租金预算收入”科目的本年发生额填列。

2.本年预算支出

(1)“本年预算支出”项目，反映高等学校本年预算支出总额。本项目应当根据本表中“行政支出”“事业支出”“经营支出”“上缴上级支出”“对附属单位补助支出”“投资支出”“债务还本支出”和“其他支出”项目金额的合计数填列。

(2)“行政支出”项目，反映行政高等学校本年履行职责实际发生的支出。本项目应当根据“行政支出”科目的本年发生额填列。

(3)“事业支出”项目，反映高等学校本年开展专业业务活动及其辅助活动发生的支出。本项目应当根据“事业支出”科目的本年发生额填列。

其中，“教育支出”项目，反映高等学校本年开展教学及其辅助活动、学生事务等活动实际发生的各项现金流出。本项目应当根据“事业支出—教育支出”科目的本年发生额填列。

“科研支出”项目，反映高等学校本年开展科研及其辅助活动实际发生的各项现金流出。本项目应当根据“事业支出—科研支出”科目的本年发生额填列。

“行政管理支出”项目，反映高等学校本年开展单位的行政管理活动实际发生的各项现金流出。本项目应当根据“单位管理费用—行政管理支出”科目的本期发生额填列。

“后勤保障支出”项目，反映高等学校本年开展后勤保障活动实际发生的各项现金流出。本项目应当根据“单位管理费用—后勤保障支出”科目的本期发生额填列。

“离退休支出”项目，反映高等学校本年实际发生的用于离退休人员的各项现金流出。本项目应当根据“单位管理费用—离退休支出”科目的本期发生额填列。

“其他事业支出”项目，反映高等学校本年支付的除教学、科研、后勤保障、行政管理、离退休支出之外的其他各项事业支出。本项目应当根据“事业支出—其他事业支出”科目的本年发生额填列。

(4)“经营支出”项目，反映高等学校本年在专业业务活动及其辅助活动之外开展非独立核算经营活动发生的支出。本项目应当根据“经营支出”科目的本年发生额填列。

(5)“上缴上级支出”项目，反映高等学校本年按照财政部门和主管部门的规定上缴上级单位的支出。本项目应当根据“上缴上级支出”科目的本年发生额填列。

(6)“对附属单位补助支出”项目，反映高等学校本年用财政拨款收入之外的收入对附属单位补助发生的支出。本项目应当根据“对附属单位补助支出”科目的本年发生额填列。

(7)“投资支出”项目，反映高等学校本年以货币资金对外投资发生的支出。本项目应当根据“投资支出”科目的本年发生额填列。

(8)“债务还本支出”项目，反映高等学校本年偿还自身承担的纳入预算管理的从金融机构举借的债务本金的支出。本项目应当根据“债务还本支出”科目的本年发生额填列。

(9)“其他支出”项目，反映高等学校本年除以上支出以外的各项支出。本项目应当根据“其他支出”科目的本年发生额填列。

“利息支出”项目，反映高等学校本年发生的利息支出。本项目应当根据“其他支出”科目明细账记录分析填列。高等学校单设“利息支出”科目的，应当根据“利息支出”科目的本年发生额填列。

“捐赠支出”项目，反映高等学校本年发生的捐赠支出。本项目应当根据

“其他支出”科目明细账记录分析填列。高等学校单设“捐赠支出”科目的，应当根据“捐赠支出”科目的本年发生额填列。

3.本年预算收支差额

“本年预算收支差额”项目，反映高等学校本年各项预算收支相抵后的差额。本项目应当根据本表中“本期预算收入”项目金额减去“本期预算支出”项目金额后的金额填列；如相减后金额为负数，以“－”号填列。

大学预算收支表编制如表 15-5 所示(以 QD 大学为例)。

表 15-5 **预算收入支出表(合并报表)** 会政预 01 表

编制单位：QD 大学 2019 年 单位：元

项目	本年数	上年数
一、本年预算收入	96 732 900.00	
(一)财政拨款预算收入	35 801 000.00	
其中：政府性基金收入		
(二)事业预算收入	45 924 000.00	
其中：教育事业预算收入	44 000 000.00	
科研事业预算收入	1 924 000.00	
(三)上级补助预算收入	200 000.00	
(四)附属单位上缴预算收入	1 000 000.00	
(五)经营预算收入		
(六)债务预算收入	10 000 000.00	
(七)非同级财政拨款预算收入	1 000 000.00	
(八)投资预算收益	500 000.00	
(九)其他预算收入	2 307 900.00	
其中：利息预算收入	50 000.00	
捐赠预算收入	1 000 000.00	
租金预算收入	52 500.00	
后勤保障单位净预算收入	399 400.00	
二、本期预算支出	122 701 093.28	
(一)行政支出		
(二)事业支出	116 411 093.28	
其中：教育支出	99 558 743.28	

续表

项目	本年数	上年数
科研支出	5 700 350.00	
行政管理支出	3 178 000.00	
后勤保障支出	6 464 000.00	
离退休支出	1 510 000.00	
其他事业支出		
（三）经营支出		
（四）上缴上级支出	100 000.00	
（五）对附属单位补助支出	30 000.00	
（六）投资支出		
（七）债务还本支出	6 000 000.00	
（八）其他支出	160 000.00	
其中：利息支出	100 000.00	
捐赠支出	30 000.00	
三、本期预算收支差额	−25 968 193.28	

第七节　预算结转结余变动表

一、预算结转结余变动表概述

预算结转结余变动表反映了高等学校在某一会计年度内预算结转结余的变动情况。

通过预算结转结余变动表可以向使用者提供高等学校结转结余经费的内容及额度，以及年度内增减变动的项目和金额，结合预算收入支出表进一步反映了高等学校预算执行的情况。

二、预算结转结余变动表编制

（一）预算结转结余变动表填制

本表“上年数”栏反映各项目的上年实际发生数，应当根据上年度预算结转结余变动表中“本年数”栏内所列数字填列。

如果本年度预算结转结余变动表规定的项目的名称和内容同上年度不一致，应当对上年度预算结转结余变动表项目的名称和数字按照本年度的规定进行调整，将调整后金额填入本年度预算结转结余变动表的“上年数”栏。

（二）结余的算法

本表中“年末预算结转结余”项目金额等于“年初预算结转结余”“年初余额调整”“本年变动金额”三个项目的合计数。

（三）本表“本年数”栏各项目的内容和填列方法

本表“本年数”栏反映各项目的本年实际发生数。

1.“年初预算结转结余”项目，反映高等学校本年预算结转结余的年初余额。本项目应当根据本项目下“财政拨款结转结余”“其他资金结转结余”项目金额的合计数填列。

(1)“财政拨款结转结余”项目，反映高等学校本年财政拨款结转结余资金的年初余额。本项目应当根据“财政拨款结转”“财政拨款结余”科目本年年初余额合计数填列。

(2)“其他资金结转结余”项目，反映高等学校本年其他资金结转结余的年初余额。本项目应当根据“非财政拨款结转”“非财政拨款结余”“专用结余”“经营结余”科目本年年初余额的合计数填列。

2.“年初余额调整”项目，反映高等学校本年预算结转结余年初余额调整的金额。本项目应当根据本项目下“财政拨款结转结余”“其他资金结转结余”项目金额的合计数填列。

(1)“财政拨款结转结余”项目，反映高等学校本年财政拨款结转结余资金的年初余额调整金额。本项目应当根据“财政拨款结转”“财政拨款结余”科目下“年初余额调整”明细科目的本年发生额的合计数填列；如调整减少年初财政拨款结转结余，以“－”号填列。

(2)“其他资金结转结余”项目，反映高等学校本年其他资金结转结余的年初余额调整金额。本项目应当根据“非财政拨款结转”“非财政拨款结余”科目下“年初余额调整”明细科目的本年发生额的合计数填列；如调整减少年初其他资金结转结余，以“－”号填列。

3.“本年变动金额”项目，反映高等学校本年预算结转结余变动的金额。本项目应当根据本项目下“财政拨款结转结余”“其他资金结转结余”项目金额的合计数填列。

(1)“财政拨款结转结余”项目，反映高等学校本年财政拨款结转结余资金的变动。本项目应当根据本项目下“本年收支差额”“归集调入”“归集上交或调出”项目金额的合计数填列。

①“本年收支差额”项目，反映高等学校本年财政拨款资金收支相抵后的差额。本项目应当根据“财政拨款结转”科目下“本年收支结转”明细科目本年转入的预算收入与预算支出的差额填列；差额为负数的，以“－”号填列。

②“归集调入”项目，反映高等学校本年按照规定从其他单位归集调入的财政拨款结转资金。本项目应当根据“财政拨款结转”科目下“归集调入”明细科目的本年发生额填列。

③“归集上交或调出”项目，反映高等学校本年按照规定上交的财政拨款结转结余资金及按照规定向其他单位调出的财政拨款结转资金。本项目应当根据“财政拨款结转”“财政拨款结余”科目下“归集上交”明细科目，以及“财政拨款结转”科目下“归集调出”明细科目本年发生额的合计数填列，以“－”号填列。

(2)“其他资金结转结余”项目，反映高等学校本年其他资金结转结余的变动。本项目应当根据本项目下“本年收支差额”“缴回资金”“使用专用结余”“支付所得税”项目金额的合计数填列。

①“本年收支差额”项目，反映高等学校本年除财政拨款外的其他资金收支相抵后的差额。本项目应当根据“非财政拨款结转”科目下“本年收支结转”明细科目、“其他结余”科目、“经营结余”科目本年转入的预算收入与预算支出的差额的合计数填列；如为负数，以“－”号填列。

②“缴回资金”项目，反映高等学校本年按照规定缴回的非财政拨款结转资金。本项目应当根据“非财政拨款结转”科目下“缴回资金”明细科目本年发生额的合计数填列，以“－”号填列。

③“使用专用结余”项目，反映本年高等学校根据规定使用从非财政拨款结余或经营结余中提取的专用基金的金额。本项目应当根据“专用结余”科目明细账中本年使用专用结余业务的发生额填列，以“－”号填列。

④“支付所得税”项目，反映有企业所得税缴纳义务的高等学校本年实际缴纳的企业所得税金额。本项目应当根据“非财政拨款结余”明细账中本年实际缴纳企业所得税业务的发生额填列，以“－”号填列。

4.“年末预算结转结余”项目，反映高等学校本年预算结转结余的年末余额。本项目应当根据本项目下“财政拨款结转结余”“其他资金结转结余”项目金额的合计数填列。

(1)“财政拨款结转结余”项目，反映高等学校本年财政拨款结转结余的年末余额。本项目应当根据本项目下“财政拨款结转”“财政拨款结余”项目金额的合计数填列。

本项目下“财政拨款结转”“财政拨款结余”项目，应当分别根据“财政拨款结转”“财政拨款结余”科目的本年年末余额填列。

（2）“其他资金结转结余”项目，反映高等学校本年其他资金结转结余的年末余额。本项目应当根据本项目下“非财政拨款结转”“非财政拨款结余”“专用结余”“经营结余”项目金额的合计数填列。

本项目下“非财政拨款结转”“非财政拨款结余”“专用结余”“经营结余”项目，应当分别根据“非财政拨款结转”“非财政拨款结余”“专用结余”“经营结余”科目的本年年末余额填列。

预算结转结余变动表的编制如表 15-6 所示。

表 15-6　　预算结转结余变动表（合并报表）　　会政预 02 表

编制单位：QD 大学　　2019 年度　　单位：元

项目	本年数	上年数
一、年初预算结转结余	196 513 570.70	
（一）财政拨款结转结余	30 801 843.28	
（二）其他资金结转结余	165 711 727.42	
二、年初余额调整（减少以“－”号填列）		
（一）财政拨款结转结余		
（二）其他资金结转结余		
三、本年变动金额（减少以“－”号填列）	－25 968 193.28	
（一）财政拨款结转结余	－29 501 843.28	
1.本年收支差额	－29 501 843.28	
2.归集调入		
3.归集上交或调出		
（二）其他资金结转结余	3 533 650.00	
1.本年收支差额	3 533 650.00	
2.缴回资金		
3.使用专用结余		
4.支付所得税		
四、年末预算结转结余	170 545 377.42	

续表

项目	本年数	上年数
(一)财政拨款结转结余	1 300 000.00	
1.财政拨款结转	1 300 000.00	
2.财政拨款结余		
(二)其他资金结转结余	168 547 280.53	
1.非财政拨款结转	116 479 748.66	
2.非财政拨款结余	27 151 383.10	
3.专用结余	25 614 245.66	
4.经营结余(如有余额,以“-”号填列)		

第八节　财政拨款预算收入支出表

一、财政拨款预算收入支出表概念

财政拨款预算收入支出表反映了高等学校本年财政拨款预算资金收入、支出及相关变动的具体情况。

通过财政拨款预算收入支出表可以向使用者提供以下信息:一是高等学校财政拨款预算收入的规模。结合收入费用表、预算收入支出表等比较分析,可以判断高等学校对财政拨款的依赖程度及其开展社会服务等开源、创收能力等。二是高等学校财政拨款预算支出的方向及其构成比例。结合收入费用表、预算收入支出表等比较分析,可以反映财政拨款对高等学校办学经费的保障程度。

二、财政拨款预算收入支出表编制

(一)本表的设置

本表“项目”栏内各项目,应当根据高等学校取得的财政拨款种类分项设置。其中“项目支出”项目下,根据每个项目设置;高等学校取得除一般公共财政预算拨款和政府性基金预算拨款以外的其他财政拨款的,应当按照财政拨款种类增加相应的资金项目及其明细项目。

(二)本表各栏及其对应项目的内容和填列方法

1."年初财政拨款结转结余"栏中各项目,反映高等学校年初各项财政拨款结转结余的金额。各项目应当根据"财政拨款结转""财政拨款结余"及其明细科目的年初余额填列。本栏中各项目的数额应当与上年度财政拨款预算收入支出表中"年末财政拨款结转结余"栏中各项目的数额相等。

2."调整年初财政拨款结转结余"栏中各项目,反映高等学校对年初财政拨款结转结余的调整金额。各项目应当根据"财政拨款结转""财政拨款结余"科目下"年初余额调整"明细科目及其所属明细科目的本年发生额填列;如调整减少年初财政拨款结转结余,以"－"号填列。

3."本年归集调入"栏中各项目,反映高等学校本年按规定从其他高等学校调入的财政拨款结转资金金额。各项目应当根据"财政拨款结转"科目下"归集调入"明细科目及其所属明细科目的本年发生额填列。

4."本年归集上交或调出"栏中各项目,反映高等学校本年按规定实际上交的财政拨款结转结余资金,及按照规定向其他单位调出的财政拨款结转资金金额。各项目应当根据"财政拨款结转""财政拨款结余"科目下"归集上交"科目和"财政拨款结转"科目下"归集调出"明细科目,及其所属明细科目的本年发生额填列,以"－"号填列。

5."单位内部调剂"栏中各项目,反映高等学校本年财政拨款结转结余资金在高等学校内部不同项目等之间的调剂金额。各项目应当根据"财政拨款结转"和"财政拨款结余"科目下的"单位内部调剂"明细科目及其所属明细科目的本年发生额填列;对高等学校内部调剂减少的财政拨款结余金额,以"－"号填列。

6."本年财政拨款收入"栏中各项目,反映高等学校本年从同级财政部门取得的各类财政预算拨款金额。各项目应当根据"财政拨款预算收入"科目及其所属明细科目的本年发生额填列。

7."本年财政拨款支出"栏中各项目,反映高等学校本年发生的财政拨款支出金额。各项目应当根据"行政支出""事业支出"等科目及其所属明细科目本年发生额中的财政拨款支出数的合计数填列。

8."年末财政拨款结转结余"栏中各项目,反映高等学校年末财政拨款结转结余的金额。各项目应当根据"财政拨款结转""财政拨款结余"科目及其所属明细科目的年末余额填列。

财政拨款预算收入支出表的编制如表15-7所示。

表 15-7

财政拨款预算收入支出表(合并报表)

会政预 03 表

编制单位:QD 大学　　2019 年　　单位:元

项目	年初财政拨款结转结余		调整年初财政拨款结转结余	本年归集调入	本年归集上缴或调出	单位内部调剂		本年财政拨款收入	本年财政拨款支出	年末财政拨款结转结余	
	结转	结余				结转	结余			结转	结余
一、一般公共预算财政拨款	30 801 843.28							35 801 000.00	65 302 843.28	1 300 000.00	
(一)基本支出								15 301 000.00	15 301 000.00		
1.人员经费								15 301 000.00	15 301 000.00		
2.日常公用经费											
(二)项目支出	30 801 843.28							20 500 000.00	50 001 843.28	1 300 000.00	
一流学科建设	25 000 000.00							7 000 000.00	31 000 000.00	1 000 000.00	
青年自然科学基金	2 319 200.00								2 319 200.00		
重点研发计划资金-科技重大专项和应用技术研发	1 300 000.00								1 300 000.00		
单位内涵提升—单位科研经费	370 900.00								370 900.00		
专业群建设	614 243.28							4 000 000.00	4 314 243.28	300 000.00	
青年千人计划	1 197 500.00							200 000.00	1 397 500.00		
泰山岗位学者								600 000.00	600 000.00		

续表

项目	年初财政拨款结转结余		调整年初财政拨款结转结余	本年归集调入	本年归集上缴或调出	单位内部调剂		本年财政拨款收入	本年财政拨款支出	年末财政拨款结转结余	
	结转	结余				结转	结余			结转	结余
人才团队建设								4 400 000.00	4 400 000.00		
教研教改课程建设								1 300 000.00	1 300 000.00		
节能改造项目									3 000 000.00	3 000 000.00	
二、政府性基金预算财政拨款											
(一)基本支出											
1.人员经费											
2.日常公用经费											
(二)项目支出											
1.××项目											
2.××项目											
……											
总计	30 801 843.28							35 801 000.00	65 302 843.28	1 300 000.00	

第九节　报表附注

一、报表附注概念

报表附注是表外信息，重点是对在资产负债表、收入费用表、现金流量表等报表中列示项目所作的进一步说明，以及对未能在这些会计报表中列示项目的说明。

附注是会计报表的重要组成部分。凡对报表使用者的决策有重要影响的会计信息，高等学校均应当充分披露。《政府会计制度》对报表附注应当披露的内容进行了细化，对会计报表重要项目说明提供了可参考的披露格式、要求按经济分类披露费用信息、要求披露本年预算结余和本年盈余的差异调节过程等。

二、报表附注编制

附注主要包括下列内容：

1.高等学校的基本情况。高等学校应当简要披露其基本情况，包括高等学校主要职能、主要业务活动、所在地、预算管理关系等。

2.会计报表编制基础。

3.遵循政府会计准则、制度的声明。

4.重要会计政策和会计估计。高等学校应当采用与其业务特点相适应的具体会计政策，并充分披露报告期内采用的重要会计政策和会计估计。主要包括以下内容：

(1)会计期间。

(2)记账本位币，外币折算汇率。

(3)坏账准备的计提方法。

(4)存货类别，发出存货的计价方法，存货的盘存制度，以及低值易耗品和包装物的摊销方法。

(5)长期股权投资的核算方法。

(6)固定资产分类、折旧方法、折旧年限和年折旧率；融资租入固定资产的计价和折旧方法。

(7)无形资产的计价方法；使用寿命有限的无形资产，其使用寿命估计情况;使用寿命不确定的无形资产,其使用寿命不确定的判断依据;高等学校内部研究开发项目划分研究阶段和开发阶段的具体标准。

(8)公共基础设施的分类、折旧(摊销)方法、折旧(摊销)年限,以及其确定依据。

(9)政府储备物资分类,以及确定其发出成本所采用的方法。

(10)保障性住房的分类、折旧方法、折旧年限。

(11)其他重要的会计政策和会计估计。

(12)本期发生重要会计政策和会计估计变更的,变更的内容和原因、受其重要影响的报表项目名称和金额、相关审批程序,以及会计估计变更开始适用的时点。

5.会计报表重要项目说明。高等学校应当按照资产负债表和收入费用表项目列示顺序,采用文字和数据描述相结合的方式披露重要项目的明细信息。报表重要项目的明细金额合计,应当与报表项目金额相衔接。报表重要项目说明应包括但不限于下列内容:

(1)货币资金的披露格式如下:

项　　目	期末余额	年初余额
现金		
银行存款		
其他货币资金		
合　　计		

(2)应收账款按照债务人类别披露的格式如下:

债务人类别	期末余额	年初余额
政府会计主体:		
部门内部单位		
单位 1		
……		
部门外部单位		
单位 1		
……		
其他		

续表

债务人类别	期末余额	年初余额
单位 1		
……		
合　　计		

注 1:“部门内部单位”是指纳入学校所属部门财务报告合并范围的单位(下同)。

注 2:有应收票据、预付账款、其他应收款的,可比照应收账款进行披露。

(3)存货的披露格式如下:

存货种类	期末余额	年初余额
1.		
……		
合　　计		

注:有长期待摊费用、其他非流动资产的,可比照其他流动资产进行披露。

(4)其他流动资产的披露格式如下:

项　　目	期末余额	年初余额
1.		
……		
合　　计		

注:有长期待摊费用、其他非流动资产的,可比照其他流动资产进行披露。

(5)长期投资:

①长期债券投资的披露格式如下:

债券发行主体	年初余额	本期增加额	本期减少额	期末余额
1.				
……				
合　　计				

注:有短期投资的,可比照长期债券投资进行披露。

②长期股权投资的披露格式如下：

被投资单位	核算方法	年初余额	本期增加额	本期减少额	期末余额
1.					
……					
合　计					

③当期发生的重大投资净损益项目、金额及原因。

(6)固定资产：

①固定资产的披露格式如下：

项　目	年初余额	本期增加额	本期减少额	期末余额
一、原值合计				
其中：房屋及构筑物				
通用设备				
专用设备				
文物和陈列品				
图书、档案				
家具、用具、装具及动植物				
二、累计折旧合计				
其中：房屋及构筑物				
通用设备				
专用设备				
家具、用具、装具及动植物				
三、账面价值合计				
其中：房屋及构筑物				
通用设备				
专用设备				
文物和陈列品				

续表

项　　目	年初余额	本期增加额	本期减少额	期末余额
图书、档案				
家具、用具、装具及动植物				

②已提足折旧的固定资产名称、数量等情况。

③出租、出借固定资产以及固定资产对外投资等情况。

(7)在建工程的披露格式如下：

项　目	年初余额	本期增加额	本期减少额	期末余额
1.				
……				
合　　计				

(8)无形资产：

①各类无形资产的披露格式如下：

项　目	年初余额	本期增加额	本期减少额	期末余额
一、原值合计				
1.				
……				
二、累计摊销合计				
1.				
……				
三、账面价值合计				
1.				
……				

②计入当期损益的研发支出金额、确认为无形资产的研发支出金额。

③无形资产出售、对外投资等处置情况。

(9)公共基础设施：

①公共基础设施的披露格式如下：

项　　目	年初余额	本期增加额	本期减少额	期末余额
原值合计				
市政基础设施				
1.				
……				
交通基础设施				
1.				
……				
水利基础设施				
1.				
……				
其他				
……				
累计折旧合计				
市政基础设施				
1.				
……				
交通基础设施				
1.				
……				
水利基础设施				
1.				
……				
其他				
……				
账面价值合计				
市政基础设施				
1.				
……				

续表

项　　目	年初余额	本期增加额	本期减少额	期末余额
交通基础设施				
1.				
……				
水利基础设施				
1.				
……				
其他				
……				

②确认为公共基础设施的单独计价入账的土地使用权的账面余额、累计摊销额及变动情况。

③已提取折旧继续使用的公共基础设施的名称、数量等。

(10)政府储备物资的披露格式如下：

物资类别	年初余额	本期增加额	本期减少额	期末余额
1.				
……				
合计				

注：如高等学校有因动用而发出需要收回或者预期可能收回、但期末尚未收回的政府储备物资，应当单独披露其期末账面余额。

(11)受托代理资产的披露格式如下：

资产类别	年初余额	本期增加额	本期减少额	期末余额
货币资金				
受托转赠物资				
受托存储保管物资				
罚没物资				
其他				
合计				

(12)应付账款按照债权人类别披露的格式如下：

债权人类别	期末余额	年初余额
政府会计主体：		
部门内部单位		
单位 1		
……		
部门外部单位		
单位 1		
……		
其他		
单位 1		
……		
合　计		

注：有应付票据、预收账款、其他应付款、长期应付款的，可比照应付账款进行披露。

(13)其他流动负债的披露格式如下：

项　目	期末余额	年初余额
1.		
……		
合　计		

注：有预计负债、其他非流动负债的，可比照其他流动负债进行披露。

(14)长期借款：

①长期借款按照债权人披露的格式如下：

债权人	期末余额	年初余额
1.		
……		
合　计		

注：有短期借款的，可比照长期借款进行披露。

②高等学校有基建借款的，应当分基建项目披露长期借款年初数、本年变动数、年末数及到期期限。

(15)事业收入按照收入来源的披露格式如下：

收入来源	本期发生额	上期发生额
来自财政专户管理资金		
本部门内部单位		
单位 1		
……		
本部门以外同级政府单位		
单位 1		
……		
其他		
单位 1		
……		
合　计		

(16)非同级财政拨款收入按收入来源的披露格式如下：

收入来源	本期发生额	上期发生额
本部门以外同级政府单位		
单位 1		
……		
本部门以外非同级政府单位		
单位 1		
……		
合　计		

(17)其他收入按照收入来源的披露格式如下：

收入来源	本期发生额	上期发生额
本部门内部单位		
单位 1		

续表

收入来源	本期发生额	上期发生额
……		
本部门以外同级政府单位		
单位 1		
……		
本部门以外非同级政府单位		
单位 1		
……		
其他		
单位 1		
……		
合　　计		

(18)业务活动费用：

①按经济分类的披露格式如下：

项　目	本期发生额	上期发生额
工资福利费用		
商品和服务费用		
对个人和家庭的补助费用		
对企业补助费用		
固定资产折旧费		
无形资产摊销费		
公共基础设施折旧(摊销)费		
保障性住房折旧费		
计提专用基金		
……		
合　　计		

注：有单位管理费用、经营费用的，可比照(业务活动费用)此表进行披露。

②按支付对象的披露格式如下：

支付对象	本期发生额	上期发生额
本部门内部单位		
单位 1		
……		
本部门以外同级政府单位		
单位 1		
……		
其他		
单位 1		
……		
合　　计		

注：有单位管理费用、经营费用的，可比照（业务活动费用）此表进行披露。

（19）其他费用按照类别披露的格式如下：

费用类别	本期发生额	上期发生额
利息费用		
坏账损失		
罚没支出		
……		
合　计		

（20）本期费用按照经济分类的披露格式如下：

项　目	本年数	上年数
工资福利费用		
商品和服务费用		
对个人和家庭的补助费用		
对企业补助费用		
固定资产折旧费		
无形资产摊销费		
公共基础设施折旧（摊销）费		

续表

项　目	本年数	上年数
保障性住房折旧费		
计提专用基金		
所得税费用		
资产处置费用		
上缴上级费用		
对附属单位补助费用		
其他费用		
本期费用合计		

注：高等学校在按照本制度规定编制收入费用表的基础上，可以根据需要按照此表披露的内容编制收入费用表。

6.本年盈余与预算结余的差异情况说明。为了反映高等学校财务会计和预算会计因核算基础和核算范围不同所产生的本年盈余数与本年预算结余数之间的差异，高等学校应当按照重要性原则，对本年度发生的各类影响收入（预算收入）和费用（预算支出）的业务进行适度归并和分析，披露将年度预算收入支出表中“本年预算收支差额”调节为年度收入费用表中“本期盈余”的信息。有关披露格式如下：

项　目	金 额
一、本年预算结余（本年预算收支差额）	
二、差异调节	
（一）重要事项的差异	
加：1.当期确认为收入但没有确认为预算收入	
（1）应收款项、预收账款确认的收入	
（2）接受非货币性资产捐赠确认的收入	
2.当期确认为预算支出但没有确认为费用	
（1）支付应付款项、预付账款的支出	
（2）为取得存货、政府储备物资等计入物资成本的支出	
（3）为购建固定资产等的资本性支出	
（4）偿还借款本息支出	

续表

项　目	金 额
减:1.当期确认为预算收入但没有确认为收入	
(1)收到应收款项、预收账款确认的预算收入	
(2)取得借款确认的预算收入	
2.当期确认为费用但没有确认为预算支出	
(1)发出存货、政府储备物资等确认的费用	
(2)计提的折旧费用和摊销费用	
(3)确认的资产处置费用(处置资产价值)	
(4)应付款项、预付账款确认的费用	
(二)其他事项差异	
三、本年盈余(本年收入与费用的差额)	

7.其他重要事项说明。

(1)资产负债表日存在的重要或有事项说明。没有重要或有事项的,也应说明。

(2)以名义金额计量的资产名称、数量等情况,以及以名义金额计量理由的说明。

(3)通过债务资金形成的固定资产、公共基础设施、保障性住房等资产的账面价值、使用情况、收益情况及与此相关的债务偿还情况等的说明。

(4)重要资产置换、无偿调入(出)、捐入(出)、报废、重大毁损等情况的说明。

(5)高等学校将学校内部独立核算单位的会计信息纳入本学校财务报表情况的说明。

(6)政府会计具体准则中要求附注披露的其他内容。

(7)有助于理解和分析高等学校财务报表需要说明的其他事项。

第十节　综合案例

为全面展现政府会计在高等学校会计报告中的实务操作,本书结合高等学校实际经济业务,以 QD 大学为例,从高等学校年初至年末的各个阶段模拟了一套较为完备的会计业务，以此来说明财务报告的编制内容及方法。

一、收入部分

[例 15-1] 1 月 5 日，同级财政部门通过国库集中支付系统下达 2019 年度零余额授权用款额度（基本支出）15 301 000 元；财政专项拨款直接支付额度 10 000 000元（泰山岗位学者 600 000 元、一流学科建设 6 000 000 元、人才团队建设 3 400 000 元）；财政专项拨款授权支付额度 10 000 000 元（一流学科建设 1 000 000元、人才团队建设 1 000 000 元、教研教改课程建设 1 000 000 元、节能改造项目 3 000 000 元、专业群建设 4 000 000 元）。据代理银行转来的“财政授权支付入账通知书”进行账务处理。

（1）收到零余额用款额度

财务会计：

借：零余额账户用款额度　　15 301 000

　贷：财政拨款收入　　15 301 000

预算会计：

借：资金结存—零余额账户用款额度　　15 301 000

　贷：财政拨款预算收入—基本支出　　15 301 000

（2）收到财政专项拨款直接支付额度

财务会计和预算会计均不需要编制会计凭证，发生支出并实际支付款项时，据实列支，并确认财政拨款收入。

（3）收到财政专项拨款授权支付额度

财务会计：

借：零余额账户用款额度　　10 000 000

　贷：财政拨款收入　　10 000 000

预算会计：

借：资金结存—零余额账户用款额　　10 000 000

　贷：财政拨款预算收入—项目支出　　10 000 000

[例 15-2] 1 月 5 日，从零余额账户提取现金 5 000 元，用于报销差旅费。

财务会计：

借：库存现金—学校现金　　5 000

　贷：零余额账户用款额度　　5 000

预算会计：

借：资金结存—货币资金　　5 000

　　贷：资金结存—零余额账户用款额度　　5 000

[例 15-3] 1 月 5 日，收到上年结转财政专项经费授权支付额度：省青年自然科学基金 2 319 200 元、重点研发计划资金—科技重大专项和应用技术研发资金 1 300 000 元、青年千人计划经费 1 197 500 元、高等学校内涵提升—高等学校科研经费 370 900 元，专业群建设经费 614 243.28 元，合计5 801 843.28元。

财务会计：

借：零余额账户用款额度　　5 801 843.28

　　贷：财政应返还额度—财政授权支付　　5 801 843.28

预算会计：

借：资金结存—零余额账户用款额度　　5 801 843.28

　　贷：资金结存—财政应返还额度—财政授权支付　　5 801 843.28

[例 15-4] 3 月 10 日，收到同级财政部门实拨“青年千人计划”专项经费200 000元。

财务会计：

借：银行存款—学校存款　　200 000

　　贷：财政拨款收入　　200 000

预算会计：

借：资金结存—货币资金　　200 000

　　贷：财政拨款预算收入—项目支出　　200 000

[例 15-5] 3 月 11 日，按事业预算收入总额的 5%，提取学生奖助基金13 910 000元。

财务会计：

借：业务活动费用—教育费用—计提专用基金　　13 910 000

　　贷：专用基金—学生奖助基金　　13 910 000

预算会计不作账务处理。

[例 15-6] 3 月 12 日，发放学生奖学金 6 000 000 元。

财务会计：

借：专用基金—学生资助基金　　6 000 000

　　贷：银行存款—学校存款　　6 000 000

预算会计：

借：事业支出—教育支出—其他资金支出—基本支出—高等教育—对个人

和家庭的补助—助学金　　6 000 000

　　贷：资金结存—货币资金　　6 000 000

[例 15-7] 3 月 15 日，收到省学生资助中心汇入的学生励志奖学金 3 000 000 元。

财务会计：

借：银行存款—受托代理资产　　3 000 000

　　贷：受托代理负债—学生奖学金　　3 000 000

预算会计不作账务处理。

[例 15-8] 3 月 18 日，发放省学生资助中心转入的励志奖学金 3 000 000 元。

财务会计：

借：受托代理负债—学生奖学金　　3 000 000

　　贷：银行存款—受托代理资产　　3 000 000

预算会计不作账务处理。

[例 15-9] 3 月 18 日，用“泰山学者工程建设”专项经费政府采购、财政直接支付购入一批不需安装的实验设备，取得增值税普通发票，含税价 600 000 元，为确保合同履行，供货商 B 公司电汇学校履约保证金 30 000 元，设备验收合格之日起 3 个工作日内返还，不计利息。

财务会计：

借：固定资产—专用设备　　600 000

　　贷：财政拨款收入　　600 000

借：银行存款—学校存款　　30 000

　　贷：其他应付款—B 公司　　30 000

预算会计：

借：事业支出—教育支出—财政拨款支出—项目支出—高等教育—资本性支出—专用设备购置　　600 000

　　贷：财政拨款预算收入—项目支出　　600 000

[例 15-10] 3 月 22 日，用“一流学科建设”专项经费购入一台需安装的实验设备，财政直接支付，取得增值税普通发票，设备价款 106 000 元(含税价)，用零余额账户支付设备安装调试费 10 000 元，为确保合同履行，供货商红星商贸有限公司电汇学校履约保证金 5 000 元，设备验收合格之日起 3 个工作日内返还，不计利息。

(1)购入设备时

财务会计：

借:在建工程—设备投资　106 000

　贷:财政拨款收入　106 000

预算会计:

借:事业支出—教育支出—财政拨款支出—项目支出—高等教育—资本性支出—专用设备购置　106 000

　贷:财政拨款预算收入—项目支出　106 000

(2)安装设备时

财务会计:

借:在建工程—建筑安装工程投资—安装工程　10 000

　贷:零余额账户用款额度　10 000

预算会计:

借:事业支出—教育支出—财政拨款支出—项目支出—高等教育—资本性支出—专用设备购置　10 000

　贷:资金结存—零余额账户用款额度　10 000

(3)设备安装完毕,竣工验收交付使用

财务会计:

借:固定资产—专用设备　116 000

　贷:在建工程—设备投资　106 000

　　在建工程—建筑安装工程投资—安装工程　10 000

预算会计不作账务处理。

(4)供货商交来履约保证金

财务会计:

借:银行存款—学校存款　5 000

　贷:其他应付款—红星商贸有限公司　5 000

预算会计不作账务处理。

[**例 15-11**] 4 月 20 日,收到海信建设集团汇入的科技服务经费 106 000 元,该学校是一般纳税人,按 6%计征增值税,按 5%提取项目管理费。

(1)科研服务收入资金到账

财务会计:

借:银行存款—学校存款　106 000

　贷:事业收入—科研事业收入　100 000

　　应交增值税—应交税金(销项税额)　6 000

预算会计：

借：资金结存—货币资金　　106 000

　　贷：事业预算收入—科研事业预算收入—横向科研收入　　106 000

(2)提取项目管理费

财务会计：

借：单位管理费用—行政管理费用—商品和服务费用　　5 000

　　贷：预提费用—项目间接费用或管理费　　5 000

预算会计：

借：非财政拨款结转—项目间接费用或管理费　　5 000

　　贷：非财政拨款结余—项目间接费用或管理费　　5 000

［**例 15-12**］4 月 25 日，学校承办省级大学生课外学术科技作品大赛，收到上级教育主管部门实拨大赛补助经费 200 000 元。

财务会计：

借：银行存款—学校存款　　200 000

　　贷：上级补助收入—×主管部门　　200 000

预算会计：

借：资金结存—货币资金　　200 000

　　贷：上级补助预算收入—专项资金收入　　200 000

［**例 15-13**］5 月 10 日，代理银行转来“财政授权支付入账通知书”，同级财政部门追加教研教改项目预算拨款 300 000 元。

财务会计：

借：零余额账户用款额度　　300 000

　　贷：财政拨款收入　　300 000

预算会计：

借：资金结存—零余额账户用款额　　300 000

　　贷：财政拨款预算收入—项目支出　　300 000

［**例 15-14**］5 月 12 日，收到地方财政部门(非同级财政)实拨共建实验室专项经费 1 000 000 元；“汽车制动系统研究”科研经费 500 000 元，同时按 5%提取科研项目管理费。

(1)资金到账时

财务会计：

借：银行存款—学校存款　　1 500 000

　　贷：非同级财政拨款收入—市财政局　　1 000 000

　　　事业收入—科研事业收入—非同级财政拨款收入　　500 000

预算会计：

借：资金结存—货币资金　　1500 000

　　贷：非同级财政拨款预算收入—非同级财政拨款　　1 000 000

　　　事业预算收入—科研事业预算收入—非同级财政拨款　　500 000

(2)提取项目管理费

财务会计：

借：单位管理费用—行政管理费用—商品和服务费用　　25 000

　　贷：预提费用—项目间接费用或管理费　　25 000

预算会计：

借：非财政拨款结转—项目间接费用或管理费　　25 000

　　贷：非财政拨款结余—项目间接费用或管理费　　25 000

[**例 15-15**] 5 月 20 日收到市环保局科研项目经费 1 000 000 元，同时按 5% 提取科研项目管理费；26 日使用预提的项目管理费，从自有资金账户支付水费 10 000 元。

(1)资金到账时

财务会计：

借：银行存款—学校存款　　1 000 000

　　贷：事业收入—科研事业收入　　1 000 000

预算会计：

借：资金结存—货币资金　　1 000 000

　　贷：事业预算收入—科研事业预算收入(国家自然科学基金)　1 000 000

(2)提取项目管理费

财务会计：

借：单位管理费用—行政管理费用—商品和服务费用　　50 000

　　贷：预提费用—项目间接费用或管理费　　50 000

预算会计：

借：非财政拨款结转—项目间接费用或管理费　　50 000

　　贷：非财政拨款结余—项目间接费用或管理费　　50 000

(3)支付水费

财务会计：

借：预提费用—项目间接费用或管理费　　10 000

　　贷：银行存款—学校存款　　10 000

预算会计：

借：事业支出—科研支出—非财政专项资金支出—项目支出—社会公益研究—商品和服务支出—其他　　10 000

　　贷：资金结存—货币资金　　10 000

[**例 15-16**] 6 月 8 日，档案馆交档案查询费 5000 元现金，当日存银行。

财务会计：

借：库存现金—学校现金　　5 000

　　贷：其他收入—其他　　5 000

借：银行存款　　5 000

　　贷：库存现金—学校现金　　5 000

预算会计：

借：资金结存—货币资金　　5 000

　　贷：其他预算收入—其他—非专项资金收入　　5 000

[**例 15-17**] 6 月 15 日，收到移动公司银行转账支票 52 500 元，用来支付本年度营业厅(80 平方米)租金，学校开具增值税专用发票，发票注明房租 50 000 元、增值税 2 500 元(按房租收入的 5%简易计征增值税)，按房租收入的 12%计征房产税，按出租房屋每平方米 10 元计征土地使用税。

财务会计：

借：银行存款—学校存款　　52 500

　　贷：租金收入　　50 000

　　　　应交增值税—应交税金(销项税额)　　2 500

借：单位管理费用—行政管理费用—商品和服务费用　　6 800

　　贷：其他应交税费—应交房产税　　6 000

　　　　　　　　　　—应交城镇土地使用税　　800

预算会计：

借：资金结存—货币资金　　52 500

　　贷：其他预算收入—租金收入—非专项资金收入　　52 500

[**例 15-18**] 6 月 20 日，收到校友捐赠 1 000 000 元的转账支票一张，当日存

入银行。

财务会计：

借：银行存款—学校存款　　1 000 000

　贷：捐赠收入　　1 000 000

预算会计：

借：资金结存—货币资金　　1 000 000

　贷：其他预算收入—捐赠收入—非专项资金收入　　1 000 000

[例 15-19] 6 月 20 日，学校收到短期投资收益 500 000 元。

财务会计：

借：银行存款—学校存款　　500 000

　贷：投资收益　　500 000

预算会计：

借：资金结存—货币资金　　500 000

　贷：投资预算收益　　500 000

[例 15-20] 6 月 22 日，收到中国银行活期存款利息 50 000 元。

财务会计：

借：银行存款—学校存款　　50 000

　贷：利息收入　　50 000

预算会计：

借：资金结存—货币资金　　50 000

　贷：其他预算收入—利息预算收入—非专项资金收入　　50 000

[例 15-21] 7 月 20 日，图书馆交资料复印费 1 000 元现金，当日存银行。

财务会计：

借：库存现金—学校现金　　1 000

　贷：其他收入—其他　　1 000

预算会计：

借：资金结存—货币资金　　1 000

　贷：其他预算收入—其他—非专项资金收入　　1 000

[例 15-22] 7 月 21 日，学校附属单位上缴收入 1 000 000 元。

财务会计：

借：银行存款—学校存款　　1 000 000

　贷：附属单位上缴收入—×附属单位　　1 000 000

预算会计：

借：资金结存—货币资金　　1 000 000

　贷：附属单位上缴预算收入—非专项资金收入　　1 000 000

[**例 15-23**] 8 月 20 日，报经上级教育主管部门同意，报废计算机中心 100 台计算机，该批计算机原值 500 000 元，累计已提折旧 490 000 元，残值收入 20 000元，清理费用 10 000 元，均已通过银行转账收付，按规定将净收益 10 000 元，上交同级财政部门。

财务会计：

借：待处理财产损溢—固定资产—待处理资产价值　　10 000

　固定资产累计折旧　　490 000

　贷：固定资产　　500 000

借：银行存款—学校存款　　20 000

　贷：待处理财产损溢—固定资产—处置净收入　　20 000

借：待处理财产损溢—固定资产—处置净收入　　10 000

　贷：银行存款—学校存款　　10 000

借：待处理财产损溢—固定资产—处理净收入　　10 000

　贷：应缴财政款—应缴国库款　　10 000

预算会计不作账务处理。

[**例 15-24**] 8 月 26 日，通过银行代扣学生学费 30 000 000 元、住宿费 10 000 000元，8 月 27 日上交同级财政部门，8 月 30 日收到财政专户返还的学费 30 000 000 元、宿费 10 000 000 元(学校通过银行代收后集中上解同级财政专户)。

(1)通过银行代扣学宿费

财务会计：

借：银行存款—学校存款　　40 000 000

　贷：应缴财政款—应缴财政专户款　　40 000 000

预算会计不作账务处理。

(2)上交同级财政专户

财务会计：

借：应缴财政款—应缴财政专户款　　40 000 000

　贷：银行存款—学校存款　　40 000 000

预算会计不作账务处理。

(3)收到财政专户返还的学宿费

财务会计：

借:银行存款—学校存款 40 000 000

　贷:事业收入—教育事业收入—学费 30 000 000

　　事业收入—教育事业收入—住宿费 10 000 000

预算会计：

借:资金结存—货币资金 40 000 000

　贷:事业预算收入—教育事业预算收入—学费 30 000 000

　　事业预算收入—教育事业预算收入—住宿费 10 000 000

[**例 15-25**] 9 月 1 日,校园卡管理服务中心提交校园卡结算明细表,其中,学生通过手机银行转账预存 1 000 000 元,库存现金预存 20 000 元,当日存银行;学生通过校园卡支付论文检索及印刷装订费 800 000 元、外包便利店购物款 100 000 元。

(1)收到校园卡暂存款

财务会计：

借:银行存款—学校存款 1 000 000

　库存现金—学校现金 20 000

　贷:其他应付款—校园卡暂存款 1 020 000

借:银行存款—学校存款 20 000

　贷:库存现金—学校现金 20 000

预算会计不作账务处理。

(2)消费结算,确认收入

财务会计：

借:其他应付款—校园卡暂存款 900 000

　贷:其他收入—其他 800 000

　　其他应付款—外包便利店 100 000

预算会计：

借:资金结存—货币资金 800 000

　贷:其他预算收入—其他—非专项资金收入 800 000

[**例 15-26**] 9 月 26 日,通过开户银行代扣代缴同级财政专户本学年学生学宿费(直缴财政),其中,代扣学费 3 000 000 元,住宿费 1 000 000 元;28 日收到财政专户返还学宿费 4 000 000 元。

收到财政专户返还的学宿费：

财务会计：

借：银行存款—学校存款　　4 000 000

　贷：事业收入—教育事业收入—学费　　3 000 000

　　事业收入—教育事业收入—住宿费　　1 000 000

预算会计：

借：资金结存—货币资金　　4 000 000

　贷：事业预算收入—教育事业预算收入—学费　　3 000 000

　　事业预算收入—教育事业预算收入—住宿费　　1 000 000

[**例 15-27**] 11 月 28 日，收到国信集团银行承兑汇票 318 000 元，委托学校科研团队承担其“海底隧道防渗漏”科学研究，学校开具增值税专用发票，发票注明，科技服务收入 300 000 元、增值税 18 000 元。

(1)收到银行承兑汇票

财务会计：

借：应收票据　　318 000

　贷：事业收入—科研事业收入　　300 000

　　应交增值税—应交税金(销项税额)　　18 000

预算会计不作账务处理。

(2)票据到期，资金到账

财务会计：

借：银行存款—学校存款　　318 000

　贷：应收票据　　318 000

预算会计：

借：资金结存—货币资金　　318 000

　贷：事业预算收入—科研事业预算收入(海底隧道防渗漏)　318 000

[**例 15-28**] 12 月 30 日，因政府采购的实验室设备未到货，确认当年同级财政预算拨款“一流学科建设”专项经费直接支付额度 1 000 000 元、“专业群建设”专项经费授权支付额度 300 000 元，结转下年，注销零余额账户用款额度。

财务会计：

借：财政应返还额度—财政直接支付　　1 000 000

　贷：财政拨款收入　　1 000 000

借：财政应返还额度—财政授权支付　　300 000

　贷：零余额账户用款额度—授权支付　　300 000

预算会计：

借：资金结存—财政应返还额度—财政直接支付　　1 000 000

　　贷：财政拨款预算收入—项目支出　　1 000 000

借：资金结存—财政应返还额度—财政授权支付　　300 000

　　贷：资金结存—零余额账户用款额度　　300 000

二、支出部分

[例 15-29] 1 月 5 日，张老师参加省自然基金科研项目学术会议借差旅费5 000元，本月 10 日张老师报销差旅费15 100元，用零余额账户支付差旅费差额10 100元。

(1)1 月 5 日借差旅费

财务会计：

借：其他应收款—张老师　　5 000

　　贷：库存现金—学校现金　　5 000

预算会计不作账务处理。

(2)1 月 10 日报销差旅费

财务会计：

借：业务活动费用—科研费用—商品和服务费用　　15 100

　　贷：其他应收款—张老师　　5 000

　　　　零余额账户用款额度　　10 100

预算会计：

借：事业支出—科研支出—财政拨款支出—项目支出—自然科学基金—商品和服务支出—差旅费　　15 100

　　贷：资金结存—货币资金　　5 000

　　　　资金结存—零余额账户用款额度　　10 100

[例 15-30] 1 月 6 日，向税务部门缴纳增值税(科研服务收入)10 000 元，房产税 6 000 元，个人所得税 100 000 元，土地使用税 1 000 元，根据本月缴纳的增值税，按 7%计算缴纳城市维护建设税、3%计算缴纳教育费附加、2%计算缴纳地方教育费附加、0.5%计算缴纳地方水利建设基金。

(1)缴纳增值税及附加

财务会计：

借：应交增值税—应交税金(已交税金)　　10 000

　　贷：银行存款—学校存款　　10 000

借:业务活动费用—科研费用—商品和服务费用　　1 250
　贷:其他应交税费—应交城市维护建设税　　700
　　　　　　　　—应交教育费附加　　300
　　　　　　　　—应交地方教育费附加　　200
　　　　　　　　—应交地方水利建设基金　　50

借:其他应交税费—应交城市维护建设税　　700
　　　　　　　—应交教育费附加　　300
　　　　　　　—应交地方教育费附加　　200
　　　　　　　—应交地方水利建设基金　　50
　贷:银行存款　　1 250

预算会计:

借:事业支出—科研支出—非财政专项资金支出—项目支出—科技成果转化与扩散—商品和服务支出—税金及附加费用　　11 250
　贷:资金结存—货币资金　　11 250

(2)缴纳房产税、土地使用税、个人所得税

财务会计:

借:其他应交税费—应交房产税　　6 000
　　　　　　　—应交城镇土地使用税　　1 000
　　　　　　　—应交代扣代交个人所得税　　100 000
　贷:银行存款—学校存款　　107 000

预算会计:

借:事业支出—行政管理支出—其他资金支出—基本支出—高等教育—商品和服务支出—税金及附加费用　　107 000
　贷:资金结存—货币资金　　107 000

[**例 15-31**] 1 月 12 日,横向科研项目负责人李某报销去北京参加学术会议差旅费 90 000 元。

财务会计:

借:业务活动费用—科研费用—商品和服务费用　　90 000
　贷:银行存款—学校存款　　90 000

预算会计:

借:事业支出—科研支出—非财政拨款专项资金支出—项目支出—科技成

果转化与扩散—商品和服务支出—差旅费　　90 000

贷:资金结存—货币资金　　90 000

[**例 15-32**] 1 月 15 日,学校用零余额账户授权方式发放 1 月份职工工资,应发工资合计 15 000 000 元(教学及教辅人员 8 500 000 元,行政管理人员工资 3 000 000 元,后勤管理部门人员工资 2 000 000 元,离退休人员 1 500 000 元),代扣代缴个人所得税 20 000 元(教学及教辅人员 15 000 元、行政管理人员 4 000 元、后勤管理人员 1 000 元)、社会保险费 3 000 000 元(教学及教辅人员 2 000 000元、行政管理人员 600 000 元、后勤管理人员 400 000 元)、住房公积金 1 500 000元(教学及教辅人员 1 000 000 元、行政管理人员 300 000 元、后勤管理人员200 000元)。发放其他月份工资的账务处理方法相同。

(1)计提工资

财务会计:

借:业务活动费用—教育费用—工资福利费用　　8 500 000

单位管理费用—行政管理费用—工资福利费用　　3 000 000

单位管理费用—后勤保障费用—工资福利费用　　2 000 000

单位管理费用—离退休费用—工资福利费用　　1 500 000

贷:应付职工薪酬—基本工资　　15 000 000

预算会计不作账务处理。

(2)发放工资

财务会计:

借:应付职工薪酬—基本工资　　15 000 000

贷:零余额账户用款额　　10 480 000

其他应交税费—代扣代交个人所得税　　20 000

应付职工薪酬—社会保险费　　3 000 000

应付职工薪酬—住房公积金　　1 500 000

预算会计:

借:事业支出—教育支出—财政拨款支出—基本支出—高等教育—工资福利费用　　5 485 000

事业支出—行政管理支出—财政拨款支出—基本支出—高等教育—工资福利费用　　2 096 000

事业支出—后勤保障支出—财政拨款支出—基本支出—高等教育—工资福利费用　　1 399 000

事业支出—离退休支出—财政拨款支出—基本支出—高等教育—工资福利费用　　1 500 000

贷：资金结存—零余额账户用款额度　　10 480 000

(3)学校缴纳代扣个人所得税、社会保险及住房公积金

财务会计：

借：其他应交税费—代扣代交个人所得税　　20 000

应付职工薪酬—社会保险费　　3 000 000

应付职工薪酬—住房公积金　　1 500 000

贷：零余额账户用款额度　　4 520 000

预算会计：

借：事业支出—教育支出—财政拨款支出—基本支出—高等教育—工资福利费用　　3 015 000

事业支出—行政管理支出—财政拨款支出—基本支出—高等教育—工资福利费用　　904 000

事业支出—后勤保障支出—财政拨款支出—基本支出—高等教育—工资福利费用　　601 000

贷：资金结存—零余额账户用款额度　　4 520 000

[**例 15-33**] 4 月 2 日，通过政府采购方式购入一批不需安装的教学设备，货到付款。4 月 20 日，设备验收合格交付使用，取得增值税普通发票，设备含税价 28 000 000 元，按合同约定扣留供货商颐中商贸公司设备质量保证金 1 400 000 元，实际支付 26 600 000 元，其中，上年结转财政直接支付一流学科建设专项资金 25 000 000 元，自筹资金 1 600 000 元。质保期 1 年，质保期内无质量问题，质保期满后一次性退还，不计利息。

财务会计：

借：固定资产—专用设备　　28 000 000

贷：财政应返还额度—财政直接支付　　25 000 000

银行存款—学校存款　　1 600 000

其他应付款—质保金—颐中商贸公司　　1 400 000

预算会计：

借：事业支出—教育支出—财政拨款支出—项目支出—高等教育—资本性支出—专用设备购置　　25 000 000

事业支出—教育支出—非财政专项资金支出—项目支出—高等教育—

资本性支出—专用设备购置　　1 600 000

　　贷:资金结存—财政应返还额度　　25 000 000

　　　资金结存—货币资金　　1 600 000

[例 15-34] 4 月 3 日,从自有资金账户,签发银行转账支票,支付 A 公司教学设备质保金 120 000 元。

财务会计:

借:其他应付款—质保金—A 公司　　120 000

　　贷:银行存款—学校存款　　120 000

预算会计:

借:事业支出—教育支出—非财政专项资金支出—项目支出—高等教育—资本性支出—专用设备购置　　120 000

　　贷:资金结存—货币资金　　120 000

[例 15-35] 4 月 10 日,交 3 月份办公电话费 41 000 元,其中,教学部门 30 000元,行政管理部门 10 000 元,后勤保障部门 1 000 元,由零余额账户授权支付。

财务会计:

借:业务活动费用—教育费用—商品和服务费用　　30 000

　　单位管理费用—行政管理费用—商品和服务费用　　10 000

　　单位管理费用—后勤保障费用—商品和服务费用　　1 000

　　贷:零余额账户用款额度　　41 000

预算会计:

借:事业支出—教育支出—财政拨款支出—基本支出—高等教育—商品和服务支出—邮电费　　30 000

　　事业支出—行政管理支出—财政拨款支出—基本支出—高等教育—商品和服务支出—邮电费　　10 000

　　事业支出—后勤保障支出—财政拨款支出—基本支出—高等教育—商品和服务支出—邮电费　　1 000

　　贷:资金结存—零余额账户用款额度　　41 000

[例 15-36] 4 月 11 日,根据年初各部门复印纸申报计划,通过政府采购方式,购入复印纸一宗,取得增值税普通发票,价款 30 000 元(含增值税),其中教学部门 15 000 元、行政管理部门 10 000 元、后勤管理部门 5 000 元,货到并验收入库,由学校自有资金账户支付。

财务会计：

借：库存物品—复印纸　　30 000

　贷：银行存款—学校存款　　30 000

预算会计：

借：事业支出—教育支出—其他资金支出—基本支出—高等教育—商品和服务支出—办公费　　15 000

　事业支出—行政管理支出—其他资金支出—基本支出—高等教育—商品和服务支出—办公费　　10 000

　事业支出—后勤保障支出—其他资金支出—基本支出—高等教育—商品和服务支出—办公费　　5 000

　贷：资金结存—货币资金　　30 000

[**例 15-37**] 4 月 12 日，企业资助的科研项目购入一台需安装的设备，取得增税专用发票，发票注明设备价款 100 000 元，增值税 16 000 元，发生安装费 3 000元，学校自有资金账户支付。

[备注：《财政部 税务总局关于调整增值税税率的通知》(财税〔2018〕32 号)规定，“纳税人发生增值税应税销售行为或者进口货物，原适用 17%税率的，调整为 16%。”自 2018 年 5 月 1 日起执行]

(1)购入设备时

财务会计：

借：在建工程—设备投资　　100 000

　应交增值税—应交税金(进项税额)　　16 000

　贷：银行存款—学校存款　　116 000

预算会计：

借：事业支出—科研支出—非财政拨款专项资金支出—项目支出—科技成果转化与扩散—资本性支出—专用设备购置　　116 000

　贷：资金结存—货币资金　　116 000

(2)安装设备时

财务会计：

借：在建工程—建筑安装工程投资—安装工程　　3 000

　贷：银行存款—学校存款　　3 000

预算会计：

借：事业支出—科研支出—非财政拨款专项资金支出—项目支出—科技成

果转化与扩散—资本性支出—专用设备购置　　3 000

　　贷:资金结存—货币资金　　3 000

(3)设备安装完毕,竣工验收交付使用

财务会计:

借:固定资产　　103 000

　　贷:在建工程—设备投资　　100 000

　　　　在建工程—建筑安装工程投资—安装工程　　3 000

预算会计不作账务处理。

[**例 15-38**] 4 月 15 日,各部门根据年初复印纸申报计划,领取 4 月 10 日通过政府采购方式购入的复印纸,预算会计在入库时,按照申报计划分别不同部门列入支出。

财务会计:

借:业务活动费用—教育费用— 商品和服务费用　　15 000

　　单位管理费用—行政管理费用— 商品和服务费用　　10 000

　　单位管理费用—后勤保障费用— 商品和服务费用　　5 000

　　贷:库存物品—复印纸　　30 000

预算会计不作账务处理。

[**例 15-39**] 4 月 20 日,由零余额账户转账支付离退休人员活动费 10 000 元。

财务会计:

借:单位管理费用—离退休费用—商品和服务费用　　10 000

　　贷:零余额账户用款额度　　10 000

预算会计:

借:事业支出—离退休支出—财政拨款支出—基本支出—高等教育—商品和服务支出—其他　　10 000

　　贷:资金结存—零余额账户用款额度　　10 000

[**例 15-40**] 4 月 20 日,用自有资金账户支付行政管理部门印刷费 20 000 元。

财务会计:

借:单位管理费用—行政管理费用—商品和服务费用　　20 000

　　贷:银行存款—学校存款　　20 000

预算会计:

借:事业支出—行政管理支出—其他资金支出—基本支出—高等教育—商品和服务支出—印刷费　　20 000

　　贷:资金结存—货币资金　　20 000

[例 15-41] 4 月 25 日,由零余额账户支付暖气管道维修工程款 48 000 元。

财务会计:

借:单位管理费用—后勤保障费用—商品和服务费用　　48 000

　　贷:零余额账户用款额度　　48 000

预算会计:

借:事业支出—后勤保障支出—财政拨款支出—基本支出—高等教育—商品和服务支出—维修(护)费　　48 000

　　贷:资金结存—零余额账户用款额度　　48 000

[例 15-42] 4 月 25 日,用横向课题经费支付第一季度租赁房屋的物业管理费 1 200 000 元。

财务会计:

借:单位管理费用—后勤保障费用— 商品和服务费用　　1 200 000

　　贷:银行存款—学校存款　　1 200 000

预算会计:

借:事业支出—后勤保障支出—非财政专项资金支出—项目支出—高等教育—商品和服务支出—物业管理费　　1 200 000

　　贷:资金结存—货币资金　　1 200 000

[例 15-43] 4 月 25 日,以银行转账支付学生公寓屋面防水修缮工程款 120 000元。

财务会计:

借:单位管理费用—后勤保障费用—商品和服务费用　　120 000

　　贷:银行存款—学校存款　　120 000

预算会计:

借:事业支出—后勤保障支出—非财政专项资金支出—项目支出—高等教育—资本性支出—大型修缮　　120 000

　　贷:资金结存—货币资金　　120 000

[例 15-44] 5 月 10 日,用自有资金银行转账支付受托代理资产运输费 10 000元。

财务会计:

借:其他费用—其他　　10 000

　　贷:银行存款—学校存款　　10 000

预算会计：

借：其他支出—捐赠等税费支出—其他资金支出　10 000

　贷：资金结存—货币资金　10 000

[**例 15-45**] 5 月 20 日，由零余额账户支付上月水费 200 000 元，其中，教学部门 80 000 元、行政管理部门 30 000 元、后勤保障部门 90 000 元。

财务会计：

借：业务活动费用—教育费用—商品和服务费用　80 000

　单位管理费用—行政管理费用—商品和服务费用　30 000

　单位管理费用—后勤保障费用—商品和服务费用　90 000

　贷：零余额账户用款额度　200 000

预算会计：

借：事业支出—教育支出—财政拨款支出—基本支出—高等教育—商品和服务支出—水费　80 000

　事业支出—行政管理支出—财政拨款支出—基本支出—高等教育—商品和服务支出—水费　30 000

　事业支出—后勤保障支出—财政拨款支出—基本支出—高等教育—商品和服务支出—水费　90 000

　贷：资金结存—零余额账户用款额度　200 000

[**例 15-46**] 5 月 30 日，学校为附属小学捐款 20 000 元，用自有资金银行转账支付。

财务会计：

借：其他费用—现金资产捐赠　20 000

　贷：银行存款—学校存款　20 000

预算会计：

借：其他支出—对外捐赠现金资产—其他资金支出—基本支出　20 000

　贷：资金结存—货币资金　20 000

[**例 15-47**] 5 月 31 日，按规定提取设备折旧费 505 000 元。其中，教学设备 300 000 元，科研设备 100 000 元，行政管理设备 55 000 元，后勤保障设备 50 000元。

财务会计：

借：业务活动费用—教育费用—固定资产折旧费　300 000

　业务活动费用—科研费用—固定资产折旧费　100 000

单位管理费用—行政管理费用—固定资产折旧费　　55 000

单位管理费用—后勤保障费用—固定资产折旧费　　50 000

贷：固定资产累计折旧　　505 000

预算会计不作账务处理。

[**例 15-48**] 6 月 2 日，使用同级财政拨款自然科学基金科研经费报销办公用品 1000 元，由零余额账户支付。

财务会计：

借：业务活动费用—科研费用—商品和服务费用　　1 000

贷：零余额账户用款额度　　1 000

预算会计：

借：事业支出—科研支出—财政拨款支出—项目支出—自然科学基金—商品和服务支出—办公费　　1 000

贷：资金结存—零余额账户用款额度　　1 000

[**例 15 49**] 6 月 3 日，国家自然基金科研项目购入一台设备 80 000 元，取得增税普通发票，学校通过自有资金账户支付。

财务会计：

借：业务活动费用—科研费用—商品和服务费用　　80 000

贷：银行存款—学校存款　　80 000

预算会计：

借：事业支出—科研支出—非财政专项资金支出—项目支出—自然科学基金—资本性支出—专用设备购置　　80 000

贷：资金结存—货币资金　　80 000

[**例 15-50**] 6 月 12 日，图书购置项目购入一批纸质图书 1 000 000 元、电子图书 500 000 元，取得增值税普通发票，用学校自有资金账户支付。

财务会计：

借：固定资产—图书、档案　　1 000 000

无形资产—电子图书　　500 000

贷：银行存款—学校存款　　1 500 000

预算会计：

借：事业支出—教育支出—非财政专项资金支出—项目支出—高等教育—资本性支出—其他资本性支出　　1 000 000

事业支出—教育支出—非财政专项资金支出—项目支出—高等教育—

资本性支出—无形资产购置　　500 000

　　贷:资金结存—货币资金　　1 500 000

[例 15-51] 6 月 15 日,用教学专项经费购入一批文物展品,价值 100 000 元,取得增值税普通发票,用学校自有资金账户支付。

财务会计:

借:固定资产—文物　　100 000

　　贷:银行存款—学校存款　　100 000

预算会计:

借:事业支出—教育支出—非财政专项资金支出—项目支出—高等教育—资本性支出—文物和陈列品购置　　100 000

　　贷:资金结存—货币资金　　100 000

[例 15-52] 7 月 10 日,学校组织固定资产清查,盘亏设备一台,原值 20 000 元,已提折旧 10 000 元,并报经批准账务处理。

财务会计:

借:待处理财产损溢—固定资产—待处理资产价值　　10 000

　　固定资产累计折旧　　10 000

　　贷:固定资产—通用设备　　20 000

借:资产处置费用—固定资产　　10 000

　　贷:待处理财产损溢—固定资产—待处理资产价值　　10 000

预算会计不作账务处理。

[例 15-53] 8 月 10 日,用自有资金对附属单位补助 30 000 元,上缴上级主管部门 100 000 元。

财务会计:

借:对附属单位补助费用—×附属单位　　30 000

　　上缴上级费用—×主管部门　　100 000

　　贷:银行存款—学校存款　　1 30 000

预算会计:

借:对附属单位补助支出　　30 000

　　上缴上级支出　　1 00 000

　　贷:资金结存—货币资金　　130 000

[例 15-54] 9 月 1 日,向中国建设银行贷款 10 000 000 元,期限 1 年,年利率 5%,按月支付利息。

财务会计：

借：银行存款—学校存款　　10 000 000

　贷：短期借款—中国建设银行　　10 000 000

预算会计：

借：资金结存—货币资金　　10 000 000

　贷：债务预算收入—非专项资金收入　　10 000 000

[**例 15-55**] 9 月 2 日，支付流动资金贷款利息 100 000 元。

财务会计：

借：其他费用—利息费用　　100 000

　贷：银行存款—学校存款　　100 000

预算会计：

借：其他支出—利息支出—其他资金支出　　100 000

　贷：资金结存—货币资金　　100 000

[**例 15-56**] 9 月 2 日，归还到期中国农业银行短期贷款 6 000 000 元。

财务会计：

借：短期借款—中国农业银行　　6 000 000

　贷：银行存款—学校存款　　6 000 000

预算会计：

借：债务还本支出　　6 000 000

　贷：资金结存—货币资金　　6 000 000

[**例 15-57**] 9 月 9 日，用自有资金捐助附属中学 30 000 元。

财务会计：

借：其他费用—现金资产捐赠　　30 000

　贷：银行存款—学校存款　　30 000

预算会计：

借：其他支出—对外捐赠现金资产—其他资金支出　　30 000

　贷：资金结存—货币资金　　30 000

[**例 15-58**] 9 月 20 日，张老师报销教学研讨会议差旅费 1000 元，从零余额账户支付。

财务会计：

借：业务活动费用—教育费用—商品和服务费用　　1 000

　贷：零余额账户用款额度　　1 000

预算会计：

借：事业支出—教育支出—财政拨款支出—基本支出—高等教育—商品和服务支出—差旅费　　1 000

　　贷：资金结存—零余额账户用款额度　　1 000

[例 15-59] 9 月 20 日，通过政府采购方式购入一批不需安装的教学设备，验收合格交付使用，取得增值税普通发票，设备含税价 17 944 000 元，其中，财政直接支付“一流学科建设”专项经费 4 894 000 元、“人才团队建设”专项经费 3 400 000元；财政授权支付、“重点研发计划资金—科技重大专项和应用技术研发”专项经费 3 550 000 元、“教研教改课程建设”专项经费 500 000 元、“节能改造项目”专项经费 1 300 000 元、“专业群建设”专项经费 4 300 000 元、为确保合同履行，供货商海天设备仪器有限公司电汇学校履约保证金 900 000 元，设备验收合格之日起 3 个工作日内返还，不计利息。

(1)购入设备，财政直接支付

财务会计：

借：固定资产—专用设备　　8 294 000

　　贷：财政拨款收入　　8 294 000

预算会计：

借：事业支出—教育支出—财政拨款支出—项目支出—高等教育—资本性支出—专用设备购置　　8 294 000

　　贷：财政拨款预算收入—项目支出　　8 294 000

(2)购入设备，财政授权支付

财务会计：

借：固定资产—专用设备　　9 650 000

　　贷：零余额账户用款额度　　9 650 000

预算会计：

借：事业支出—教育支出—财政拨款支出—项目支出—高等教育—资本性支出—专用设备购置　　4 800 000

　　事业支出—科研支出—财政拨款支出—项目支出—产业技术研究与开发—资本性支出—专用设备购置　　3 550 000

　　事业支出—后勤保障支出—财政拨款支出—项目支出—高等教育—资本性支出—专用设备购置　　1 300 000

　　贷：资金结存—零余额账户用款额度　　9 650 000

(3)供货商交来履约保证金

财务会计：

借：银行存款—学校存款　　900 000

　　贷：其他应付款—海天设备仪器有限公司　　900 000

预算会计不作账务处理。

[例 15-60] 9 月 22 日，发放高层次人才购房补贴 1 990 000 元，从零余额账户财政授权支付，其中“一流学科建设”专项经费 990 000 元、“人才团队建设”专项经费 1 000 000 元。

财务会计：

借：业务活动费用—教育费用—工资福利费用　　1 990 000

　　贷：零余额账户用款额度　　1 990 000

预算会计：

借：事业支出—教育支出—财政拨款支出—项目支出—高等教育—工资福利支出—基本工资　　1 990 000

　　贷：资金结存—零余额账户用款额度　　1 990 000

[例 15-61] 9 月 26 日，通过政府采购方式购入一批材料直接发放给使用部门，取得增值税普通发票，含税价 2 840 900 元，通过财政授权支付，其中，“青年自然科学基金”专项经费 450 000 元、“重点研发计划资金—科技重大专项和应用技术研发”专项经费 790 900 元、“教研教改课程建设”专项经费 350 000 元、“节能改造项目”专项经费 1 700 000 元。

财务会计：

借：业务活动费用—教育费用—商品和服务费用　　350 000

　　业务活动费用—科研费用—商品和服务费用　　790 900

　　单位管理费用—后勤保障费用—商品和服务费用　　1 700 000

　　贷：零余额账户用款额度　　2 840 900

预算会计：

借：事业支出—教育支出—财政拨款支出—项目支出—高等教育—商品和服务支出—专用材料费　　350 000

　　事业支出—科研支出—财政拨款支出—项目支出—产业技术研究与开发—商品和服务支出—专用材料费　　790 900

　　事业支出—后勤保障支出—财政拨款支出—项目支出—高等教育—商品和服务支出—专用材料费　　1 700 000

　　贷：资金结存—零余额账户用款额度　　2 840 900

[**例 15-62**] 10 月 16 日，资产管理处员工报销差旅费 1 000 元，从自有资金账户支付。

财务会计：

借：单位管理费用—行政管理费用—商品和服务费用　　1 000

　贷：银行存款—学校存款　　1 000

预算会计：

借：事业支出—行政管理支出—其他资金支出—基本支出—高等教育—商品和服务支出—差旅费　　1 000

　贷：资金结存—货币资金　　1 000

[**例 15-63**] 11 月 10 日，陈老师报销教学资料印刷费 1 000 元，从零余额账户支付。

财务会计：

借：业务活动费用—教育费用—商品和服务费用　　1 000

　贷：零余额账户用款额度　　1 000

预算会计：

借：事业支出—教育支出—财政拨款支出—基本支出—高等教育—商品和服务支出—印刷费　　1 000

　贷：资金结存—零余额账户用款额度　　1 000

[**例 15-64**] 11 月 20 日，支付经典图文设计公司印刷费，取得增值税普通发票，含税价 213 443.28 元，财政授权支付"青年自然科学基金"专项经费 129 200 元、"教研教改课程建设"专项经费 50 000 元、"专业群建设"专项经费 14 243.28 元、"青年千人计划"专项经费 20 000 元。

财务会计：

借：业务活动费用—教育费用—商品和服务费用　　84 243.28

　业务活动费用—科研费用—商品和服务费用　　129 200.00

　贷：零余额账户用款额度　　213 443.28

预算会计：

借：事业支出—教育支出—财政拨款支出—项目支出—高等教育—商品和服务支出—印刷费　　84 243.28

　事业支出—科研支出—财政拨款支出—项目支出—自然科学基金—商品和服务支出—印刷费　　129 200.00

　贷：资金结存—零余额账户用款额度　　213 443.28

[例 15-65] 12 月 20 日，学校集中报销差旅费 1 281 400 元，其中，“重点研发计划资金—科技重大专项和应用技术研发”专项经费 903 900 元、“教研教改课程建设”专项经费 150 000 元、“青年千人计划”专项经费 227 500 元，通过银行存款汇入青年千人计划(张老师)差旅费 200 000 元，其余差旅费通过零余额账户汇入出差老师个人的银行账户。

财务会计：

借：业务活动费用—教育费用—商品和服务费用　　377 500

　业务活动费用—科研费用—商品和服务费用　　903 900

　贷：零余额账户用款额度　　1 081 400

　　银行存款—学校存款　　200 000

预算会计：

借：事业支出—教育支出—财政拨款支出—项目支出—高等教育—商品和服务支出—差旅费　　377 500

　事业支出—科研支出—财政拨款支出—项目支出—产业技术研究与开发—商品和服务支出—差旅费　　903 900

　贷：资金结存—零余额账户用款额度　　1 081 400

　　资金结存—货币资金　　200 000

[例 15-66] 12 月 10 日，按施工合同，根据实验楼建设进度向承建施工企业—城建集团支付工程款 40 000 000 元，从自有资金账户支付。

财务会计：

借：在建工程—建筑安装工程投资—建筑工程　　40 000 000

　贷：银行存款—学校存款　　40 000 000

预算会计：

借：事业支出—教育支出—非财政专项资金支出—项目支出—高等教育—资本性支出—房屋建筑物购建　　40 000 000

　贷：资金结存—货币资金　　40 000 000

三、年终收支结转业务

(一)年终收支结转前的科目余额表(见表 15-8、表 15-9)

表 15-8　　财务会计科目余额表

序号	编号	科目名称	年初余额(元)		本年发生额(元)		年末余额(元)	
			借方	贷方	借方	贷方	借方	贷方
		一、资产类	2 751 079 126.75		227 105 343.28	164 469 936.56	2 813 719 533.47	5 000.00
1	1001	库存现金	337.85		31 000.00	31 000.00	337.85	
2	1002	银行存款	285 042 770.05		104 907 500.00	100 608 250.00	289 342 020.05	
3	1011	零余额账户用款额度			31 402 843.28	31 402 843.28		
4	1021	其他货币资金						
5	1101	短期投资						
6	1201	财政应返还额度	30 801 843.28		1 300 000.00	30 801 843.28	1 300 000.00	
7	1211	应收票据			318 000.00	318 000.00		
8	1212	应收账款	41 911 017.98				41 911 017.98	
9	1214	预付账款	247 587.80				247 587.80	
10	1215	应收股利						
11	1216	应收利息						
12	1218	其他应收款	308 510 047.44		5 000.00	5 000.00	308 510 047.44	
13	1219	坏账准备						
14	1301	在途物品						
15	1302	库存物品	1 047 209.59		30 000.00	30 000.00	1 047 209.59	
16	1303	加工物品						
17	1401	待摊费用						

续表

序号	编号	科目名称	年初余额(元)		本年发生额(元)		年末余额(元)	
			借方	贷方	借方	贷方	借方	贷方
18	1501	长期股权投资	25 371 513.00				25 371 513.00	
19	1502	长期债券投资						
20	1601	固定资产	1 892 762 032.77		47 863 000.00	520 000.00	1 940 105 032.77	
21	1602	固定资产累计折旧			500 000.00	505 000.00		5 000.00
22	1611	工程物资						
23	1613	在建工程	109 048 071.77		40 218 000.00	218 000.00	149 048 071.77	
24	1701	无形资产	56 336 695.22		500 000.00		56 836 695.22	
25	1702	无形资产累计摊销						
26	1703	研发支出						
27	1801	公共基础设施						
28	1802	公共基础设施累计折旧(摊销)						
29	1811	政府储备物资						
30	1821	文物文化资产						
31	1831	保障性住房						
32	1832	保障性住房累计折旧						
33	1891	受托代理资产						
34	1901	长期待摊费用						

续表

序号	编号	科目名称	年初余额(元)		本年发生额(元)		年末余额(元)	
			借方	贷方	借方	贷方	借方	贷方
35	1902	待处理财产损溢			30 000.00	30 000.00		
		二、负债类		471 345 940.18	69 694 250.00	76 099 550.00		477 751 240.18
36	2001	短期借款			6 000 000.00	10 000 000.00		4 000 000.00
37	2101	应交增值税		114 548.30	26 000.00	26 500.00		115 048.30
38	2102	其他应交税费		970 331.33	128 250.00	28 050.00		870 131.33
39	2103	应缴财政款			40 010 000.00	40 010 000.00		
40	2201	应付职工薪酬		3 231 135.40	19 500 000.00	19 500 000.00		3 231 135.40
41	2301	应付票据						
42	2302	应付账款		45 932 325.67				45 932 325.67
43	2303	应付政府补贴款						
44	2304	应付利息						
45	2305	预收账款		4 866 389.65				4 866 389.65
46	2307	其他应付款		235 231 209.83	4 020 000.00	6 455 000.00		237 666 209.83
47	2401	预提费用			10 000.00	80 000.00		70 000.00
48	2501	长期借款		181 000 000.00				181 000 000.00
49	2502	长期应付款						

续表

序号	编号	科目名称	年初余额(元)		本年发生额(元)		年末余额(元)	
			借方	贷方	借方	贷方	借方	贷方
50	2601	预计负债						
51	2901	受托代理负债						
三、净资产类				2 279 733 186.57	6 000 000.00	13 910 000.00		2 287 643 186.57
52	3001	累计盈余		2 254 413 710.91				2 254 413 710.91
53	3101	专用基金		25 319 475.66	6 000 000.00	13 910 000.00		33 229 475.66
54	3201	权益法调整						
55	3301	本期盈余						
56	3302	本年盈余分配						
57	3401	无偿调拨净资产						
58	3501	以前年度盈余调整						
四、收入类						86 307 000.00		86 307 000.00
59	4001	财政拨款收入				35 801 000.00		35 801 000.00
60	4101	事业收入				45 900 000.00		45 900 000.00
		事业收入—教育事业收入				44 000 000.00		44 000 000.00
		事业收入—科研事业收入				1 900 000.00		1 900 000.00
61	4201	上级补助收入				200 000.00		200 000.00
62	4301	附属单位上缴收入				1 000 000.00		1 000 000.00

续表

序号	编号	科目名称	年初余额(元)		本年发生额(元)		年末余额(元)	
			借方	贷方	借方	贷方	借方	贷方
63	4401	经营收入						
64	4601	非同级财政拨款收入				1 000 000.00		1 000 000.00
65	4602	投资收益				500 000.00		500 000.00
66	4603	捐赠收入				1 000 000.00		1 000 000.00
67	4604	利息收入				50 000.00		50 000.00
68	4605	租金收入				50 000.00		50 000.00
69	4609	其他收入				806 000.00		806 000.00
		五、费用类			37 986 893.28		37 986 893.28	
70	5001	业务活动费用			27 750 093.28		27 750 093.28	
		业务活动费用—教育费用			25 638 743.28		25 638 743.28	
		业务活动费用—科研费用			2 111 350.00		2 111 350.00	

续表

序号	编号	科目名称	年初余额(元)		本年发生额(元)		年末余额(元)	
			借方	贷方	借方	贷方	借方	贷方
71	5101	单位管理费用			9 936 800.00		9 936 800.00	
		单位管理费用—行政管理费用			3 212 800.00		3 212 800.00	
		单位管理费用—后勤保障费用			5 214 000.00		5 214 000.00	
		单位管理费用—离退休费用			1 510 000.00		1 510 000.00	
		单位管理费用—单位统一负担的其他管理费用						
72	5201	经营费用						
73	5301	资产处置费用			10 000.00		10 000.00	
74	5401	上缴上级费用			100 000.00		100 000.00	
75	5501	对附属单位补助费用			30 000.00		30 000.00	
76	5801	所得税费用						
77	5901	其他费用			160 000.00		160 000.00	

表 15-9

预算会计科目余额表

序号	编号	科目名称	年初余额(元)		本年发生额(元)		年末余额(元)	
			借方	贷方	借方	贷方	借方	贷方
一、预算收入类						96 333 500.00		96 333 500.00
1	6001	财政拨款预算收入				35 801 000.00		35 801 000.00
		财政拨款预算收入—基本支出				15 301 000.00		15 301 000.00
		财政拨款预算收入—项目支出				20 500 000.00		20 500 000.00
2	6101	事业预算收入				45 924 000.00		45 924 000.00
		事业预算收入—教育事业预算收入				44 000 000.00		44 000 000.00
		事业预算收入—科研事业预算收入				1 924 000.00		1 924 000.00
3	6201	上级补助预算收入				200 000.00		200 000.00
4	6301	附属单位上缴预算收入				1 000 000.00		1 000 000.00
5	6401	经营预算收入						
6	6501	债务预算收入				10 000 000.00		10 000 000.00
7	6601	非同级财政拨款预算收入				1 000 000.00		1 000 000.00
8	6602	投资预算收益				500 000.00		500 000.00
9	6609	其他预算收入				1 908 500.00		1 908 500.00
二、预算支出类					122 701 093.28		122 701 093.28	

续表

序号	编号	科目名称	年初余额(元)		本年发生额(元)		年末余额(元)	
			借方	贷方	借方	贷方	借方	贷方
10	7101	行政支出						
11	7201	事业支出—教育支出—财政拨款支出—基本支出			8 612 000.00		8 612 000.00	
		事业支出—教育支出—财政拨款支出—项目支出			41 611 743.28		41 611 743.28	
		事业支出—教育支出—其他资金支出—基本支出			6 015 000.00		6 015 000.00	
		事业支出—教育支出—非财政专项资金支出—项目支出			43 320 000.00		43 320 000.00	
		事业支出—科研支出—财政拨款支出—项目支出			5 390 100.00		5 390 100.00	
		事业支出—科研支出—非财政专项资金支出—项目支出			310 250.00		310 250.00	
		事业支出—行政管理支出—财政拨款支出—基本支出			3 040 000.00		3 040 000.00	
		事业支出—行政管理支出—财政拨款支出—项目支出						

续表

序号	编号	科目名称	年初余额(元)		本年发生额(元)		年末余额(元)	
			借方	贷方	借方	贷方	借方	贷方
11	7201	事业支出—行政管理支出—其他资金支出—基本支出			138 000.00		138 000.00	
		事业支出—行政管理支出—其他资金支出—项目支出						
		事业支出—后勤保障支出—财政拨款支出—基本支出			2 139 000.00		2 139 000.00	
		事业支出—后勤保障支出—财政拨款支出—项目支出			3 000 000.00		3 000 000.00	
		事业支出—后勤保障支出—其他资金支出—基本支出			5 000.00		5 000.00	
		事业支出—后勤保障支出—非财政专项资金支出—项目支出			1 320 000.00		1 320 000.00	
		事业支出—离退休支出—财政拨款支出—基本支出			1 510 000.00		1 510 000.00	

续表

序号	编号	科目名称	年初余额(元)		本年发生额(元)		年末余额(元)	
			借方	贷方	借方	贷方	借方	贷方
12	7301	经营支出						
13	7401	上缴上级支出			100 000.00		100 000.00	
14	7501	对附属单位补助支出			30 000.00		30 000.00	
15	7601	投资支出						
16	7701	债务还本支出			6 000 000.00		6 000 000.00	
17	7901	其他支出			160 000.00		160 000.00	
		其他支出—财政拨款支出—基本支出						
		其他支出—财政拨款支出—项目支出						
		其他支出—非财政专项资金支出—基本支出						
		其他支出—非财政专项资金支出—项目支出						
		其他支出—其他资金支出—基本支出			160 000.00		160 000.00	
		其他支出—其他资金支出—项目支出						

续表

序号	编号	科目名称	年初余额(元)		本年发生额(元)		年末余额(元)	
			借方	贷方	借方	贷方	借方	贷方
三、预算结余类			196 214 873.81	196 214 873.81	93 520 343.28	119 887 936.56	169 847 280.53	196 214 873.81
18	8001	资金结存	196 214 873.81		93 440 343.28	119 807 936.56	169 847 280.53	
19	8101	财政拨款结转		30 801 843.28				30 801 843.28
20	8102	财政拨款结余						
21	8201	非财政拨款结转		114 945 998.66	80 000.00			114 865 998.66
22	8202	非财政拨款结余		25 147 556.21		80 000.00		25 227 556.21
23	8301	专用结余		25 319 475.66				25 319 475.66
24	8401	经营结余						
25	8501	其他结余						
26	8701	非财政拨款结余分配						

(二)年终收支结转会计分录

[**例 15-67**] 12 月 31 日,收入、支出年末结转。

财务会计:

(1)收入结转

借:财政拨款收入　35 801 000

　事业收入　45 900 000

　上级补助收入　[illegible]0 000

　附属单位上缴收入　1 000 000

　非同级财政拨款收入　1 000 000

　投资收益　500 000

　捐赠收入　1 000 000

　利息收入　50 000

　租金收入　50 000

　其他收入　806 000

　贷:本期盈余　86 307 000

(2)支出结转

借:本期盈余　37 986 893.28

　贷:业务活动费用　27 750 093.28

　　单位管理费用　9 936 800.00

　　资产处置费用　10 000.00

　　上缴上级费用　100 000.00

　　对附属单位补助费用　30 000.00

　　其他费用　160 000.00

(3)本年盈余结转

借:本期盈余　48 320 106.72

　贷:本年盈余分配　48 320 106.72

借:本年盈余分配　48 320 106.72

　贷:累计盈余　48 320 106.72

预算会计:

(1)财政拨款预算收支结转

借:财政拨款预算收入—基本支出　15 301 000

　贷:财政拨款结转—本年收支结转—基本支出结转　15 301 000

借:财政拨款结转—本年收支结转—基本支出结转　15 301 000

　贷:事业支出—教育支出—财政拨款支出—基本支出　8 612 000

　　事业支出—行政管理支出—财政拨款支出—基本支出

　　3 040 000

　　事业支出—后勤保障支出—财政拨款支出—基本支出

　　2 139 000

　　事业支出—离退休支出—财政拨款支出—基本支出

　　1 510 000

借:财政拨款预算收入—项目支出　20 500 000

　贷:财政拨款结转—本年收支结转—项目支出结转　20 500 000

借:财政拨款结转—本年收支结转—项目支出结转　50 001 843.28

　贷:事业支出—教育支出—财政拨款支出—项目支出　41 611 743.28

　　事业支出—科研支出—财政拨款支出—项目支出　5 390 100.00

　　事业支出—后勤保障支出—财政拨款支出—项目支出

　　3 000 000.00

借:财政拨款结转—累计结转—项目支出结转　29 501 843.28

　贷:财政拨款结转—本年收支结转—项目支出　29 501 843.28

(2)非财政拨款专项资金预算收支结转

借:事业预算收入—科研事业预算收入　1 924 000

　事业预算收入—教育事业预算收入(专项资金收入)

　33 640 000

　非同级财政拨款预算收入(专项资金收入)　1 000 000

　债务预算收入(专项资金收入)　10 000 000

　贷:非财政拨款结转—本年收支结转—项目支出结转　46 564 000

借:非财政拨款结转—本年收支结转—项目支出结转　44 950 250

　贷:事业支出—科研支出—非财政专项资金支出—项目支出

　　310 250

　　事业支出—教育支出—非财政专项资金支出—项目支出

　　43 320 000

　　事业支出—后勤保障支出—非财政专项资金支出—项目支出

　　1 320 000

借:非财政拨款结转—本年收支结转—项目支出结转　1 613 750

贷:非财政拨款结转—累计结转—项目支出结转　1 613 750

借:非财政拨款结转—累计结转—项目支出结转　80 000

贷:非财政拨款结转—项目间接费用或管理费—项目支出结转

80 000

借:非财政拨款结余—项目间接费用或管理费—项目支出结余

80 000

贷:非财政拨款结余—累计结余—项目支出结余　80 000

(3)其他资金预算收支结转

借:事业预算收入—教育事业预算收入　10 360 000

上级补助预算收入　200 000

附属单位上缴预算收入　1 000 000

投资预算收益　500 000

其他预算收入　1 908 500

贷:其他结余　13 968 500

借:其他结余　12 448 000

贷:事业支出—教育支出—其他资金支出—基本支出　6 015 000

事业支出—行政管理支出—其他资金支出—基本支出　138 000

事业支出—后勤保障支出—其他资金支出—基本支出　5 000

上缴上级支出　100 000

对附属单位补助支出　30 000

债务还本支出　6 000 000

其他支出—其他资金支出—基本支出　160 000

借:其他结余　1 520 500

贷:非财政拨款结余分配　1 520 500

借:非财政拨款结余分配　1 520 500

贷:非财政拨款结余—累计结余—基本支出结余　1 520 500

(三)年终收支结转后的科目余额表

财务会计科目余额表见表15-10。

预算会计科目余额表见表15-11。

表 15-10 财务会计科目余额表

序号	编号	科目名称	年初余额(元)		本年发生额(元)		年末余额(元)	
			借方	贷方	借方	贷方	借方	贷方
		一、资产类	2 751 079 126.75		227 105 343.28	164 469 936.56	2 813 719 533.47	5 000.00
1	1001	库存现金	337.85		31 000.00	31 000.00	337.85	
2	1002	银行存款	285 042 770.05		104 907 500.00	100 608 250.00	289 342 020.05	
3	1011	零余额账户用款额度			31 402 843.28	31 402 843.28		
4	1021	其他货币资金						
5	1101	短期投资						
6	1201	财政应返还额度	30 801 843.28		1 300 000.00	30 801 843.28	1 300 000.00	
7	1211	应收票据			318 000.00	318 000.00		
8	1212	应收账款	41 911 017.98				41 911 017.98	
9	1214	预付账款	247 587.80				247 587.80	
10	1215	应收股利						
11	1216	应收利息						
12	1218	其他应收款	308 510 047.44		5 000.00	5 000.00	308 510 047.44	
13	1219	坏账准备						
14	1301	在途物品						
15	1302	库存物品	1 047 209.59		30 000.00	30 000.00	1 047 209.59	
16	1303	加工物品						
17	1401	待摊费用						

续表

序号	编号	科目名称	年初余额(元)		本年发生额(元)		年末余额(元)	
			借方	贷方	借方	贷方	借方	贷方
18	1501	长期股权投资	25 371 513.00				25 371 513.00	
19	1502	长期债券投资						
20	1601	固定资产	1 892 762 032.77		47 863 000.00	520 000.00	1 940 105 032.77	
21	1602	固定资产累计折旧			500 000.00	505 000.00		5 000.00
22	1611	工程物资						
23	1613	在建工程	109 048 071.77		40 218 000.00	218 000.00	149 048 071.77	
24	1701	无形资产	56 336 695.22		500 000.00		56 836 695.22	
25	1702	无形资产累计摊销						
26	1703	研发支出						
27	1801	公共基础设施						
28	1802	公共基础设施累计折旧(摊销)						
29	1811	政府储备物资						
30	1821	文物文化资产						
31	1831	保障性住房						
32	1832	保障性住房累计折旧						
33	1891	受托代理资产						
34	1901	长期待摊费用						

续表

序号	编号	科目名称	年初余额(元)		本年发生额(元)		年末余额(元)	
			借方	贷方	借方	贷方	借方	贷方
35	1902	待处理财产损溢			30 000.00	30 000.00		
		二、负债类		471 345 940.18	69 694 250.00	76 099 550.00		477 751 240.18
36	2001	短期借款			6 000 000.00	10 000 000.00		4 000 000.00
37	2101	应交增值税		114 548.30	26 000.00	26 500.00		115 048.30
38	2102	其他应交税费		970 331.33	128 250.00	28 050.00		870 131.33
39	2103	应缴财政款			40 010 000.00	40 010 000.00		
40	2201	应付职工薪酬		3 231 135.40	19 500 000.00	19 500 000.00		3 231 135.40
41	2301	应付票据						
42	2302	应付账款		45 932 325.67				45 932 325.67
43	2303	应付政府补贴款						
44	2304	应付利息						
45	2305	预收账款		4 866 389.65				4 866 389.65
46	2307	其他应付款		235 231 209.83	4 020 000.00	6 455 000.00		237 666 209.83
47	2401	预提费用			10 000.00	80 000.00		70 000.00
48	2501	长期借款		181 000 000.00				181 000 000.00
49	2502	长期应付款						
50	2601	预计负债						

续表

序号	编号	科目名称	年初余额(元)		本年发生额(元)		年末余额(元)	
			借方	贷方	借方	贷方	借方	贷方
51	2901	受托代理负债						
三、净资产类				2 279 733 186.57	140 627 106.72	196 857 213.44		2 335 963 293.29
52	3001	累计盈余		2 254 413 710.91		48 320 106.72		2 302 733 817.63
53	3101	专用基金		25 319 475.66	6 000 000.00	13 910 000.00		33 229 475.66
54	3201	权益法调整						
55	3301	本期盈余			86 307 000.00	86 307 000.00		
56	3302	本年盈余分配			48 320 106.72	48 320 106.72		
57	3401	无偿调拨净资产						
58	3501	以前年度盈余调整						
四、收入类					86 307 000.00	86 307 000.00		
59	4001	财政拨款收入			35 801 000.00	35 801 000.00		
60	4101	事业收入			45 900 000.00	45 900 000.00		
		事业收入—教育事业收入			44 000 000.00	44 000 000.00		
		事业收入—科研事业收入			1 900 000.00	1 900 000.00		
61	4201	上级补助收入			200 000.00	200 000.00		
62	4301	附属单位上缴收入			1 000 000.00	1 000 000.00		

续表

序号	编号	科目名称	年初余额(元)		本年发生额(元)		年末余额(元)	
			借方	贷方	借方	贷方	借方	贷方
63	4401	经营收入						
64	4601	非同级财政拨款收入			1 000 000.00	1 000 000.00		
65	4602	投资收益			500 000.00	500 000.00		
66	4603	捐赠收入			1 000 000.00	1 000 000.00		
67	4604	利息收入			50 000.00	50 000.00		
68	4605	租金收入			50 000.00	50 000.00		
69	4609	其他收入			806 000.00	806 000.00		
		五、费用类			37 986 893.28	37 986 893.28		
70	5001	业务活动费用			27 750 093.28	27 750 093.28		
		业务活动费用—教育费用			25 638 743.28	25 638 743.28		
		业务活动费用—科研费用			2 111 350.00	2 111 350.00		

续表

序号	编号	科目名称	年初余额(元)		本年发生额(元)		年末余额(元)	
			借方	贷方	借方	贷方	借方	贷方
71	5101	单位管理费用			9 936 800.00	9 936 800.00		
		单位管理费用—行政管理费用			3 212 800.00	3 212 800.00		
		单位管理费用—后勤保障费用			5 214 000.00	5 214 000.00		
		单位管理费用—离退休费用			1 510 000.00	1 510 000.00		
		单位管理费用—单位统一负担的其他管理费用						
72	5201	经营费用						
73	5301	资产处置费用			10 000.00	10 000.00		
74	5401	上缴上级费用			100 000.00	100 000.00		
75	5501	对附属单位补助费用			30 000.00	30 000.00		
76	5801	所得税费用						
77	5901	其他费用			160 000.00	160 000.00		

表 15-11

预算会计科目余额表

序号	编号	科目名称	年初余额(元)		本年发生额(元)		年末余额(元)	
			借方	贷方	借方	贷方	借方	贷方
一、预算收入类					96 333 500.00	96 333 500.00		
1	6001	财政拨款预算收入			35 801 000.00	35 801 000.00		
		财政拨款预算收入—基本支出			15 301 000.00	15 301 000.00		
		财政拨款预算收入—项目支出			20 500 000.00	20 500 000.00		
2	6101	事业预算收入			45 924 000.00	45 924 000.00		
		事业预算收入—教育事业预算收入			44 000 000.00	44 000 000.00		
		事业预算收入—科研事业预算收入			1 924 000.00	1 924 000.00		
3	6201	上级补助预算收入			200 000.00	200 000.00		
4	6301	附属单位上缴预算收入			1 000 000.00	1 000 000.00		
5	6401	经营预算收入						
6	6501	债务预算收入			10 000 000.00	10 000 000.00		
7	6601	非同级财政拨款预算收入			1 000 000.00	1 000 000.00		
8	6602	投资预算收益			500 000.00	500 000.00		
9	6609	其他预算收入			1 908 500.00	1 908 500.00		
二、预算支出类					122 701 093.28	122 701 093.28		
10	7101	行政支出						

续表

序号	编号	科目名称	年初余额(元)		本年发生额(元)		年末余额(元)	
			借方	贷方	借方	贷方	借方	贷方
11	7201	事业支出—教育支出—财政拨款支出—基本支出			8 612 000.00	8 612 000.00		
		事业支出—教育支出—财政拨款支出—项目支出			41 611 743.28	41 611 743.28		
		事业支出—教育支出—其他资金支出—基本支出			6 015 000.00	6 015 000.00		
		事业支出—教育支出—非财政专项资金支出—项目支出			43 320 000.00	43 320 000.00		
		事业支出—科研支出—财政拨款支出—项目支出			5 390 100.00	5 390 100.00		
		事业支出—科研支出—非财政专项资金支出—项目支出			310 250.00	310 250.00		
		事业支出—行政管理支出—财政拨款支出—基本支出			3 040 000.00	3 040 000.00		

续表

序号	编号	科目名称	年初余额(元)		本年发生额(元)		年末余额(元)	
			借方	贷方	借方	贷方	借方	贷方
11	7201	事业支出—行政管理支出—财政拨款支出—项目支出						
		事业支出—行政管理支出—其他资金支出—基本支出			138 000.00	138 000.00		
		事业支出—行政管理支出—其他资金支出—项目支出						
		事业支出—后勤保障支出—财政拨款支出—基本支出			2 139 000.00	2 139 000.00		
		事业支出—后勤保障支出—财政拨款支出—项目支出			3 000 000.00	3 000 000.00		
		事业支出—后勤保障支出—其他资金支出—基本支出			5 000.00	5 000.00		
		事业支出—后勤保障支出—非财政专项资金支出—项目支出			1 320 000.00	1 320 000.00		
		事业支出—离退休支出—财政拨款支出—基本支出			1 510 000.00	1 510 000.00		

续表

序号	编号	科目名称	年初余额(元)		本年发生额(元)		年末余额(元)	
			借方	贷方	借方	贷方	借方	贷方
12	7301	经营支出						
13	7401	上缴上级支出			100 000.00	100 000.00		
14	7501	对附属单位补助支出			30 000.00	30 000.00		
15	7601	投资支出						
16	7701	债务还本支出			6 000 000.00	6 000 000.00		
17	7901	其他支出			160 000.00	160 000.00		
		其他支出—财政拨款支出—基本支出						
		其他支出—财政拨款支出—项目支出						
		其他支出—非财政专项资金支出—基本支出						
		其他支出—非财政专项资金支出—项目支出						
		其他支出—其他资金支出—基本支出			160 000.00	160 000.00		
		其他支出—其他资金支出—项目支出						

续表

序号	编号	科目名称	年初余额(元)		本年发生额(元)		年末余额(元)	
			借方	贷方	借方	贷方	借方	贷方
三、预算结余类			196 214 873.81	196 214 873.81	250 538 029.84	250 538 029.84	169 847 280.53	169 847 280.53
18	8001	资金结存	196 214 873.81		93 440 343.28	119 807 936.56	169 847 280.53	
19	8101	财政拨款结转		30 801 843.28	94 804 686.56	65 302 843.28		1 300 000.00
20	8102	财政拨款结余						
21	8201	非财政拨款结转		114 945 998.66	2 084 000.00	3 617 750.00		116 479 748.66
22	8202	非财政拨款结余		25 147 556.21	80 000.00	1 680 500.00		26 748 056.21
23	8301	专用结余		25 319 475.66				25 319 475.66
24	8401	经营结余						
25	8501	其他结余			58 608 500.00	58 608 500.00		
26	8701	非财政拨款结余分配			1 520 500.00	1 520 500.00		

四、会计报表编制实例

根据以上资料编制的财务报表和预算会计报表如下：

(一)资产负债表(详见表 15-12)

表 15-12 **资产负债表**

会政财 01 表

编制单位:QD 大学 2019 年 12 月 31 日 单位:元

资产	期末余额	年初余额	负债和净资产	期末余额	年初余额
流动资产			流动负债		
货币资金	289 342 357.90	285 043 107.90	短期借款	4 000 000.00	
短期投资			应交增值税	115 048.30	114 548.30
财政应返还额度	1 300 000.00	30 801 843.28	其他应交税费	870 131.33	970 331.33
应收票据			应缴财政款		
应收账款净额	41 911 017.98	41 911 017.98	应付职工薪酬	3 231 135.40	3 231 135.40
预付账款	247 587.80	247 587.80	应付票据		
应收股利			应付账款	45 932 325.67	45 932 325.67
应收利息			应付政府补贴款		
其他应收款净额	308 510 047.44	308 510 047.44	应付利息		
存货	1 047 209.59	1 047 209.59	预收账款	4 866 389.65	4 866 389.65
待摊费用			其他应付款	237 666 209.83	235 231 209.83
一年内到期的非流动资产			预提费用	70 000.00	
其他流动资产			一年内到期的非流动负债		
流动资产合计	642 358 220.71	667 560 813.99	其他流动负债		
非流动资产			流动负债合计	296 751 240.18	290 345 940.18

续表

资产	期末余额	年初余额	负债和净资产	期末余额	年初余额
长期股权投资	25 371 513.00	25 371 513.00			
长期债券投资			非流动负债：		
固定资产原值	1 940 105 032.77	1 892 762 032.77	长期借款	181 000 000.00	181 000 000.00
减:固定资产累计折旧	5 000.00		长期应付款		
固定资产净值	1 940 100 032.77	1 892 762 032.77	预计负债		
工程物资			其他非流动负债		
在建工程	149 048 071.77	109 048 071.77	非流动负债合计	181 000 000.00	181 000 000.00
无形资产原值	56 836 695.22	56 336 695.22	受托代理负债		
减:无形资产累计摊销			负债合计	477 751 240.18	471 345 940.18
无形资产净值	56 836 695.22	56 336 695.22			
研发支出					
公共基础设施原值					
减:公共基础设施累计折旧(摊销)					
公共基础设施净值					
政府储备物资					
文物文化资产					
保障性住房原值					
减:保障性住房累计折旧			净资产		

续表

资产	期末余额	年初余额	负债和净资产	期末余额	年初余额
保障性住房净值			累计盈余	2 302 733 817.63	2 254 413 710.91
长期待摊费用			专用基金	33 229 475.66	25 319 475.66
待处理财产损溢			权益法调整		
其他非流动资产			无偿调拨净资产*		
非流动资产合计	2 171 356 312.76	2 083 518 312.76	本期盈余*		
受托代理资产			净资产合计	2 335 963 293.29	2 279 733 186.57
资产总计	2 813 714 533.47	2 751 079 126.75	负债和净资产总计	2 813 714 533.47	2 751 079 126.75

注:“*”标识项目为月报项目,年报中不需列示。

(二)收入费用表(详见表 15-13)

表 15-13　　**收入费用表**　　会政财 02 表

编制单位：QD 大学　　2019 年 12 月　　单位:元

项目	本年数	上年数
一、本期收入	86 307 000.00	
(一)财政拨款收入	35 801 000.00	
其中:政府性基金收入		
(二)事业收入	45 900 000.00	
其中:教育事业收入	44 000 000.00	
科研事业收入	1 900 000.00	
(三)上级补助收入	200 000.00	
(四)附属单位上缴收入	1 000 000.00	
(五)经营收入		
(六)非同级财政拨款收入	1 000 000.00	
(七)投资收益	500 000.00	
(八)捐赠收入	1 000 000.00	
(九)利息收入	50 000.00	
(十)租金收入	50 000.00	
(十一)其他收入	806 000.00	
其中:后勤保障单位净收入		
二、本期费用	37 986 893.28	
(一)业务活动费用	27 750 093.28	
其中:教育费用	25 638 743.28	
科研费用	2 111 350.00	
(二)单位管理费用	9 936 800.00	
其中:行政管理费用	3 212 800.00	
后勤保障费用	5 214 000.00	
离退休费用	1 510 000.00	
单位统一负担的其他管理费用		

续表

项目	本年数	上年数
（三）经营费用		
（四）资产处置费用	10 000.00	
（五）上缴上级费用	100 000.00	
（六）对附属单位补助费用	30 000.00	
（七）所得税费用		
（八）其他费用	160 000.00	
三、本期盈余	48 320 106.72	

（三）净资产变动表（详见表 15-14）

表 15-14

净资产变动表

会政财 03 表

编制单位:QD 大学　　2019 年 12 月　　单位:元

项目	本年数				上年数			
	累计盈余	专用基金	权益法调整	净资产合计	累计盈余	专用基金	权益法调整	净资产合计
一、上年年末余额	2 254 413 710.91	25 319 475.66		2 279 733 186.57				
二、以前年度盈余调整(减少以“—”号填列)		—	—			—	—	
三、本年年初余额	2 254 413 710.91	25 319 475.66		2 279 733 186.57				
四、本年变动金额(减少以“—”号填列)	48 320 106.72	7 910 000.00		56 230 106.72				
(一)本年盈余	48 320 106.72	—	—	48 320 106.72		—	—	
(二)无偿调拨净资产		—	—			—	—	
(三)归集调整预算结转结余		—	—			—	—	
(四)提取或设置专用基金		13 910 000.00	—	13 910 000.00			—	
其中:从预算收入中提取	—	13 910 000.00	—	13 910 000.00	—		—	
从预算结余中提取			—				—	
设置的专用基金	—		—		—		—	
(五)使用专用基金		6 000 000.00	—	6 000 000.00			—	
(六)权益法调整	—	—			—	—		
五、本年年末余额	2 302 733 817.63	33 229 475.66		2 335 963 293.29				

注:“—”标识单元格不需填列。

(四)现金流量表(详见表 15-15)

表 15-15 **现金流量表** 会政财 04 表

编制单位：QD 大学 2019 年 单位:元

项　目	本年金额	上年金额
一、日常活动产生的现金流量		
财政基本支出拨款收到的现金	15 301 000.00	
财政非资本性项目拨款收到的现金	20 500 000.00	
事业活动收到的除财政拨款以外的现金	45 924 000.00	
收到的其他与日常活动有关的现金	8 263 500.00	
日常活动的现金流入小计	89 988 500.00	
购买商品、接受劳务支付的现金	4 288 900.00	
支付给职工以及为职工支付的现金	16 990 000.00	
支付的各项税费	118 250.00	
支付的其他与日常活动有关的现金	11 024 943.28	
日常活动的现金流出小计	32 422 093.28	
日常活动产生的现金流量净额	57 566 406.72	
二、投资活动产生的现金流量		
收回投资收到的现金		
取得投资收益收到的现金	500 000.00	
处置固定资产、无形资产、公共基础设施等收回的现金净额	20 000.00	
收到的其他与投资活动有关的现金		
投资活动的现金流入小计	520 000.00	
购置固定资产、无形资产、公共基础设施等支付的现金	87 179 000.00	
对外投资支付的现金		
上交处置固定资产、无形资产、公共基础设施等净收入支付的现金	10 000.00	
支付的其他与投资活动有关的现金		

续表

项　目	本年金额	上年金额
投资活动的现金流出小计	87 189 000.00	
投资活动产生的现金流量净额	－86 669 000.00	
三、筹资活动产生的现金流量		
财政资本性项目拨款收到的现金		
取得借款收到的现金	10 000 000.00	
收到的其他与筹资活动有关的现金		
筹资活动的现金流入小计	10 000 000.00	
偿还借款支付的现金	6 000 000.00	
偿还利息支付的现金	100 000.00	
支付的其他与筹资活动有关的现金		
筹资活动的现金流出小计	6 100 000.00	
筹资活动产生的现金流量净额	3 900 000.00	
四、汇率变动对现金的影响额		
五、现金净增加额	－25 202 593.28	

(五)预算收入支出表(详见表 15-16)

表 15-16　　**预算收入支出表**　　会政财 01 表

编制单位：QD 大学　　2019 年　　单位:元

项　目	本年数	上年数
一、本年预算收入	96 333 500.00	
(一)财政拨款预算收入	35 801 000.00	
其中:政府性基金收入		
(二)事业预算收入	45 924 000.00	
其中:教育事业预算收入	44 000 000.00	
科研事业预算收入	1 924 000.00	
(三)上级补助预算收入	200 000.00	
(四)附属单位上缴预算收入	1 000 000.00	
(五)经营预算收入		

续表

项　目	本年数	上年数
(六)债务预算收入	10 000 000.00	
(七)非同级财政拨款预算收入	1 000 000.00	
(八)投资预算收益	500 000.00	
(九)其他预算收入	1 908 500.00	
其中:利息预算收入	50 000.00	
捐赠预算收入	1 000 000.00	
租金预算收入	52 500.00	
后勤保障单位净预算收入		
二、本期预算支出	122 701 093.28	
(一)行政支出		
(二)事业支出	116 411 093.28	
其中:教育支出	99 558 743.28	
科研支出	5 700 350.00	
行政管理支出	3 178 000.00	
后勤保障支出	6 464 000.00	
离退休支出	1 510 000.00	
其他事业支出		
(六)经营支出		
(四)上缴上级支出	100 000.00	
(五)对附属单位补助支出	30 000.00	
(六)投资支出		
(七)债务还本支出	6 000 000.00	
(八)其他支出	160 000.00	
其中:利息支出	100 000.00	
捐赠支出	30 000.00	
三、本期预算收支差额	−26 367 593.28	

(六)预算结转结余变动表(详见表 15-17)

(七)财政拨款预算收入支出表(详见表 15-18)

(八)报表附注(略)

表 15-17　　**预算结转结余变动表**　　会政预 02 表

编制单位：QD 大学　　2019 年度　　单位:元

项目	本年数	上年数
一、年初预算结转结余	196 214 873.81	
(一)财政拨款结转结余	30 801 843.28	
(二)其他资金结转结余	165 413 030.53	
二、年初余额调整(减少以“－”号填列)		
(一)财政拨款结转结余		
(二)其他资金结转结余		
三、本年变动金额(减少以“－”号填列)	−26 367 593.28	
(一)财政拨款结转结余	−29 501 843.28	
1.本年收支差额	−29 501 843.28	
2.归集调入		
3.归集上交或调出		
(二)其他资金结转结余	3 134 250.00	
1.本年收支差额	3 134 250.00	
2.缴回资金		
3.使用专用结余		
4.支付所得税		
四、年末预算结转结余	169 847 280.53	
(一)财政拨款结转结余	1 300 000.00	
1.财政拨款结转	1 300 000.00	
2.财政拨款结余		
(二)其他资金结转结余	168 547 280.53	
1.非财政拨款结转	116 479 748.66	
2.非财政拨款结余	26 748 056.21	
3.专用结余	25 319 475.66	
4.经营结余(如有余额,以“－”号填列)		

表 15-18

财政拨款预算收入支出表

会政预 03 表

编制单位：QD 大学　　2019 年　　单位：元

项目	年初财政拨款结转结余		调整年初财政拨款结转结余	本年归集调入	本年归集上缴或调出	单位内部调剂		本年财政拨款收入	本年财政拨款支出	年末财政拨款结转结余	
	结转	结余				结转	结余			结转	结余
一、一般公共预算财政拨款	30 801 843.28							35 801 000.00	65 302 843.28	1 300 000.00	
(一)基本支出								15 301 000.00	15 301 000.00		
1.人员经费								15 301 000.00	15 301 000.00		
2.日常公用经费											
(二)项目支出	30 801 843.28							20 500 000.00	50 001 843.28	1 300 000.00	
一流学科建设	25 000 000.00							7 000 000.00	31 000 000.00	1 000 000.00	
青年自然科学基金	2 319 200.00								2 319 200.00		
重点研发计划资金-科技重大专项和应用技术研发	1 300 000.00								1 300 000.00		
单位内涵提升—单位科研经费	370 900.00								370 900.00		
专业群建设	614 243.28							4 000 000.00	4 314 243.28	300 000.00	
青年千人计划	1 197 500.00							200 000.00	1 397 500.00		
泰山岗位学者								600 000.00	600 000.00		
人才团队建设								4 400 000.00	4 400 000.00		

续表

项目	年初财政拨款结转结余		调整年初财政拨款结转结余	本年归集调入	本年归集上缴或调出	单位内部调剂		本年财政拨款收入	本年财政拨款支出	年末财政拨款结转结余	
	结转	结余				结转	结余			结转	结余
教研教改课程建设								1 300 000.00	1 300 000.00		
节能改造项目								3 000 000.00	3 000 000.00		
二、政府性基金预算财政拨款											
(一)基本支出											
1.人员经费											
2.日常公用经费											
(二)项目支出											
1.××项目											
2.××项目											
……											
总计	30 801 843.28							35 801 000.00	65 302 843.28	1 300 000.00	

第十一节 校内独立核算单位会计报告编制

《财政部关于印发高等学校执行〈政府会计制度——行政事业单位会计科目和报表〉的补充规定和衔接规定的通知》(财会〔2018〕19 号)规定:"由高等学校及其所属单位举办的内部不具有法人资格的独立核算单位或部门,如研究院、分校、后勤部门等,应当按照新制度开展本单位的会计核算和报表编制工作;高等学校在编制年度报表时,应当将校内独立核算单位纳入高等学校报表编制范围。"

具有后勤保障职能的校内独立核算单位一般指校医院、食堂、水电暖中心、物业管理中心、宿舍管理中心等。

本书结合高等学校校内独立核算单位经济业务实际,以 QD 大学校内独立核算非法人单位一饮食中心(学生食堂)为例,模拟了其 2019 年度一套较为完备的会计业务,以此来说明校内独立核算单位会计报告的编制内容及方法。

一、会计业务案例

[**例 15-68**] 1 月 10 日,银行转账支付办公电话及宽带通讯费 1 200 元。

财务会计:

借:其他费用—管理部门—办公费　　1 200

　贷:银行存款—学校存款　　1 200

预算会计:

借:其他支出—管理部门—办公费　　1 200

　贷:资金结存—货币资金　　1 200

[**例 15-69**] 1 月 15 日,现金购买笔记本等办公用品 300 元。

财务会计:

借:其他费用—管理部门—办公费　　300

　贷:库存现金—学校现金　　300

预算会计:

借:其他支出—管理部门—办公费　　300

　贷:资金结存—货币资金　　300

[**例 15-70**] 2 月 2 日,结算学生食堂 1 月份营业收入 1 900 000 元,其中,面食组 700 000 元、蔬菜组 1 000 000 元、副食组 200 000 元。

财务会计：

借：银行存款—学校存款　　1 900 000

　贷：其他收入—面食组　　700 000

　　其他收入—蔬菜组　　1 000 000

　　其他收入—副食组　　200 000

预算会计：

借：资金结存—货币资金　　1 900 000

　贷：其他预算收入—面食组　　700 000

　　其他预算收入—蔬菜组　　1 000 000

　　其他预算收入—副食组　　200 000

[**例 15-71**] 2 月 6 日，购入面粉 500 000 元、蔬菜 200 000 元，银行转账支票结算。

财务会计：

借：库存物品—面粉　　500 000

　库存物品—蔬菜　　200 000

　贷：银行存款—学校存款　　700 000

预算会计：

借：其他支出—面食组—面粉　　500 000

　其他支出—蔬菜组—蔬菜　　200 000

　贷：资金结存—货币资金　　700 000

[**例 15-72**] 2 月 10 日，办公室主任孙某报销济南差旅费 1 600 元。

财务会计：

借：其他费用—管理部门—差旅费　　1 600

　贷：库存现金—学校现金　　1 600

预算会计：

借：其他支出—管理部门—差旅费　　1 600

　贷：资金结存—货币资金　　1 600

[**例 15-73**] 2 月 15 日，支付青峰人力资源公司 2 月份劳务派遣人员薪酬总额 510 000 元。其中，面食组 150 000 元，蔬菜组 250 000 元，副食组 100 000 元，卫生保洁人员 10 000 元。

(1)计提工资

财务会计：

借:其他费用—管理部门—工资　　10 000
其他费用—面食组—工资　　150 000
其他费用—蔬菜组—工资　　250 000
其他费用—副食组—工资　　100 000
　贷:其他应付款—青峰人力资源公司　　510 000

预算会计不作账务处理。

(2)支付工资

财务会计:

借:其他应付款—青峰人力资源公司　　510 000
　贷:银行存款—学校存款　　510 000

预算会计:

借:其他支出—管理部门—工资　　10 000
　其他支出—面食组—工资　　150 000
　其他支出—蔬菜组—工资　　250 000
　其他支出—副食组—工资　　100 000
　贷:资金结存—货币资金　　510 000

[例 15-74] 2 月 15 日,计提事业编管理人员 2 月份薪酬总额 100 000 元(含单位承担的社会保险费和住房公积金),代扣代缴住房公积金 12 000 元、社会保险 20 000 元、个人所得税 1 000 元,实发 67 000 元。

(1)计提工资

财务会计:

借:其他费用—管理部门—工资　　100 000
　贷:应付职工薪酬—基本工资　　100 000

预算会计不作账务处理。

(2)支付工资

财务会计:

借:应付职工薪酬—基本工资　　100 000
　贷:银行存款—学校存款　　67 000
　　其他应交税费—代扣代交个人所得税　　1 000
　　应付职工薪酬—社会保险费　　20 000
　　应付职工薪酬—住房公积金　　12 000

预算会计:

借:其他支出—管理部门—工资　　67 000
　贷:资金结存—货币资金　　67 000

(3)代交各种款项

财务会计:

借:其他应交税费—代扣代交个人所得税　　1 000
　应付职工薪酬—社会保险费　　20 000
　应付职工薪酬—住房公积金　　12 000
　贷:银行存款—学校存款　　33 000

预算会计:

借:其他支出—管理部门—工资　　33 000
　贷:资金结存—货币资金　　33 000

[**例 15-75**] 2 月 28 日,面食组本月领用面粉 490 000 元,蔬菜组领用蔬菜 200 000 元,预算会计在入库时,按照申报计划分别不同班组列入支出。

财务会计:

借:其他费用—面食组—面粉　　490 000
　其他费用—蔬菜组—蔬菜　　200 000
　贷:库存物品—面粉　　490 000
　　库存物品—蔬菜　　200 000

预算会计不作账务处理。

[**例 15-76**] 3 月 10 日,购买和面机一台,取得增值税普通发票,含税价 150 000元,银行转账支付。

财务会计:

借:固定资产—专用设备　　150 000
　贷:银行存款—学校存款　　150 000

预算会计:

借:其他支出—面食组　　150 000
　贷:资金结存—货币资金　　150 000

[**例 15-77**] 3 月 6 日,购入海产品 30 000 元,银行转账支票结算。

财务会计:

借:库存物品—海产品　　30 000
　贷:银行存款—学校存款　　30 000

预算会计:

借:其他支出—蔬菜组—海产品　　30 000

　贷:资金结存—货币资金　　30 000

[例 15-78] 3 月 6 日,蔬菜组领用海产品 30 000 元,预算会计在入库时,按照申报计划分别不同班组列入支出。

财务会计:

借:其他费用—蔬菜组—海产品　　30 000

　贷:库存物品—海产品　　30 000

预算会计不作账务处理。

[例 15-79] 3 月 30 日,提取 3 月份办公用设备折旧费 50 000 元、面食组设备折旧费 150 000 元、蔬菜组设备折旧费 30 000 元、副食组设备折旧费 20 000元。

财务会计:

借:其他费用—管理部门—折旧费　　50 000

　其他费用—面食组—折旧费　　150 000

　其他费用—蔬菜组—折旧费　　30 000

　其他费用—副食组—折旧费　　20 000

　贷:固定资产累计折旧　　250 000

预算会计不作账务处理。

[例 15-80] 4 月 30 日,计提本月办公用水费 2 000 元、电费 1 000 元,面食组水费 10 000 元、电费 15 000 元,蔬菜组水费 60 000 元、电费 20 000 元,副食组水费 10 000 元、电费 2 000 元,共计 120 000 元,学校垫付。

财务会计:

借:其他费用—管理部门—水费　　2 000

　其他费用—管理部门—电费　　1 000

　其他费用—面食组—水电费　　10 000

　其他费用—面食组—水电费　　15 000

　其他费用—蔬菜组—水电费　　60 000

　其他费用—蔬菜组—水电费　　20 000

　其他费用—副食组—水电费　　10 000

　其他费用—副食组—水电费　　2 000

　贷:其他应付款—学校—水电费　　120 000

预算会计不作账务处理。

[**例 15-81**] 5 月 20 日,银行转账支付馒头机维修费 3 000 元。

财务会计:

借:其他费用—面食组—维修费　　3 000

　贷:银行存款—学校存款　　3 000

预算会计:

借:其他支出—面食组—维修费　　3 000

　贷:资金结存—货币资金　　3 000

[**例 15-82**] 6 月 10 日,银行转账购买劳保用品 6 500 元。其中,管理人员 500 元,面食组、蔬菜组、副食组各 2 000 元。

财务会计:

借:其他费用—管理部门—劳保用品　　500

　其他费用—面食组—劳保用品　　2 000

　其他费用—蔬菜组—劳保用品　　2 000

　其他费用—副食组—劳保用品　　2 000

　贷:银行存款—学校存款　　6 500

预算会计:

借:其他支出—管理部门—劳保用品　　500

　其他支出—面食组—劳保用品　　2 000

　其他支出—蔬菜组—劳保用品　　2 000

　其他支出—副食组—劳保用品　　2 000

　贷:资金结存—货币资金　　6 500

[**例 15-83**] 10 月 12 日,银行活期存款利息 2 000 元。

财务会计:

借:银行存款—学校存款　　2 000

　贷:利息收入　　2 000

预算会计:

借:资金结存—货币资金　　2 000

　贷:其他预算收入—利息预算收入　　2 000

[**例 15-84**] 12 月 10 日,学校拨入价格补助经费 100 000 元。

财务会计:

借:银行存款—学校存款　　100 000

　贷:其他收入—学校价格补助　　100 000

预算会计：

借：资金结存—货币资金　　　　100 000

　贷：其他预算收入—学校价格补助　　　　100 000

[**例 15-85**] 12 月 12 日，用学校拨入的价格补助经费购入调味品 100 000 元，银行转账支票结算。

财务会计：

借：库存物品—调味品　　　　100 000

　贷：银行存款—学校存款　　　　100 000

预算会计：

借：其他支出—蔬菜组—调味品　　　　100 000

　贷：资金结存—货币资金　　　　100 000

[**例 15-86**] 12 月 12 日，蔬菜组领用调味品 100 000 元，预算会计在入库时，按照申报计划分别不同班组列入支出。

财务会计：

借：其他费用—蔬菜组—调味品　　　　100 000

　贷：库存物品—调味品　　　　100 000

预算会计不作账务处理。

二、年终收支结转业务

(一)编制期末结转前的科目余额试算平衡表

财务会计科目余额试算平衡表见表 15-19。

预算会计科目余额试算平衡表见表 15-20。

表 15-19

财务会计科目余额试算平衡表

编制单位:QD 大学饮食中心　　2019 年 12 月 31 日　　单位:元

序号	编号	科目名称	年初余额(元)		本年发生额(元)		年末余额(元)	
			借方	贷方	借方	贷方	借方	贷方
		(一)资产类	3 697 758.89	526 540.00	2 982 000.00	2 672 600.00	4 257 158.89	776 540.00
1	1001	库存现金	2 100.00			1 900.00	200.00	
2	1002	银行存款	2 156 876.89		2 002 000.00	1 600 700.00	2 558 176.89	
3	1011	零余额账户用款额度						
4	1021	其他货币资金						
5	1101	短期投资						
6	1201	财政应返还额度						
7	1211	应收票据						
8	1212	应收账款						
9	1214	预付账款						
10	1215	应收股利						
11	1216	应收利息						
12	1218	其他应收款	6 542.00				6 542.00	
13	1219	坏账准备						
14	1301	在途物品						
15	1302	库存物品	236 780.00		830 000.00	820 000.00	246 780.00	
16	1303	加工物品						

续表

序号	编号	科目名称	年初余额(元)		本年发生额(元)		年末余额(元)	
			借方	贷方	借方	贷方	借方	贷方
17	1401	待摊费用						
18	1501	长期股权投资						
19	1502	长期债券投资						
20	1601	固定资产	1 295 460.00		150 000.00		1 445 460.00	
21	1602	固定资产累计折旧		526 540.00		250 000.00		776 540.00
22	1611	工程物资						
23	1613	在建工程						
24	1701	无形资产						
25	1702	无形资产累计摊销						
26	1703	研发支出						
27	1801	公共基础设施						
28	1802	公共基础设施累计折旧(摊销)						
29	1811	政府储备物资						
30	1821	文物文化资产						
31	1831	保障性住房						
32	1832	保障性住房累计折旧						
33	1891	受托代理资产						

续表

序号	编号	科目名称	年初余额(元)		本年发生额(元)		年末余额(元)	
			借方	贷方	借方	贷方	借方	贷方
34	1901	长期待摊费用						
35	1902	待处理财产损溢						
		（二）负债类		2 872 522.00	643 000.00	763 000.00		2 992 522.00
36	2001	短期借款						
37	2101	应交增值税						
38	2102	其他应交税费		2 468.00	1 000.00	1 000.00		2 468.00
39	2103	应缴财政款						
40	2201	应付职工薪酬		54 218.00	132 000.00	132 000.00		54 218.00
41	2301	应付票据						
42	2302	应付账款		214 586.00				214 586.00
43	2303	应付政府补贴款						
44	2304	应付利息						
45	2305	预收账款						
46	2307	其他应付款		2 601 250.00	510 000.00	630 000.00		2 721 250.00
47	2401	预提费用						
48	2501	长期借款						
49	2502	长期应付款						

续表

序号	编号	科目名称	年初余额(元)		本年发生额(元)		年末余额(元)	
			借方	贷方	借方	贷方	借方	贷方
50	2601	预计负债						
51	2901	受托代理负债						
		(三)净资产类		298 696.89				298 696.89
52	3001	累计盈余		83 806.89				83 806.89
53	3101	专用基金		214 890.00				214 890.00
54	3201	权益法调整						
55	3301	本期盈余						
56	3302	本年盈余分配						
57	3401	无偿调拨净资产						
58	3501	以前年度盈余调整						
		(四)收入类				2 002 000.00		2 002 000.00
59	4001	财政拨款收入						
60	4101	事业收入						
61	4201	上级补助收入						
62	4301	附属单位上缴收入						
63	4401	经营收入						
64	4601	非同级财政拨款收入						

续表

序号	编号	科目名称	年初余额(元)		本年发生额(元)		年末余额(元)	
			借方	贷方	借方	贷方	借方	贷方
65	4602	投资收益						
66	4603	捐赠收入						
67	4604	利息收入				2 000.00		2 000.00
68	4605	租金收入						
69	4609	其他收入				2 000 000.00		2 000 000.00
		(五)费用类			1 812 600.00		1 812 600.00	
70	5001	业务活动费用						
71	5101	单位管理费用						
72	5201	经营费用						
73	5301	资产处置费用						
74	5401	上缴上级费用						
75	5501	对附属单位补助费用						
76	5801	所得税费用						
77	5901	其他费用			1 812 600.00		1 812 600.00	

表 15-20

预算会计科目余额试算平衡表

2019 年 12 月 31 日

编制单位:QD 大学饮食中心　　　　单位:元

序号	编号	科目名称	年初余额(元)		本年发生额(元)		年末余额(元)	
			借方	贷方	借方	贷方	借方	贷方
		(一)预算收入类				2 002 000.00		2 002 000.00
1	6001	财政拨款预算收入						
2	6101	事业预算收入						
3	6201	上级补助预算收入						
4	6301	附属单位上缴预算收入						
5	6401	经营预算收入						
6	6501	债务预算收入						
7	6601	非同级财政拨款预算收入						
8	6602	投资预算收益						
9	6609	其他预算收入				2 002 000.00		2 002 000.00
		(二)预算支出类			1 602 600.00		1 602 600.00	
10	7301	经营支出						
11	7401	上缴上级支出						
12	7501	对附属单位补助支出						
13	7601	投资支出						
14	7701	债务还本支出						

续表

序号	编号	科目名称	年初余额(元)		本年发生额(元)		年末余额(元)	
			借方	贷方	借方	贷方	借方	贷方
15	7901	其他支出			1 602 600.00		1 602 600.00	
(三)预算结余类			298 696.89	298 696.89	2 002 000.00	1 602 600.00	698 096.89	298 696.89
16	8001	资金结存	298 696.89		2 002 000.00	1 602 600.00	698 096.89	
17	8101	财政拨款结转						
18	8102	财政拨款结余						
19	8201	非财政拨款结转						
20	8202	非财政拨款结余		83 806.89				83 806.89
21	8301	专用结余		214 890.00				214 890.00
22	8401	经营结余						
23	8501	其他结余						
24	8701	非财政拨款结余分配						

(二)年末结转

[**例 15-87**]12 月 31 日,收入、支出结转及结余分配。

1.财务会计:

(1)收入转入本期盈余

借:利息收入　　2 000

　其他收入　　2 000 000

　贷:本期盈余　　2 002 000

(2)费用转入本期盈余

借:本期盈余　　1 812 600

　贷:其他费用　　1 812 600

(3)将本期盈余转入本年盈余分配

借:本期盈余　　189 400

　贷:本年盈余分配　　189 400

(4)按规定按非财政拨款结余提取 20%的职工福利基金

借:本年盈余分配　　79 880

　贷:专用基金—职工福利基金　　79 880

(5)将本年度的剩余盈余转入累计盈余

借:本年盈余分配　　109 520

　贷:累计盈余　　109 520

2.预算会计:

(1)收入转入其他结余

借:其他预算收入　　2 002 000

　贷:其他结余　　2 002 000

(2)支出转入其他结余

借:其他结余　　1 602 600

　贷: 其他支出　　1 602 600

(3)将结余转入非财政拨款结余分配

借:其他结余　　399 400

　贷:非财政拨款结余分配　　399 400

(4)按规定按非财政拨款结余提取 20%的职工福利基金

借:非财政拨款结余分配　　79 880

　贷:专用结余—职工福利基金　　79 880

(5)将本年度的剩余结余转入非财政拨款结余—累计结余

借:非财政拨款结余分配　　319 520

　贷:非财政拨款结余—累计结余　　319 520

(三)编制期末结转后科目余额表

财务会计期末结转后科目余额见表 15-21。

预算会计期末结转后科目余额见表 15-22。

表 15-21　　财务会计期末结转后科目余额表

编制单位:QD 大学饮食中心　　2019 年 12 月 31 日　　单位:元

序号	编号	科目名称	年初余额(元)		本年发生额(元)		年末余额(元)	
			借方	贷方	借方	贷方	借方	贷方
		(一)资产类	3 697 758.89	526 540.00	2 982 000.00	2 672 600.00	4 257 158.89	776 540.00
1	1001	库存现金	2 100.00			1 900.00	200.00	
2	1002	银行存款	2 156 876.89		2 002 000.00	1 600 700.00	2 558 176.89	
3	1011	零余额账户用款额度						
4	1021	其他货币资金						
5	1101	短期投资						
6	1201	财政应返还额度						
7	1211	应收票据						
8	1212	应收账款						
9	1214	预付账款						
10	1215	应收股利						
11	1216	应收利息						
12	1218	其他应收款	6 542.00				6 542.00	
13	1219	坏账准备						
14	1301	在途物品						
15	1302	库存物品	236 780.00		830 000.00	820 000.00	246 780.00	
16	1303	加工物品						

续表

序号	编号	科目名称	年初余额(元)		本年发生额(元)		年末余额(元)	
			借方	贷方	借方	贷方	借方	贷方
17	1401	待摊费用						
18	1501	长期股权投资						
19	1502	长期债券投资						
20	1601	固定资产	1 295 460.00		150 000.00		1 445 460.00	
21	1602	固定资产累计折旧		526 540.00		250 000.00		776 540.00
22	1611	工程物资						
23	1613	在建工程						
24	1701	无形资产						
25	1702	无形资产累计摊销						
26	1703	研发支出						
27	1801	公共基础设施						
28	1802	公共基础设施累计折旧(摊销)						
29	1811	政府储备物资						
30	1821	文物文化资产						
31	1831	保障性住房						
32	1832	保障性住房累计折旧						
33	1891	受托代理资产						

续表

序号	编号	科目名称	年初余额(元)		本年发生额(元)		年末余额(元)	
			借方	贷方	借方	贷方	借方	贷方
34	1901	长期待摊费用						
35	1902	待处理财产损溢						
		(二)负债类		2 872 522.00	643 000.00	763 000.00		2 992 522.00
36	2001	短期借款						
37	2101	应交增值税						
38	2102	其他应交税费		2 468.00	1 000.00	1 000.00		2 468.00
39	2103	应缴财政款						
40	2201	应付职工薪酬		54 218.00	132 000.00	132 000.00		54 218.00
41	2301	应付票据						
42	2302	应付账款		214 586.00				214 586.00
43	2303	应付政府补贴款						
44	2304	应付利息						
45	2305	预收账款						
46	2307	其他应付款		2 601 250.00	510 000.00	630 000.00		2 721 250.00
47	2401	预提费用						
48	2501	长期借款						
49	2502	长期应付款						

续表

序号	编号	科目名称	年初余额(元)		本年发生额(元)		年末余额(元)	
			借方	贷方	借方	贷方	借方	贷方
50	2601	预计负债						
51	2901	受托代理负债						
		(三)净资产类		298 696.89	2 002 000.00	2 191 400.00		488 096.89
52	3001	累计盈余		83 806.89		109 520.00		193 326.89
53	3101	专用基金		214 890.00		79 880.00		294 770.00
54	3201	权益法调整						
55	3301	本期盈余			2 002 000.00	2 002 000.00		
56	3302	本年盈余分配						
57	3401	无偿调拨净资产						
58	3501	以前年度盈余调整						
		(四)收入类			2 002 000.00	2 002 000.00		
59	4001	财政拨款收入						
60	4101	事业收入						
61	4201	上级补助收入						
62	4301	附属单位上缴收入						
63	4401	经营收入						
64	4601	非同级财政拨款收入						

续表

序号	编号	科目名称	年初余额(元)		本年发生额(元)		年末余额(元)	
			借方	贷方	借方	贷方	借方	贷方
65	4602	投资收益						
66	4603	捐赠收入						
67	4604	利息收入			2 000.00	2 000.00		
68	4605	租金收入						
69	4609	其他收入			2 000 000.00	2 000 000.00		
		(五)费用类			1 812 600.00	1 812 600.00		
70	5001	业务活动费用						
71	5101	单位管理费用						
72	5201	经营费用						
73	5301	资产处置费用						
74	5401	上缴上级费用						
75	5501	对附属单位补助费用						
76	5801	所得税费用						
77	5901	其他费用			1 812 600.00	1 812 600.00		

表 15-22

预算会计期末结转后科目余额表

编制单位:QD 大学饮食中心　　　　2019 年 12 月 31 日　　　　单位:元

序号	编号	科目名称	年初余额(元)		本年发生额(元)		年末余额(元)	
			借方	贷方	借方	贷方	借方	贷方
(一)预算收入类					2 002 000.00	2 002 000.00		
1	6001	财政拨款预算收入						
2	6101	事业预算收入						
3	6201	上级补助预算收入						
4	6301	附属单位上缴预算收入						
5	6401	经营预算收入						
6	6501	债务预算收入						
7	6601	非同级财政拨款预算收入						
8	6602	投资预算收益						
9	6609	其他预算收入			2 002 000.00	2 002 000.00		
(二)预算支出类					1 602 600.00	1 602 600.00		
10	7301	经营支出						
11	7401	上缴上级支出						
12	7501	对附属单位补助支出						
13	7601	投资支出						
14	7701	债务还本支出						

续表

序号	编号	科目名称	年初余额(元)		本年发生额(元)		年末余额(元)	
			借方	贷方	借方	贷方	借方	贷方
15	7901	其他支出			1 602 600.00	1 602 600.00		
(三)预算结余类			298 696.89	298 696.89	4 403 400.00	4 403 400.00	698 096.89	698 096.89
16	8001	资金结存	298 696.89		2 002 000.00	1 602 600.00	698 096.89	
17	8101	财政拨款结转						
18	8102	财政拨款结余						
19	8201	非财政拨款结转						
20	8202	非财政拨款结余		83 806.89		319 520.00		403 326.89
21	8301	专用结余		214 890.00		79 880.00		294 770.00
22	8401	经营结余						
23	8501	其他结余			2 002 000.00	2 002 000.00		
24	8701	非财政拨款结余分配			399 400.00	399 400.00		

三、会计报表编制实例

根据以上资料编制的饮食中心财务报表和预算会计报表如下：

(一)资产负债表(详见表 15-23)

表 15-23

资产负债表

会政财 01 表

编制单位:QD 大学饮食中心

2019 年 12 月 31 日

单位:元

资 产	期末余额	年初余额	负债和净资产	期末余额	年初余额
流动资产:			流动负债:		
货币资金	2 558 376.89	2 158 976.89	短期借款		
短期投资			应交增值税		
财政应返还额度			其他应交税费	2 468.00	2 468.00
应收票据			应缴财政款		
应收账款净额			应付职工薪酬	54 218.00	54 218.00
预付账款			应付票据		
应收股利			应付账款	214 586.00	214 586.00
应收利息			应付政府补贴款		
其他应收款净额	6 542.00	6 542.00	应付利息		
存货	246 780.00	236 780.00	预收账款		
待摊费用			其他应付款	2 721 250.00	2 601 250.00
一年内到期的非流动资产			预提费用		
其他流动资产			一年内到期的非流动负债		
流动资产合计	2 811 698.89	2 402 298.89	其他流动负债		
非流动资产:			流动负债合计	2 992 522.00	2 872 522.00
长期股权投资					

续表

资 产	期末余额	年初余额	负债和净资产	期末余额	年初余额
长期债券投资			非流动负债：		
固定资产原值	1 445 460.00	1 295 460.00	长期借款		
减：固定资产累计折旧	776 540.00	526 540.00	长期应付款		
固定资产净值	668 920.00	768 920.00	预计负债		
工程物资			其他非流动负债		
在建工程			非流动负债合计		
无形资产原值			受托代理负债		
减：无形资产累计摊销			负债合计	2 992 522.00	2 872 522.00
无形资产净值					
研发支出					
公共基础设施原值					
减：公共基础设施累计折旧(摊销)					
公共基础设施净值					
政府储备物资					
文物文化资产					
保障性住房原值					
减：保障性住房累计折旧			净资产：		

续表

资 产	期末余额	年初余额	负债和净资产	期末余额	年初余额
保障性住房净值			累计盈余	193 326.89	83 806.89
长期待摊费用			专用基金	294 770.00	214 890.00
待处理财产损溢			权益法调整		
其他非流动资产			无偿调拨净资产 *		
非流动资产合计	668 920.00	768 920.00	本期盈余 *		
受托代理资产			净资产合计	488 096.89	298 696.89
资产总计	3 480 618.89	3 171 218.89	负债和净资产总计	3 480 618.89	3 171 218.89

注:“ * ”标识项目为月报项目,年报中不需列示。

(二)收入费用表(详见表 15-24)

表 15-24　　**收入费用表**　　会政财 02 表

编制单位:QD 大学饮食中心　　2019 年 12 月　　单位:元

项　目	本年数	上年数
一、本期收入	2 002 000.00	
(一)财政拨款收入		
其中:政府性基金收入		
(二)事业收入		
其中:教育事业收入		
科研事业收入		
(三)上级补助收入		
(四)附属单位上缴收入		
(五)经营收入		
(六)非同级财政拨款收入		
(七)投资收益		
(八)捐赠收入		
(九)利息收入		
(十)租金收入		
(十一)其他收入	2 002 000.00	
其中:后勤保障单位净收入		
二、本期费用	1 812 600.00	
(一)业务活动费用		
其中:教育费用		
科研费用		
(二)单位管理费用		
其中:行政管理费用		
后勤保障费用		
离退休费用		
单位统一负担的其他管理费用		
(三)经营费用		
(四)资产处置费用		

续表

项　目	本年数	上年数
（五）上缴上级费用		
（六）对附属单位补助费用		
（七）所得税费用		
（八）其他费用	1 812 600.00	
三、本期盈余	189 400.00	

（三）净资产变动表（详见表 15-25）

表 15-25

净资产变动表

会政财 03 表

编制单位：QD 大学饮食中心　　2019 年 12 月　　单位：元

项　目	本年数				上年数			
	累计盈余	专用基金	权益法调整	净资产合计	累计盈余	专用基金	权益法调整	净资产合计
一、上年年末余额	83 806.89	214 890.00		298 696.89				
二、以前年度盈余调整(减少以“—”号填列)		—	—			—	—	
三、本年年初余额	83 806.89	214 890.00		298 696.89				
四、本年变动金额(减少以“—”号填列)	109 520.00	79 880.00		189 400.00				
(一)本年盈余	109 520.00	—	—	109 520.00		—	—	
(二)无偿调拨净资产		—	—			—	—	
(三)归集调整预算结转结余		—	—			—	—	
(四)提取或设置专用基金		79 880.00	—	79 880.00			—	
其中:从预算收入中提取	—		—		—		—	
从预算结余中提取		79 880.00	—	79 830.00			—	
设置的专用基金	—		—		—		—	
(五)使用专用基金			—				—	
(六)权益法调整	—	—			—	—		
五、本年年末余额	193 326.89	294 770.00		488 096.89				

(四)现金流量表表(详见表 15-26)

表 15-26 **现金流量表** 会政财 04 表

编制单位:D 大学饮食中心 2019 年 单位:元

项　目	本年金额	上年金额
一、日常活动产生的现金流量		
财政基本支出拨款收到的现金		
财政非资本性项目拨款收到的现金		
事业活动收到的除财政拨款以外的现金	2 000 000.00	
收到的其他与日常活动有关的现金	2 000.00	
日常活动的现金流入小计	2 002 000.00	
购买商品、接受劳务支付的现金	836 500.00	
支付给职工以及为职工支付的现金	610 000.00	
支付的各项税费		
支付的其他与日常活动有关的现金	6 100.00	
日常活动的现金流出小计	1 452 600.00	
日常活动产生的现金流量净额	549 400.00	
二、投资活动产生的现金流量		
收回投资收到的现金		
取得投资收益收到的现金		
处置固定资产、无形资产、公共基础设施等收回的现金净额		
收到的其他与投资活动有关的现金		
投资活动的现金流入小计		
购置固定资产、无形资产、公共基础设施等支付的现金	150 000.00	
对外投资支付的现金		
上交处置固定资产、无形资产、公共基础设施等净收入支付的现金		
支付的其他与投资活动有关的现金		
投资活动的现金流出小计	150 000.00	
投资活动产生的现金流量净额	−150 000.00	
三、筹资活动产生的现金流量		
财政资本性项目拨款收到的现金		

续表

项　目	本年金额	上年金额
取得借款收到的现金		
收到的其他与筹资活动有关的现金		
筹资活动的现金流入小计		
偿还借款支付的现金		
偿还利息支付的现金		
支付的其他与筹资活动有关的现金		
筹资活动的现金流出小计		
筹资活动产生的现金流量净额		
四、汇率变动对现金的影响额		
五、现金净增加额	399 400.00	

(五)预算收入支出表(详见表 15-27)

表 15-27　　**预算收入支出表**　　会政预 01 表

编制单位:QD 大学饮食中心　　2019 年　　单位:元

项　目	本年数	上年数
一、本年预算收入	2 002 000.00	
(一)财政拨款预算收入		
其中:政府性基金收入		
(二)事业预算收入		
其中:教育事业预算收入		
科研事业预算收入		
(三)上级补助预算收入		
(四)附属单位上缴预算收入		
(五)经营预算收入		
(六)债务预算收入		
(七)非同级财政拨款预算收入		
(八)投资预算收益		
(九)其他预算收入	2 002 000.00	
其中:利息预算收入	2 000.00	

续表

项　目	本年数	上年数
捐赠预算收入		
租金预算收入		
后勤保障单位净预算收入		
二、本期预算支出	1 602 600.00	
(一)行政支出		
(二)事业支出		
其中:教育支出		
科研支出		
行政管理支出		
后勤保障支出		
离退休支出		
其他事业支出		
(六)经营支出		
(四)上缴上级支出		
(五)对附属单位补助支出		
(六)投资支出		
(七)债务还本支出		
(八)其他支出	1 602 600.00	
其中:利息支出		
捐赠支出		
三、本期预算收支差额	399 400.00	

(六)预算结转结余变动表(详见表 15-28)

表 15-28　　**预算结转结余变动表**　　会政预 02 表

编制单位:QD 大学饮食中心　　2019 年度　　单位:元

项　目	本年数	上年数
一、年初预算结转结余	298 696.89	
(一)财政拨款结转结余		
(二)其他资金结转结余	298 696.89	

续表

项　目	本年数	上年数
二、年初余额调整(减少以“－”号填列)		
(一)财政拨款结转结余		
(二)其他资金结转结余		
三、本年变动金额(减少以“－”号填列)	399 400.00	
(一)财政拨款结转结余		
1.本年收支差额		
2.归集调入		
3.归集上交或调出		
(二)其他资金结转结余	399 400.00	
1.本年收支差额	399 400.00	
2.缴回资金		
3.使用专用结余		
4.支付所得税		
四、年末预算结转结余	698 096.89	
(一)财政拨款结转结余		
1.财政拨款结转		
2.财政拨款结余		
(二)其他资金结转结余		
1.非财政拨款结转		
2.非财政拨款结余	403 326.89	
3.专用结余	294 770.00	
4.经营结余(如有余额,以“－”号填列)		

(七)财政拨款预算收入支出表

一般情况下,在高等学校饮食中心的日常经营中,无财政拨款预算收入,故本书没有举例编制“会政预 03 表—财政拨款预算收入支出表”,若实际工作中,其有财政拨款预算收入,则按照本章,第八节中财政拨款预算收入支出表的编制方法编制,报表格式见表 15-29。

(八)报表附注(略)

表 15-29

财政拨款预算收入支出表

会政预 03 表

2019 年

编制单位:QD 大学饮食中心　　　　单位:元

项目	年初财政拨款结转结余		调整年初财政拨款结转结余	本年归集调入	本年归集上缴或调出	单位内部调剂		本年财政拨款收入	本年财政拨款支出	年末财政拨款结转结余	
	结转	结余				结转	结余			结转	结余
一、一般公共预算财政拨款											
(一)基本支出											
1.人员经费											
2.日常公用经费											
(二)项目支出											
1.××项目											
2.××项目											
二、政府性基金预算财政拨款											
(一)基本支出											
1.人员经费											
2.日常公用经费											

续表

项目	年初财政拨款结转结余		调整年初财政拨款结转结余	本年归集调入	本年归集上缴或调出	单位内部调剂		本年财政拨款收入	本年财政拨款支出	年末财政拨款结转结余	
	结转	结余				结转	结余			结转	结余
(二)项目支出											
1.××项目											
2.××项目											
……											
总计											

第十二节　合并报表—校内独立核算单位期末并表

《财政部关于印发高等学校执行〈政府会计制度——行政事业单位会计科目和报表〉的补充规定和衔接规定的通知》(财会〔2018〕19号)规定:“由高等学校及其所属单位举办的内部不具有法人资格的独立核算单位或部门,如研究院、分校、后勤部门等,应当按照新制度开展本单位的会计核算和报表编制工作;高等学校在编制年度报表时,应当将校内独立核算单位纳入高等学校报表编制范围。”

具有后勤保障职能的校内独立核算单位一般指校医院、食堂、水电暖中心、物业管理中心、宿舍管理中心等。

本节结合本章第十、十一节　QD大学及其校内独立核算单位饮食中心的会计业务案例所编制的会计报告,介绍高等学校合并报表—校内独立核算单位期末并表的有关规定和方法。

一、高等学校合并报表—校内独立核算单位报表编制的规定

(一)高等学校报表编制的范围

由高等学校及其所属单位举办的内部不具有法人资格的独立核算单位或部门,如研究院、分校、后勤部门等,应当按照新制度开展本单位的会计核算和报表编制工作。

高等学校在编制年度报表时,应当将校内独立核算单位纳入高等学校报表编制范围。

(二)将校内独立核算单位会计信息纳入高等学校报表的总原则

将校内独立核算单位的会计信息纳入高等学校报表时,总的原则是将校内独立核算单位的报表信息并入学校相关报表的相应项目,并抵销学校内部业务或事项对学校报表的影响。

(三)具有后勤保障职能的校内独立核算单位有关业务的特殊规定

1.高等学校编制包含校内独立核算单位的收入费用表时,对于具有后勤保障职能的校内独立核算单位,应当将其本年收入(不含从学校取得的补贴经费)、费用(不含使用学校补贴经费发生的费用)相抵后的净额计入本表中“其他收入”项目金额,并单独填列于该项目下的“后勤保障单位净收入”项目。如果具有后勤保障职能的全部校内独立核算单位本年收入(不含从学校取得的补贴

经费)、费用(不含使用学校补贴经费发生的费用)相抵后的净额合计数为负数,则以“—”号填列于“后勤保障单位净收入”项目。

2.高等学校编制包含校内独立核算单位的预算收入支出表时,对于具有后勤保障职能的校内独立核算单位,应当将其本年收入(不含从学校取得的补贴经费)、支出(不含使用学校补贴经费发生的支出)相抵后的净额计入本表中“其他预算收入”项目金额,并单独填列于该项目下的“后勤保障单位净预算收入”项目。如果具有后勤保障职能的全部校内独立核算单位本年收入(不含从学校取得的补贴经费)、支出(不含使用学校补贴经费发生的支出)相抵后的净额合计数为负数,则以“—”号填列于“后勤保障单位净预算收入”项目。

(四)将校内独立核算单位会计信息纳入高等学校财务报表情况的披露

高等学校应当在年度财务报表附注中提供将校内独立核算单位财务会计信息纳入学校财务报表情况的说明,包括将校内独立核算单位资产、负债和净资产并入学校资产负债表时对内部业务或事项抵销处理的情况,具有后勤保障职能的各校内独立核算单位本年收入、费用情况,将不具有后勤保障职能的其他校内独立核算单位的收入、费用并入学校收入费用表时对内部业务或事项抵销处理的情况。

高等学校在编制年度预算会计报表时,可参照上述规定,以适当形式提供将校内独立核算单位预算会计信息纳入高等学校预算会计报表的说明。

二、编制合并报表

(一)合并资产负债表

1.并表前应抵销的内部业务和事项说明。饮食中心的资产负债表(见表15-23)中“其他应付款”项目本期发生额中包含应付学校垫付的水电费 120 000 元,应当与学校财务“大账”的资产负债表(见表 15-12)中“其他应收款净额”项目进行抵销。

2.并表前 QD 大学资产负债表,见表 15-12;饮食中心资产负债表,见表15-23。

3.合并资产负债表,见表 15-1。

(二)合并收入费用表

1.并表前应抵销的内部业务和事项说明。

(1)饮食中心自身业务:饮食中心的收入费用表(见表 15-24)“其他收入”项目中包含本期学校拨付饮食中心的价格补助 100 000 元与该表“其他费用”项目

中的 100 000 元(学校价格补助经费的支出)进行收支相抵,相抵后,本期收入合计为 1 902 000 元,本期支出合计为 1 712 600 元,收支相抵后的净额为 189 400元。

(2)饮食中心与学校财务“大账”的业务:饮食中心的收入费用表(见表 15-24)“其他收入”项目中 3 000 元与学校财务“大账”的收入费用表(见表 15-13)“单位管理费用—行政管理费用”项目中的 3 000 元是同一事项,应予以抵销。剔除后,饮食中心的“其他收入”项目余额为 1 899 000 元,学校财务“大账”的“单位管理费用”项目余额为 9 943 800 元,其中“行政管理费用”项目余额为 3 219 800元。

所有抵销事项处理完后,饮食中心本期的收入合计为 1 899 000 元,收支净额调整为 186 400 元,填入学校财务“大账”的“其他收入”项目本年数,并单独填列于该项目下的“后勤保障单位净收入”项目本年数;学校财务“大账”的本期费用总数调整为 37 983 893.28 元。

2.并表前 QD 大学收入费用表,见表 15-13;饮食中心收入费用表,见表 15-24。

3.合并收入费用表,见表 15-2。

(三)合并净资产变动表

1.将学校财务“大账”的净资产变动表(见表 15-14)与饮食中心的净资产变动表(见表 15-25),相同项目进行合并。

2.合并净资产变动表,见表 15-3。

(四)合并现金流量表

1.饮食中心现金流量表(见表 15-26)“事业活动收到的除财政拨款以外的现金”项目中包含的本期学校通过银行转账拨付饮食中心的价格补助 100 000 元与学校财务“大账”现金流量表(见表 15-15)“支付的其他与日常活动有关的现金”项目中的 100 000 元(学校价格补助经费的支出)属于学校内部货币资金的流动内容,应予以抵销。

2.抵销后,将饮食中心的现金流量表与学校财务“大账”的现金流量表,相同项目进行合并。

3.合并前 QD 大学财务“大账”的现金流量表,见表 15-15;饮食中心现金流量表,见表 15-26。

4.合并现金流量表,见表 15-4。

(五)合并预算收入支出表

1.饮食中心的预算收入支出表(见表 15-27)“其他预算收入”项目中包含的本期学校通过银行转账拨付饮食中心的价格补助 100 000 元与该表“其他支出”项目中的 100 000 元(学校价格补助经费的支出)进行收支相抵,相抵后,本期预算收入合计为 1 902 000 元,本期预算支出合计为 1 502 600 元,收支相抵后的净额为 399 400 元,填入学校财务“大账”的“其他预算收入”项目本年数,并单独填列于该项目下的“后勤保障单位净预算收入”项目本年数。

2.合并前 QD 大学财务“大账”预算收入支出表,见表 15-16;饮食中心预算收入支出表,见表 15-27。

3.合并预算收入支出表,见表 15-5。

(六)合并预算结转结余变动表

1.将学校财务“大账”预算结转结余变动表(见表 15-17)与饮食中心预算结转结余变动表(见表 15-28),相同项目进行合并。

2.合并预算结转结余变动表,见表 15-6。

(七)合并财政拨款预算收入支出表

一般情况下,在高等学校校内独立核算单位(饮食中心)的日常经营中,无财政拨款预算收入,故本书没有举例编制“会政预 03 表—财政拨款预算收入支出表”。若实际工作中,其有财政拨款预算收入,则按照本章第八节“财政拨款预算收入支出表”的编制方法编制。

所以,本书所编制的合并财政拨款预算收入支出表,只包含了 QD 大学财务“大账”财政拨款预算收入支出表的数据,详见表 15-7。若实际工作中,高等学校校内独立核算单位(饮食中心)有财政拨款预算收入,则按校内独立核算单位报表编制的规定抵销内部事项后,将其相同项目的余额合并即可。

(八)合并报表附注(略)

第十六章 新旧制度衔接

自 2014 年 1 月 1 日起，高等学校执行《高等学校会计制度》（以下简称旧制度）。为了适应权责发生制政府综合财务报告制度改革需要，规范行政事业单位会计核算，提高会计信息质量，财政部于 2017 年 10 月 24 日发布了《政府会计制度—行政事业单位会计科目和报表》（财会〔2017〕25 号，以下简称新制度），要求行政事业单位自 2019 年 1 月 1 日起施行。为了确保新旧会计制度顺利过渡，财政部于 2018 年 2 月 1 日印发了《政府会计制度——行政事业单位会计科目和报表》与《行政单位会计制度》《事业单位会计制度》有关衔接问题处理规定的通知（财会〔2018〕3 号，以下简称衔接规定）。2018 年 8 月 14 日财政部又印发了关于高等学校执行《政府会计制度——行政事业单位会计科目和报表》的衔接规定。为了更好地应对新旧制度衔接，笔者将分别以具体实例说明高等学校新旧制度衔接事项。

第一节 新旧制度衔接概述

一、高等学校新旧制度衔接总要求

1.自 2019 年 1 月 1 日起，高等学校应当严格按照新制度及补充规定进行会计核算、编制财务报表和预算会计报表。

2.及时调整会计信息系统。高等学校应当按照新制度要求对原有会计信息系统进行及时更新和调试，实现数据正确转换，确保新旧账套的有序衔接；推进业务信息系统与会计信息系统的有效对接，为政府会计准则制度实施提供技术支撑。

3.高等学校应当按照规定做好新旧制度衔接的相关工作，主要包括以下几个方面：

（1）根据原账编制 2018 年 12 月 31 日的科目余额表，并按照衔接规定要求,编制原账的部分科目余额明细表。

(2)按照衔接规定要求,编制新旧科目转换对照表,登记新账的财务会计科目余额和预算结余科目余额,包括将原账科目余额转入新账财务会计科目、按照原账科目余额登记新账预算结余会计科目,将未入账事项登记新账科目,并对相关新账科目余额进行调整。

(3)按照登记及调整后新账的各会计科目余额,编制 2019 年 1 月 1 日的科目余额表,作为新账各会计科目的期初余额。

(4)按照新制度设立 2019 年 1 月 1 日的新账。录入财务会计科目余额和预算会计科目余额。在期初建账模块下录入按相关要求转化为新制度下的财务会计科目和预算会计科目的年初余额数据,并核对正确。

(5)设立项目辅助核算。按学校的校内预算数据,分部门分项目录入项目管理系统。

(6)录入基建业务的明细数据。按照新制度规定,基建账不再单独建账,需要将基建账上应收、应付等明细数据按照新制度的要求录入新账,并按项目进行核算。截至 2018 年 12 月 31 日尚未进行基建“并账”的高等学校,应当首先按照《新旧高等学校会计制度有关衔接问题的处理规定》(财会〔2014〕3 号),将基建账套相关数据并入 2018 年 12 月 31 日原账中的相关科目余额,再将 2018 年 12 月 31 日原账相关会计科目余额转入新账相应科目。

(7)根据新账各会计科目期初余额,按照新制度编制 2019 年 1 月 1 日资产负债表,填列 2019 年净资产变动表各项目的“上年年末余额”;填列 2019 年预算结转结余变动表的“年初预算结转结余”项目和财政拨款预算收入支出表的“年初财政拨款结转结余”项目。

二、高等学校新旧制度衔接流程

高等学校新旧制度衔接流程见图 16-1。

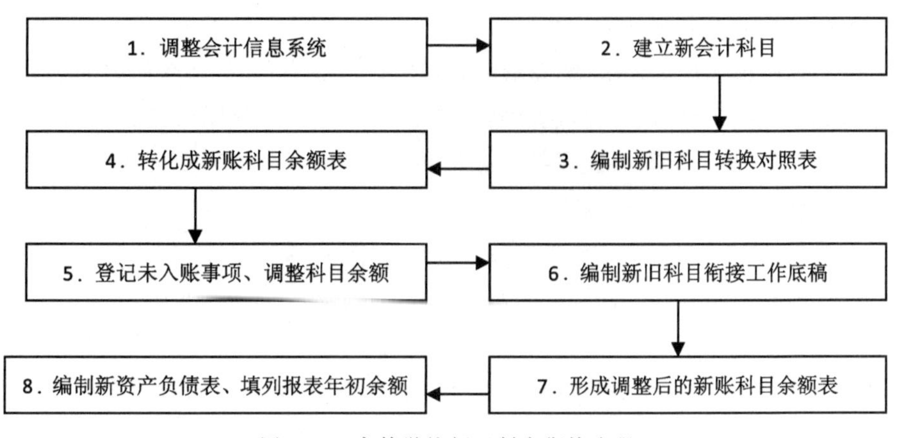

图 16-1　高等学校新旧制度衔接流程

三、高等学校新旧制度衔接实施措施

贯彻实施政府会计准则制度，是全面落实党的十八届三中全会关于“建立权责发生制的政府综合财务报告制度”、党的十九大关于“全面实施绩效管理”等决策部署的重要举措，对于科学、全面、准确反映政府资产负债和成本费用，加快建立现代财政制度，更好地发挥财政在国家治理中的基础和重要支柱作用具有重要而深远的意义。因此，各高等学校要充分认识其重要意义，扎实做好新旧制度衔接实施工作。

（一）加强组织领导

高等学校要把政府会计准则制度的贯彻实施作为一件大事来抓，加强对单位会计工作的组织领导，组织制定详细的实施方案，指导督促政府会计准则制度有效实施。同时，健全会计机构，充实会计人员，加强基础管理，完善内部控制，为政府会计准则制度实施提供有力保障。

高等学校要以贯彻实施政府会计准则制度为契机，加强会计核算与部门预决算管理、绩效管理、资产管理、政府财务报告编制等工作的协调，不断提升本单位的财务管理水平。

（二）强化宣传培训

高等学校要组织人员参加政府会计准则制度的培训工作，使广大会计人员全面掌握政府会计准则制度各项规定和具体要求，丰富财会人员的知识体系、不断提高其职业判断能力。

（三）扎实做好新旧制度衔接准备工作

高等学校应当按照新制度要求，对原有会计信息系统进行及时更新和调试，包括新建账套、更新会计科目体系、调整会计科目余额及核算基础、补提相关资产的折旧与摊销、将基建账套纳入单位“大账”、将未入账事项登记新账科目、确定 2019 年财务会计和预算会计科目各项期初数等工作，实现数据正确转换。

1.进一步做好清产核资工作

高等学校应当根据新制度的要求，进一步清理核实和归类统计固定资产、无形资产、库存物品、对外投资等资产数据，为准确计提折旧、摊销费用、确定权益等提供基础信息。

2.全面清理往来款项

进一步规范和加强往来款项的管理，全面开展往来款项专项清理和账龄分析，做好坏账准备计提的相关工作。

3.对基建账务进行清理

进一步清理基本建设会计账务，及时将已交付使用的建设项目转为固定资产、无形资产等，按规定及时办理基本建设项目竣工财务决算手续，为将基本建设投资业务纳入单位会计“大账”做好准备。

4.全面梳理各项结转结余资金

进一步梳理和分析各项结转结余资金的构成和性质，按规定确定新账中各项预算结余科目及资金结存科目的金额，夯实部门决算的核算基础。

5.做好新旧转账及调整工作

在上述工作基础上，各高等学校应当严格按照财政部制定的新旧制度衔接规定，做好新旧转账及调整工作，必要时可聘请会计师事务所等中介机构参与其中，确保新旧制度有序衔接、平稳过渡。

（四）会计人员要学习领会新制度

政府会计制度改革，是政府会计领域的重大进步和创新。作为会计人员，一定要认真学习、研究政府会计准则、制度，了解其变化、影响及账务处理，为本单位实施新的政府会计制度做好充分的准备。

第二节　会计科目和报表的新旧衔接

一、财务会计科目的新旧衔接

(一)将 2018 年 12 月 31 日原账会计科目余额转入新账财务会计科目

高等学校应当根据 2018 年 12 月 31 日的科目余额表，参照表 16-1 原账的部分科目余额明细表，编制新旧制度科目余额对照表。

表 16-1　高等学校原会计科目余额明细表

总账科目	明细分类	金额	备注
库存现金	库存现金		
	其中：受托代理现金		
银行存款	银行存款		
	其中：受托代理银行存款		
	其他货币资金		
预付账款	使用受托代理资金预付		
	其他		
其他应收款	在途物品		已经付款或已开出商业汇票，尚未收到物资
	使用受托代理资金应收		
	其他		
存货	在加工存货		
	非在加工存货		
	受托代理资产		
长期投资	长期股权投资		
	其中：对企业法人单位的投资		
	长期债券投资		
固定资产	固定资产		
	受托代理固定资产		
累计折旧	固定资产累计折旧		
	受托代理固定资产累计折旧		

续表

总账科目	明细分类	金额	备注
在建工程	在建工程		
	工程物资		
	预付工程款、预付备料款		
应缴税费	应缴增值税		
	其他应缴税费		
其他应付款	其他应付款		
	受托代理负债		
代管款项	受托代理负债		
	其他应付款		
	长期应付款		

1.资产类

(1)“库存现金”“财政应返还额度”“短期投资”“应收票据”“应收账款”“无形资产”科目

新制度设置了“库存现金”“财政应返还额度”“短期投资”“应收票据”“应收账款”“无形资产”科目，其核算内容与原账的上述相应科目的核算内容基本相同。转账时，应当将原账的上述科目余额直接转入新账的相应科目。其中，还应当将原账的“库存现金”科目余额中属于新制度规定受托代理资产的金额转入新账的“库存现金”科目下“受托代理资产”明细科目。

(2)“银行存款”科目

新制度设置了“银行存款”和“其他货币资金”科目，原制度设置了“银行存款”科目。转账时，高等学校应当将原账“银行存款”科目中核算的属于新制度规定的其他货币资金的金额，转入新账的“其他货币资金”科目；将原账“银行存款”科目余额减去其中属于其他货币资金余额后的差额，转入新账的“银行存款”科目。其中，还应当将原账的“银行存款”科目余额中属于新制度规定受托代理资产的金额，转入新账“银行存款”科目下的“受托代理资产”明细科目。

(3)“预付账款”科目

新制度设置了“预付账款”科目，该科目的核算内容与原账“预付账款”科目的核算内容基本相同。转账时，高等学校应当将原账的“预付账款”科目余额转入新账的“预付账款”科目。

新制度设置了“受托代理资产”科目，高等学校在原账的“预付账款”科目中核算了使用受托代理资金的预付账款的，应当将原账的“预付账款”科目余额中使用受托代理资金的金额转入新账的“受托代理资产—应收及暂付款”科目。

(4)“其他应收款”科目

新制度设置了“其他应收款”科目，该科目的核算内容与原账的“其他应收款”科目的核算内容基本相同。转账时，高等学校应当将原账的“其他应收款”科目余额转入新账的“其他应收款”科目。

新制度设置了“在途物品”科目，高等学校如果有在原账“其他应收款”科目中核算已经付款或开出商业汇票、尚未收到物资的款项，应当将原账的“其他应收款”科目余额中已经付款或开出商业汇票、尚未收到物资的款项金额转入新账的“在途物品”科目。

新制度设置了“受托代理资产”科目，高等学校如果有使用受托代理资金支付其他应收款的，应当将原账的“其他应收款”科目余额中使用受托代理资金的金额转入新账的“受托代理资产—应收及暂付款”科目。

(5)“存货”科目

新制度设置了“库存物品”和“加工物品”科目，原制度设置了“存货”科目。转账时，高等学校应当将原账的“存货”科目余额中属于在加工存货的金额，转入新账的“加工物品”科目；将原账的“存货”科目余额减去属于在加工存货的金额后的差额，转入新账的“库存物品”科目。

高等学校在原账的“存货”科目中核算了属于新制度规定的受托代理物资的，应当将原账的“存货”科目余额中属于受托代理物资的金额，转入新账的“受托代理资产”科目。

(6)“长期投资”科目

新制度设置了“长期股权投资”和“长期债券投资”科目，原制度设置了“长期投资”科目。转账时，高等学校应当将原账的“长期投资”科目余额中属于股权投资的金额转入新账的“长期股权投资”科目及其明细科目；将原账的“长期投资”科目余额中属于债券投资的金额，转入新账的“长期债券投资”科目及其明细科目。

高等学校原账的“长期投资”科目核算的内容中，如果有被投资单位属于非企业法人单位的，应当在转账时先将对非企业法人单位出资的金额从原账的“长期投资”科目余额转出，借记原账的“非流动资产基金—长期投资”科目，贷记原账的“长期投资”科目。

(7)“固定资产”科目

新制度设置了“固定资产”科目，该科目的核算内容与原账“固定资产”科目的核算内容基本相同。转账时，高等学校应当将原账的“固定资产”科目余额转入新账的“固定资产”科目。

高等学校有使用受托代理资金购买的固定资产的，当将原账的“固定资产”科目余额中使用受托代理资金购买固定资产的金额转入新账的“受托代理资产—固定资产”科目借方。

(8)“累计折旧”科目

新制度设置了“固定资产累计折旧”科目，该科目的核算内容与原账“累计折旧”科目的核算内容基本相同。转账时，高等学校已经计提了固定资产折旧的，应当将原账的“累计折旧”科目余额，转入新账的“固定资产累计折旧”科目。

高等学校有使用受托代理资金购买的固定资产并计提了折旧的，应当将原账的“累计折旧”科目余额中对使用受托代理资金购买固定资产计提折旧的金额转入新账的“累计盈余”科目。

(9)“在建工程”科目

新制度设置了“在建工程”和“预付账款—预付备料款、预付工程款”科目，原制度设置了“在建工程”科目。转账时，高等学校应当将原账的“在建工程”科目余额(基建“并账”后的金额，下同)中属于预付备料款、预付工程款的金额，转入新账的“预付账款”科目相关明细科目；将原账的“在建工程”科目余额减去预付备料款、预付工程款金额后的差额，转入新账的“在建工程”科目。

高等学校在原账“在建工程”科目中核算了按照新制度规定应当记入“工程物资”科目内容的，应当将原账“在建工程”科目余额中属于工程物资的金额，转入新账的“工程物资”科目。

(10)“累计摊销”科目

新制度设置了“无形资产累计摊销”科目，该科目的核算内容与原账“累计摊销”科目的核算内容基本相同。转账时，高等学校已经计提了无形资产摊销的，应当将原账的“累计摊销”科目余额，转入新账的“无形资产累计摊销”科目。

(11)“待处置资产损溢”科目

新制度设置了“待处理财产损溢”科目，该科目的核算内容与原账的“待处置资产损溢”科目的核算内容基本相同。转账时，高等学校应当将原账的“待处置资产损溢”科目余额，转入新账的“待处理财产损溢”科目。

(12)“零余额账户用款额度”科目

由于原账的“零余额账户用款额度”科目年末无余额，无须进行转账处理。

资产类新旧制度科目衔接对照表见表 16-2。

表 16-2　资产类新旧制度科目衔接对照表

原制度会计科目		新制度会计科目	
编　号	名　称	编　号	名　称
1001	库存现金	1001	库存现金
			其中：受托代理现金
1002	银行存款	1002	银行存款
			其中：受托代理银行存款
		1021	其他货币资金
1101	短期投资	1101	短期投资
1201	财政应返还额度	1201	财政应返还额度
1211	应收票据	1211	应收票据
1212	应收账款	1212	应收账款
1213	预付账款	1214	预付账款
		1891	受托代理资产
1215	其他应收款	1218	其他应收款
		1301	在途物品
		1891	受托代理资产
1301	存货	1302	库存物品
		1303	加工物品
		1891	受托代理资产
1401	长期投资	1501	长期股权投资
		1502	长期债券投资
1501	固定资产	1601	固定资产
		1891	受托代理资产
1502	累计折旧	1602	固定资产累计折旧
		3001	累计盈余

续表

原制度会计科目		新制度会计科目	
1511	在建工程	1611	工程物资
		1613	在建工程
		1214	预付账款
1601	无形资产	1701	无形资产
1602	累计摊销	1702	无形资产累计摊销
1701	待处置资产损溢	1902	待处理财产损溢

2.负债类

(1)“短期借款”“应付职工薪酬”“应付票据”“应付账款”“预收账款”“长期借款”“长期应付款”科目

新制度设置了“短期借款”“应付职工薪酬”“应付票据”“应付账款”“预收账款”“长期借款”“长期应付款”科目,这些科目的核算内容与原账的上述相应科目的核算内容基本相同。转账时,应当将原账的上述科目余额直接转入新账的相应科目。

(2)“应缴税费”科目

新制度设置了“应交增值税”和“其他应交税费”科目,原制度设置了“应缴税费”科目。转账时,高等学校应当将原账的“应缴税费—应缴增值税”科目余额,转入新账“应交增值税”科目中的相关明细科目;将原账的“应缴税费”科目余额减去属于应缴增值税余额后的差额,转入新账的“其他应交税费”科目。

(3)“应缴国库款”“应缴财政专户款”科目

新制度设置了“应缴财政款”科目,原制度设置了“应缴国库款”“应缴财政专户款”科目。转账时,高等学校应当将原账的“应缴国库款”“应缴财政专户款”科目余额转入新账的“应缴财政款”科目。

(4)“其他应付款”科目

新制度设置了“其他应付款”科目,该科目的核算内容与原账“其他应付款”科目的核算内容基本相同。转账时,高等学校应当将原账的“其他应付款”科目余额,转入新账的“其他应付款”科目。其中,高等学校在原账的“其他应付款”科目中核算了属于新制度规定的受托代理负债的,应当将原账的“其他应付款”科目余额中属于受托代理负债的余额,转入新账的“受托代理负债”科目。

(5)“代管款项”科目

新制度设置了“受托代理负债”科目，原账的“代管款项”科目的核算内容包括了受托代理负债的内容。转账时，高等学校应当对原账中“代管款项”科目余额进行分析，将其中属于新制度规定受托代理负债的余额转入新账的“受托代理负债”科目；将不属于受托代理负债的余额，根据偿还期限分别转入新账的“其他应付款”和“长期应付款”科目。

负债类新旧制度科目衔接对照表见表 16-3。

表 16-3　负债类新旧制度科目衔接对照表

原制度会计科目		新制度会计科目	
编号	名称	编号	名称
2001	短期借款	2001	短期借款
2101	应缴税费	2101	应交增值税
		2102	其他应交税费
2102	应缴国库款	2103	应缴财政款
2103	应缴财政专户款		
2201	应付职工薪酬	2201	应付职工薪酬
2301	应付票据	2301	应付票据
2302	应付账款	2302	应付账款
2303	预收账款	2305	预收账款
2305	其他应付款	2307	其他应付款
		2901	受托代理负债
3101	非流动资产基金		
2401	长期借款	2501	长期借款
2402	长期应付款	2502	长期应付款
2501	代管款项	2901	受托代理负债
		2307	其他应付款
		2502	长期应付款

3.净资产类

(1)“事业基金”科目

新制度设置了“累计盈余”科目。该科目核算内容包含了原账“事业基金”科目的核算内容。转账时，高等学校应当将原账的“事业基金”科目余额，转入新账的“累计盈余”科目。

(2)“非流动资产基金”科目

依据新制度,无需对原制度中“非流动资产基金”科目对应内容进行核算。转账时,高等学校应当将原账的“非流动资产基金”科目余额转入新账的“累计盈余”科目。

高等学校有使用受托代理资金购买的固定资产的,转账时,应当将“非流动资产基金—固定资产”科目余额中属于受托代理固定资产原值的金额转入新账的“受托代理负债”科目。

(3)“专用基金”科目

新制度设置了“专用基金”科目,该科目的核算内容与原账“专用基金”科目的核算内容基本相同。转账时,高等学校应当将原账的“专用基金”科目余额转入新账的“专用基金”科目。

(4)“财政补助结转”“财政补助结余”“非财政补助结转”科目

新制度设置了“累计盈余”科目,该科目的余额包含了原账的“财政补助结转”“财政补助结余”“非财政补助结转”科目的余额内容。转账时,高等学校应当将原账的“财政补助结转”“财政补助结余”“非财政补助结转”科目余额,转入新账的“累计盈余”科目。

(5)“经营结余”科目

新制度设置了“本期盈余”科目,该科目的核算内容包含了原账“经营结余”科目的核算内容。新制度规定“本期盈余”科目余额最终转入“累计盈余”科目,如果原账的“经营结余”科目有借方余额,转账时,高等学校应当将原账的“经营结余”科目借方余额转入新账的“累计盈余”科目借方。

(6)“事业结余”“非财政补助结余分配”科目

由于原账的“事业结余”“非财政补助结余分配”科目年末无余额,这两个科目无须进行转账处理。

净资产类旧制度科目与新制度科目衔接对照表见表 16-4。

表 16-4　　净资产类新制度科目与旧制度科目衔接对照表

原制度会计科目		新制度会计科目	
编号	名称	编号	名称
3001	事业基金	3001	累计盈余
3101	非流动资产基金		
3201	专用基金	3101	专用基金
3301	财政补助结转	3001	累计盈余
3302	财政补助结余		
3401	非财政补助结转		
3403	经营结余(借方)	3001	累计盈余(借方)

4.收入类、支出类

由于原账中收入类、支出类科目年末无余额,无须进行转账处理。自 2019 年 1 月 1 日起,高等学校应当按照新制度设置收入类、费用类科目并进行账务处理。

5.其他事项

高等学校存在其他本规定未列举的原账科目余额的,应当比照本规定转入新账的相应科目。新账的科目设有明细科目的,应将原账中对应科目的余额加以分析,分别转入新账中相应科目的相关明细科目。

高等学校在进行新旧衔接的转账时,应当编制转账的工作分录,作为转账的工作底稿,并将转入新账的对应原科目余额及分拆原科目余额的依据作为原始凭证。

(二)将原未入账事项登记新账财务会计科目

1.应收股利

高等学校在新旧制度转换时,应当将 2018 年 12 月 31 日前未入账的应收股利按照新制度规定记入新账。登记新账时,按照确定的应收股利金额,借记“应收股利”科目,贷记“累计盈余”科目。

2.研发支出

高等学校在新旧制度转换时,应当将 2018 年 12 月 31 日前未入账的自行研究开发项目开发阶段的费用按照新制度规定记入新账。登记新账时,按照确定的开发阶段费用金额,借记“研发支出”科目,贷记“累计盈余”科目。

3.受托代理资产

高等学校在新旧制度转换时,应当将 2018 年 12 月 31 日前未入账的受托代理资产按照新制度规定记入新账。登记新账时，按照确定的受托代理资产金额，借记“受托代理资产”科目，贷记“受托代理负债”科目。

4.盘盈资产

高等学校在新旧制度转换时，应当将 2018 年 12 月 31 日前未入账的盘盈资产按照新制度规定记入新账。登记新账时，按照确定的盘盈资产及其成本，借记有关资产科目，按照盘盈资产成本的合计金额，贷记“累计盈余”科目。

5.应付质量保证金

高等学校在新旧制度转换时，应当将 2018 年 12 月 31 日前未入账的应付质量保证金按照新制度规定记入新账。登记新账时，按照确定未入账的应付质量保证金金额，借记“累计盈余”科目，贷记“其他应付款”科目[扣留期在一年以内（含一年）]、“长期应付款”科目（扣留期超过一年）。

6.预计负债

高等学校在新旧制度转换时，应当将 2018 年 12 月 31 日按照新制度规定确认的预计负债记入新账。登记新账时，按照确定的预计负债金额，借记“累计盈余”科目，贷记“预计负债”科目。

7.其他事项

高等学校存在 2018 年 12 月 31 日前未入账的其他事项，应当比照本规定登记新账的相应科目。

高等学校对新账的财务会计科目补记未入账事项时，应当编制记账凭证，并将补充登记事项的确认依据作为原始凭证。

未入账事项登记新账账务处理见表 16-5。

表 16-5　　未入账事项登记新账账务处理

业务事项	账务处理
计入应收股利	借：应收股利 　贷：累计盈余
计入研发支出	借：研发支出 　贷：累计盈余
计入受托代理资产	借：受托代理资产 　贷：受托代理负债
计入盘盈资产	借：固定资产等 　贷：累计盈余

续表

业务事项	账务处理
计入应付质量保证金	借:累计盈余 　贷:其他应付款/长期应付款
计入预计负债	借:累计盈余 　贷:预计负债

(三)对新账的相关财务会计科目余额按照新制度规定的会计核算基础进行调整

1.计提坏账准备

新制度要求对单位收回后无须上缴财政的应收账款和其他应收款提取坏账准备。在新旧制度转换时,高等学校应当按照 2018 年 12 月 31 日无须上缴财政的应收账款和其他应收款的余额计算应计提的坏账准备金额,借记“累计盈余”科目,贷记“坏账准备”科目。

2.按照权益法调整长期股权投资账面余额

对按照新制度规定应当采用权益法核算的长期股权投资,在新旧制度转换时,高等学校应当在“长期股权投资”科目下设置“新旧制度转换调整”明细科目,依据被投资单位 2018 年 12 月 31 日财务报表的所有者权益账面余额,以及高等学校持有被投资单位的股权比例,计算应享有或应分担的被投资单位所有者权益的份额,调整长期股权投资的账面余额,借记或贷记“长期股权投资—新旧制度转换调整”科目,贷记或借记“累计盈余”科目。

高等学校对已经持有,且处于停产、半停产、连年亏损、资不抵债、主要靠政府补贴和学校续贷维持经营的被投资单位的投资,在新旧制度转换时可继续采用成本法进行核算。

3.确认长期债券投资期末应收利息

高等学校应当按照新制度规定于 2019 年 1 月 1 日补记长期债券投资应收利息,按照长期债券投资的应收利息金额,借记“长期债券投资”科目(到期一次还本付息)或“应收利息”科目(分期付息、到期还本),贷记“累计盈余”科目。

4.补提折旧

高等学校在原账中尚未计提固定资产折旧的,应当全面核查截至 2018 年 12 月 31 日的固定资产的预计使用年限、已使用年限、尚可使用年限等,并于 2019 年 1 月 1 日对尚未计提折旧的固定资产补提折旧,按照应计提的折旧金额,借记“累计盈余”科目,贷记“固定资产累计折旧”科目。

5.补提摊销

高等学校在原账中尚未计提无形资产摊销的，应当全面核查截至 2018 年 12 月 31 日无形资产的预计使用年限、已使用年限、尚可使用年限等，并于 2019 年 1 月 1 日对前期尚未计提摊销的无形资产补提摊销，按照应计提的摊销金额，借记“累计盈余”科目，贷记“无形资产累计摊销”科目。

6.确认长期借款期末应付利息

高等学校应当按照新制度规定于 2019 年 1 月 1 日补记长期借款的应付利息金额，对其中资本化的部分，借记“在建工程”科目，对其中费用化的部分，借记“累计盈余”科目，按照全部长期借款应付利息金额，贷记“长期借款”科目（到期一次还本付息）或“应付利息”科目（分期付息、到期还本）。

7.其他事项

高等学校存在其他未列举的原账科目余额需进行调整的，应当参照相关规定对新账的相关财务会计科目余额按照新制度规定的会计核算基础进行调整。

高等学校对新账的财务会计科目期初余额进行调整时，应当编制记账凭证，并将调整事项的确认依据作为原始凭证。

（四）编制新制度财务会计科目余额表

通过编制原账科目余额明细表，转换为新制度的科目余额，再并入未入账事项余额和按新制度会计基础调整余额，即可得出新制度财务会计科目余额表，具体编制过程见表 16-6。

表 16-6　财务会计科目余额调整工作底稿

科目代码	科目名称	余额方向	原科目转入余额	未入账事项余额	按新制度会计基础调整余额	合计
1001	库存现金	借方				
1002	银行存款	借方				
	其中：受托代理银行存款	借方				
1101	短期投资	借方				
1201	财政应返还额度	借方				
1212	应收账款	借方				
1214	预付账款	借方				
1215	应收股利	借方		√		
1216	应收利息	借方			√	

续表

科目代码	科目名称	余额方向	原科目转入余额	未入账事项余额	按新制度会计基础调整余额	合计
1218	其他应收款	借方		√		
1219	坏账准备	贷方			√	
1302	库存物品	借方		√		
1501	长期股权投资	借方			√	
1502	长期债券投资	借方				
1601	固定资产	借方		√		
1602	固定资产累计折旧	贷方			√	
1611	工程物资	借方				
1613	在建工程	借方				
1701	无形资产	借方				
1702	无形资产累计摊销	贷方			√	
1703	研发支出	借方		√		
1891	受托代理资产	借方		√		
2001	短期借款	贷方				
2302	应付账款	贷方				
2304	应付利息	贷方			√	
2305	预收账款	贷方				
2307	其他应付款	贷方		√		
2501	长期借款	贷方				
2502	长期应付款	贷方				
2601	预计负债			√		
2901	受托代理负债	贷方		√		
3001	累计盈余	贷方		√	√	
3101	专用基金	贷方				

二、预算会计科目的新旧衔接

(一)“财政拨款结转”和“财政拨款结余”科目及对应的“资金结存”科目余额

新制度设置了“财政拨款结转”“财政拨款结余”科目及对应的“资金结存”

科目。在新旧制度转换时，高等学校应当对原账的“财政补助结转”科目及对应科目余额进行逐项分析，加上已经计入支出尚未支付财政资金（如发生时列支的应付票据、应付账款、应缴税费、应付职工薪酬等）的金额，减去已经支付财政资金尚未计入支出（如购入的存货、预付账款、其他应收款等）的金额，按照增减后的金额，登记新账的“财政拨款结转”科目及其明细科目贷方；按照原账“财政补助结余”科目余额，登记新账的“财政拨款结余”科目及其明细科目贷方。

按照原账“财政应返还额度”科目余额登记新账的“资金结存—财政应返还额度”科目借方。按照新账的“财政拨款结转”和“财政拨款结余”科目贷方余额合计数，减去新账的“资金结存—财政应返还额度”科目借方余额后的差额，登记新账的“资金结存—货币资金”科目借方。

（二）“非财政拨款结转”科目及对应的“资金结存”科目余额

新制度设置了“非财政拨款结转”科目及对应的“资金结存”科目。在新旧制度转换时，高等学校应当对原账的“非财政补助结转”及对应科目余额进行逐项分析，加上已经计入支出尚未支付非财政补助专项资金（如发生时列支的应付票据、应付账款、应缴税费、应付职工薪酬等）的金额，减去已经支付非财政补助专项资金尚未计入支出（如购入的存货、预付账款等）的金额，加上已经收到非财政补助专项资金尚未计入预算收入（如预收账款等）的金额，减去已经计入预算收入尚未收到非财政补助专项资金（如应收票据、应收账款、其他应收款等）的金额，按照增减后的金额，登记新账的“非财政拨款结转”科目及其明细科目贷方；同时，按照相同的金额，登记新账“资金结存—货币资金”科目的借方。

（三）“专用结余”科目及对应的“资金结存”科目余额

新制度设置了“专用结余”科目及对应的“资金结存”科目。在新旧制度转换时，高等学校应当按照原账“专用基金”科目余额中通过非财政补助结余分配形成的金额，借记新账的“资金结存—货币资金”科目，贷记新账的“专用结余”科目。

（四）“经营结余”科目及对应的“资金结存”科目余额

新制度设置了“经营结余”科目。如果原账的“经营结余”科目期末有借方余额，在新旧制度转换时，按照原账的“经营结余”科目余额，借记新账的“经营结余”科目，贷记新账的“资金结存—货币资金”科目。

（五）“非财政拨款结余”科目及对应的“资金结存”科目余额

1.登记“非财政拨款结余”科目余额

新制度设置了“非财政拨款结余”科目及对应的“资金结存”科目。在新旧制度转换时，高等学校应当按照原账的“事业基金”科目余额，借记新账的“资金结存—货币资金”科目，贷记新账的“非财政拨款结余”科目。

2. 对新账“非财政拨款结余”科目及“资金结存”科目余额进行调整

(1)调整短期投资对非财政拨款结余的影响

高等学校应当按照原账的“短期投资”科目余额，借记“非财政拨款结余”科目，贷记“资金结存—货币资金”科目。

(2)调整应收票据、应收账款对非财政拨款结余的影响

高等学校应当对原账的“应收票据”“应收账款”科目余额进行分析，区分计入专项资金收入的金额和计入非专项资金收入的金额，按照计入非专项资金收入的金额借记“非财政拨款结余”科目，贷记“资金结存—货币资金”科目。

(3)调整预付账款对非财政拨款结余的影响

高等学校应当对原账的“预付账款”科目余额进行分析，区分其中由财政补助资金预付的金额、非财政补助专项资金预付的金额和非财政补助非专项资金预付的金额，按照非财政补助非专项资金预付的金额，借记“非财政拨款结余”科目，贷记“资金结存—货币资金”科目。

(4)调整其他应收款对非财政拨款结余的影响

高等学校按照新制度规定将原账其他应收款中的预付款项计入支出的，应当对原账的“其他应收款”科目余额进行分析，区分其中预付款项的金额(将来很可能列支)和非预付款项的金额，并对预付款项的金额划分为财政补助资金预付的金额、非财政补助专项资金预付的金额和非财政补助非专项资金预付的金额，按照非财政补助非专项资金预付的金额，借记“非财政拨款结余”科目，贷记“资金结存—货币资金”科目。

(5)调整存货对非财政拨款结余的影响

高等学校应当对原账的“存货”科目余额进行分析，区分购入的存货金额和非购入的存货金额。对购入的存货金额划分出其中使用财政补助资金购入的金额、使用非财政补助专项资金购入的金额和使用非财政补助非专项资金购入的金额，按照使用非财政补助非专项资金购入的金额，借记“非财政拨款结余”科目，贷记“资金结存—货币资金”科目。

(6)调整长期股权投资对非财政拨款结余的影响

高等学校应当对原账的“长期投资”科目余额中属于股权投资的余额(不含对非企业法人投资)进行分析，区分其中用现金资产取得的金额和用非现金资产及其他方式取得的金额，按照用现金资产取得的金额，借记“非财政拨款结

余”科目，贷记“资金结存—货币资金”科目。

按照原制度核算长期投资、而且对应科目为“非流动资产基金—长期投资”的，不作此项调整。

(7)调整长期债券投资对非财政拨款结余的影响

高等学校应当按照原账的“长期投资”科目余额中属于债券投资的余额，借记“非财政拨款结余”科目，贷记“资金结存—货币资金”科目。

按照原制度核算长期投资、而且对应科目为“非流动资产基金—长期投资”的，不作此项调整。

(8)调整短期借款、长期借款对非财政拨款结余的影响

高等学校应当按照原账的“短期借款”“长期借款”科目余额，借记“资金结存—货币资金”科目，贷记“非财政拨款结余”科目。

(9)调整应付票据、应付账款对非财政拨款结余的影响

高等学校应当对原账的“应付票据”“应付账款”科目余额进行分析，区分财政补助应付的金额、非财政补助专项资金应付的金额和非财政补助非专项资金应付的金额，按照非财政补助非专项资金应付的金额借记“资金结存—货币资金”科目，贷记“非财政拨款结余”科目。

(10)调整应缴增值税对非财政拨款结余的影响

高等学校应当对原账“应缴税费—应缴增值税”科目余额进行分析，划分出与非财政补助专项资金相关的金额和与非财政补助非专项资金相关的金额。按照与非财政补助非专项资金相关的金额，计算应调整非财政拨款结余的金额。

应调整金额如为正数，按照该金额借记“资金结存—货币资金”科目，贷记“非财政拨款结余”科目；如为负数，按照该金额借记“非财政拨款结余”科目，贷记“资金结存—货币资金”科目。

(11)调整其他应缴税费对非财政拨款结余的影响

高等学校应当对原账“应缴税费”科目余额中非增值税的其他应缴税费金额进行分析，划分出财政补助应交金额、非财政补助专项资金应交金额和非财政补助非专项资金应交金额，按照非财政补助非专项资金应交金额，借记“资金结存—货币资金”科目，贷记“非财政拨款结余”科目。

(12)调整预收账款对非财政拨款结余的影响

高等学校应当按照原账的“预收账款”科目余额中预收非财政非专项资金的金额，借记“资金结存—货币资金”科目，贷记“非财政拨款结余”科目。

(13)调整其他应付款对非财政拨款结余的影响

高等学校应当对原账的“其他应付款”科目余额(扣除属于受托代理负债的金额)进行分析,区分其中支出类的金额(确认其他应付款时计入了支出)和周转类的金额(如收取的押金、保证金等),并对支出类的金额划分为财政补助资金列支的金额、非财政补助专项资金列支的金额和非财政补助非专项资金列支的金额,按照非财政补助非专项资金列支的金额,借记“资金结存—货币资金”科目,贷记“非财政拨款结余”科目。

(14)调整专用基金对非财政拨款结余的影响

高等学校应当对原账的“专用基金”科目余额进行分析,划分出按照收入比例列支提取的专用基金(如列支提取的职工福利基金、列支提取的学生奖助基金等),按照列支提取的专用基金的金额,借记“资金结存—货币资金”科目,贷记“非财政拨款结余”科目。

3. 其他情形的资金调整

高等学校按照前述1、2两个步骤难以准确调整出“非财政拨款结余”科目及对应的“资金结存”科目余额的,在新旧制度转换时,可以在新账的“库存现金”“银行存款”“其他货币资金”“财政应返还额度”科目借方余额合计数基础上,对不纳入单位预算管理的资金进行调整(如减去新账中货币资金形式的受托代理资产、应缴财政款、已收取将来需要退回资金的其他应付款,加上已支付将来需要收回资金的其他应收款),按照调整后的金额减去新账的“财政拨款结转”“财政拨款结余”“非财政拨款结转”“专用结余”科目贷方余额合计数,加上“经营结余”科目借方余额后的金额,登记新账的“非财政拨款结余”科目贷方;同时,按照相同的金额登记新账的“资金结存—货币资金”科目借方。

(六)“其他结余”“非财政拨款结余分配”科目

新制度设置了“其他结余”和“非财政拨款结余分配”科目。由于这两个科目年初无余额,在新旧制度转换时,无须对“其他结余”和“非财政拨款结余分配”科目进行新账年初余额登记。

(七)预算收入类、预算支出类会计科目

由于预算收入类、预算支出类会计科目年初无余额,在新旧制度转换时,高等学校无需对预算收入类、预算支出类会计科目进行新账年初余额登记。

高等学校自2019年1月1日起,应当按照新制度设置预算收入类、预算支出类科目并进行账务处理。

(八)其他事项

高等学校存在2018年12月31日需要按照新制度预算会计核算基础调整预算会计科目期初余额的其他事项的,应当比照本规定调整新账的相应预算会计科目期初余额。

高等学校对预算会计科目期初余额登记和调整,应当编制记账凭证,并将期初余额登记和调整的依据作为原始凭证。

(九)编制新制度预算会计科目余额表

预算会计科目新旧衔接对照表见表16-7,很清楚地指说明了预算科目的对应关系。据此,即可编制出新制度的预算会计科目余额表,具体操作可参考本章第三节的表16-13。

表16-7　　预算会计科目新旧衔接对照表

旧制度科目			新制度科目											
科目名称	明细分类	方向	财政拨款结转		财政拨款结余		非财政拨款结转		非财政拨款结余		专用结余	经营结余	资金结存	
			借方	贷方	借方	贷方	借方	贷方	借方	贷方	贷方	贷方	借方	贷方
短期投资	全部	借方							√					√
应收票据	发生时计入收入(专项收入)	借方					√							√
	发生时计入收入(其他)	借方							√					√
	发生时不计入收入	借方												
应收账款	发生时计入预算收入(专项收入)	借方					√							√
	发生时计入预算收入(其他)	借方							√					√
	发生时不计入预算收入	借方												
预付账款	财政补助资金预付	借方	√											√
	非财政补助专项资金预付	借方					√							√
	非财政补助非专项资金预付	借方							√					√

续表

旧制度科目			新制度科目											
科目名称	明细分类	方向	财政拨款结转		财政拨款结余		非财政拨款结转		非财政拨款结余		专用结余	经营结余	资金结存	
			借方	贷方	借方	贷方	借方	贷方	借方	贷方	贷方	贷方	借方	贷方
其他应收款	财政补助资金预付	借方	√											√
	非财政补助专项资金预付	借方					√							√
	非财政补助非专项资金预付	借方							√					√
	受托代理资产的应收款	借方												
	需要收回及其他	借方												
存货	财政补助资金购入	借方	√											√
	非财政补助专项资金购入	借方					√							√
	非财政补助非专项资金购入	借方							√					√
	非购入存货	借方												
	受托代理资产的存货	借方												
	长期债券投资	借方							√					√
	对非企业法人股权投资	借方												
短期借款	专项	贷方						√					√	
	非专项	贷方								√			√	
应付职工薪酬	计入支出财政资金应付	贷方		√									√	
	计入支出非财政补助专项资金应付	贷方						√					√	
	计入支出非财政补助非专项资金应付	贷方								√			√	
应付票据	计入支出财政资金应付	贷方		√									√	
	计入支出非财政补助专项资金应付	贷方						√					√	
	计入支出非财政补助非专项资金应付	贷方								√			√	
	发生时不计入支出	贷方												

续表

旧制度科目			新制度科目											
科目名称	明细分类	方向	财政拨款结转		财政拨款结余		非财政拨款结转		非财政拨款结余		专用结余	经营结余	资金结存	
			借方	贷方	借方	贷方	借方	贷方	借方	贷方	贷方	贷方	借方	贷方
应付账款	计入支出财政资金应付	贷方		√									√	
	计入支出非财政补助专项资金应付	贷方						√					√	
	计入支出非财政补助非专项资金应付	贷方								√			√	
	发生时不计入支出	贷方												
预收账款	预收专项资金	贷方						√					√	
	预收非专项资金	贷方								√			√	
应交税费—应交增值税	非财政补助专项资金应交	贷方						√					√	
	非财政补助非专项资金应交	贷方								√			√	
应交税费—应交其他税费	财政补助资金应交	贷方		√									√	
	非财政补助专项资金应交							√					√	
	非财政补助非专项资金应交	贷方								√			√	
其他应付款	支出类财政资金应付	贷方		√									√	
	支出类非财政补助专项资金应付	贷方						√					√	
	支出类非财政补助非专项资金应付	贷方								√			√	
	周转类	贷方												
长期借款	专项	贷方						√					√	
	非专项	贷方								√			√	
事业基金	一般基金	贷方								√			√	
	项目管理费及间接费	贷方												

续表

旧制度科目			新制度科目											
科目名称	明细分类	方向	财政拨款结转		财政拨款结余		非财政拨款结转		非财政拨款结余		专用结余	经营结余	资金结存	
			借方	贷方	借方	贷方	借方	贷方	借方	贷方	贷方	贷方	借方	贷方
专用基金	非财政补助结余分配中提取	贷方									√		√	
	收入中提取的金额	贷方								√			√	
	其他	贷方												
财政补助结转	全部	贷方		√										
财政补助结余	全部	贷方				√							√	
非财政补助结转	全部	贷方						√					√	
经营结余	全部	借方										√	√	

另外，资金结存科目余额通过资金结存余额调节表（见表16-8）也可求得资金结存的余额。表16-7与表16-8求得的资金结存余额结果是一致的。

表16-8　资金结存余额调节表

科目代码	科目名称	余额方向	资金结存
1001	库存现金	借	√
1002	银行存款	借	√
1201	财政应返还额度	借	√
1211	应收票据		
	其中：不计入预算收入	借	√
1212	应收账款		
	其中：不计入预算收入	借	√
1215	其他应收款		
	其中：非预付	借	√
2102	应缴国库款	借	√
2103	应缴财政款	借	√

续表

科目代码	科目名称	余额方向	资金结存
2301	应付票据		
	其中：不计入预算支出	贷	√
2302	应付账款		
	其中：不计入预算支出	贷	√
2305	其他应付款		
	其中：暂收款等周转类	贷	√
2501	代管款项	贷	√
2402	长期应付款	贷	√
	合　计		

三、财务报表和预算会计报表的新旧衔接

(一)编制 2019 年 1 月 1 日资产负债表

高等学校应当根据 2019 年 1 月 1 日新账的财务会计科目余额，按照新制度编制 2019 年 1 月 1 日资产负债表(仅要求填列各项目“年初余额”)。

(二)2019 年度财务报表和预算会计报表的编制

高等学校应当按照新制度及补充规定编制 2019 年财务报表和预算会计报表。在编制 2019 年度收入费用表、净资产变动表、现金流量表和预算收入支出表、预算结转结余变动表时，不要求填列上年比较数。

高等学校应当根据 2019 年 1 月 1 日新账财务会计科目余额，填列 2019 年净资产变动表各项目的“上年年末余额”；根据 2019 年 1 月 1 日新账预算会计科目余额，填列 2019 年预算结转结余变动表的“年初预算结转结余”项目和财政拨款预算收入支出表的“年初财政拨款结转结余”项目。

第三节　新旧制度衔接案例

本节以 L 大学 2018 年有关业务，说明旧制度下的科目余额转化为新制度下的科目余额，以及据此编制的 L 大学 2019 年 1 月 1 日的资产负债表(见表 16-12)、净资产变动表(见表 16-13)、预算结转结余变动表(见表 16-14)和财政拨款预算收支表(见表 16-15)

一、L大学2018年12月31日科目余额表(见表16-9)

表16-9　　2018年底科目余额表　　单位:元

科目代码	科目名称	借方余额	贷方余额
1001	库存现金	1 000	
1002	银行存款	48 123 000	
1101	短期投资	10 000	
1201	财政应返还额度	2 800 000	
1212	应收账款	2 000 000	
1213	预付账款	400 000	
1215	其他应收款	2 700 000	
1301	存货	1 170 000	
1401	长期投资	40 000	
1501	固定资产	149 000 000	
1511	在建工程	44 600 000	
1601	无形资产	17 800 000	
2001	短期借款		3 600 000
2302	应付账款		110 000
2303	预收账款		9 000
2305	其他应付款		10 000 000
2401	长期借款		5 000 000
2402	长期应付款		2 700 000
2501	代管款项		1 400 000
3001	事业基金		29 510 000
3101	非流动资产基金		211 440 000
3201	专用基金		845 000
3301	财政补助结转		2160 000
3302	财政补助结余		700 000
3401	非财政补助结转		1 200 000
3403	经营结余	3 0000	
	合计	268 674 000	268 674 000

二、财务会计科目新旧衔接

（一）编制原账财务会计科目余额转入新账科目余额对照表（见表16-10）

表16-10　财务会计科目原账科目余额转入新账科目余额对照表　单位：元

旧制度的科目余额				新制度的科目余额			
科目代码	科目名称	借方	贷方	科目代码	科目名称	借方	贷方
1001	库存现金	1 000		1001	库存现金	1 000	
1002	银行存款	48 123 000		1002	银行存款	48 123 000	
					其中：受托代理银行存款	1 400 000	
				1021	其他货币资金		
1101	短期投资	10 000		1101	短期投资	10 000	
1201	财政应返还额度	2 800 000		1201	财政应返还额度	2 800 000	
1212	应收账款	2 000 000		1212	应收账款	2 000 000	
1213	预付账款	400 000		1214	预付账款	400 000	
1215	其他应收款	2 700 000		1218	其他应收款	2 700 000	
1301	存货	1 170 000		1302	库存物品	1 100 000	
				1611	工程物资	70 000	
1401	长期投资	40 000		1502	长期债券投资	40 000	
1501	固定资产	149 000 000		1601	固定资产	149 000 000	
1511	在建工程	44 600 000		1613	在建工程	44 600 000	
1601	无形资产	17 800 000		1701	无形资产	17 800 000	
2001	短期借款		3 600 000	2001	短期借款		3 600 000
2302	应付账款		110 000	2302	应付账款		110 000
2303	预收账款		9 000	2305	预收账款		9 000
2305	其他应付款		10 000 000	2307	其他应付款		10 000 000
2401	长期借款		5 000 000	2501	长期借款		5 000 000
2402	长期应付款		2 700 000	2502	长期应付款		2 700 000
2501	代管款项		1 400 000	2901	受托代理负债		1 400 000
3001	事业基金		29 510 000	3001	累计盈余		29 510 000
3101	非流动资产基金		211 440 000	3001	累计盈余		211 440 000

续表

旧制度的科目余额				新制度的科目余额			
科目代码	科目名称	借方	贷方	科目代码	科目名称	借方	贷方
3201	专用基金		845 000	3101	专用基金		845 000
3301	财政补助结转		2160 000	3001	累计盈余		2160 000
3302	财政补助结余		700 000	3001	累计盈余		700 000
3401	非财政补助结转		1 200 000	3001	累计盈余		1 200 000
3403	经营结余	30 000		3001	累计盈余	30 000	
	合计	268 674 000	268 674 000		合计	268 674 000	268 674 000

(二)编制新制度下的财务会计科目余额表

将表16-10中新制度的相同科目余额加总,得到新制度下的财务会计科目余额表(见表16-11)

表 16-11　　财务会计科目余额表　　单位:元

科目代码	科目名称	借方余额	贷方余额
1001	库存现金	1 000.00	
1002	银行存款	48 123 000	
	其中:受托代理资产银行存款	1 400 000.00	
1101	短期投资	10 000.00	
1201	财政应返还额度	2 800 000.00	
1212	应收账款	2 000 000.00	
1214	预付账款	400 000.00	
1218	其他应收款	2 700 000.00	
1302	库存物品	1 100 000.00	
1502	长期债券投资	40 000.00	
1601	固定资产	149 000 000.00	
1611	工程物资	70 000.00	
1613	在建工程	44 600 000.00	
1701	无形资产	17 800 000.00	
2001	短期借款		3 600 000.00
2302	应付账款		110 000.00

续表

科目代码	科目名称	借方余额	贷方余额
2305	预收账款		9 000.00
2307	其他应付款		10 000 000.00
2501	长期借款		5 000 000.00
2502	长期应付款		2 700 000.00
2901	受托代理负债		1 400 000.00
3001	累计盈余		244 980 000.00
3101	专用基金		845 000.00
	合计	268 644 000.00	268 644 000.00

(三)将原未入账事项登记新账财务会计科目

1.经过清理检查,发现盘盈一台价值 100 000 元的仪器设备,2018 年 12 月 31 日前未入账。

借:固定资产—仪器设备　　100 000

　贷:累计盈余　　100 000

2.发现 10 000 元应付质量保证金未入账。

借:累计盈余　　10 000

　贷:其他应付款　　10 000

(四)对新账的相关财务会计科目余额按照新制度规定的会计核算基础进行调整

1.计提坏账准备

学校报经批准,采用个别认定法计提坏账准备,累计可提的坏账准备为3 000 元。

借:累计盈余　　3 000

　贷:坏账准备　　3 000

2.期末确认债券应收利息

经计算确认长期债券投资期末应收利息 1 000 元。

借:应收利息　　1 000

　贷:累计盈余　　1 000

3.补提折旧

学校按相关规定计算出应计提的折旧额为 9 100 000 元。

借:累计盈余　　9 100 000

贷:固定资产累计折旧　　9 100 000

4.补提摊销

学校按相关规定计算出应计提的摊销额为 1 000 000 元。

借:累计盈余　　1 000 000

贷:无形资产累计摊销　　1 000 000

5.计提借款利息

学校确认期末长期借款应付利息 20 000 元。

借:累计盈余　　20 000

贷:应付利息　　20 000

(五)编制财务会计科目余额调整工作底稿

将表 16-11 以及业务(三)、(四)汇总,形成财务会计科目余额调整工作底稿(见表 16-12)。

表 16—12　　财务会计科目余额调整工作底稿　　单位:元

科目代码	科目名称	余额方向	原科目转入余额	未入账事项余额	按新制度会计基础调整余额	合计
1001	库存现金	借方	1 000			1 000
1002	银行存款	借方	46 723 000			46 723 000
1002	受托代理银行存款	借方	1 400 000			1 400 000
1101	短期投资	借方	10 000			10 000
1201	财政应返还额度	借方	2 800 000			2 800 000
1212	应收账款	借方	2 000 000			2 000 000
1214	预付账款	借方	400 000			400 000
1216	应收利息	借方			1 000	1 000
1218	其他应收款	借方	2 700 000			2 700 000
1219	坏账准备	贷方			3 000	3 000
1302	库存物品	借方	1 100 000			1 100 000
1502	长期债券投资	借方	40 000			40 000
1601	固定资产	借方	149 000 000	100 000		149 100 000
1602	固定资产累计折旧	贷方			9 100 000	9 100 000
1611	工程物资	借方	70 000			70 000
1613	在建工程	借方	44 600 000			44 600 000

续表

科目代码	科目名称	余额方向	原科目转入余额	未入账事项余额	按新制度会计基础调整余额	合计
1701	无形资产	借方	17 800 000			17 800 000
1702	无形资产累计摊销	贷方			1 000 000	1 000 000
2001	短期借款	贷方	3 600 000			3 600 000
2302	应付账款	贷方	110 000			110 000
2304	应付利息	贷方			20 000	20 000
2305	预收账款	贷方	9 000			9 000
2307	其他应付款	贷方	10 000 000	10 000		10 010 000
2501	长期借款	贷方	5 000 000			5 000 000
2502	长期应付款	贷方	2 700 000			2 700 000
2901	受托代理负债	贷方	1 400 000			1 400 000
3001	累计盈余	贷方	244 980 000	90 000	—10 122 000	234 948 000
3101	专用基金	贷方	845 000			845 000

二、预算会计科目新旧衔接

1.根据 2018 年底科目余额表，按照资金来源和项目类型，分析原账科目余额，根据预算会计科目新旧衔接对照表（表 16-7），编制 L 大学预算会计结余类科目余额调整工作底稿（见表 16-13）。

根据资金结存余额调节表（见表 16-8），编制 L 大学资金结存余额调节表（见表 16-14），可以得出两种方式求得的资金结存余额一致。

表 16-13　　L 大学预算会计结余类科目余额调整工作底稿　　单位：元

旧制度					新制度						
科目名称	金额	明细分类	方向	明细分类金额	财政拨款结转（贷方）	财政拨款结余（贷方）	非财政拨款结转（贷方）	非财政拨款结余（贷方）	专用结余（贷方）	经营结余（借方）	资金结存（借方）
短期投资	10 000	全部	借	10 000				−10 000			−10 000
应收账款	2 000 000	发生时计入收入（专项收入）	借	200 000			−200 000				−200 000
		发生时计入收入（其他）	借	1 300 000				−1 300 000			−1 300 000
		发生时不计入收入	借	500 000							
预付账款	400 000	财政补助资金预付	借	0							
		非财政补助专项资金预付	借	200 000			−200 000				−200 000
		非财政补助非专项资金预付	借	200 000				−200 000			−200 000
其他应收款	2 700 000	财政补助资金预付	借	0							
		非财政补助专项资金预付	借	600 000			−600 000				−600 000
		非财政补助非专项资金预付	借	1 100 000				−1 100 000			−1 100 000
		需要收回入其他	借	1 000 000							

续表

旧制度					新制度						
科目名称	金额	明细分类	方向	明细分类金额	财政拨款结转（贷方）	财政拨款结余（贷方）	非财政拨款结转（贷方）	非财政拨款结余（贷方）	专用结余（贷方）	经营结余（借方）	资金结存（借方）
存货	1 170 000	财政补助资金资金购入	借	170 000	−170 000						−170 000
		非财政补助专项资金购入	借	200 000			−200 000				−200 000
		非财政补助非专项资金购入	借	800 000				−800 000			−800 000
		非购入存货	借	0							
短期借款	3 600 000	非专项	贷	3 600 000				3 600 000			3 600 000
应付账款	110 000	计入支出财政资金应付	贷	10 000	10 000						10 000
		计入支出非财政补助专项资金应付	贷	50 000			50 000				50 000
		计入支出非财政补助非专项资金应付	贷	40 000				40 000			40 000
		发生时不计入支出	贷	10 000							
预收账款	9 000	预收专项资金	贷	1 000			1 000				1 000
		预收非专项资金	贷	8 000				8 000			8 000

续表

旧制度					新制度						
科目名称	金额	明细分类	方向	明细分类金额	财政拨款结转（贷方）	财政拨款结余（贷方）	非财政拨款结转（贷方）	非财政拨款结余（贷方）	专用结余（贷方）	经营结余（借方）	资金结存（借方）
其他应付款	10 000 000	计入支出财政资金应付	贷	100 000	100 000						100 000
		计入支出非财政补助专项资金应付	贷	200 000			200 000				200 000
		计入支出非财政补助非专项资金应付	贷	700 000				700 000			700 000
		发生时不计入支出	贷	9 000 000							
长期借款	5 000 000	非专项	贷	5 000 000				5 000 000			5 000 000
事业基金	29 510 000	总额	贷	29 510 000				29 510 000			29 510 000
专用基金	845 000	职工福利基金	贷	800 000					800 000		800 000
		学生奖助基金	贷	45 000				45 000			45 000
财政补助结转	2 160 000	总额	贷	2 160 000	2 160 000						2 160 000
财政补助结余	700 000	总额	贷	700 000		700 000					700 000
非财政补助结转	1 200 000	总额	贷	1 200 000			1 200 000				1 200 000
经营结余	30 000	总额	借	30 000						30 000	−30 000
合计					2 100 000	700 000	251 000	35 493 000	800 000	30 000	39 314 000

表 16-14　　L 大学资金结存科目余额调节表　　单位：元

科目代码	科目名称	借方余额	贷方余额	资金结存(借方)
1001	库存现金	1 000		1 000
1002	银行存款	48 123 000		48 123 000
1201	财政应返还额度	2 800 000		2 800 000
1212	应收账款	2 000 000		
	其中：不计入收入款项	500 000		500 000
1215	其他应收款	2 700 000		
	其中：非预付款项	1 000 000		1 000 000
2302	应付账款		110 000	
	其中：不计入预算支出款		10 000	−10 000
2305	其他应付款		10 000 000	
	其中：暂收款等周转类		9 000 000	−9 000 000
2501	代管款项		1 400 000	−1 400 000
2402	长期应付款		2 700 000	−2 700 000
	合计			39 314 000

2.根据 L 大学预算会计结余类科目余额调整工作底稿(表 16-13)，编制 2019 年预算会计结余类科目期初余额表(见表 16-15)。

表 16-15　　L 大学 2019 年预算会计结余类科目年初余额表　　单位：元

科目编号	科目名称	借方余额	贷方余额
8001	资金结存—货币资金	36 514 000	
8001	资金结存—财政应返还额度	2 800 000	
8101	财政拨款结转		2 100 000
8102	财政拨款结余		700 000
8201	非财政拨款结转		251 000
8202	非财政拨款结余		35 493 000
8301	专用结余		800 000
8401	经营结余	30 000	
	合计	39344 000	39344 000

三、编制财务报表和预算会计报表

1.根据 L 大学财务会计科目余额调整工作底稿(表 16-12),编制 2019 年 1月1 日资产负债表(见表 16-16)。

表 16-16 **资产负债表** 会政财 01 表

编制单位:L 大学 2019 年 1 月 1 日 单位:元

资　　产	期末余额	年初余额	负债和净资产	期末余额	年初余额
流动资产			流动负债		
货币资金		48 124 000	短期借款		3 600 000
短期投资		10 000	应交增值税		
财政应返还额度		2 800 000	其他应交税费		
应收票据			应缴财政款		
应收账款净额		2 000 000	应付职工薪酬		
预付账款		400 000	应付票据		
应收股利			应付账款		110 000
应收利息		1 000	应付政府补贴款		
其他应收款净额		2 697 000	应付利息		20 000
存货		1 100 000	预收账款		9 000
待摊费用			其他应付款		10 010 000
一年内到期的非流动资产		57 132 000	预提费用		
其他流动资产			一年内到期的非流动负债		
流动资产合计		57 132 000	其他流动负债		
非流动资产			流动负债合计		13 749 000
长期股权投资			非流动负债		
长期债券投资		40 000	长期借款		5 000 000
固定资产原值		149 100 000	长期应付款		2 700 000
减:固定资产累计折旧		9 100 000	预计负债		0
固定资产净值		140 000 000	其他非流动负债		0

续表

资　　产	期末余额	年初余额	负债和净资产	期末余额	年初余额
工程物资		70 000	非流动负债合计		7 700 000
在建工程		44 600 000	受托代理负债		1 400 000
无形资产原值		17 800 000	负债合计		22 849 000
减：无形资产累计摊销		1 000 000			
无形资产净值		16 800 000			
研发支出					
公共基础设施原值					
减：公共基础设施累计折旧(摊销)					
公共基础设施净值					
政府储备物资					
文物文化资产					
保障性住房原值					
减：保障性住房累计折旧			净资产		
保障性住房净值			累计盈余		234 948 000
长期待摊费用			专用基金		845 000
待处理财产损溢			权益法调整		
其他非流动资产			无偿调拨净资产		
非流动资产合计		201 510 000	本期盈余		
受托代理资产			净资产合计		235 793 000
资产总计		258 642 000	负债和净资产总计		258 642 000

2.根据2019年1月1日财务会计科目年初余额，填列2019年净资产变动表各项目的“上年年末余额”(见表16-17)。

表 16-17 **净资产变动表** 会政财 03 表

编制单位：L 大学 2019 年 单位：元

项目	本年数				上年数			
	累计盈余	专用基金	权益法调整	净资产合计	累计盈余	专用基金	权益法调整	净资产合计
一、上年年末余额	234 948 000	845 000		235 793 000				
二、以前年度盈余调整（减少以“－”号填列）								
三、本年年初余额								
四、本年变动金额（减少以“－”号填列）								
（一）本年盈余								
（二）无偿调拨净资产								
（三）归集调整预算结转结余								
（四）提取或设置专用基金								
其中：从预算收入中提取								
从预算结余中提取								
设置的专用基金								
（五）使用专用基金								
（六）权益法调整								
五、本年年末余额								

3.根据 2019 年 1 月 1 日 L 大学预算会计科目年初余额，填列 2019 年预算结转结余变动表“年初预算结转结余”项目和财政拨款预算收入支出表的“年初财政拨款结转结余”项目（见表 16-18）。

（1）“预算结转结余变动表”“年初预算结转结余”项目的填列如下：

财政拨款结转结余＝财政拨款结转＋财政拨款结余

＝2 100 000＋700 000＝2 800 000

其他资金结转结余＝39 314 000－2 800 000＝36 514 000

表 16-18　　**预算结转结余变动表**　　会政预 02 表

编制单位:L 大学　　2019 年　　单位:元

项　目	本年数	上年数
一、年初预算结转结余	39 314 000	
(一)财政拨款结转结余	2 800 000	
(二)其他资金结转结余	36 514 000	
二、年初余额调整(减少以“－”号填列)		
(一)财政拨款结转结余		
(二)其他资金结转结余		
三、本年变动金额(减少以“－”号填列)		
(一)财政拨款结转结余		
1.本年收支差额		
2.归集调入		
3.归集上交或调出		
(二)其他资金结转结余		
1.本年收支差额		
2.缴回资金		
3.使用专用结余		
4.支付所得税		
四、年末预算结转结余		
(一)财政拨款结转结余		
1.财政拨款结转		
2.财政拨款结余		
(二)其他资金结转结余		
1.非财政拨款结转		
2.非财政拨款结余		
3.专用结余		
4.经营结余(如有余额,以“－”号填列)		

(2)财政拨款预算收入支出表的“年初财政拨款结转结余”项目的填列,见表 16-19。

表 16-19　　财政拨款预算收入支出表　　会政预 03 表

编制单位：L 大学　　2019 年　　单位：元

项目	年初财政拨款结转结余		调整年初财政拨款结转结余	本年归集调入	本年归集上交或调出	单位内部调剂		本年财政拨款收入	本年财政拨款支出	年末财政拨款结转结余	
	结转	结余				结转	结余			结转	结余
一、一般公共预算财政拨款	2 100 000	700 000									
(一)基本支出	590 000	700 000									
1.人员经费	500 000	300 000									
2.日常公用经费	90 000	400 000									
(二)项目支出	1510 000										
1.A 项目	710 000										
2.B 项目	300 000										
3.C 项目	500 000										
二、政府性基金预算财政拨款											
(一)基本支出											
1.人员经费											
2.日常公用经费											
(二)项目支出											
1.××项目											
2.××项目											
……											
总计	2 100 000	700 000									

附录一　高等学校主要会计科目设置参照表

一级科目		二级科目		三级科目		四级科目		明细科目设置说明
编号	科目名称	编号	科目名称	编号	科目名称	编号	科目名称	
一、财务会计科目								
(一)资产类								
1001	库存现金	01 02	学校资金 受托代理资产					“库存现金”应当设置“受托代理资产”明细科目,核算单位受托代理、代管的现金。
1002	银行存款	01 02	学校存款 受托代理资产					“银行存款”应当设置“受托代理资产”明细科目,核算单位受托代理、代管的银行存款。
1011	零余额账户用款额度							
1021	其他货币资金							“其他货币资金”应当设置“外埠存款”“银行本票存款”“银行汇票存款”“信用卡存款”等明细科目,进行明细核算。
1101	短期投资							“短期投资”应当按照投资的种类等进行明细核算。

续表

一级科目		二级科目		三级科目		四级科目		明细科目设置说明
编号	科目名称	编号	科目名称	编号	科目名称	编号	科目名称	
1201	财政应返还额度	01	财政直接支付					“财政应返还额度”应当设置“财政直接支付”“财政授权支付”两个明细科目进行明细核算。
		02	财政授权支付					
1211	应收票据							“应收票据”应当按照开出、承兑商业汇票的单位等进行明细核算。
1212	应收账款							“应收账款”应当按照债务单位(或个人)进行明细核算。
1214	预付账款							“预付账款”应当按照供应单位(或个人)及具体项目进行明细核算;对于基本建设项目发生的预付账款,还应当在本科目所属基建项目明细科目下设置“预付备料款”“预付工程款”“其他预付款”等明细科目,进行明细核算。
1215	应收股利							“应收股利”应当按照被投资单位等进行明细核算。
1216	应收利息							“应收利息”应当按照被投资单位等进行明细核算。

续表

一级科目		二级科目		三级科目		四级科目		明细科目设置说明
编号	科目名称	编号	科目名称	编号	科目名称	编号	科目名称	
1218	其他应收款							“其他应收款”应当按照其他应收款的类别以及债务单位(或个人)进行明细核算。
1219	坏账准备							“坏账准备”应当分别应收账款和其他应收款进行明细核算。
1301	在途物品							“在途物品”可按照供应单位和物品种类进行明细核算。
1302	库存物品							“库存物品”应当按照库存物品的种类、规格、保管地点等进行明细核算。
1303	加工物品							“加工物品”应当设置“自制物品”“委托加工物品”两个一级明细科目,并按照物品类别、品种、项目等设置明细账,进行明细核算。
1401	待摊费用							“待摊费用”应当按照待摊费用种类进行明细核算。

续表

一级科目		二级科目		三级科目		四级科目		明细科目设置说明
编号	科目名称	编号	科目名称	编号	科目名称	编号	科目名称	
1501	长期股权投资（权益法核算）	01	成本					“长期股权投资”应当按照被投资单位和长期股权投资取得方式等进行明细核算。采用权益法核算的，还应当按照“成本”“损益调整”“其他权益变动”设置明细科目，进行明细核算。
		02	损益调整					
		03	其他权益变动					
1502	长期债券投资	01	成本					“长期债券投资”应当设置“成本”和“应计利息”明细科目，并按照债券投资的种类进行明细核算。
		02	应计利息					
1601	固定资产	01	房屋及构筑物					“固定资产”应当按照固定资产类别和项目进行明细核算。 固定资产一般分为六类：房屋及构筑物；专用设备；通用设备；文物和陈列品；图书、档案；家具、用具、装具及动植物。
		02	专用设备					
		03	通用设备					
		04	文物和陈列品					
		05	图书、档案					
		06	家具、用具、装具及动植物					

续表

一级科目		二级科目		三级科目		四级科目		明细科目设置说明
编号	科目名称	编号	科目名称	编号	科目名称	编号	科目名称	
1602	固定资产累计折旧	01	房屋及构筑物					“固定资产累计折旧”应当按照所对应固定资产的明细分类进行明细核算。
		02	专用设备					
		03	通用设备					
		06	家具、用具、装具					
1611	工程物资							“工程物资”可按照“库存材料”、“库存设备”等工程物资类别进行明细核算。
1613	在建工程	01	建筑安装工程投资					“在建工程”应当设置“建筑安装工程投资”“设备投资”“待摊投资”“其他投资”“待核销基建支出”“基建转出投资”等明细科目，并按照具体项目进行明细核算。
		02	设备投资					
		03	待摊投资					
		04	其他投资					
		05	待核销基建支出					
		06	基建转出投资					
1701	无形资产							“无形资产”应当按照无形资产的类别、项目等进行明细核算。
1702	无形资产累计摊销							“无形资产累计摊销”应当按照所对应无形资产的明细分类进行明细核算。

续表

一级科目		二级科目		三级科目		四级科目		明细科目设置说明
编号	科目名称	编号	科目名称	编号	科目名称	编号	科目名称	
1703	研发支出	01	研究支出					“研发支出”应当按照自行研究开发项目，分别“研究支出”、“开发支出”进行明细核算。
		02	开发支出					
1821	文物文化资产							“文物文化资产”应当按照文物文化资产的类别、项目等进行明细核算。
1891	受托代理资产	01	应收及暂付款					“受托代理资产”应当按照资产的种类和委托人进行明细核算；属于转赠资产的，还应当按照受赠人进行明细核算。
		02	固定资产					
		03	无形资产					
		04	受托转赠物资					
		05	受托存储保管物资					
		06	罚没物资					
1901	长期待摊费用							“长期待摊费用”应当按照费用项目进行明细核算。
1902	待处理财产损溢	01 ⋮ 05 ⋮	货币资金 ⋮ 固定资产 ⋮	01 02	待处理资产价值 处理净收入			“待处理财产损溢”应当按照待处理的资产项目进行明细核算；对于在资产处理过程中取得收入或发生相关费用的项目，还应当设置“待处理财产价值”“处理净收入”明细科目，进行明细核算。

续表

一级科目		二级科目		三级科目		四级科目		明细科目设置说明
编号	科目名称	编号	科目名称	编号	科目名称	编号	科目名称	
(二)负债类								
2001	短期借款							“短期借款”应当按照债权人和借款种类进行明细核算。
2101	应交增值税	01	应交税金	21010101	进项税额			属于增值税一般纳税人的单位，应当在本科目下设置“应交税金”“未交税金”“预交税金”“待抵扣进项税额”“待认证进项税额”“待转销项税额”“简易计税”“转让金融商品应交增值税”“代扣代交增值税”等明细科目。“应交税金”明细账内应当设置“进项税额”“已交税金”“转出未交增值税”“减免税款”“销项税额”“进项税额转出”“转出多交增值税”等专栏。 属于增值税小规模纳税人的单位只需在本科目下设置“转让金融商品应交增值税”“代扣代交增值税”明细科目。
				21010102	已交税金			
				21010103	转出未交增值税			
				21010104	减免税款			
				21010105	销项税额			
				21010106	进项税额转出			
				21010107	转出多交增值税			
		02	未交税金					
		03	预交税金					
		04	待抵扣进项税额					
		05	待认证进项税额					
		06	待转销项税额					
		07	简易计税					
		08	转让金融商品应交增值税					
		09	代扣代交增值税					

续表

一级科目		二级科目		三级科目		四级科目		明细科目设置说明
编号	科目名称	编号	科目名称	编号	科目名称	编号	科目名称	
2102	其他应交税费	01	应交个人所得税					“其他应交税费”应当按照应交纳的税费种类进行明细核算，包括代扣代缴的个人所得税、城市维护建设税、教育费附加、地方教育费附加、车船税、房产税、城镇土地使用税和企业所得税等。
		02	应交城市维护建设税					
		03	应交教育费附加					
		04	应交地方教育费附加					
		05	应交车船税					
		06	应交房产税					
		07	应交城镇土地使用税					
		08	应交企业所得税					
2103	应缴财政款	01	应缴国库款					“应缴财政款”应当按照应缴财政款项的类别进行明细核算。
		02	应缴财政专户款					

续表

一级科目		二级科目		三级科目		四级科目		明细科目设置说明
编号	科目名称	编号	科目名称	编号	科目名称	编号	科目名称	
2201	应付职工薪酬	01	基本工资					“应付职工薪酬”应当根据国家有关规定按照“基本工资(含离退休费)”“国家统一规定的津贴补贴”“规范津贴补贴(绩效工资)”“改革性补贴”“社会保险费”“住房公积金”“其他个人收入”等进行明细核算。
		02	国家统一规定的津贴补贴					
		03	规范津贴补贴					
		04	改革性补贴					
		05	社会保险费					
		06	住房公积金					
		07	其他个人收入					
2301	应付票据							“应付票据”应当按照债权人进行明细核算。
2302	应付账款							“应付账款”应当按照债权人进行明细核算。对于建设项目,还应设置“应付器材款”“应付工程款”等明细科目,并按照具体项目进行明细核算。

续表

一级科目		二级科目		三级科目		四级科目		明细科目设置说明
编号	科目名称	编号	科目名称	编号	科目名称	编号	科目名称	
2304	应付利息							“应付利息”应当按照债权人等进行明细核算。
2305	预收账款							“预收账款”应当按照债权人等进行明细核算。
2307	其他应付款							“其他应付款”应当按照其他应付款的类别以及债权人等进行明细核算。
2401	预提费用	01	项目间接费用或管理费					“预提费用”应当按照预提费用的种类进行明细核算。对于提取的项目间接费用或管理费，应当在本科目下设置“项目间接费用或管理费”明细科目，并按项目进行明细核算。
		02	预提租金费用					
		09	预提其他费用					
2501	长期借款							本科目应当设置“本金”和“应计利息”明细科目，并按照贷款单位和贷款种类进行明细核算。对于建设项目借款，还应按照具体项目进行明细核算。
2502	长期应付款							“长期应付款”应当按照长期应付款的类别以及债权人进行明细核算。

续表

一级科目		二级科目		三级科目		四级科目		明细科目设置说明
编号	科目名称	编号	科目名称	编号	科目名称	编号	科目名称	
2601	预计负债							“预计负债”应当按照预计负债的项目进行明细核算。
2901	受托代理负债							
（三）净资产类								
3001	累计盈余							
3101	专用基金	01	职工福利基金					按照专用基金的类别进行明细核算。
		02	学生奖助基金					
		03	留本基金					
		09	其他基金					
3201	权益法调整							“权益法调整”应当按照被投资单位进行明细核算。
3301	本期盈余							
3302	本年盈余分配							
3401	无偿调拨净资产							
3501	以前年度盈余调整							

续表

一级科目		二级科目		三级科目		四级科目		明细科目设置说明
编号	科目名称	编号	科目名称	编号	科目名称	编号	科目名称	
(四)收入类								
4001	财政拨款收入							“财政拨款收入”可按照一般公共预算财政拨款、政府性基金预算财政拨款等拨款种类进行明细核算。
4101	事业收入	01	教育事业收入					应当按照事业收入的类别、来源等进行明细核算。因开展科研及其辅助活动从非同级政府财政部门取得的经费拨款,应当在本科目下单设“非同级财政拨款”明细科目进行核算。
		02	科研事业收入	01	非同级财政拨款			
				02	横向科研收入			
4201	上级补助收入							“上级补助收入”应当按照发放补助单位、补助项目等进行明细核算。
4301	附属单位上缴收入							“附属单位上缴收入”应当按照附属单位、缴款项目等进行明细核算。
4401	经营收入							“经营收入”应当按照经营活动类别、项目和收入来源等进行明细核算。

续表

一级科目		二级科目		三级科目		四级科目		明细科目设置说明
编号	科目名称	编号	科目名称	编号	科目名称	编号	科目名称	
4601	非同级财政拨款收入	01	本级横向转拨财政款					“非同级财政拨款收入”应当按照本级横向转拨财政款和非本级财政拨款进行明细核算，并按照收入来源进行明细核算。
		02	非本级财政拨款					
4602	投资收益							“投资收益”应当按照投资的种类等进行明细核算。
4603	捐赠收入							“捐赠收”入应当按照捐赠资产的用途和捐赠单位等进行明细核算。
4604	利息收入							
4605	租金收入							“租金收入”应当按照出租国有资产类别和收入来源等进行明细核算。
4609	其他收入							应当按照其他收入的类别、来源等进行明细核算。其他收入主要包括：现金盘盈收入、科技成果转化收入、收回已核销的其他应收款、无法偿付的应付及预收款项、置换换出资产评估增值等。

续表

一级科目		二级科目		三级科目		四级科目		明细科目设置说明
编号	科目名称	编号	科目名称	编号	科目名称	编号	科目名称	
（五）费用类								
5001	业务活动费用	01	教育费用					“业务活动费用”应当按照项目、服务或者业务类别、支付对象等进行明细核算。为了满足成本核算需要，本科目下还可按照“工资福利费用”“商品和服务费用”“对个人和家庭的补助费用”“固定资产折旧费”“无形资产摊销费”“计提专用基金”等成本项目设置明细科目。
		02	科研费用					
5101	单位管理费用	01	行政管理费用					“单位管理费用”应当按照项目、费用类别、支付对象等进行明细核算。为了满足成本核算需要，本科目下还可按照“工资福利费用”“商品和服务费用”“对个人和家庭的补助费用”“固定资产折旧费”“无形资产摊销费”等成本项目设置明细科目。
		02	后勤保障费用					
		03	离退休费用					
		09	单位统一负担的其他管理费用					
5201	经营费用							“经营费用”应当按照经营活动类别、项目、支付对象等进行明细核算。

续表

一级科目		二级科目		三级科目		四级科目		明细科目设置说明
编号	科目名称	编号	科目名称	编号	科目名称	编号	科目名称	
5301	资产处置费用							“资产处置费用”应当按照处置资产的类别、资产处置的形式等进行明细核算。
5401	上缴上级费用							“上缴上级费用”应当按照收缴款项单位、缴款项目等进行明细核算。
5501	对附属单位补助费用							“对附属单位补助费用”应当按照接受补助单位、补助项目等进行明细核算。
5801	所得税费用							
5901	其他费用	01	利息费用					“其他费用”应当按照其他费用的类别等进行明细核算。其他费用主要包括：利息费用、坏账损失、罚没支出、现金资产捐赠、其他相关费用。
		02	坏账损失					
		03	罚没支出					
		04	现金资产捐赠					
		09	其他					

续表

一级科目		二级科目		三级科目		四级科目		明细科目设置说明
编号	科目名称	编号	科目名称	编号	科目名称	编号	科目名称	
二、预算会计科目								
(一)预算收入类								
6001	财政拨款预算收入	01	基本支出					“财政拨款预算收入”应当设置“基本支出”和“项目支出”两个明细科目,并按照《政府收支分类科目》中“支出功能分类科目”的项级科目进行明细核算;同时,在“基本支出”明细科目下按照“人员经费”和“日常公用经费”进行明细核算,在“项目支出”明细科目下按照具体项目进行明细核算。
		02	项目支出					
6101	事业预算收入	01	教育事业预算收入	61010101	财政专户返还收入	01	专项资金收入	应当按照事业预算收入类别、项目、来源、《政府收支分类科目》中“支出功能分类科目”项级科目等进行明细核算。对于因开展科研及其辅助活动从非同级政府财政部门取得的经费拨款,应当在本科目下单设“非同级财政拨款”明细科目进行明细核算;事业预算收入中如有专项资金收入,还应按照具体项目进行明细核算。
				61010102	其他教育事业收入	02	非专项资金收入	
		02	科研事业预算收入	61010201	非同级财政拨款			
				61010202	横向科研收入			

续表

一级科目		二级科目		三级科目		四级科目		明细科目设置说明
编号	科目名称	编号	科目名称	编号	科目名称	编号	科目名称	
6201	上级补助预算收入	01	专项资金收入					“上级补助预算收入”应当按照发放补助单位、补助项目及《政府收支分类科目》中“支出功能分类科目”的项级科目等进行明细核算。上级补助预算收入中如有专项资金收入，还应按照具体项目进行明细核算。
		02	非专项资金收入					
6301	附属单位上缴预算收入	01	专项资金收入					“附属单位上缴预算收入”应当按照附属单位、缴款项目及《政府收支分类科目》中“支出功能分类科目”的项级科目等进行明细核算。附属单位上缴预算收入中如有专项资金收入，还应按照具体项目进行明细核算。
		02	非专项资金收入					
6401	经营预算收入							“经营预算收入”应当按照经营活动类别、项目及《政府收支分类科目》中“支出功能分类科目”的项级科目等进行明细核算。
6501	债务预算收入	01	专项资金收入					“债务预算收入”应当按照贷款单位、贷款种类及《政府收支分类科目》中“支出功能分类科目”的项级科目等进行明细核算。债务预算收入中如有专项资金收入，还应按照具体项目进行明细核算。
		02	非专项资金收入					

续表

一级科目		二级科目		三级科目		四级科目		明细科目设置说明
编号	科目名称	编号	科目名称	编号	科目名称	编号	科目名称	
6601	非同级财政拨款预算收入	01	本级横向转拨财政款预算收入	01	专项资金收入			“非同级财政拨款预算收入”应当按照非同级财政拨款预算收入的类别、来源及《政府收支分类科目》中“支出功能分类科目”的项级科目等进行明细核算。非同级财政拨款预算收入中如有专项资金收入，还应按照具体项目进行明细核算。
				02	非专项资金收入			
		02	非本级财政拨款预算收入	01	专项资金收入			
				02	非专项资金收入			
6602	投资预算收益							“投资预算收益”应当按照《政府收支分类科目》中“支出功能分类科目”的项级科目等进行明细核算。
6609	其他预算收入	01	捐赠预算收入	01	专项资金收入			“其他预算收入”应当按照其他收入类别及《政府收支分类科目》中“支出功能分类科目”的项级科目等进行明细核算。其他预算收入中如有专项资金收入，还应按照具体项目进行明细核算。其他预算收入主要包括捐赠预算收入、利息预算收入、租金预算收入、其他预算收入。
				02	非专项资金收入			
		02	利息预算收入					
		03	租金预算收入					
		04	后勤保障单位净收入					
		09	其他	01	其他专项资金收入			
				02	其他非专项资金收入			

续表

一级科目		二级科目		三级科目		四级科目		明细科目设置说明
编号	科目名称	编号	科目名称	编号	科目名称	编号	科目名称	
（二）预算支出类								
7201	事业支出	01	教育支出	01	财政拨款支出	01	基本支出	“事业支出”应当分别按照“财政拨款支出”“非财政专项资金支出”和“其他资金支出”以及“基本支出”和“项目支出”等进行明细核算，并按照《政府收支分类科目》中“支出功能分类科目”的项级科目进行明细核算。“基本支出”和“项目支出”明细科目下应当按照《政府收支分类科目》中“部门预算支出经济分类科目”的款级科目进行明细核算，同时在“项目支出”明细科目下按照具体项目进行明细核算。有一般公共预算财政拨款、政府性基金预算财政拨款等两种或两种以上财政拨款的事业单位，还应当在“财政拨款支出”明细科目下按照财政拨款的种类进行明细核算。
						02	项目支出	
				02	非财政专项资金支出	01	项目支出	
				03	其他资金支出	01	基本支出	
		02	科研支出	01	财政拨款支出	01		
						01	项目支出	
				02	非财政专项资金支出	01	项目支出	
		03	行政管理支出	01	财政拨款支出	01	基本支出	
						02	项目支出	
				02	非财政专项资金支出	01	项目支出	
				03	其他资金支出	01	基本支出	
		04	后勤保障支出	01	财政拨款支出	01	基本支出	
						02	项目支出	
				02	非财政专项资金支出	01	项目支出	
				03	其他资金支出	01	基本支出	

续表

一级科目		二级科目		三级科目		四级科目		明细科目设置说明
编号	科目名称	编号	科目名称	编号	科目名称	编号	科目名称	
7201	事业支出	05	离退休支出	01	财政拨款支出	01	基本支出	
				03	其他资金支出	01	基本支出	
		09	其他事业支出	01	财政拨款支出	01	基本支出	
						02	项目支出	
				02	非财政专项资金支出	01	项目支出	
				03	其他资金支出	01	基本支出	
		10	待处理					
7301	经营支出							“经营支出”应当按照经营活动类别、项目及《政府收支分类科目》中“支出功能分类科目”的项级科目和“部门预算支出经济分类科目”的款级科目等进行明细核算。
7401	上缴上级支出							“上缴上级支出”应当按照收缴款项单位、缴款项目及《政府收支分类科目》中“支出功能分类科目”的项级科目和“部门预算支出经济分类科目”的款级科目等进行明细核算。
7501	对附属单位补助支出							“对附属单位补助支出”应当按照接受补助单位、补助项目及《政府收支分类科目》中“支出功能分类科目”的项级科目和“部门预算支出经济分类科目”的款级科目等进行明细核算。

续表

一级科目		二级科目		三级科目		四级科目		明细科目设置说明
编号	科目名称	编号	科目名称	编号	科目名称	编号	科目名称	
7601	投资支出							“投资支出”应当按照投资类型、投资对象及《政府收支分类科目》中“支出功能分类科目”的项级科目和“部门预算支出经济分类科目”的款级科目等进行明细核算。
7701	债务还本支出							“债务还本支出”应当按照贷款单位、贷款种类及《政府收支分类科目》中“支出功能分类科目”的项级科目和“部门预算支出经济分类科目”的款级科目等进行明细核算。
7901	其他支出	01	利息支出	01	财政拨款支出			“其他支出”应当按照其他支出的类别，“财政拨款支出”、“非财政专项资金支出”和“其他资金支出”以及《政府收支分类科目》中“支出功能分类科目”的项级科目和“部门预算支出经济分类科目”的款级科目等进行明细核算。其他支出中如有专项资金支出，还应按照具体项目进行明细核算。其他支出包括：利息支出、对外捐赠现金资产、现金盘亏损失、捐赠等税费支出、资产置换税费支出、其他支出。
				02	其他资金支出			
		02	对外捐赠现金资产	01	其他资金支出			
		03	现金盘亏损失					
		04	捐赠税费支出	01	财政拨款支出			
				02	非财政专项资金支出			
				03	其他资金支出			
		05	资产置换税费支出	01	财政拨款支出			
				02	非财政专项资金支出			
				03	其他资金支出			
		09	其他	01	财政拨款支出			
				02	非财政专项资金支出			
				03	其他资金支出			

续表

一级科目		二级科目		三级科目		四级科目		明细科目设置说明
编号	科目名称	编号	科目名称	编号	科目名称	编号	科目名称	
(三)预算结余类								
8001	资金结存	01	零余额账户用款额度					
		02	货币资金					
		03	财政应返还额度					
8101	财政拨款结转	01	年初余额调整	01	基本支出结转	01	人员经费	
						02	日常公用经费	
				02	项目支出结转	01	××项目	
		02	归集调入	01	基本支出结转	01	人员经费	
						02	日常公用经费	
				02	项目支出结转	01	××项目	
		03	归集调出	01	基本支出结转	01	人员经费	
						02	日常公用经费	
				02	项目支出结转	01	××项目	
		04	归集上缴	01	基本支出结转	01	人员经费	
						02	日常公用经费	
				02	项目支出结转	01	××项目	

续表

一级科目		二级科目		三级科目		四级科目		明细科目设置说明
编号	科目名称	编号	科目名称	编号	科目名称	编号	科目名称	
8101	财政拨款结转	05	单位内部调剂	01	基本支出结转	01	人员经费	
						02	日常公用经费	
				02	项目支出结转	01	××项目	
		06	本年收支结转	01	基本支出结转	01	人员经费	
						02	日常公用经费	
				02	项目支出结转	01	××项目	
		07	累计结转	01	基本支出结转	01	人员经费	
						02	日常公用经费	
				02	项目支出结转	01	××项目	
8102	财政拨款结余	01	年初余额调整	01	基本支出结余	01	人员经费	
						02	日常公用经费	
				02	项目支出结余	01	××项目	
		04	归集上缴	01	基本支出结余	01	人员经费	
						02	日常公用经费	
				02	项目支出结余	01	××项目	

续表

一级科目		二级科目		三级科目		四级科目		明细科目设置说明
编号	科目名称	编号	科目名称	编号	科目名称	编号	科目名称	
8102	财政拨款结余	05	单位内部调剂	01	基本支出结余	01	人员经费	
						02	日常公用经费	
				02	项目支出结余	01	××项目	
		06	结转转入	01	基本支出结余	01	人员经费	
						02	日常公用经费	
				02	项目支出结余	01	××项目	
		07	累计结余	01	基本支出结余	01	人员经费	
						02	日常公用经费	
				02	项目支出结余	01	××项目	
8201	非财政拨款结转	01	年初余额调整					
		02	缴回资金					
		03	项目间接费用或管理费					
		06	本年收支结转					
		07	累计结转					

续表

一级科目		二级科目		三级科目		四级科目		明细科目设置说明
编号	科目名称	编号	科目名称	编号	科目名称	编号	科目名称	
8202	非财政拨款结余	01	年初余额调整					
		03	项目间接费用或管理费					
		06	结转转入					
		07	累计结余					
8301	专用结余	01	职工福利基金					
		02	其他					
8401	经营结余							“经营结余”可以按照经营活动类别进行明细核算。
8501	其他结余							
8701	非财政拨款结余分配							

说明：本表未列示功能分类科目和经济分类科目。收入、支出、预算收入、预算支出科目需设功能分类和经济分类科目的，请按有关规定设置。经济分类科目设置请参照附录二“高等学校预算支出类、款级科目设置参照表”。

附录二　高等学校预算支出经济分类、款级科目设置参照表

科目编码		科目名称	科目说明
类	款		
301		工资福利支出	反映高等学校开支的在职职工和编制外长期聘用人员的各类劳动报酬,以及为上述人员缴纳的各项社会保险费等。
	01	基本工资	反映按规定发放的基本工资,岗位工资、薪级工资;试用期(见习期)工资等。
	02	津贴补贴	反映按规定发放的津贴、补贴,包括高校工作人员特殊岗位津贴补贴,以及提租补贴、购房补贴、采暖补贴、物业服务补贴等。
	03	奖金	反映按规定发放的奖金,包括高校工作人员年终一次性奖金等。
	06	伙食补助费	反映高等学校发给职工的伙食补助费,因公负伤等住院治疗期间的伙食补助费。
	07	绩效工资	反映高等学校工作人员的绩效工资。
	08	基本养老保险缴费	反映高等学校为职工缴纳的基本养老保险费。由高校代扣的工作人员基本养老保险缴费,不在此科目反映。
	09	职业年金缴费	反映高等学校为职工实际缴纳的职业年金(含职业年金补记支出)。由高校代扣的工作人员职业年金缴费,不在此科目反映。
	10	职工基本医疗保险缴费	反映高等学校为职工缴纳的基本医疗保险费。
	12	其他社会保障缴费	反映高等学校为职工缴纳的失业、工伤、生育、大病统筹等社会保险费,残疾人就业保障金。
	13	住房公积金	反映高等学校按规定为职工缴纳的住房公积金。
	14	医疗费	反映未参加医疗保险高等学校的医疗经费和高等学校按规定为职工支出的其他医疗费用。

续表

科目编码		科目名称	科目说明
类	款		
	99	其他工资福利支出	反映上述科目未包括的工资福利支出，如各种加班工资、病假两个月以上期间的人员工资，职工探亲旅费，困难职工生活补助，编制外长期聘用人员（不包括劳务派遣人员）劳务报酬及社保缴费。
302		商品和服务支出	反映高等学校购买商品和服务的支出，不包括用于购置固定资产等资本性支出。
	01	办公费	反映高等学校购买日常办公用品、书报杂志等支出。
	02	印刷费	反映高等学校的印刷费支出。
	03	咨询费	反映高等学校咨询方面的支出。
	04	手续费	反映高等学校的各类手续费支出。
	05	水费	反映高等学校的水费、污水处理费等支出。
	06	电费	反映高等学校的电费支出。
	07	邮电费	反映高等学校开支的信函、包裹、货物等物品的邮寄费及电话费、电报费、传真费、网络通信费等。
	08	取暖费	反映高等学校取暖用燃料费、热力费、炉具购置费、锅炉临时工的工资、节煤奖以及由高等学校支付的未实行职工住房采暖补贴改革的在职职工和离退休人员宿舍取暖费。
	09	物业管理费	反映高等学校开支的办公用房以及未实行职工住宅物业服务改革的在职职工和离退休人员宿舍等的物业管理费，包括综合治理、绿化、卫生等方面的支出。
	11	差旅费	反映高等学校工作人员国（境）内出差发生的城市间交通费、住宿费、伙食补助费和市内交通费。
	12	因公出国（境）费用	反映高等学校公务出国（境）的国际旅费、国外城市间交通费、住宿费、伙食费、培训费、公杂费等支出。
	13	维修（护）费	反映高等学校日常开支的固定资产（不包括车船等交通工具）修理和维护费用，网络信息系统运行与维护费用，以及按规定提取的修购基金。
	14	租赁费	反映租赁办公用房、宿舍、专用通讯网以及其他设备等方面的费用。
	15	会议费	反映高等学校在会议期间按规定开支的住宿费、伙食费、会议场地租金、交通费、文件印刷费、医药费等。

续表

科目编码		科目名称	科目说明
类	款		
	16	培训费	反映除因公出国(境)培训费以外的,在培训期间发生的师资费、住宿费、伙食费、培训场地费、培训资料费、交通费等各类培训费用。
	17	公务接待费	反映高等学校按规定开支的各类公务接待(含外宾接待)费用。
	18	专用材料费	反映高等学校购买日常专用材料的支出。具体包括药品及医疗耗材,农用材料,兽医用品,实验室用品,专用服装,消耗性体育用品,专用工具和仪器,艺术专业专用材料和用品等方面的支出。
	24	被装购置费	反映相关高等学校的被装购置支出。
	25	专用燃料费	反映用作业务工作设备的车(不含公务用车)、船设施等的油料支出。
	26	劳务费	反映支付给外单位和个人的劳务费用,如临时聘用人员、钟点工工资,稿费、翻译费、评审费等。
	27	委托业务费	反映因委托外单位办理业务而支付的委托业务费。
	28	工会经费	反映高等学校按规定提取或安排的工会经费。
	29	福利费	反映高等学校按规定提取的职工福利费。
	31	公务用车运行维护费	反映高等学校按规定保留的公务用车燃料费、维修费、过桥过路费、保险费、安全奖励费用等支出。
	39	其他交通费用	反映高等学校除公务用车运行维护费以外的其他交通费用。如公务交通补贴,租车费用、出租车费用,飞机、船舶等的燃料费、维修费、保险费等。
	40	税金及附加费用	反映高等学校提供劳务或销售产品应负担的税金及附加费用,包括消费税、城市维护建设税、资源税和教育费附加等。
	99	其他商品和服务支出	反映上述科目未包括的日常公用支出。如诉讼费、国内组织的会员费、来访费、广告宣传费以及离休人员特需费、离退休人员公用经费等。
303		对个人和家庭的补助	反映学校用于对个人和家庭的补助支出。
	01	离休费	反映高等学校支付的离休人员的离休费、护理费以及提租补贴、购房补贴、采暖补贴、物业服务补贴等补贴。

续表

科目编码		科目名称	科目说明
类	款		
	02	退休费	反映高等学校支付的退休人员的退休费以及提租补贴、购房补贴、采暖补贴、物业服务补贴等补贴。
	03	退职费	反映高等学校退职人员的生活补贴，一次性支付给职工的退职补助等。
	04	抚恤金	反映按规定开支的烈士遗属、牺牲病故人员遗属的一次性和定期抚恤金，伤残人员的抚恤金，离退休人员等其他人员的各项抚恤金，以及按规定开支的丧葬费。
	05	生活补助	反映按规定开支的优抚对象定期定量生活补助费，高等学校职工遗属生活补助，长期赡养人员补助费等。
	07	医疗费补助	反映离退休人员的医疗费，学生医疗费，优抚对象医疗补助，以及按国家规定的其他医疗救助支出。
	08	助学金	反映学生助学金、奖学金、学生贷款、出国留学(实习)人员生活费，按照协议由高等学校负担或享受校方奖学金的来华留学生、进修生生活费等。
	09	奖励金	反映独生子女父母奖励等。
	99	其他对个人和家庭的补助	反映未包括在上述科目的对个人和家庭的补助支出，如婴幼儿补贴、退职人员及随行家属路费等。
307		债务利息及费用支出	反映高等学校的债务利息及费用支出。
	01	国内债务付息	反映用于偿还国内债务利息的支出。
	02	国外债务付息	反映用于偿还国外债务利息的支出。
	03	国内债务发行费用	反映用于国内债务发行、兑付、登记等费用的支出。
	04	国外债务发行费用	反映用于国外债务发行、兑付、登记等费用的支出。
309		资本性支出(基本建设)	反映切块由发展改革部门安排的基本建设支出。
	01	房屋建筑物购建	反映用于购买、自行建造办公用房、仓库、职工生活用房、教学科研用房、学生宿舍、食堂等建筑物(含附属设施，如电梯、通讯线路、水气管道等)的支出
	02	办公设备购置	反映用于购置并按财务会计制度规定纳入固定资产核算范围的办公家具和办公设备的支出。
	03	专用设备购置	反映用于购置具有专门用途、并按财务会计制度规定纳入固定资产核算范围的各类专用设备的支出。

续表

科目编码		科目名称	科目说明
类	款		
	05	基础设施建设	反映用于农田设施、道路、桥梁等公共基础设施建设方面的支出。
	06	大型修缮	反映按财务会计制度规定允许资本化的各类设备、建筑物、公共基础设施等大型修缮的支出。
	07	信息网络及软件购置更新	反映用于信息网络和软件方面的支出。如服务器购置、软件购置、开发、应用支出等，如果购置的相关硬件、软件等不符合财务会计制度规定的固定资产确认标准的，不在此科目反映。
	13	公务用车购置	反映公务用车购置支出(含车辆购置税、牌照费)。
	19	其他交通工具购置	反映除公务用车外的其他各类交通工具购置支出(含车辆购置税、牌照费)。
	21	文物和陈列品购置	反映文物和陈列品购置支出。
	22	无形资产购置	反映著作权、商标权、专利权、土地使用权等无形资产购置支出。软件购置、开发、应用支出不在此科目反映。
	99	其他基本建设支出	反映上述科目中未包括的资本性支出(不含对企业补助)。
310		资本性支出	反映各高等学校安排的资本性支出。切块由发展改革部门安排的基本建设支出不在此科目反映。
	01	房屋建筑物购建	反映用于购买、自行建造办公用房、仓库、职工生活用房、教学科研用房、学生宿舍、食堂等建筑物(含附属设施，如电梯、通信线路、水气管道等)的支出。
	02	办公设备购置	反映用于购置并按财务会计制度规定纳入固定资产核算范围的办公家具和办公设备的支出，以及按规定提取的修购基金。
	03	专用设备购置	反映用于购置具有专门用途、并按财务会计制度规定纳入固定资产核算范围的各类专用设备的支出，以及按规定提取的修购基金。
	06	大型修缮	反映按财务会计制度规定允许资本化的各类设备、建筑物、公共基础设施等大型修缮的支出。

续表

科目编码		科目名称	科目说明
类	款		
	07	信息网络及软件购置更新	反映用于信息网络和软件方面的支出。如服务器购置、软件购置、开发、应用支出等，如果购置的相关硬件、软件等不符合财务会计制度规定的固定资产确认标准的，不在此科目反映。
	09	土地补偿	反映按规定征地和收购土地过程中支付的土地补偿费。
	10	安置补助	反映按规定征地和收购土地过程中支付的安置补助费。
	11	地上附着物和青苗补偿	反映按规定征地和收购土地过程中支付的地上附着物和青苗补偿费。
	12	拆迁补偿	反映按规定征地和收购土地过程中支付的拆迁补偿费。
	13	公务用车购置	反映公务用车购置支出(含车辆购置税、牌照费)。
	19	其他交通工具购置	反映除公务用车外的其他各类交通工具购置支出(含车辆购置税、牌照费)。
	21	文物和陈列品购置	反映文物和陈列品购置支出。
	22	无形资产购置	反映著作权、商标权、专利权、土地使用权等无形资产购置支出。软件购置、开发、应用支出不在此科目反映。
	99	其他资本性支出	反映上述科目中未包括的资本性支出。
399		其他支出	反映不能划分到上述经济科目的其他支出。
	06	赠与	反映对国内外组织等提供的援助、捐赠以及交纳国际组织会费等方面的支出。
	07	赔偿费用支出	反映用于赔偿方面的支出。
	99	其他支出	反映除上述科目以外的其他支出。

附录三　高等学校预算收入、预算支出结转流程简图

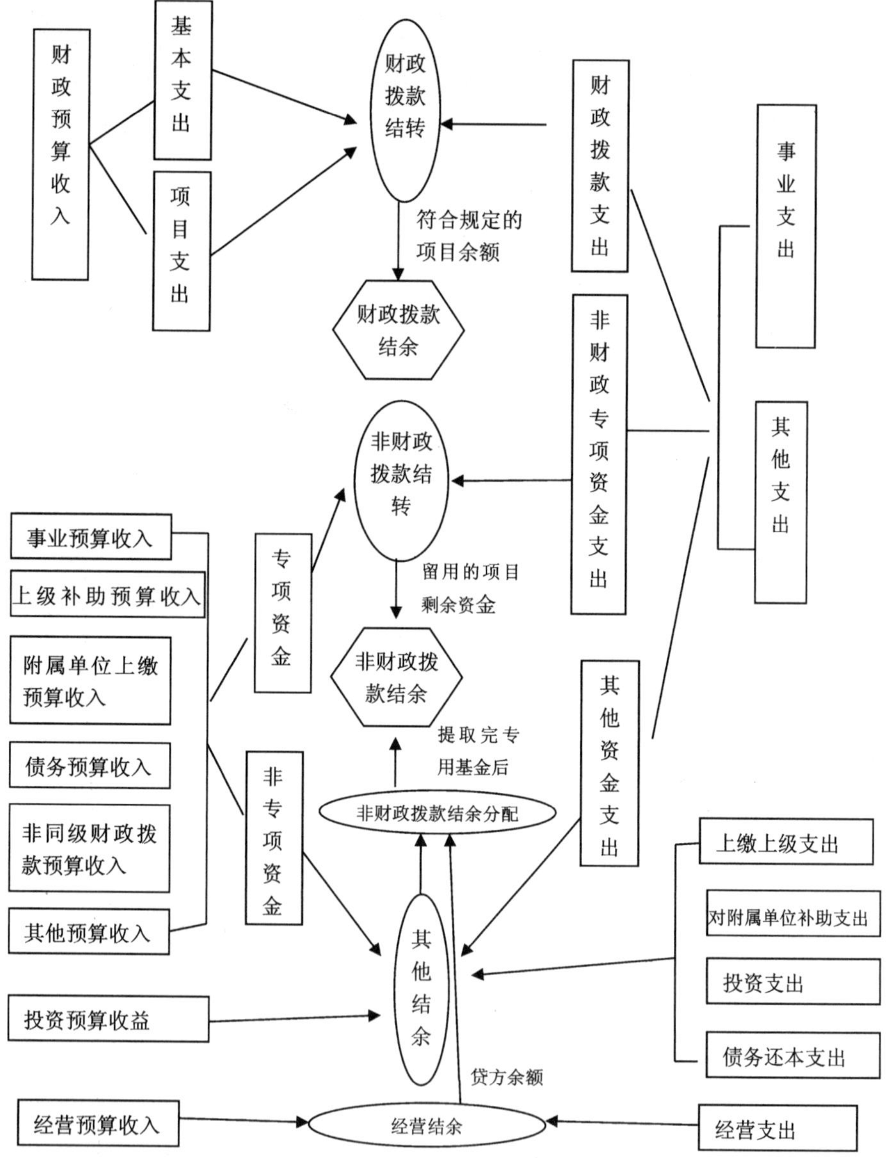

图书在版编目(CIP)数据

高等学校政府会计实务 / 初宜红主编. —济南：
山东大学出版社，2018.10（2019.7重印）
ISBN 978-7-5607-6215-9

Ⅰ. ①高…　Ⅱ. ①初…　Ⅲ. ①高等学校－会计实务
Ⅳ. ①G647.5

中国版本图书馆 CIP 数据核字(2018)第 239113 号

责任编辑：尹凤桐
封面设计：牛　钧

出版发行：山东大学出版社
社　　址　山东省济南市山大南路 20 号
邮　　编　250100
电　　话　市场部(0531)88363008
经　　销：新华书店
印　　刷：泰安金彩印务有限公司
规　　格：720 毫米×1000 毫米　1/16
38.5 印张　648千字
版　　次：2018 年 10 月第 1 版
印　　次：2019 年 7 月第 2 次印刷
定　　价：69.00 元